Das Römische Reich zur Zeit Caesars

Schematische Darstellung der Unternehmungen Caesars 49–45 v. Chr.

Wilhelm Hankel

CAESAR

WELT WIRTSCHAFT DES ALTEN ROM

Wilhelm Hankel

CAESAR

WELTWIRTSCHAFT DES ALTEN ROM

Wirtschaftsverlag Langen-Müller/Herbig

Die erste Auflage erschien 1978 bei F.A. Herbigs
Verlagsbuchhandlung München – Berlin unter dem Titel:
»Caesar. Goldne Zeiten führt' ich ein.
Das Wirtschaftsimperium des römischen Weltreiches«.

Eine bearbeitete Lizenzausgabe erschien 1980
im Fischer Taschenbuch Verlag,
Frankfurt unter dem Titel:
»Goldne Zeiten führt' ich ein.
Caesar und sein Wirtschaftsimperium«.

Zweite, überarbeitete Auflage
1987

Zeichnungen von Helmut Ackermann, Memmingen
Karten von Huber & Oberländer, München

Schutzumschlag: Christel Aumann, München
Zeichnungen: Helmut Ackermann, Memmingen
Karten: Huber & Oberländer, München bzw. Huber, München
Satz und Druck: Jos. C. Huber KG, Dießen
Binden: R. Oldenbourg, München
Printed in Germany
ISBN 3-7844-7190-0

Inhalt

ERICAE – DULCI CONJUGI †

»Hic vir, hic est, tibi quem promitti saepius audis ...
aurea condet saecula qui rursus Latio regnata per arva
Saturno quondam ...«
(»Ja, dies ist der Mann, der Dir so häufig verheißen
... Er bringt nach Latium, wo einstmals Saturn regierte,
wieder die Goldenen Zeiten.«)

Publius Vergilius Maro (19 v. Chr.)

VORWORT
ZUSTÄNDE WIE IM ALTEN ROM?

> »Instead of inquiring why the Roman Empire was destroyed, we should rather be surprised that it has subsisted so long.«
>
> *Edward Gibbon (1788)*

Geschichte ist wieder gefragt. Weil wieder einmal die Gegenwart in die Vergangenheit flieht? Wie vor 100 Jahren, als die Krinolinen tragenden Urgroßmütter, die sich bärtig gebenden Urgroßväter des Biedermeiers die besseren Zeiten im Gestern suchten? Nein: der moderne Mensch sucht in ›seiner‹ Geschichte die Antwort auf die Frage, woher er kommt. Denn in einer zunehmend komplizierter und unverständlicher werdenden Welt wird er sich selber mehr und mehr zum Rätsel. Weniger aggressiv als er an sich sein möchte, sozialer, verantwortungsbewußter als die Mehrzahl der gewählten Politiker glaubt.

Das wachsende Interesse der Gegenwart an geschichtlichen Stoffen hat wenig oder gar nichts zu tun mit Flucht aus der Realität (Romantik) oder einer neu erwachten Sehnsucht nach heiler Welt (Nostalgie), wie uns oberflächliche Gesellschaftskritiker einreden. Es reflektiert ein ebenso vernünftiges wie besorgtes Bedürfnis kritischer Zeitgenossen an ›Erfahrung‹. Warum gelingt anderen Zeiten, Führern und Systemen, was den heutigen ebenso permanent wie peinlich mißlingt? Die Gesellschaft auf Ziele auszurichten, die fast alle bejahen. Und nicht ›in Frage‹ stellen.

Die Gesellschaftskrisis der Gegenwart weckt also nicht, wie früher, Sehnsucht nach der einlullenden Droge Vergangenheit. Vielmehr: die Kritik an der ›beschissenen‹ Gegenwart läßt manche Leistung der Vergangenheit, die mit begrenzterem Horizont, einem weniger ausgeklügelten Know-how und einer einfacheren Technik erreicht wurde, in anderem, besserem Licht erscheinen. Nicht nur auf politischem, sondern auch auf wirtschaftlichem Gebiet, von dem unser 20. Jahrhundert immer noch glaubt, es am weitesten von allen Jahrhunderten davor gebracht zu haben. Was verbindet Rom mit Europa? Was trennt sie voneinander? Europa, das seine römische Abkunft nicht verleugnen kann, weder in Kultur, Sprache, Recht noch Staatlichkeit, wirkt 20 Jahrhunderte nach der Errichtung des Imperium Romanum, des Weltreiches der Caesaren, eher wie ein Fehlwurf der sagenhaften Wölfin. Ein Häuflein lebensuntüchtiger Welplein, das sich höchst unschön in die Wolle gerät und zunehmend den Rudelinstinkt des gemeinsamen Überlebens verliert.

Was hat das alte Rom dem um seine Integration geprellten Europa zu sagen?

Rom – das ist mehr als eine Geschichte in Monumenten und Dokumenten, gleichviel, ob aus Stein, Erz oder Ton, vermittelt über Inschriften, Texte, Münzen. Denn römische Tempel, Bögen, Säulen, Statuen, Arenen, Straßen und Wasserleitungen mögen uns noch soviel sagen – vieles behalten sie für sich: zum Beispiel, wieviel sie gekostet haben, wer sie warum mit welcher Technik errichtete und wie sie bezahlt wurden: mit Geld oder Peitschenhieben? Rom nämlich war beides: Geldwirtschaft und Sklavenökonomie, arbeitsteilige Welt- und Marktwirtschaft, und dennoch, was seine innere Betriebsverfassung betraf, ein buntscheckiges Konglomerat nicht eben ›mitbestimmter‹ agrarischer, industrieller, händlerischer Groß-, Mittel- und Kleinunternehmen, mehr patriarchalisch denn kapitalistisch geleitet.

Und lateinische Schriften in Versen oder Prosa über Götter und Menschen, Welt und Natur, Philosophie, Geschichte, Medizin, Architektur, über die Kunst, eine Rede zu halten, ein Landgut zu bewirtschaften, ein Schiff ohne Kompaß und Sextanten, gestützt auf eine fehlerhafte Astronomie und geleitet von ungenauen bis falschen Karten dennoch sicher zu navigieren, mögen uns noch soviel über Wissen und Können

der Römer verraten – aber sie behalten für sich, wie die ›alles bewegende‹ Wirtschaft in Rom funktioniert hat: das Geflecht ihrer Märkte, Preise und Kosten, das Nebeneinander von Natural- und Geldabrechnung, von freier und nur auf Zeit zu ›mietender‹ Lohnarbeit und unfreier und lebenslang ›käuflicher‹ Sklavenarbeit, der Ausgleich von Geldangebot und -nachfrage, der Umgang mit Phänomen der Geldfülle, -entwertung und -knappheit, der Zahlungsbilanz und des ewigen Interessenkonflikts zwischen Sachwert- und Geldbesitzern, Schuldnern und Gläubigern, Sparern und Investoren.
Gewiß, es gibt eine Fülle von Einzelbeobachtungen und -angaben: wieviel ein Maß Weizen wo und wann gekostet hat, ein Liter Olivenöl oder ein Krug Wein; wir erfahren, wieviel man wann und wo für einen Acker Bau- oder Bauernland zahlen mußte; wir kennen die Kaufpreise für Sklaven und die Löhne für Leiharbeit, ebenso die Leihzinsen für Kredit, den Wert der Münzmetalle, die Metallgehalte der Münzen und können aus dem Auf und Ab der Angaben über diese Indikatoren unsere Schlüsse ziehen, welche Zustände jeweils im alten Rom herrschten: Goldene oder weniger Goldene Zeiten, Aufschwung, Prosperität und Geldwertstabilität oder Depression, Investitionsunlust, Krise und Desintegration. Aber wenn wir nach deren jeweiligen *Gründen* fragen, versagen ›Götter, Gräber und Gelehrte‹.
Es ist, wie wenn wir von einem Auto nur wissen, daß es fährt, von einem Computer nur, daß er rechnet.
Und auf Roms eigene ›Antworten‹ auf die vielfältigen Fragen nach dem Warum ist aus durchsichtigen Gründen nicht die Spur eines Verlasses. Denn Roms Weise: Philosophen, Priester, Politiker, Generäle, Kaufleute, Erfinder mögen noch so sehr davon überzeugt gewesen sein, daß es die Götter sind, die alles Menschenlos und -schicksal fest in ihren Händen halten, und Roms Staatskult und Selbstverständnis mag noch so stark in diesem Glauben verwurzelt gewesen sein – kein Römer jener Zeit ahnte auch nur das Mindeste von jenen ›Wirtschaftsgesetzen‹, die sich Geltung verschaffen, oh-

ne auf irgendwelche Götter Rücksicht zu nehmen, egal, ob sie zürnen oder freundlich lächeln. Den ›Gesetzen‹ von Inflation und Deflation, Prosperität und Krise, Zinseruption und -verfall, Weltmarkthaussen und -baissen ist es ziemlich gleichgültig, ob man sie kennt oder nicht, ihnen zustimmt oder sie ablehnt. Sie gelten! Und darin sind sie wirklich ›göttlich‹ – nämlich erbarmungslos!

Auch denen gegenüber, die sie – anders als wir Heutigen – gar nicht haben kennen *können*. Gaius Julius Caesar, der Architekt der römischen Weltintegration (damals ›nur‹ ums Mittelmeer), war ihnen – unbewußt – ebenso unterworfen wie sein Baumeister, Großneffe und Nachfolger Octavian, der spätere Kaiser Augustus.

Und doch: trotz ihres schwerwiegenden ›Theoriedefizites‹ denken und handeln beide – Caesar wie Augustus –, *als ob* sie diese Wirtschaftszusammenhänge und -gesetze gekannt *hätten*. Sie sind die ersten Welt-Staatsmänner, die ersten Welt-Ökonomen, die – weil sie wirklich Welt-Maßstäbe anlegen (und setzen!) – diesen Titel für sich reklamieren dürfen. Die lange vor der Entdeckung sogenannter ›Sachzwänge‹ (auf die sich die heute Regierenden so gerne reagierend zurückziehen) jene eigentlichen Magnetkräfte und Entwicklungsimpulse der Gesellschaften ›erkennen‹ und in den Dienst ihrer Politik zu stellen wissen, die – einmal freigesetzt und angestoßen – Menschen, Märkte und Nationen zusammenwachsen lassen. Bis aus der Vielheit der Nationen der *eine* Welt-Staat und aus der Vielheit der Märkte die *eine* Welt-Wirtschaft wird.

Der römische Weltstaat und die römische Weltwirtschaft – die ersten und vorläufig letzten Weltintegrationen der Menschheitsgeschichte – sind zwar das Ergebnis von Männern, die Geschichte machten. Aber nicht im Sinne kriegerischer Expansion, wie eine lange und traditionsreiche Ahnengalerie bedeutender Historiker lehrt. Beide sind das Werk überlegter, friedlicher und administrativer Konsolidierung. Caesar beendet ein Zeitalter römischen Imperialismus; Au-

gustus glänzt mit den Verwaltungsreformen, deren Entwürfe er der Werkstatt seines großen Vorgängers entnimmt.
Wer ist der Mann, der 2000 Jahre nach dem an ihm verübten Mord ebenso zeitlos wie beklemmend aktuell immer noch für alle Nachfolger seines Metiers Maßstäbe setzt? Was sagt uns ›seine‹ römische Weltintegration, die mit seinem ›Principat‹ beginnt und über 3 Jahrhunderte, einen Zeitraum von 10 Generationen lang, der Menschheit einen ›Wohlstand für alle‹ beschert, der, wie ungleich auch immer am Anfang verteilt, jedem einzelnen: Römer, Provinzialen, Peregrinen, Freien und Sklaven ein Mehr gegenüber allem bringt, was vorher war? Einen Massenwohlstand, den sich zuvor niemand vorstellen konnte: kein orientalischer Fürst, hellenistischer Philosoph oder Gott-König vom Schlage Alexanders. Und der – anders als heute – auch bezahlt werden kann; der weder die Gesellschaft korrumpiert, noch ihren Staat ruiniert. Wenigstens mehrere Jahrhunderte lang!
Roms ›Gemeinsamer Markt‹ ums Mittelmeer folgt keiner technischen Revolution der Produktionsmittel, keinem Einbruch bislang unbekannter zeit- und raumüberwindender Transport- und Kommunikationssysteme, keinem Durchbruch Neuer Technologien! Die Römer erfinden weder Überseesegler noch Dampfschiffe, keine nukleargetriebenen Großfrachter, Flugzeuge, Eisenbahnen, keine Kabel- und Satellitentelegraphie; nicht einmal den Kreiselkompaß, wenngleich sie die zu seiner Benutzung anregende Mathematik kennen. Roms Integrationskonzept orientiert sich nicht an sektoralen oder nationalen ›Schutzinteressen‹, weder seiner Landwirtschaft (deren Gewichtigkeit damals schwerer in die Waagschale fällt als heute), noch seiner heimischen Arbeitsplätze (die wegen weltweiter Freizügigkeit und – teil- und zeitweise – wegen billiger Sklavenarbeit ungleich bedrohter sind als heute) oder an einem fragwürdigen ›Inflationsschutz‹ (den Rom ohne ›Stabilitätspolitik‹ weit besser herstellt als so etwas heute geschieht). In der integratio romana ist fast alles erlaubt, bis auf eines: Abschirmung gegen-

über einer damals nur als ›barbarisch‹, heute dagegen als ›störend‹ empfundenen ›Außen‹welt.

Die Römische Welt integriert sich im gemeinsamen Raum des gemeinsamen Rechts und des gemeinsamen Rechnens: in Zeit-, Gewichts- und Geldeinheiten. In der geordneten und geschützten Freiheit ihrer Wirtschaft. Schwer zu entscheiden, was stärker durchschlägt: deren gemeinsamer Schutz gegenüber dem äußeren Feind (den Legionen und Limes garantieren) oder gegen den inneren (den law and order verbürgen). Oder der gemeinsame Gebrauch des einen, einzigartigen Weltgeldes der Antike: des Aureus, den Caesar einsetzt und der das Weltreich, das zum Weltmarkt wird, zusammenhält. Bis Konstantin ihn im 4. Jahrhundert durch den ›leichteren‹ Solidus ersetzt, der aber immer noch schwergewichtig genug ist, das östliche Mittelmeer als Wirtschaftseinheit zu erhalten, auch als sein Staatsraum immer kleiner wird.

Die antike Wirtschaft entfaltet sich in einem System, in dem keine Staats- und Währungsgrenzen ›stören‹. Roms Weltstaat und Roms Weltwirtschaft haben annähernd dieselben Grenzen. Und was als Fernhandel mit dem fernen China, Indien, Arabien, Afrika und dem unwirtlichen Germanien ›draußen‹ bleibt, wird in römischer Inlands-Münze abgerechnet. Eine andere kommt nicht in Betracht. Denn: an welcher anderen Währung will man Roms Weltgeld messen? In welches noch bessere (stabilere, höher verzinstes) Geld will man es tauschen? Man kann also zwar in Gütern spekulieren: daß der Weizen- oder Olivenölpreis vor der Ernte steigt, nach der Ernte fällt, Voreindeckungen sich lohnen könnten; nicht aber – wie heute – in Währungen: daß die römische Weltmünze (der aureus denarius) mal mehr mal weniger wert sein wird, wie ein US-Dollar der Gegenwart.

In Roms Weltstaat ›ohne Grenzen‹, seiner ›geschlossenen Weltwirtschaft‹ herrscht Binnenmarkt, sind die Preise frei und richtig, gibt es keine administrierten Eier-, Kartoffel- oder Rindfleischpreise. Und es fehlt jegliches Motiv für eine wie auch immer geartete außenwirtschaftliche Abschirmung: für Schutzzölle, Abkopplung, Protektionismus, Floating der Wechselkurse oder andere Ungereimtheiten eines kaum noch kalkulierbaren Währungs- und Wirtschaftswirrwarrs. Die Märkte sind integriert bis hin zur ›Multinationalität‹, aber unbelästigt von staatlichem Eingriff. Und trotzdem stehen die damaligen ›Multis‹ unter dem unerbittlichsten aller Kontrolleure, dem eines unglaublichen Wettbewerbs, den der Markt hervorbringt, den der Staat durch seine Gesetze schützt.

Wovon wir Heutigen nur noch träumen können: dem *einen* Geld der *einen* Wirtschaft in der *einen* Welt – das war vor 2000 Jahren Realität, nicht Utopie!

Zustände wie im alten Rom?

Was leitet die Erfinder dieses ›Konzepts‹, den Nicht-Nur-Feldherren, -Staatsmann, sondern ›Welt‹-Ökonomen Caesar und seinen Vollender Augustus? Worin liegt das Geheimnis ihres bis heute ›einmaligen‹ Erfolgs? Ist er an die historischen Daten Roms gebunden? Oder könnte er, seit vieles nicht nur schwerer, sondern auch einfacher geworden ist, wiederholt werden?

Es fehlt bis heute an einer ›wirtschaftlichen Archäologie‹: dem Versuch, die Ökonomie der Antike nicht nur zu beschreiben, sondern zu verstehen. Nicht aus dem Damals, sondern aus den Fragen des Heute. Geschichte lehrt nur dann nichts, wenn man sie gar nicht oder falsch befragt, sie nach Rankes viel zitiertem, aber leider selten richtig verstandenem Gebot nur berichten läßt, was ›wirklich gewesen ist‹. Dergleichen schafft zwar das historische Alphabet, ohne das weder Worte, geschweige denn Silben und Sätze artikuliert werden können. Aber Buchstaben und Worte allein vermitteln noch keinen Sinn. Und schon gar nicht die Erfahrungen, die Generationen vor uns mit ›ihrer‹ Gesellschaft gesammelt haben. Ein Wissen, das sich uns nur dann erschließt, wenn wir mit der Methode der ›theoretischen Rückblende‹ arbeiten: aus dem heute gesicherten Wissen um gesellschaftliche

Abläufe und Zusammenhänge die damaligen (die uns überliefert sind) neu analysieren und interpretieren – was nichts, aber auch gar nichts mit dem Unding zu tun hat, eine protokapitalistische Wirtschaft, wie die des antiken Rom, mit einer spät-kapitalistischen, wie der unseren, vergleichen zu wollen. Was wir vergleichen, sind nicht ›Strukturen‹ sondern ›Verhaltensweisen‹: Marktreaktionen und -abläufe. Wir nehmen den rational rechnenden und wirtschaftenden Menschen als eine ›Konstante‹ an und deuten sein jeweiliges Gesellschafts- und Wirtschaftssystem als ›Variable‹, wofür sich historisch überzeugende Beispiele und Belege beibringen lassen. Aber selbst wenn dem nicht so wäre: allein auf diese Weise erhalten wir aus den gelösten Menschheitsproblemen des Gestern den einen oder anderen Fingerzeig für die Lösung unserer Probleme von Heute.

Ein Sinn der Geschichte wird immer nur dann deutlich, wenn jede Generation ›ihre‹ Fragen an die Vergangenheit richtet. Dann lehrt Geschichte erstaunlich viel, mehr als sich manche – nicht nur historische – Schulweisheit träumen läßt. Zum Beispiel, daß jener Gaius Julius Caesar – den seine politischen Zeitgenossen, allen voran die konservativen Republikaner der Senatsaristokratie, so leidenschaftlich hassen, daß sie seine Ermordung betreiben – den Staat der Väter nur deswegen liquidiert, weil er lange vor ihnen erkennt, daß dieser *so* nicht mehr leben *kann*. Weder politisch, noch ökonomisch. Weil sich die Welt nicht länger von einigen noch nicht einmal 100 adeligen Familien Roms ausbeuten und plündern läßt. Caesar rettet ›sein‹ Rom im letzten Moment davor, auf der abschüssigen Bahn seiner Vorgänger und Rivalen Sulla, Lucullus, Pompejus abzugleiten und im Osten aufzugehen, sich zu orientalisieren. Er zwingt die ›Welt‹, sich zu romanisieren und schafft damit nicht nur das Abendland. Europa lernt durch ihn sich selbst begreifen, mit *einer* Sprache zu sprechen statt mit viel zu vielen. Es ›versteht‹ sich seitdem als ›Persönlichkeit‹, die sich immer noch nicht vollendet hat. Obwohl sie dieses seit 2000 Jahren versucht.

Ich hätte das Wagnis dieser ökonomischen Ausgrabung nicht riskiert, hätte mir nicht meine frühere Frankfurter Kollegin, die Althistorikerin Helga Gesche, erneuten Nachhilfeunterricht in der Spatenkunde erteilt. Ihre Hinweise und Kontrollen haben auch diesmal wieder meine Produktionsmethode verkürzt und manchen Irrtum richtiggestellt. Wenn sich gleichwohl Irrtümer und Fehler erhalten haben, haftet für diese allein

der Verfasser

Königswinter, Ostern 1986

Der Fahrplan unserer Reise: Stationen, Begegnungen, Namen, Daten

Vor den Iden des März 44 v. Chr.

753 v. Chr.	Gründung Roms (der Sage nach)
510 v. Chr.	Vertreibung der (etruskischen?) Könige; Beginn der Senatsherrschaft; 2 jährlich wechselnde Consuln
491 v. Chr.	Einsetzung der (plebej.) Aedilen
ca. 490 v. Chr. (?)	Entstehung des Volkstribunats
447 v. Chr.	Einsetzung der Quaestoren (zur Verwaltung der Staatskasse)
442 v. Chr.	Einsetzung der Censoren (Einschätzung der Vermögen zwecks Kriegsdienst und Besteuerung; später ›Sittenrichter‹)
367 v. Chr.	Licinisch-Sextische Gesetze (Zulassung der Plebejer zum Consulat; Begrenzung des Besitzes an ager publicus auf 500 iugera pro Bürger); Einsetzung der curulischen Aedilen (für städt. Verwaltung) und Prätoren (für die Gerichtsbarkeit)
326 v. Chr.	Aufhebung der Schuldknechtschaft
312 v. Chr.	Censor Appius Claudius verleiht Freigelassenen röm. Bürgerrecht, erbaut erste röm. Wasserleitung und die Fernstraße Rom – Capua (später bis Sizilien)
287 v. Chr.	Lex Hortensia: Beschlüsse der Volksversammlung erhalten Gesetzeskraft; die Volkstribunen dürfen Gesetzesvorschläge einbringen
280–279 v. Chr.	›Pyrrhus-Siege‹ (bei Heraklea und Asculum)
264–146 v. Chr.	Punische Kriege: Eroberung des westlichen Mittelmeeres

264–241 v. Chr.	1. Krieg
218–202 v. Chr.	2. Krieg (Hannibal contra Fabius Maximus und Scipio Africanus)
149–146 v. Chr.	3. Krieg (endet mit Zerstörung Karthagos)
218 v. Chr.	Lex Claudia schließt Senatoren faktisch vom Seehandel aus
215–168 v. Chr.	Mazedonische Kriege: Eroberung Griechenlands
215–205 v. Chr.	1. Krieg
200–197 v. Chr.	2. Krieg
171–168 v. Chr.	3. Krieg (Sieg bei Pydna: Beginn der römischen ›Weltherrschaft‹)
167 v. Chr.	Abschaffung des tributum für römische Bürger
146 v. Chr.	Zerstörung von Korinth
143–133 v. Chr.	Krieg in Spanien (endet mit Einnahme Numantias)
121 v. Chr.	Einrichtung der Provinz Gallia Narbonensis
191–64 v. Chr.	Kleinasiatische Kriege:
191–188 v. Chr.	gegen Antiochus III. von Syrien (Rom faßt Fuß in Kleinasien)
133 v. Chr.	Pergamenische Erbschaft (Pergamon fällt an Rom)
88–84 v. Chr.	1. Mithridatischer Krieg (80 000 Römer ermordet; Sulla siegreich)
83–81 v. Chr.	2. Mithridatischer Krieg (Murena)
74–64 v. Chr.	3. Mithridatischer Krieg (Lucullus, Pompejus; letzterer ordnet Kleinasien neu; Einrichtung der Provinzen: Pontos-Bithynien, Syrien)
ca. 135–132 v. Chr.	Sklavenaufstand in Sizilien
133 v. Chr.	Tribunat des Tiberius Gracchus
121 v. Chr.	Tod des Gajus Gracchus
ca. 105 v. Chr.	Heeresreform des Marius

102–101 v. Chr.	Marius siegt über Teutonen und Cimbern
91–88 v. Chr.	Bundesgenossenkrieg: Bürgerrecht für ganz Italien südlich des Po
81–79 v. Chr.	Diktatur des Sulla (Restauration der Senatsherrschaft)
77–71 v. Chr.	Pompejus in Spanien (gegen den Marius-Anhänger Sertorius)
73–71 v. Chr.	Spartacus-Aufstand (Crassus und Pompejus)
70 v. Chr.	Pompejus und Crassus Consuln (Aufhebung der Sullanischen Verfassung; Wiederherstellung der vollen tribunizischen Gewalt)
69 v. Chr.	Caesar Quaestor in Spanien
67 v. Chr.	Pompejus säubert das Mittelmeer von den Piraten
65 v. Chr.	Caesar Aedil in Rom
63 v. Chr.	Caesar Pontifex Maximus Cicero Consul Verschwörung des Catilina
62 v. Chr.	Caesar Praetor in Rom Catilina bei Pistoria überwältigt Der siegreiche Pompejus entläßt sein Heer
61 v. Chr.	Caesar geht als Propraetor nach Spanien
60 v. Chr.	Erstes Triumvirat: Pompejus, Crassus, Caesar

›Arma virumque cano‹ (Vergil) –
Caesars Taten (59–44 v. Chr.)

59 v. Chr.	Caesar Consul (zusammen mit Bibulus), heiratet zum 3. Mal (Calpurnia), erhält auf 5 Jahre das Oberkommando für die »beiden« Gallien und Illyrien

58–51 v. Chr.	Gallischer Krieg
58 v. Chr.	Siege über Helvetier und Sueben (Ariovist)
	Cicero verbannt (für ein Jahr)
57 v. Chr.	Feldzug gegen die Nervier (Belger)
56 v. Chr.	Erneuerung des Triumvirats (in Luca)
55 v. Chr.	Erster Rheinübergang; erster Feldzug in Britannien
	Zweites Consulat des Pompejus und Crassus, Crassus erhält das Oberkommando für Syrien; Caesars Gallisches Kommando verlängert
54 v. Chr.	Zweiter Britannien-Feldzug
	Ägypten röm. Protektorat
	Tod des Catull
53 v. Chr.	Zweiter Rheinübergang; Vernichtung der Eburonen
	Tod des Crassus bei Carrhae
52 v. Chr.	Aufstand des Vercingetorix; Gergovia und Alesia
	Ermordung des Clodius; Pompejus alleiniger Consul in Rom
51 v. Chr.	Ende des Gallischen Krieges
	Cleopatra VII. Königin von Ägypten
	Caesar veröffentlicht De bello Gallico
	Cicero veröffentlicht De re publica
50 v. Chr.	Der Senat entzieht Caesar das Gallische Oberkommando
49 v. Chr.	Caesar überschreitet den Rubicon (10. (?) Januar)
49–46 v. Chr.	Bürgerkrieg (Caesar contra Pompejus und Cato d. J.)
49 v. Chr.	Caesar schlägt die Pompejaner in Spanien; Massilia ergibt sich; Caesar erstmals Diktator
48 v. Chr.	Caesars zweites Consulat

	Niederlage bei Dyrrhachium
	Sieg bei Pharsalus (9. August)
	Ermordung des Pompejus in Ägypten (28. September)
	Landung Caesars in Ägypten (2. Oktober)
	Brand der Flotte und Bibliothek (700 000 Rollen)
	Erste Begegnung mit Cleopatra
47 v. Chr.	Alexandrinischer Krieg
	Schlacht am Nildelta: Ptolemäus XIII. ertrinkt
	Heirat Cleopatras mit ihrem jüngeren Bruder Ptolemäus XIV.
	Schlacht bei Zela: »Veni, vidi, vici«
	Caesar zurück in Rom (Oktober)
	Vorbereitungen für den afrikanischen Feldzug (Cato d. J., Juba)
	Cleopatra gebiert einen Sohn: Caesarion
46 v. Chr.	Afrikanischer Krieg
	Sieg bei Thapsus
	Selbstmord des Cato d. J.
	Caesar Diktator auf 10 Jahre
	Julianischer Kalender
	Aufbruch nach Spanien gegen die Pompejus-Söhne Sextus und Gnaeus
45 v. Chr.	Spanischer Feldzug
	Sieg bei Munda
	Rückkehr nach Rom (Oktober)
	Dictator perpetuus, Praefectus morum, Praenomen Imperatoris
	Testamentarische Adoption des Gajus Octavius (Octavian), des späteren Augustus
44 v. Chr.	Caesar tritt sein Amt als Dictator perpetuus an (spätestens am 15. Februar)

	Marc Anton offeriert das Königsdiadem (15. Februar, Lupercalienfest) Ermordung Caesars im Senat (15. März, Iden des März)

Nach den Iden des März 44 v. Chr.

43. v. Chr.	Zweites Triumvirat: Octavian, Marc Anton, Lepidus
42. v. Chr.	Sieg des Marc Anton und Octavian bei Philippi; Tod des Brutus und Cassius
40 v. Chr.	Teilung des Reiches zwischen Octavian (westliche Hälfte) und Marc Anton (östliche Hälfte); Marc Anton heiratet Octavia, die Schwester des Octavian
36 v. Chr.	Ausschaltung des Lepidus
33 v. Chr.	Octavian erklärt Cleopatra den Krieg
31–30 v. Chr.	Sieg des Octavian bei Actium (Agrippa) Tod der Cleopatra; Ägypten wird röm. Provinz
ab 27 v. Chr.	Octavian wird ›Augustus‹ und vom Senat als ›princeps‹ bestätigt; Aufteilung der Provinzen in *sichere* senatorische Provinzen (ohne Militär) und *gefährdete* kaiserliche Provinzen, in denen das Heer (ca. 300 000 Mann) als stehende Berufsarmee stationiert wird
7 v. Chr. (?)	Reichsweiter Census (Christi Geburt); Steuerreform
14 n. Chr.	Tod des Augustus
14–37 n. Chr.	Regierung des Tiberius
81–96 n. Chr.	Domitian (Besoldungsrefom)
98–138 n. Chr.	Trajan, Hadrian (größte Ausdehnung des Reiches, Höhepunkt der Goldenen Zeit)

143 n. Chr.	Aelius Aristides: Lob auf Rom (Empfänger: Antoninus Pius)
161–180 n. Chr.	Marc Aurel: letzter ›guter‹ Kaiser der Goldenen Zeit
212 n. Chr.	Constitutio Antoniniana des Kaisers Caracalla (Römisches Bürgerrecht für alle freien Reichsbewohner)
284–450 n. Chr.	Reformkaiser des 3.–5. Jahrhunderts:
284–305 n. Chr.	Diocletian Währungsstabilisierung, Steuerreform, Preisedikt Neue Verwaltungseinheiten (1 Mit-Augustus, 2 Caesares)
324 (312)– 337 n. Chr.	Konstantin (›Der Große‹) Neue Reichsmünze (solidus statt aureus); Verlegung wichtiger Behörden nach Byzanz (Konstantinopel); Tolerierung und Förderung des Christentums
361–363 n. Chr.	Julian (›Der Abtrünnige‹) Land- und Gesetzesreform
379–395 n. Chr.	Theodosius I. (›Der Große‹) Christentum wird Staatsreligion Teilung des Reiches
408–450 n. Chr.	Theodosius II. Codex Theodosianus
527–565 n. Chr.	Justinian Corpus Juris.

TEIL I:
Caesar – Ein Lebenswerk Sucht Seine Deutung (Pacem Provinciarum, Salutem Imperii)*

»Ein Unglück, daß Caesar ermordet wurde, bevor er dem römischen Weltreich eine angemessene Form sichern konnte.«

Jacob Burckhardt (1910)

»Der historische Charakter kann nur als ein Ganzes aus den Voraussetzungen der Epoche und der Leistung der Persönlichkeit erkannt werden. Ob diese Leistung nun in Tagen sich auswirkte oder im Niederschlag des Denkens durch Worte, ändert nichts an dieser Gegebenheit; dort aber, wo ... das mühsam entdeckte Zufällige zur allgemeinen Charakterisierung herbeigeholt wird, beginnt die strafrechtlich-analytische Methode zu wirken, und das, was geschichtliches Sehen einzig möglich macht, die Ubiquität des Blickes, geht verloren.«

Carl J. Burckhardt (1966)

* Aus einem Brief Caesars an Metellus Scipio.

KAPITEL 1
DER MANN:
DICHTUNG UND WAHRHEIT
(Visionär, Pragmatiker oder Politabenteurer)

»I come to bury Caesar not to praise him.«

William Shakespeare (1599)

Alles an ihm fasziniert. Noch heute, über 2000 Jahre nach seiner Ermordung an den Iden des März im Jahre 44 vor Christi Geburt. Sein Leben, sein Werk, sein Vermächtnis. Am meisten aber die Ratlosigkeit derer, die immer noch nicht wissen, was sie mit ihm anfangen sollen.
Ägypten hat seine Sphinx, jenes Fabelwesen aus Stein, das – wo noch heute der Nil seine Gärten zur Wüste versanden läßt – den Touristen anstarrt. Sein Geheimnis behält es für sich.
Europa hat ›seinen‹ Caesar. Obwohl es ihm fast alles verdankt: seinen Eintritt in Geschichte, Kultur und Staatlichkeit, die ganz und gar nicht sagenhafte Geburt seiner Persönlichkeit mit allem, was bis heute daraus geworden ist und noch werden wird – sein unmythischer Vater ist sein eigentliches Mysterium geblieben. Sein Gesicht, zeitlos wie nur eines, dient jeder Zeit als Rückversicherung und Selbstbestätigung, daß sie die ihr gesteckten Ziele erreicht. Als Siegel ihrer Übereinstimmung mit sich selbst.
Wer ist er?
Die historische Nummer Eins jener europäischen Großen und ›Größen‹, die mit nicht gerade immer zimperlichen Methoden einen verluderten Staat (in Caesars Fall: die auf den Hund gekommene römische Republik) auf einen neuen Vordermann bringen – einen leider oftmals leicht ›faschistoiden‹?
Der Versuch, Caesar zu ›aktualisieren‹, indem man ihn mit einer Gestalt der neuen und neuesten europäischen Geschichte vergleicht, hat Tradition.

Th. Mommsen sieht in Caesar den ›aufgeklärteren‹, von religiösen Wahn- und Zwangsvorstellungen freien Cromwell und stellt ihn – in späteren Auflagen seiner »Römischen Geschichte« – den Zeitgenossen gar als besseren Bismarck vor. Den Historikern des 20. Jahrhunderts gerät Caesar zu einem geheime Alp- und Wunschträume reflektierenden Vexierbild: in G. Ferreros Caesar schimmert unverkennbar Mussolini durch, in demjenigen J. Carcopinos und J. Romains ebenso unübersehbar Napoleon. Und heutzutage darf natürlich auch Hitler nicht fehlen! ›Entdeckt‹ in Caesar hat ihn bereits J. H. Collins in den 50er Jahren. Und dieses Thema – treffender: Trauma – bewegt die Gemüter noch immer. Bis hin zu Chr. Meiers ›abstruser‹ Frage: Können wir nach Hitler noch im Sinn der alten europäischen Tradition mit großen Männern rechnen?
Die Sucht, Caesar in Europas lange Ahnengalerie fragwürdiger bis ruchloser politischer Supermänner einzureihen, hat freilich nur wenig oder nichts zu tun mit ihm. Mehr mit seinen Interpreten: verrät mehr über die Analytiker als den zu Analysierenden – ist stets Tendenz, bestenfalls Zeitgeist, nie Geschichte. Denn: Was kann Caesar dafür, daß unsere Väter auf Hitler hereinfielen? Oder dafür, daß Hitler es fertigbrachte, sein Wahnsinnslibretto als Menschheitstragödie live zu inszenieren: der Nibelungen Leid und Tod als Untergangsdrama seiner blondierten Herrenrasse? Die Großen der Vergangenheit haften nicht für Sünden, Irrtümer oder Greueltaten Späterer. Auch nicht für Motive, Ziele, Intentionen ihrer Nachfahren im Amt. Als wehrlose Rufmord-Geschädigte haben sie sogar Anspruch auf einen Pflichtverteidiger! Wenn also die historisch vergleichende Methode bei der Erforschung Caesars als unfair und untauglich ausscheidet – welche andere bietet sich an? Die Befragung der Caesar-Zeitgenossen?
Freilich: Das Caesarbild wird weder klarer, wenn man den Mann »mit den Augen enttäuschter Intellektueller betrachtet (von denen Cicero zweifellos einer war)« – und deren

Zahl seither zu- nicht abgenommen hat(!); noch »wenn wir fragen, wie er auf die Einwohner italischer Städte, der Ostprovinzen (wie z. B. die Juden) oder des Westens (z. B. Galliens) wirkte. Ihre Antworten würden uns erstaunen. Und vor allem uns kein bißchen weiterhelfen, was einer der Gründe ist, warum die Debatte bis heute ununterbrochen weitergeht«, urteilt treffend Z. Yavetz. Um fortzufahren: »(Caesar) ist einer jener Charaktere, die in einem Zeitalter der Krise und der Erwartungen zur Macht gelangen ... Infolgedessen erhofft sich jede Klasse, jede Gruppe eine andere Lösung der Krise von ihm. Infolgedessen macht sich jede ›ihren‹ Caesar.«

Anders ausgedrückt: das Caesar-Bild derer, die ihn kannten und erlebten, ist zwangsläufig von der Parteien Gunst und Haß verwirrt: alles andere als objektiv und zuverlässig.

Wir müssen also weiter fragen: Wer ist dieser Caesar wirklich?

Der zwar geniale aber kalte Techniker der Macht, der Alexanders großartige Hinterlassenschaft, die ›künstlerische‹ Staatenwelt des Hellenismus (von der als ›Modell‹ freilich nur noch das Ägypten degenerierter Spät-Ptolemäer übrig geblieben war), dem öden Militärregime römischer Statthalter, der gnadenlosen Profitsucht römischer Administratoren unterwirft – wie all jene Philhellenen, die das Land der Griechen mehr mit der Seele als dem Kopfe suchen, mit Bedauern feststellen?

Der Römer, der – wie Ed. Meyer argwöhnt – in Rom Gottkönigtum und Vielweiberei einführen will, der zum Orientalen und Despoten entartet wäre und gleichsam als tatsächlich trojanisches Pferd (stammten doch des Juliers Urahnen aus Troja!) die orientalische Despotie nach Rom und Europa getragen hätte, wäre er nicht noch gerade ›rechtzeitig‹ ermordet worden?

Der Condottiere, irrlichternde Polit-Außenseiter und -Abenteurer ohne staatsmännische Qualität, den H. Strasburger und seine Schule in ihm sehen; der weder für eine Idee noch eine Sache steht, die res publica lediglich als Karriereleiter betrachtet und als erfolgreicher Junta-General um nichts anderes spielt als Macht und Beute?

Oder: Der Idealtyp des weisen Herrschers im Sinne Platons und der Aufklärung: ein König, der zum Philosophen, ein Philosoph, der zum König wird – auch wenn diese Vorstellung mehr die unerfüllbaren Machtgelüste der Philosophen als die leicht erfüllbaren Weisheitsbegierden der Könige widerspiegelt?

Der Mann, der Macht und Geist versöhnt, wie vor und nach ihm keiner, der des Horaz die Schulmänner aller Jahrhunderte entzückendes Epigramm vom ›wilden Sieger, den das besiegte Griechenland überwindet‹ in seiner Person und Politik verkörpert?

Der Volksvertreter, der seiner Partei ein Leben lang die Treue hält, niemals wie andere (Pompejus, Cicero) die Fronten wechselt; der seine Ideale gradlinig, zäh und voller List verwirklicht; der bis heute unerreichte Prototyp des Parteimannes, der – in den Augen M. Gelzers – zum säkularen Staatsmann avanciert?

Der erste auf Lebenszeit demokratisch-›plebiszitär‹ bestellte Präsident, den niemand realpolitischer begreift als Machiavell, wenn er festhält: »Das Heil eines Freistaates oder eines Königreiches hängt daher nicht von einem Machthaber ab, der zu Lebzeiten weise regiert, sondern davon, daß er dem Staat Einrichtungen gibt, durch die dieser sich auch nach seinem Tod erhalten kann«?

Der politische Archetypos, dessen Name als Synonym für historische Größe steht, so daß ihn der Herkules der Geschichtsphilosophen, G. W. Hegel, kurzerhand zum ›Geschäftsführer des Weltgeistes‹ ernennt, der Goethe der Historiker, Th. Mommsen, zum ›demokratischen Urgestein‹ schlechthin und ›ganzen vollständigen Mann‹ erklärt – aller Zeiten, nicht nur eines Jahrhunderts oder eines Jahres?

Man sieht es überdeutlich: Caesars Charakterbild schwankt wie kaum ein anderes – in der Geschichtsschreibung.

Oder hat doch Th. Mommsen den historischen und dennoch zeitlosen Caesar getroffen? Als er die Summe seines Urteils in die unvergeßlichen Sätze faßt:
»Er ist vielleicht der einzige unter den Gewaltigen des Herrn, welcher im Großen wie im Kleinen nie nach Neigung oder Laune, sondern ohne Ausnahme nach seiner Regentenpflicht gehandelt hat und der, wenn er auf sein Leben zurücksah, wohl falsche Berechnungen zu bedauern, aber keinen Fehltritt der Leidenschaft zu bereuen fand ... Er ist ... der Einzige, ... der den staatsmännischen Takt für das Mögliche und Unmögliche bis an das Ende seiner Laufbahn sich bewahrt hat und nicht gescheitert ist an derjenigen Aufgabe, die für großartig angelegte Naturen von allen die schwerste ist, ... auf der Zinne des Erfolgs dessen natürliche Schranken zu erkennen. Was möglich war, hat er geleistet und nie um des unmöglichen Besseren willen das mögliche Gute unterlassen, nie es verschmäht, unheilbare Übel durch Palliative wenigstens zu lindern. Aber wo er erkannte, daß das Schicksal gesprochen, hat er immer gehorcht ...
So war dieser einzige Mann, den zu schildern so leicht scheint und doch so unendlich schwer ist ... Die Überlieferung bewahrt über ihn ausgiebigere und lebendigere Kunde als über irgend einen seiner Pairs in der antiken Welt. Eine solche Persönlichkeit konnte wohl flacher oder tiefer, aber nicht eigentlich verschieden aufgefaßt werden; jedem nicht ganz verkehrten Forscher ist das hohe Bild mit denselben wesentlichen Zügen erschienen, und doch ist dasselbe anschaulich wiederzugeben, noch keinem gelungen. Das Geheimnis liegt in dessen Vollendung.
Menschlich wie geschichtlich steht Caesar in dem Gleichungspunkt, in welchem die großen Gegensätze des Daseins sich ineinander aufheben. Von gewaltigster Schöpferkraft und doch zugleich vom durchdringendsten Verstande; nicht mehr Jüngling und noch nicht Greis; vom höchsten Wollen und vom höchsten Vollbringen; erfüllt von republikanischen Idealen und zugleich geboren zum König; ein Römer im tief-

sten Kern seines Wesens, und wieder berufen, die römische und die hellenische Entwicklung in sich wie nach außen hin zu versöhnen und zu vermählen, ist Caesar der ganze und vollständige Mann.
Darum fehlt es denn auch bei ihm mehr als bei irgend einer anderen geschichtlichen Persönlichkeit an den sogenannten charakteristischen Zügen, welche ja doch nichts anderes sind als Abweichungen von der naturgemäßen menschlichen Entwicklung. Was dem ersten oberflächlichen Blick dafür gilt, zeigt sich bei näherer Betrachtung nicht als Individualität, sondern als Eigenthümlichkeit der Culturepoche oder der Nation; ...
Es gehört dies mit zu Caesars voller Menschlichkeit, daß er im höchsten Grade durch Zeit und Ort bedingt ward; denn eine Menschlichkeit an sich gibt es nicht, sondern der lebendige Mensch kann eben nicht anders als in einer gegebenen Volkseigenthümlichkeit und in einem bestimmten Culturzug stehen. Nur dadurch war Caesar ein voller Mann, weil er wie kein anderer mitten in die Strömungen seiner Zeit sich gestellt hatte und weil er die kernige Eigenthümlichkeit der römischen Nation, die reale bürgerliche Tüchtigkeit vollendet wie kein anderer in sich trug; wie denn auch sein Hellenismus nur der mit der italischen Nationalität längst innig verwachsene war. Aber eben hierin liegt auch die Schwierigkeit, man darf vielleicht sagen, die Unmöglichkeit Caesar anschaulich zu schildern. Wie der Künstler alles malen kann, nur nicht die vollendete Schönheit, so kann auch der Geschichtsschreiber, wo ihm alle tausend Jahre einmal das Vollkommene begegnet, nur darüber schweigen.«
Aber gerade darin sollte sich der größte aller Caesar-Forscher irren. Mommsens Römische Geschichte und sein Caesar entpuppten sich als Stein, der, ins Wasser geworfen, immer noch Kreise kontroverser Forschung zieht. Helga Gesche zitiert in ihrer Caesar-Bibliographie allein für die letzten 50 Jahre über 1900 wissenschaftliche Einzelbeiträge; alle erschienen seit Mommsens großem ›Wurf‹!

Ihr gemeinsamer Nenner ist, daß sie keinen haben. Und es sieht auch nicht mehr danach aus, als ob noch einer zu erwarten sei. Denn auch das gehört zum Vollkommenen, daß es die kleineren Geister, die es ruft, nicht mehr zur Ruhe kommen läßt. Denn wer wirklich zeitlos ist, bewegt *jede* Zeit. Weil er jeder etwas *anderes* zu sagen hat.

Die einzigen, die einen Mann zeitlos zu sehen vermögen, sind im allgemeinen die Dichter. Fragen wir sie, was sie an ihm mit ihrem unbestechlichen inneren Auge wahrnehmen.

Aber auch das ist typisch: Sie lassen ihren Caesar fast *jede* Rolle ihres reichen Repertoires spielen. Nur: ist es seine?

Shakespeare, der große Seelenkenner und -zergliederer, sieht nur noch den Schatten des Mannes, der er einstmals war:

»Whose blood and judgement were so well commingled
That he was not a pipe for Fortune's finger to
Sound what stop she pleased.«

(»Des' Blut und Urteil sich so gut vermischt,
daß er zur Pfeife nicht Fortunen dient,
den Ton zu spielen, den ihr Finger greift.«)

Aber: Brutus und Cassius, hinter denen Vollblutpolitiker, wie der jüngere Cato und der alte Cicero, die Drähte ziehen, ermorden kein Phantom, keinen senilen Trottel, an dem nichts stört als seine eitle und larmoyante Arroganz. Diese Leute hatten auch den ›großen‹, aber trocknen Pompejus und den ›glücklichen‹, aber sturen Sulla ertragen! Der Charme eines Caesar ging beiden wirklich ab.

George Bernard Shaw stempelt den bartlosen Römer zum zeitlosen Politikeridol, dessen Übertreibung die Untertreibung ist. Der, weil er weiß, was er will, sich nicht in die Karten gucken läßt, schon gar nicht von der durchtriebenen und ›ganz und gar ungewöhnlichen‹ (Horaz) Cleopatra:

»Er weiß, daß der Augenblick des Erfolges nicht der ist, den die Menge dafür hält, und so braucht er, um den Eindruck vollkommenen Desinteresses und der Großherzigkeit zu wecken, nur mit uneingeschränkter Selbstsucht zu handeln,

und das ist vielleicht der einzige Sinn, in dem man von einem Mann sagen kann, er sei von Natur groß.« (Anmerkungen zu ›Caesar und Cleopatra‹)
So *könnte* er gewesen sein. Es würde vieles erklären. Nur nicht alles.
Bertolt Brecht verkleinert ihn zum Spieler, der, weil er Erfolg hat, für groß gehalten wird. Aber seine unpretentiöse Wahrheit: daß ihm die Idee mit dem Erfolg zufliegt, nicht der Erfolg mit der Idee, scheint ihm selber nicht ganz schlüssig zu sein. Warum verteidigt sein erfundener Caesar-Mitstreiter Afranius Carbo den seit 20 Jahren Toten gegen den Zynismus seines gleichfalls erfundenen Bankiers Mummlius Spicer?
»Wir haben vergessen, daß wir Plebejer sind ... Sagen Sie nicht, daß das heute nichts mehr ausmacht. Gerade das ist es, was erreicht wurde: daß das heute nichts mehr ausmacht. Das ist eben Caesar. Was sind dagegen ein paar Schlachten im alten Stil, ein paar wackelige Verträge mit ein paar Häuptlingen eingeborener Stämme, die er auch noch gemacht hat!«
Brecht bricht seine Analyse der ›Geschäfte des Herrn Julius Caesar‹ ab, ehe ihn die Karriere aus der Kulisse an die Rampe führt. Wer weiß, was Carbo sonst noch an dem Befreier des römischen Proletariates gerühmt hätte?
Walter Jens läßt Caesars Stunde hemingwayisch schlagen. Dem Übermenschen fehlt zum großen Auftritt nur noch eines: der würdige Abgang, den er, sein eigener Regisseur, selber inszeniert. So übt er mit Antonius, diesem miserablen Redner, des Shakespeares große Rede ein. Wort für Wort, Geste für Geste:
»ANTONIUS: Ich bin kein guter Redner, Caesar.
CAESAR: Aber glaubhaft. Darauf kommt es an.
ANTONIUS: Wenn es im Feld wäre, vor den Soldaten ...
CAESAR: Du *bist* im Feld, Antonius. Glaub mir, du wirst eine Rede halten, von der man noch nach Jahrhunderten spricht.
Vorsprechend
Ich bestimme ...

ANTONIUS: (*einfallend*) ... daß jeder Plebejer, wer immer er sei, dreihundert Sesterzen erhält.
CAESAR: Die Pause vor der Zahl muß länger sein. Dreihundert ... das ist schließlich viel Geld für einen Proleten. Mit achtzig werden sie rechnen, vielleicht auch mit hundert. Aber dreihundert, das ist beinahe ein Vermögen für die meisten von ihnen.
Spricht vor
... wer immer er sei, dreihundert Sesterzen ... Du wirst sehen, das tut seine Wirkung. –
Und dann dies: »Ich bestimme, daß aus meinen Gärten jenseits des Tiber öffentliche Anlagen werden. Auch meine Häuser und den gesamten Besitz an Grund und Boden vermache ich mit dem heutigen Tage dem römischen Volk.«
Blickt auf, prüft die Reaktion, nickt dann befriedigt.
Schon nach diesem Satz dürfen die Verschwörer keine Chance mehr haben. Mit Caesar wurde der größte Freund des Volkes ermordet ... das ist der Sinn des Testaments. – Aber hör weiter: »Als meine Erben setze ich ein ...«
Eine Wandtafel wird hereingefahren. Caesar nimmt ein Stück Kreide, zeichnet, während er spricht.
Das ist das Forum; in der Mitte, hier ungefähr, die Rednertribüne, und davor die Bahre mit dem Totengewand,
schaut an sich herunter
das ist schwarz von Blut. Wenn man es gegen das Licht hält, sind sogar die Löcher zu sehen. Unter dem Hemd liegt eine Puppe aus Wachs. Man hat sie mir heute morgen gezeigt. Basilius hat sich selbst übertroffen. Nein, ich möchte nicht, daß ihr sie seht. Es ist Sache der Ärzte, die Wunden einzuzeichnen. Außerdem muß noch der Mechanismus überprüft werden: es ist nämlich keine gewöhnliche Puppe. Wenn man auf einen Knopf drückt, richtet sie sich auf.
Caesar blickt empor, als sähe er, entzückt von solcher Phantasmagorie, die Puppe deutlich vor sich. Dann geht er auf Antonius zu, stellt sich neben ihn und zeigt ihm die Szenerie auf dem Forum.

Siehst du die Menschen? Es sind mindestens zehntausend, die stehen bis zum Palatin. Da drüben die weinenden Frauen, und da meine alten Soldaten in Waffen, die Veteranen mit ihren Orden. Hörst du? Jetzt schlagen sie mit den Schwertern gegen die Schilde ... und jetzt die Klagegesänge der Kinder! Das ist dein Stichwort, Antonius. Mach schnell, du mußt auf die Tribüne. Nun ist es still.
Caesar gibt Antonius das Zeichen zum Einsatz.
ANTONIUS: Caesar ist tot, er war mein Freund ...
CAESAR: Nicht so schnell, du mußt viel langsamer sprechen, und feierlicher. Man versteht dich sonst nicht.
Spricht vor
Caesar ist tot, er war mein Freund, wie er ein Freund von allen Gutgesinnten war.
ANTONIUS: Ein Freund des Volkes und ein Freund auch ...
CAESAR: Jetzt die lange Pause ...«
Und wozu das Ganze? Nur um am Ende der Lektion menschlich-allzu-menschliche Angst vor der eigenen Courage zu bekommen? Um sich dann doch wieder von dem um seinen Lohn bangenden Würstchen Antonius umstimmen zu lassen? Jens, der auszog, ›seinem‹ Caesar das würdige Ende von Shakespeares Brutus zu verschaffen:
»His life was gentle, and the elements
So mixed in him that nature might stand up
And say to all the world, ›This was a man‹!«
(»Des' Leben war so edel, und die Elemente in ihm
so wohlgemischt, daß die Natur am Ende selbst
der ganzen Welt verkünden muß: ›Dies war ein Mann‹!«)
bleibt die Antwort schuldig, warum sein Held Verschwörern, die er kennt und von deren nichtswürdigen Plänen er weiß, nicht sein Leben, sondern sein Lebens*werk* zur Zerstörung überläßt. Umsonst gelebt zu haben, wiegt selbst der schönste Tod nicht auf! Und habe er ihn selber inszeniert. Nein: so war er sicher nicht.
Wer von allen, die sich um ihn bemüht haben, seinem inneren Wesen am nächsten gekommen sein könnte, ist der

Nicht-Europäer und ganz und gar Un-Amerikaner Thornton Wilder, dessen Caesar seinem lebenslangen Freund und Vertrauten Mamilius Turrinus anvertraut:

»Der Vorwurf, daß ich ein Feind der Freiheit sei, wurde nie erhoben, solange ich Roms Armeen kommandierte, obwohl ... ich ihren Bewegungsspielraum einengte, daß sie sich nicht einmal eine Meile von ihren Zelten entfernen durften. Sie standen morgens auf und legten sich abends brav nieder, wenn ich es befahl. Niemand protestierte ...

In den Augen meiner Feinde sitze ich da – bekleidet mit den Freiheiten, die ich anderen gestohlen habe. Ich bin ein Tyrann, und sie vergleichen mich mit den Potentaten und Satrapen des Orients. Aber sie können mir nicht nachsagen, daß ich auch nur einen Mann seines Geldes, Landes oder Berufes beraubt hätte. Ich hätte sie der Freiheit beraubt. Ich habe sie weder ihrer Stimme noch ihrer Meinung beraubt. Ich bin weder ein Orientale, noch habe ich die Menschen in Unkenntnis über das gelassen, was sie wissen sollten. Noch habe ich sie je belogen ...

Aber es gibt keine Freiheit außerhalb der Verantwortung. Deswegen kann ich ihnen auch nicht nehmen, was sie weder haben noch wollen. Ich habe niemals aufgehört, ihnen die Gelegenheit dazu zu geben. Aber schon meine Vorgänger mußten lernen, daß sie nicht daran interessiert sind, sie zu ergreifen ... Die Römer haben sich in der subtilen Kunst geübt, das Risiko und den Preis der politischen Freiheit zu vermeiden. Sie sind die Parasiten einer Freiheit geworden, die ich glücklicherweise für sie ausübe ... und die ich mit jedem Mann zu teilen gewillt bin, der ihre Bürde auf sich nimmt ...

Das unverkennbare Zeichen derer, die ihre Freiheit zurückweisen, ist die Mißgunst; es ist die Scheelsucht des Auges, das nicht ruht, bis es die ›geheimen‹ Motive derer bloßlegt, die ihre Freiheit ausüben statt sie entgegenzunehmen ...

Ich habe nie gehört, daß es Grenzen der Weisheit gibt. Der Weg ist frei für bessere Dichter als Homer, bessere Herrscher als Caesar. Dem Verbrechen und der Dummheit sind keine

Schranken gesetzt. Auch darin erkenne ich ein Geheimnis. Es bewahrt mich davor, in menschlichen Dingen letzte Urteile zu fällen. Wo Unwägbares bleibt, bleibt die Verheißung.«
Und warum haben ähnliches nicht die beiden Zunft- nicht Zeitgenossen Wilders gemerkt, die Caesar noch erleben: Roms unvergleichlicher Lyriker Catull und sein unsterblicher Epiker Vergil?
Catull, der Sohn eines seiner ältesten Freunde (Caesar nimmt seine Gastfreundschaft in Anspruch, wann immer er durch Verona kommt), sollte ihn eigentlich wie einen ›Onkel‹ verehren. Aber der junge Mann aus der späteren Stadt Romeos hat andere Interessen und nicht den besten Umgang. Seine ›Lesbia‹, die im bürgerlichen Leben Clodia heißt und die ebenso ehrgeizige wie skrupellose Schwester des ebenso skrupellosen wie ehrgeizigen Clodius Pulcher ist (eines von Caesars weniger überzeugenden Konfidenten) betrügt ihn nach Strich und Faden. Zunächst macht er sich Mut:
»nunc iam illa non vult; tu quoque, inpotens, noli
nec, quae fugit, sectare, nec miser vive;
sed obstinata mente perfer, obdura ...
at tu, Catulle, destinatus obdura.«
(»Nun, da sie nicht mehr will, hör auch Du, Schwächling,
auf, sie zu begehren.
Lauf der nicht mehr nach, die Dich nicht will.
Wappne Dein Herz, steh's durch ...
Trage, Catull, Dein Schicksal mit Würde.«)
Als sie ihn wieder (nicht allzu lange) in Gnaden aufnimmt, ist er im siebenten Himmel. Aus dem er schnell wieder herausfällt. Einem Freunde namens Caelius klagt er sein Leid, die Dame seines beleidigten Herzens nicht eben wie ein Gentleman traktierend:
»Caelius: Lesbia – sie, unsere Lesbia!
Oh, daß die einzig von Catull Geliebte,
die er liebte, wie niemals sich selbst und alles,
was jemals ihm teuer,
nun an Straßen und unter Brücken sich sucht

ihre Männer!
Und Roms großherzige Söhne neppt um ihr Geld.«
Mit Caesar, der ihn mag, hat er nichts im Sinn. Er schmäht ihn mit Versen, die nicht zu seinen stärksten zählen. Unter anderem verdächtigt er ihn nicht gerade geschmackvoll, Liebhaber seines Pioniergenerals Mamurra zu sein. Catull stirbt im Jahre 54 v. Chr., knapp 30jährig. Thornton Wilders hübsche Geschichte, daß Caesar selbst nach Rom gekommen sei, um an seinem Totenbette zu wachen, geht zeitlich nicht auf. Caesar kann Ambiorix und seiner aufständischen Eburonen wegen Gallien nicht verlassen. Nicht einmal, als im selben Unglücksjahr seine Mutter Aurelia und seine einzige Tochter Julia sterben.
Und des Reiches Dichter Vergil? Als Caesar ermordet wird, ist er 26 Jahre alt und eben aus der Provinzstadt Mantua in Rom eingetroffen. Seine Aeneis wird erst nach der Schlacht von Actium (31 v. Chr.) in Auftrag gegeben, nachdem der Stern des Marc Anton endgültig versunken ist, der des Octavian und späteren Augustus, Caesars wahrem Erben, für immer aufgeht. 25 Jahre nach Caesars Tod wird Roms größter Dichter Anfang und Ende des ›Reiches ohne Grenzen‹ (imperium sine fine) in der Doppelperson des (Divus) Julius Caesar Augustus inkarnieren:
»nascetur pulchra Troianus origine Caesar,
imperium Oceano, famam qui terminet astris,
Julius, a magno demissum nomen Julo.«
(»Aus erlauchtem Geschlecht entspringt der
trojanische Caesar, führt bis zum Ozean das
Reich, den Ruhm bis zu den Sternen,
Julius, nach dem Namen des großen Julus
geheißen.«)
Trick oder Zufall? Es bleibt offen, wer gemeint ist: der erste oder der zweite Caesar. Der ›große‹ Onkel, der das Reich geplant und seinen Rohbau errichtet, oder der ›zähe‹, unprätentiöse Neffe, der es vollendet und wohnlich macht? Selten ist ein Mann in schöneren Versen so unpersönlich besungen

worden. Spricht daraus die innere Resistenz des vom Staate und seinem Minister Maecenas bezahlten Poeten? Oder die Unsicherheit eines von der verwirrenden Meinungsvielheit (wenn auch noch nicht von Freud) belasteten Urteils? Das aber dann dem ersten, nicht dem zweiten Caesar gegolten haben muß.

Denn der Dichter und Augustus (wie Octavian schon bald nach Actium offiziell genannt wird) kennen sich gut. Als Vergil vor Vollendung der Aeneis (19 v. Chr.) stirbt und selbstkritisch, wie er ist, die Verbrennung der Verse, die er nicht mehr auf Höchstglanz polieren kann, testamentarisch anordnet, vereitelt es der Kaiser. Augustus hat mit seinem ›sacrilegium‹ Europa tief verpflichtet. Wir wissen nicht, wie Dante, Milton und Goethe ohne Vergil gedichtet hätten. Daß wir es uns nicht vorstellen können, sagt genug. Nur: warum läßt uns dieser poeta publicus ohnegleichen in Sachen Caesar (des ersten) so im Stich?

Die simple Antwort ist: Man weiß schon damals nicht genau, was man über Caesar denken soll. War er ein Gott, der unter den Menschen erschien, auf den nicht nur der Orient ungeduldig wartete, sondern auch das ernste, gebildete – und seit Platon ›eschatologischer‹ denn je eingestimmte – Griechenland? Oder nur ein geschickterer Sulla, Crassus oder Pompejus? Den ›zweiten Alexander‹, den einige Historiker in ihm wiedererkennen wollen, sieht damals niemand. Vergil wäre es nicht entgangen. Die wirkliche crux mit ihm ist, daß schon die Zeitgenossen kein ›letztes‹ Urteil über ihn besitzen. Dafür eine Fülle leicht erkennbarer Vorurteile. Zwei Zeugnisse, die – vielleicht – objektiv gewesen wären: das des Titus Livius und das des Asinius Pollio sind verloren gegangen; allenfalls in die Meinungsbildung Späterer (wie Plutarch, Sueton, Appian und anderer) eingegangen. Authentisch gibt es nur *drei* Quellen über Caesar, deren Objektivität leider über gar keinen Zweifel erhaben ist: Ihn selbst und was von seinen Schriften und Selbstzeugnissen erhalten ist; was ein langjähriger Gefolgsmann, Bewunderer, zu guter Letzt aber zutiefst von ihm Enttäuschter von ihm festhält: der römische Schriftsteller Sallust; und was sein lebenslanger Freund und Rivale Cicero aus ihrer wechselvollen Beziehung in Dutzenden von Briefen und Schriften an Schmähungen, Schmeichelei, Zwecklügen und versteckter Bewunderung verspritzt.

Sallust, römischer Amateursoldat, Verwaltungsfachmann (zeitweiliger Gouverneur in Afrika) und Historiker von Rang (›Die Verschwörung des Catilina‹; seine ›Historien‹, die Caesars Frühzeit, nämlich die Jahre 78–67/63 v. Chr. behandeln, sind leider – bis auf einige Fragmente – verloren) ist vor allem Patriot und sieht in Caesar jahrelang den kommenden Mann. In zwei politischen Pamphleten erteilt er ihm Ratschläge, wie der Staat zu retten wäre. Ihre Freundschaft hält solange, wie Sallust der irrtümlichen Meinung ist, seine und seines Idols Ideale seien identisch: gerichtet auf das Zurück zur alten römischen Republik, dem Staat der Väter. Seine Enttäuschung ist grenzenlos, als er den Irrtum bemerkt, daß Caesar nicht den Staat der Väter, sondern der Söhne, Enkel und Enkelsenkel will. Nicht das Alte, sondern das Neue.

Sallust sieht in Caesar ›den Gott, der versagt‹, den Mann der beneficia, munificentia, der virtus und magnitudo animi, dem jedoch die eine unabdingbare Voraussetzung fehlt: das ernste Bemühen um die Wiedergeburt der Republik, urteilt John H. Collins. Für Sallust scheitert Caesars Rivale, der Moralist Cato, weil man in der Politik auch mit unmoralischen Mitteln arbeiten muß, der amoralische Caesar dagegen nicht minder, weil es ohne Moral auch politisch keine gerade Linie geben kann. Weil Sallust Caesars Moral nicht versteht, kann er sie nicht teilen. Weil es für Sallust ohne Moral aber auch keine Politik geben kann, muß er – so leid es ihm tut – den Mord an Caesar letztlich für legitim halten. Ein Urteil, das so logisch begründet wird, daß es Sueton später übernimmt. Der Mord muß sein ›zur Sühne von Machtmißbrauch und Rechtsverletzung‹.

Ciceros Beitrag zur Caesardechiffrierung ist kein bißchen subtil. Cicero kennt Caesar von klein an und haßt ihn wie einer, der sich mühsam er- und verdienen muß, was der andere von Geburt mitbringt. Und wegwirft! Der Mann von Adel, der die Geschäfte des Volkes betreibt, ist dem Mann, der sich von unten in die besseren Kreise heraufarbeitet, zeitlebens unverständlich bis verdächtig. Cicero verbirgt niemals seine Abneigung gegen den politischen Gegner, bis Pompejus, als dieser zeitweise von der Senats- zur Volkspartei überwechselt, ihn eine Zeitlang umdreht. Pompejus braucht Caesar, und Cicero, der Pompejus braucht, verschließt sich dem nicht. Zwischen 56 und 53 v. Chr. ist Cicero Caesars Mann, sein Bruder Quintus dient Caesar als Legat in Gallien. Cicero schreibt Briefe (an ihn und andere), deren Kopien Caesar erreichen (sollen?), um diesen davon zu überzeugen, wie gewogen er ihm ist. Ab dem Jahre 53 steht er mit Pompejus wieder auf der anderen – richtigen – Seite. Was ihn nicht hindert, dem ab 49 v. Chr. siegreichen Caesar Ergebenheit zu heucheln. Der Mord des Jahres 44 v. Chr. läßt ihn hämisch frohlocken; die Iden des März sind ein Freudentag, schreibt er an Trebonius.

»Wie wünschte ich, Du hättest mich damals zu jenem schönsten aller Opfermahle (gemeint ist die Bluttat – erg. der Verf.) an den Iden des März eingeladen; dann wäre nichts übrig geblieben.«

Wie erfüllt es ihn mit Genugtuung, daß, nachdem Caesars Leiche vor der Säule des Pompejus in beflecktem und besudeltem Ornate daliegt, es niemand wagt, sich ihm zu nähern – »keiner der Freunde, keiner der Sklaven«.

Hätte er geschwiegen, er wäre – vielleicht – der Staatsphilosoph geworden, der er sein wollte. Armer Cicero! Sein Urteil über den Toten richtet ihn, nicht diesen.

Und die beiden eigentlichen Caesar-Biographen, auf deren Berichte das meiste zurückgeht, was wir aus römischer Zeit über ihn wissen: sein Leben, seine großen und kleinen Taten, Dummheiten, Aussprüche, seine schon zu Lebzeiten wie ein bunter Flickenteppich aus den verschiedensten Quellen, Bereichen und Begebenheiten zusammengestückelte Legende?

Der romantische Plutarch lebt zwischen 46 und 120 n. Chr.; der kühlere Römer Sueton eine knappe Generation später: zwischen 75 und 140 n. Chr. Beide Biographen kennen ihren Helden nicht, nur seine Story, die zahllosen Geschichten und Geschichtchen, die schon damals über ihn im Umlauf sind. Sein Klischee.

Geschichtsschreibung steht in der Antike Hofjournalismus näher als heute. Der Römer, der wissen will, was in der Welt vor sich geht, bummelt spätnachmittags über das Forum. Es ersetzt ihm Zeitung und Bildschirm. Dort erfährt er fast alles. Ob authentisch, ist eine andere Frage. Denn: öffentliche Meinung wird damals wie heute ›gemacht‹, eine Kunst, auf die sich Curio d. Ä., Pompejus, Metellus Scipio, Cicero und andere Caesar-Feinde, die sich den Luxus teurer Sykophanten (gewerbsmäßiger Verleumder) leisten können, nicht minder virtuos verstehen wie Caesar selbst. Z. B.: Der bloße Verdacht, nach der Krone zu streben, mußte bei einem ›königshassenden‹ Volke wie dem römischen eine Karriere ähnlich töten wie heutzutage das bloße Indiz, Umgang mit der Terroristenszene zu pflegen.

Plutarch, angesehener Kommunalpolitiker aus Chäronea in Böotien, reist für sein Leben gern. Ein zweiter Herodot, der sich erzählen läßt, was sich die Leute über seine ›parallelen‹ griechischen und römischen Helden zuraunen. Ein größerer Schnurren- und Anekdotensammler als ein seriöser Historiker. Sein Fehler ist weniger seine *Moral* als seine *Methode*. Sein Jahrhunderte entzückendes Vergleichen von Größen, die zwar Größen, aber unvergleichbare sind: hier Römer, da Grieche, mit dem er beiden Völkern den ›rassistischen‹ Dünkel aberziehen will, paßt zwar großartig in die Zeit, die sich aus eigenem inneren Antrieb anschickt, kosmopolitisch zu werden. Nur hat das löbliche ›Soll‹ der Gegenwart nicht allzuviel mit dem ›Haben‹ der Vergangenheit zu tun.

Sueton ist kein Politiker, sondern Beamter. Er schöpft sein Wissen nicht aus Geschichten, sondern aus den Geheimakten der Kaiser Trajan und Hadrian, denen er dient. Dem letzteren als ›Geheim-Rat‹, der, der das Reichsarchiv verwaltet. Aber entweder enthalten die Dossiers nicht allzuviel. Oder Sueton zieht es vor, nicht alles zu berichten, was er weiß. Und was er denkt. Und vieles, was er berichtet, kann er weder wissen noch belegen. Wie z. B., daß schon der junge Ädil Caesar, gerade 35 Jahre alt, die Alleinherrschaft in Rom angestrebt habe. Dergleichen dürfte der schon damals nicht mehr ganz Unerfahrene kaum jemandem anvertraut haben. Bestimmt nicht seinen zahlreichen Feinden. Erst recht nicht seinen wenigen Freunden, deren Schwächen er besser kennt als diese selber. Marc Anton trinkt und hat ständig Weiber-Affären; Lepidus ist zwar verläßlich, aber schwätzt; Dolabella, Ciceros späterer Schwiegersohn, spekuliert und würde für Geld seine Schwiegermutter verkaufen; der zwielichtige Faberius, Caesars Geheimsekretär, ist zwar für allerlei gut zu gebrauchen; aber Caesar weiß, daß er sich seine guten Dienste, wo immer möglich, doppelt bezahlen läßt. Wer derart seine Pappenheimer kennt, hinterläßt kaum Spuren in den Akten!

Tatsächlich verdanken wir den zweien – dem kosmopolitischen Griechen mit dem sympathischen ›Tick‹, die Kulturen beider Völker zu verschmelzen, und dem pedantischen Römer, der vermutlich schreibt, um davon zu leben (nachdem er aus uns unbekanntem Grund seinen guten Job bei Hof verloren hat) – ebensoviel Gesichertes wie frei Erfundenes. Mit beiden läßt sich fast *jeder* Caesar belegen. Auch der größenwahnsinnige zweite Alexander, der die Welt erobern will: das Parther-Reich, an dem sich schon ›Freund‹ Crassus den Tod im Wüstensand geholt hatte, die von Alexander ausgesparten Länder des großen Isthmus zwischen Kaspischem und Schwarzem Meer, den Balkan; der Caesar, der bereit ist, die Hauptstadt des Reiches an den Hellespont nach Troja oder später nach Alexandria in den Palast der Cleopatra zu verlegen, der für sich das Privileg der Viel-Ehe fordert (aus Spaß daran oder um seine Verbindung mit Cleopatra zu legalisieren?). Jedes dieser Caesarbilder läßt sich fast immer mit

irgendeiner Fundstelle des Plutarch oder des Sueton ›beweisen‹. Bleibt nur die Frage: worauf sich die Stelle stützt. Auf antike Mythenspinnerei, gezielte Meinungsmache, Hofklatsch, Hörensagen oder nachprüfbare Quelle? (Vergl. die Dokumente I und II des Anhanges)
Immerhin bemerkenswert: selbst Lucan, der engagierte ›stoische Republikaner‹ der Nero-Zeit, der Caesar haßt, stellt ihn nicht ganz auf eine Stufe mit dem maßlosen, von Dämonen getriebenen Alexander (Vergl. Dokument III des Anhanges).
In Wahrheit gibt es kaum größere Gegensätze als die zwischen den beiden größten Kriegs- und Staatsmännern der Antike. Dem Griechen Alexander geht es nur um *seine* Zeit. Nicht die danach. Bezeichnend seine Antwort auf dem Totenbett auf die Frage, wer ihm folgen soll: »Der Stärkste und Beste«. Sie programmiert den Hahnenkampf der Nachfolger, der sein Werk vernichtet, wie das eines frühen Dschingis-Khan und Tamerlan. Plutarchs Landsmann und Suetons jüngerer Zeitgenosse Aelius Aristides wird später in seinem ›Lobe Roms‹ aus dem Jahre 143 n. Chr. das Urteil seiner Zeit über den größten Griechen zusammenfassen:
»Obwohl er (Alexander – der Verf.) die ganze Welt bezwang und alle, die sich ihm entgegenstellten, und alle Macht in Händen hielt, errichtete er weder ein Reich, noch krönte er sein Werk mit einer Krone ... Er siegte zwar in Schlachten, aber ... erntete niemals den Lohn seines Genius und seiner Tat. So gleicht er dem olympischen Sieger, der zwar alle bezwingt, aber noch bevor ihn der Lorbeer krönt, zusammenbricht.«
Ganz anders Caesar. Den Römer interessiert einzig und allein die Zeit *danach.* Für die er lebt und stirbt. Alexander wird zum Orientalen, zum ›letzten Achämeniden‹, dem Schwiegersohn Darius', seines toten Feinds und Vorgängers, dessen Tochter er heiratet. Caesar bleibt der Römer, der er immer gewesen ist; keine Cleopatra spannt ihn vor ihren politischen oder gar dynastischen Wagen. Oder hält ihn gar, bis es für den nächsten Feldzug zu spät ist, in ihrem Bett fest.

Caesars Ideal ist nicht die Erb-Monarchie, wie ihm seine Feinde unterstellen. Wir sagten schon: dergleichen wäre bei einem königshassenden Volke wie dem römischen tödlich gewesen, was *er* weiß. Seine Gegner aber *auch*. Caesars Herrschaftsideal ist darum nicht die absolute Monarchie, sondern die Weiterentwicklung der alt-römischen Verfassung: die Ablösung der überlebten Senatsherrschaft durch das Volk. Aber nicht mittels *der* Tribunen soll das Volk seine Gewalt ausüben, sondern *des* Tribunen: des von ihm selbst bestellten ›Ersten‹ (princeps), des demokratisch berufenen Volks-Präsidenten, auf den Caesars lebenslange Politikerlaufbahn gravitiert. Ein Ziel, das er erreicht, um es wenige Monate danach wieder zu verlieren: physisch, durch den Tod. Nicht mehr konstitutionell; denn seine Verfassung überdauert. Bis heute.

Wäre dieser Caesar wirklich der vom Volk abgelehnte Despot oder der ohne staatspolitisches Konzept agierende Polit-Abenteurer, seine Mörder hätten überlebt; ihr Opfer wäre binnen kurzem tot und vergessen gewesen. So aber sind sie nur wenige Monate nach der Untat tot oder vergessen, ihr Opfer aber lebendiger als zu Lebzeiten.

Caesar lebt weiter nicht nur in seinem Werk: der römischen Staatsidee. Auch in der Erinnerung seiner Zeitgenossen. Nicht nur der plebs urbana, die er reich beschenkt, sondern aller, die dem alten System (das noch einmal kurz von den Toten aufersteht) kritisch gegenüberstehen. Der aufrechte ›Ritter‹ und findige Geschäftsmann Matius drückt aus, was viele empfinden:

»Mir ist ja bekannt, was alles die Leute nach Caesars Tod über mich geklatscht haben. Sie werfen mir vor, daß ich mich mit dem Tode des mir so eng verbundenen Mannes nicht abfinden kann und empört bin, daß er, den ich geliebt habe, ein solches Ende finden mußte ... Erst komme das Vaterland, dann der Freund. *Gerade als ob sie bewiesen hätten, daß sein Tod ein Segen für den Staat gewesen wäre*«

schreibt er unter dem deprimierenden Eindruck der Bluttat

dem die Terroristen beglückwünschenden Cicero, der sich ganz von seiner ein Leben lang gepflegten Haßliebe leiten läßt. Wie diese ihr Opfer selber sehen, wie sie sich unter dem Blickwinkel des Denkmalsturzes noch einmal voller Ängstlichkeit am Portepee packen, beschreibt niemand exakter als der Caesars Wirkung auf andere weit besser als dessen eigene, ihm fremde Persönlichkeit treffende Shakespeare, wenn er Cassius dem Brutus zuraunen läßt:

»Why, man, he doth bestride the narrow World
Like a Colossus, and we petty men
Walk under his huge legs and peep about
To find ourselves dishonorable graves.
Men at some time are masters of their fates.
The fault, dear Brutus, is not in our stars,
but in ourselves ...«

(»Er, Freund, durchschreitet diese enge Welt
wie ein Koloß. Wir Zwerge
wirbeln unter seinen Riesenbeinen
und laufen nur in unser schnödes Grab.
Der Mensch ist manchmal seines Schicksals Meister.
Nicht durch der Sterne Schuld, mein lieber Brutus,
versagen wir. Den Fehler machen wir.«)

So wird Caesar bereits den Zeitgenossen zum Mythos. Oder wie Friedrich Gundolf notiert:

»Die Scheu vor der persönlichen Nähe Caesars spürt man in der ganzen augusteischen Dichtung ... Caesar verschwindet in seinem Nimbus, und sein Name wird gleichbedeutend mit einem *Gestirn*«;

von dem, der seinen Aufstieg an das Firmament erlebt, der Dichter des augusteischen Alltags, Quintus Horatius Flaccus, schwärmt:

»... micat inter omnes
Julium sidus velut inter ignes
luna minores.«

(»... Wie der Mond unter den blasseren Himmelslichtern, leuchtet des Julius Stern.«)

Hat Caesar niemandem verraten, nichts hinterlassen, was ihm *wirklich* vorschwebt, was er *wirklich* will?
Wenn Staatsmänner Position – nicht Positur – beziehen: ihr Bild für die Geschichte meißeln oder prägen zu lassen, mögen sie übertreiben, Fehler und Mißgriffe retuschieren. Aber sie lenken niemals von ihren wahren Absichten ab. Eher überpointieren sie sie. Caesars politisches Vermächtnis steht *auf* seinen Münzen. Theodor Mommsen hat als erster mit untrüglichem Spürsinn die Forschung auf die Aussage ihrer Symbolsprache gelenkt. Hans Oppermann (1967) hat ihre Botschaft so beschrieben:
»Die Auffassung, Caesar habe seine Alleinherrschaft als hellenistisches Gott-Königtum ausgeübt und ausüben wollen ... ist jetzt endgültig (widerlegt). Durch K. Kraft: Der goldene Kranz Caesars und der Kampf um die Entlarvung des Tyrannen ... Kraft hat sicher festgestellt, daß der Kranz, den Caesar auf seinen Münzen trägt, nicht, wie man früher annahm, ein Lorbeerkranz ist, sondern die Form der alten etruskischen corona aurea hat, des etruskischen Jupiterkranzes und der von diesem abgeleiteten goldenen Kränze, die dem römischen König und dem Triumphator zukamen. Beim Triumph war dieser immer in Gebrauch geblieben, ebenso wie das Purpurgewand, die toga purpurea; aber für die Konsuln, die nach dem Sturz der Tarquinier von den Königsinsignien Zepter, Thron und Liktoren mit Faszes und Beilen als Abzeichen ihrer Würde beibehielten, hatte man ausdrücklich auf Purpurgewand und Goldkranz verzichtet. Indem Caesar die Tracht des Triumphators, die die Tracht der alten Könige und des Jupiter war, auch außerhalb des Triumphs trug, vollständig zum erstenmal bei den Lupercalien am 15. 2. 44, knüpfte er an die immer üblich gebliebene Triumphatorentracht an, *weitete aber ihre Verwendung aus.*«
Ein Münzporträt als Staatsidee!
Und die wirtschaftliche Bedeutung seiner Münzen? Sie geht nicht nur aus dem ›Stoff‹ hervor, aus dem er *seine* Denare prägen läßt. Sein ›Goldener Denar‹ (Aureus) ermuntert und

zwingt die Völker, ihre Bauern, Händler, Wechsler und Schiffseigner für Jahrhunderte in derselben Münze zu zahlen, zu kreditieren und zu spekulieren. In ihr sparen und akkumulieren sie; bilden sie ihren Wohlstand und verprassen sie ihn. Seine ›Idee‹ vom gemeinsamen Rechnen läßt den ersten wirklichen ›Gemeinsamen Markt‹ entstehen, was wenigen ›Währungen‹, die währen, wenigem ›Geld‹, das gelten will, gelingt. Caesars Aureus ist mehr als ein Eurodollar seiner Zeit.

Sein Glanz vergoldet seine Zeit, und als er stumpf wird, endet eine Zeit und Welt. Ihr Abglanz fasziniert noch immer: aere perennius.

Gaius Julius Caesar
Münzporträt zu Lebzeiten

Kapitel 2
Das Werk:
Der Gemeinsame Markt ums Mittelmeer
(Raum, Recht und Rechnen)

»Ich wage zu behaupten, daß die ganze Geschichte nichts wert wäre, wenn die Römer nicht existiert hätten.«
Leopold von Ranke (1849)

Es mutet wie ein Zwang an: seit hunderten von Jahren schreibt jede Generation von Europäern ›ihre‹ Römische Geschichte. Die Fakten bleiben, aber ihre Deutung ändert sich ›zeitgemäß‹.

Dem Mittelalter dient Rom als eine Art Rückversicherung – zur Legitimierung der eigenen Ziele. Wer auch immer Ansprüche hat – nicht selten illegitime –, versucht, sie mit römischem Lack und Siegel zu legalisieren: Päpste, die sich ihren Kirchenstaat von einem römischen Caesaren ›schenken‹ lassen, Kaiser, die das Imperium Romanum für sich reklamieren, um es christlich zu ›renovieren‹ – usw. Der Aufklärung und ihrem tapferen Kampf für die Emanzipation der Menschen, ihre Grundrechte, ihre Ansprüche an Staat und Gesellschaft (Gewaltenteilung, Rechtsstaat) erscheint die römische Republik der Vor-›Revolutions‹-Zeit wie eine irdische Ausgabe von Platons ›Gesetze-Staat‹. Sie identifiziert den römischen Republikanismus mit ihrem neu erkämpften Rechtsstaat plus Demokratie. Die Republik des ersten vorchristlichen Jahrhunderts freilich war de facto weder Rechtsstaat noch Demokratie, und ihre Gesetze konservierten nicht den Sozial– sondern den Besitzstand – weswegen sie Unruhen, Bürgerkrieg und eine nur von kurzfristigen Waffenstillständen unterbrochene blutige Anarchie heraufbeschworen und nährten.

Im 19. Jahrhundert, nach dem Sieg über Napoleon, verblassen die republikanischen Ideale, zumindest dort, wo sie sich

durchgesetzt hatten: in Nordamerika, Westeuropa – mit Ausnahme Deutschlands. Ein liberales Weltbürgertum, das sich auf ›ubiquitäres‹ Gold und britische Kanonenboote stützt, erblickt in der Pax Romana den Vorläufer der Pax Britannica, in Roms Mittelmeerhandel den Vorläufer des neuzeitlichen Welthandels auf den sieben Weltmeeren. Die ›Römischen Geschichten‹ driften auseinander: in den demokratisch gefestigten Seehandelsnationen entdeckt man das Weltreich der Caesaren, in Deutschland (und auch in Rußland) bleibt man bei der Betonung der republikanischen Tugenden. Man hat auch allen Grund dazu! Erst Th. Mommsen sorgt für eine ›angelsächsischere‹ Betrachtungsweise.
Caesar agiert in diesem historiographischen Drama – wie Hamlets Schauspieler – als ›Spiegel und abgekürzte Chronik des Zeitalters‹. Allerdings des Zeitalters der Forscher, nicht ihres Forschungssubjektes!
Was uns jedoch Caesar mehr enthüllt und erschließt als alle über ihn verlorenen Worte und Spekulationen, sind seine Taten. Sein Werk ist sein Vermächtnis, seine Botschaft – die es zu deuten gilt.
Zweierlei ist dabei zu beachten: Caesar ist zu messen an dem, was er sät; daß erst andere, allen voran Augustus, die Ernte einbringen und sie ihrem politischen Konto gutgebracht wird, ist richtig und rechtens, rechtfertigt aber nicht den Vorwurf, Caesar habe sein Soll als Staatsmann nicht erfüllt. Und: selbst wenn Caesar diese Vision nie gehabt, dieses Ziel nie bewußt angestrebt haben sollte: einen Weltstaat zu schaffen, der in der Geschichte nicht seinesgleichen findet – gezeugt hat er ihn doch: Caesar wäre nicht der erste Vater, der nicht weiß, daß und was er zeugt!
Wer Caesar und seine Taten objektivieren will, muß ihn aus der Zwangslage seiner Zeit heraus verstehen, sich dann aber überlegen, was diese Zeit – wenn überhaupt etwas – der unseren zu sagen hat. Als Caesar auftaucht, steht Rom, wie weiland Herkules, am Scheideweg. Es hat die Welt erobert, aber darüber (oder deswegen) den inneren Bürgerfrieden verlo-

ren. So wie bisher geht es nicht mehr weiter. Oder nur noch in den Abgrund. Caesar stellt die einzige mögliche – und logische – Alternative dar: stellen wir die Welteroberung (offensive Grenzsicherung zugelassen) ein, die permanente militärische Expansion. Sie ist ohnehin zu gefährlich; denn *eine* Schlacht (siehe Darius, siehe Vercingetorix, siehe Pompejus), und *alles* ist verloren. Wenn aber der Staat, genauer seine Herrenkaste: die der Senatoren, sich nicht mehr mit der Beute mästet, läßt sich vielleicht aus seinen ›unterentwickelten‹ Institutionen doch noch ein ›Staat‹ machen. Und was für einer!

Ein Thema, dem auch Helga Gesche ihre interessante Studie: »Rom – Welteroberer und Weltorganisator« widmet.

Caesar erkennt, damit seinen Zeitgenossen und Nachfolgern im Amte und Geiste um Jahrhunderte (wenn nicht Jahrtausende) voraus, daß Roms innere Verfassung und seine Stellung in der Welt, im Guten wie im Bösen, eine Einheit bilden. Die römische Republik verludert, weil sie die Welt ausplündert, die Welt, weil niemand ihr eine ›Ordnung‹ setzt und diese schützt. Wenn aber Roms Gesetz das der Welt werden soll, muß es sich ändern. Stadtstaat und Welt, urbs und orbis müssen einander durchdringen.

Die Glorifizierung der römischen Republik beruht auf dem Sehfehler, daß sie (über-)lebensfähig gewesen sei. Sie ist es schon zur Zeit Caesars nicht mehr. Und es ist fast ein Wunder, daß sie überhaupt so lange gehalten hat. Es ist weit mehr Roms als Caesars ›Glück‹, daß er im richtigen Moment mit dem richtigen Programm ›da‹ ist. Daß es ihm gelingt, aus der Oligarchie des Senats eine Volksherrschaft zu machen mit dem ›Ersten Mann im Staate‹, dem princeps als Schiedsrichter (arbiter) an der Spitze. Caesars welthistorische Leistung besteht darin, diese ›demokratisch-präsidiale‹ Verfassung so zu konzipieren, daß sie urbi et orbi gilt. Für Rom und die Welt. Die Constitutio Antoniniana des Caracalla vom Jahre 212 n. Chr., die alle freien Reichsbewohner zu römischen Bürgern erhebt, vollendet nur, was seit Jahrhunderten

schon – selbst für ehemalige Sklaven – möglich ist: aufzusteigen in den römischen Weltbürger-Verband.
Freilich krönen die Caesaren ihr humanes Konzept nicht wie Abraham Lincoln 1865 (n. Chr.!) durch einen Verfassungsakt der Sklavenbefreiung, den im übrigen nicht einmal die seit Konstantin (dem Jahr 332 n. Chr.) mitregierende Kirche verlangt. Symptomatisch: als Melanie, eine reiche Römerin, um 400 n. Chr. ihr nicht unbeträchtliches Vermögen der Kirche vermacht, empört sich der Bischof Palladios, daß sie zuvor (!) ihre 8000 Sklaven entläßt. Gewißlich nicht, weil er es lieber statt ihrer getan hätte.
Die Sklaven›wirtschaft‹ erledigt sich von selbst. Die Preise des menschlichen Produktionsmittels (Varros instrumentum vocale) verteuern sich in Friedenszeiten so enorm, daß es sich zuguterletzt nicht mehr lohnt. De jure bleibt die Sklaverei bestehen; auch in den ›christlichen‹ Gesetzeswerken, dem Codex des Theodosius und dem Corpus Juris des Justinian. Über das seit Jahrhunderten nicht mehr angewendete Römische Recht entdecken 1000 Jahre später christliche Seefahrer (Kaperkapitäne) und Plantagenbesitzer die ›Geschäftsgrundlage‹ des europäischen Sklavenhandels, der sich parallel zur Industrialisierung Nordamerikas in den Latifundienzonen des katholischen Südens der Neuen Welt abspielt. Bis Mitte des 19. Jahrhunderts!
Römische Geschichte steht für den Modellfall einer Weltintegration durch Recht (gemeinsame Gesetze) und Rechnen (gemeinsame Maße, Gewichte, Kalender; gemeinsames Geld). Rom steht für einen Staat, der sich nicht durch ›Liberalität‹ legitimiert, auch nicht durch überzarte ›soziale‹ Gewissensbisse, sondern durch ›Gerechtigkeit‹.
Und eine Wirtschaft, die buchstäblich die Welt zusammenbringt und für Jahrhunderte zusammenhält. Es ist daher immer von Interesse, in den zerlesenen Fragmenten römischer Geschichte zu blättern, um aus ihr Fingerzeige einer »Ortsbestimmung der Gegenwart« (Alexander Rüstow) zu erhalten, die sich ja stets ihrem eigenen Bewegungstrend stellen

muß. Nicht in dem primitiven Sinn, als ob aus alten Kursbüchern und Fahrplänen die Ankunft der Züge von heute abgelesen werden kann. Sondern weil jede Mechanik, auch die soziale – gleichviel, welche Energie sie nutzt und gleichviel, welchen Vehikels sie sich bedient – auf zeitlosen Bewegungsgesetzen beruht. So wie Experimente Newtons und Einsteins zwar ›besondere Fälle‹ ihrer allgemeinen Prinzipien, aber keine Einschränkungen von deren genereller Glaubwürdigkeit sind. Ganz im Gegenteil: am Beispiel demonstrierte Beweise!

Das von Caesar gestartete römische Weltstaats- und Weltmarktexperiment hat mit der Gegenwart mehr gemein, als es auf den ersten, nicht immer richtigen Blick scheint. Roms Integration beginnt mit dem *Staat*. Aber hinter diesem Staat steht stets das *Recht*. Und Caesar erscheint in dieser langen Entwicklungskette gleich zweimal: als Schlußglied der stadtstaatlichen, oligarchischen Republik wie als Eröffner des alle umfassenden Reichsstaates.

Rom ist nicht nur die Antwort auf den orientalischen Staat und seine Fortsetzung im Hellenismus, der die Rechte des einzelnen denen des Staats›gottes‹ unterordnet, in welcher Form und Person er sich auch immer präsentiert. Vom Großen Alexander bis zu den vielen kleinen Diadochen, die Rom liquidiert.

Mit Rom beginnt eine Entwicklung der Gesellschaft, die noch immer anhält: der ›richtigen‹ Abgrenzung der Rechte des einzelnen (res privata) von denen der Allgemeinheit, repräsentiert durch den Staat (res publica). Beherrscht der Staat den einzelnen, ist das Resultat Despotie (Orient), beherrschen einzelne den Staat, ist das Resultat Tyrannei oder Oligarchie (griechische Stadtstaaten, frühes Rom); beherrscht das Volk den Staat, ist das Resultat Anarchie (Athen im 4. Jh. v. Chr.). Kämpfen Adel (Oligarchie) und Volk (Anarchie) um die Macht im Staat, ist das Ergebnis Bürgerkrieg – wie die letzten 100 Jahre römischer Republik, seit der ältere Gracchus den Anspruch des Volkes anmeldet.

Roms Geschichte kulminiert mit Caesar in einem neuen Gleichgewicht der sozialen Gruppen und in einer neuen Ordnungsfunktion für die (inzwischen eroberte) ›Welt‹. Bis dahin ist es ein langer, aber unheimlich zielgerichteter Marsch. Caesars Reformen machen Rom überhaupt erst ›römisch‹. Was niemand tragischer verkennt als die Häupter der Anti-Caesar-Verschwörung. Sein ›Geist‹ ist keine Bühnenklamotte wie bei Shakespeare, sondern eine – höchst politische – Realität, die den römischen Reichsstaat in den folgenden Jahrhunderten prägen wird.

Freilich: Roms Trennung von res publica und res privata hat nichts oder nur wenig mit unserem neuzeitlichen Verständnis von ›liberal‹ zu tun. Noch weniger mit unserem noch neuzeitlicheren Verständnis von ›sozial‹.

Roms Herrschaft der Gesetze versteht sich weder als Sonderschutz des einzelnen gegenüber seinem Staat (›liberal‹) noch als Sonderschutz des einzelnen gegenüber seinem mächtigeren Mitmenschen (›sozial‹). Roms Gesetze binden *jeden* ohne Ausnahme, ohne Ansehen von Funktion und Stand. Oder in den Worten des Historikers Titus Livius: »Legem rem surdam, inexorabilem esse nihil laxamenti necque veniae habere, si modum excesseris« (Das Gesetz ist taub und unerbittlich; bei Übertretung rechtfertigt es weder Nachsicht noch Verzeihung).

Eine uns heute fast archaisch anmutende Kompromißlosigkeit. Niemand hat sie geschliffener herausgearbeitet als Ortega y Gasset:

»Selbst in den Zeiten schlimmster Tyrannei erfreute sich der europäische Mensch der Freiheit, durch die Straßen zu gehen, wenigstens bis zum Abendläuten. Aber vor kurzem mußten wir auf diese Freiheit wieder verzichten, weil die übergroße Menge von Fahrzeugen und Fußgängern den freien Verkehr unmöglich machte, und nun muß ein staatlich bestellter Wächter mit magischem Zepter und hieratischen Gesten ägyptischen Stils unser Gehen, Stehen regeln …

Die menschliche Freiheit (für uns Moderne – ergänzt der

Verf.) … ist also nicht an eine bestimmte Form gebunden. Sogar die liberalen Verfassungen sahen sich gezwungen, dies anzuerkennen, indem sie die mögliche Aufhebung aller Freiheiten unter gewissen – vorübergehenden – Umständen festlegten. Aber diese Umstände, die in einer bestimmten Etappe der Geschichte die Ausnahmen waren, können in anderen Zeiten das Normale sein …
Für jeden Römer hatte das Wort ›libertas‹ eine sehr präzise, aber ausschließlich negative Hauptbedeutung. Nämlich staatliches Leben ohne Könige … Das Gesetz kann die größten Verschiedenheiten in Rang, Stand und Pflichten festlegen, aber all dies geht doch vom Gesetz aus, und keiner, selbst nicht der Meistprivilegierte, wird dem Gebot näher oder ferner stehen als irgendein anderer. In der Monarchie ist es umgekehrt: die Untertanen stehen *unter* dem Gesetz, aber der Monarch ist selbst Gesetz, und die gesetzliche Vorschrift wird durch den Willen eines Einzelnen ersetzt. Ein Volk, das dem Recht gegenüber überempfindlich ist, muß so etwas rasend machen … Daher kommt unser Wort Privileg, in dem sich für einen Römer zwei unvereinbare Dinge verbanden, und zwar so, daß die römische Bedeutung des Wortes der unsrigen genau entgegengesetzt ist: Gesetz *gegen* ein Individuum … Gibt es etwas Ungerechteres als das Privileg, das Vor-Recht? Ist es nicht gerade die Stärke des Gesetzes, daß es eine An-Ordnung ist, die *für alle* festgesetzt ist?«
Mit den römischen Gesetzen, die den Eingriff in das Leben und Disponieren des einzelnen auf ein übersehbares Minimum reduzieren, läßt sich dann, aber auch *nur dann* leben, wenn es keine außergesetzlichen *Vor*rechte (Privilegien) gibt; weder des übergeordneten Staates noch mächtiger sozialer Besitzstände oder Gruppen.
Caesars Principat ist ein einziger Versuch, die dem römischen Rechtsgedanken zugrundeliegende unterschiedslose Gleichheit aller vor dem Gesetz politisch wie wirtschaftlich ›operabel‹ zu machen.
Politisch: durch die Brechung der Senatsherrschaft, der beati

possidentes, die kraft ›Adel‹ (= Bekanntheitsgrad) und Geld zu profitablen Ämtern und Würden kommen.
Wirtschaftlich: durch Wiederherstellung der sozialen Symmetrie der Schuldner (= aktiven Wirtschaftsbevölkerung) mit den Gläubigern (= passiven Renteneinkommensbeziehern).
Man könnte darum mit einiger Überpointierung sagen: Caesar ist der liberalste und sozialste Politiker *seiner* Zeit. Aber aus römischem Selbstverständnis im Sinne der ›Chancengleichheit‹ aller. So ›radikal‹, daß er die von den Gesetzen unterstellte Gleichheitschance politisch wie wirtschaftlich bereits ab ovo hergestellt sehen möchte, damit Hinterherkorrekturen sowohl des politischen wie wirtschaftlichen Prozesses erst gar nicht nötig werden. Oder wenn doch, marginal bleiben können; so wenig ›stören‹ wie möglich.
Sieht und begreift man die auf Caesar zurückgehende Neuordnung Roms so, nämlich als einen Versuch, den politischen und wirtschaftlichen Eingriff des Staates und der Politik zu minimieren, die von den Gesetzen gebotene (politische und wirtschaftliche) Gerechtigkeit zu maximieren, dann versteht man, was diesen jahrhundertelang auf militärische Expansion, Aggressivität und Raub festgelegten Staat so ›friedlich‹ macht: die erstmals gebotene Möglichkeit, den ererbten und erbeuteten Wohlstand einiger in den selbstproduzierten Wohlstand aller zu verwandeln, wobei Schuldner (oder Investoren) die Energien freisetzen, die den neuen Kosmos treiben. In dem allen dasselbe Recht zuteil wird: Römern, Provinzialen (Peregrinen), Freigelassenen und für ihre Freilassung arbeitenden Sklaven. Als Caracalla 212 n. Chr. römisches Bürger- gleich römisches Einwohnerrecht setzt, besteht sie längst: die ›offene‹ Weltgesellschaft, die zwar ihre Standes- und Einkommensunterschiede kennt, aber dem, der sie überwinden will, keine Schranken in den Weg legt. Sklaven können Unternehmer werden, Freigelassene zu Ministern oder Kaisern aufsteigen. Adel will fortan verdient und nicht ererbt sein. Leistung und nicht Geburt begründen

Nobilität, wie es im Preislied des Aelius Aristides aus dem Jahre 143 n. Chr. heißt:
»Die Männer an der Spitze Deines Staates müssen nicht von Adel sein. Die, die Stellungen darunter halten, müssen nicht aus unteren Ständen kommen. Jeder erhält den Posten, den er hat, gemäß Verdienst und Können.«
Roms Staatsphilosophie: Herrschaft der *Gesetze*, nicht des *Rechtes* (Ortega y Gasset) überzeugt erst nach Brechung des Adels- und Gläubiger-Privilegs, weil erst jetzt seine *soziale* Prämisse stimmt: die wirtschaftliche Gleichheit der privaten Gläubiger und Schuldner vor den römischen Eigentumsgesetzen. Und wieder ist es Caesar, der, was vor ihm die Gracchen, sein Onkel Marius, sein Bruder im Geist Catilina monieren, aber nicht lösen können, weil sie die falschen Mittel einsetzen, in einem Bündel von Reformen, aus der Not des Alltags (der akuten Wirtschaftskrise des Jahres 49 n. Chr.) heraus für Jahrhunderte aus der Welt schafft. Ja, er spannt die soziale Rest-Ungleichheit, die er (zum Ärger der Radikalen) in seinen Reformgesetzen der Jahre 49–44 v. Chr. bestehen läßt, auch noch vor den Wagen der seit langem stagnierenden römischen Wirtschaft. So gewinnt er aus der Liberalisierung des römischen Schuldrechts jene hoch-dynamischen Wachstumsenergien, die die Räder der römischen Mühlen noch nach Jahrhunderten treiben. Caesar begreift den hart arbeitenden *Schuldner* als dynamischen Unternehmer (Schumpeter), als permanenten Veränderer und Erneuerer, dessen Aufstiegswünsche die Welt reicher machen und dessen élan vital nicht durch Schuldturm, Ächtung und Verlust der dignitas gebrochen werden darf.
Caesars Tat ist die eines Herkules. Wenn sie ihm für viele nicht mehr eingetragen hat als den – ungerechten! – Ruf eines Mörders der römischen Republik (die keine mehr war), den falschen Titel, erster der absolutistischen Herrscher gewesen zu sein (der er auch nicht war), dann verrät das mehr über die Beurteiler als über den Beurteilten.
Was er wollte, hat er selbst, wie immer unnachahmlich lapi-

dar einem der Führer der reaktionären Senatspartei und Mitstreiter des Pompejus, Metellus Scipio (den er in seiner letzten Bürgerkriegsschlacht bei Thapsus aus dem Rennen wirft), umrissen:
»quietem Italiae, pacem provinciarum, salutem imperii«
(Die Ruhe Italiens, den Frieden der Provinzen, das Wohlergehen des Reiches).
Und welche Rolle spielt das andere Integrationsinstrument: das gemeinsame Rechnen (in gemeinsamen Zahlen, Maßen, Gewichten, Preisen, Kosten) im politisch geeinten Raum rund um das gemeinsame Mittelmeer, der Verkehrsdrehscheibe der Antike?
Rom bestätigt, daß es keine kulturelle, politische oder sonstwie geartete Annäherung der Völker gibt, die nicht mit Wirtschaft beginnt. Es verwirklicht auf dem verhältnismäßig engen Territorium rund ums Mittelmeer jene ›geschlossene‹, aber ›freie‹ Weltwirtschaft, die *wir* erst noch erreichen müssen. Deren Märkte es auch ohne zeit- und raumfressende Kommunikations- und Transportmittel zuwege bringen, aus den viel zu vielen Preisen für annähernd dieselben Produkte den *einen* Preis des *einen* Gutes zu machen; heiße es: Getreide, Zinn, Öl (damals Oliven-, heute Mineralöl) oder Geldzins.
Roms Weltwirtschaft hält trotz aller ›Unterentwicklung‹ in Technik, Natur- und Raum- (nicht Menschen-)Bewältigung für den politisch wie wirtschaftlich interessierten Menschen unserer Zeit Erkenntnisse bereit, fast ebenso kostbar und aufschlußreich wie die ungehobenen Schätze seiner zu Tausenden in den Stürmen des Mittelmeeres und ›erythräischen Meeres‹ (Indischen Ozeans) versunkenen Kauffahrteischiffe. Die wie jene geduldig auf die ihre Schätze hebenden Taucher warten.
Wenn der ältere Plinius (in seiner Naturalis historia) voller Sorge feststellt:
»Selbst bei niedrigster Schätzung nehmen Indien, China und die arabische Halbinsel unserem Reich jährlich 100 Millio-

nen Sesterze weg – den Betrag, den uns unser aufwendiger Lebensstil und unsere Frauen kosten«
so irrt er – und mit ihm heute noch viele! Nicht Rom muß sich Gedanken machen, weil es Geld verliert (das sich jederzeit billig nachprägen läßt). Afrika, Arabien, Indien, China verschwenden wertvolle Teile ihres Sozialproduktes, weil sie sie für ein Kunstprodukt: römische Devisen ›in Zahlung geben‹. Warum? Weil ihr Geldfortschritt um Jahrhunderte hinter dem römischen herhinkt; sie müssen noch Geld importieren (wie Rom in seiner Frühzeit aus den süditalischen Griechenstädten). Sie haben noch nicht gelernt, es selber zu produzieren. Zwar profitieren alle von dem Handel, doch am meisten die, die ›in eigener Münze‹ zahlen. Roms Aureus, der ›Euro‹-Dollar seiner Zeit, der weiter verbreitet ist als alle früheren Griechenmünzen (Drachme, Stater), überwindet nicht nur Gebirge, Täler, Wüsten. Er läßt Mittelmeer und Indischen Ozean zusammenfließen. Eine Handvoll römischer Denare läßt aus China Seide, aus Indien Pfeffer, Zimt und Edelsteine ›kommen‹, Weihrauch und Drogen aus Arabien, unvorstellbare Mengen Parfüm, Schminke, Elfenbein und Papier aus Ägypgen via Alexandria, Roms größtem Zuliefer- und Konkurrenzmarkt im Osten.

In der wirtschaftlichen Ökumene der Nach-Caesarzeit braucht keiner der mit Rom Handel treibenden Staaten sich Sorgen um seine *Zahlungsbilanz* zu machen. Wegen fehlender Devisen die Grenzen sperren, den freien Handels- oder Geldverkehr behindern. Indem Rom die Welt mit *seinem* Recht und *seinem* Geld versorgt, schafft es nicht nur den Weltmarkt, den alle brauchen. Der allen nützt. Es hält ihn vor allem in Bewegung, indem es seine Umsätze ›schmiert‹ (finanziert). Und zwar so, daß kein Partner Zahlungssorgen bekommt.

Roms *passive* Zahlungsbilanz bewirkt, daß der ›Rest der Welt‹ mit Zahlungsbilanzüberschüssen lebt, nicht unter Defiziten leidet. Der römische Weltmarkt stimuliert die primitiven Ökonomien der weniger entwickelten Umwelt.

Rom braucht weder ›Währungsbeistand‹ noch ›Entwicklungshilfe‹ anzubieten, um seine Partner auf das eigene Wohlstandsniveau heraufzuziehen. Es entwickelt die übrige Welt auf die für seine Gesellschaft angenehmste, um nicht zu sagen vergnüglichste Weise: indem es mehr konsumiert, als es selber produziert. Dank der Aufnahmebereitschaft seiner Märkte, dank des Exportes seines in aller Welt begehrten *Geldes*.

Soweit Staats- und Wirtschaftsgrenzen zusammenfallen, ›herrscht‹ ohnehin dasselbe Recht, gilt ohnehin dasselbe Geld. Rom aber ›schenkt‹ der Welt weit mehr als sein ›nationales‹ Recht und sein ›nationales‹ Geld. Eine Ordnung *zwischen* Staat (res publica) und Wirtschaft (res privata), die erst begreift, wer die quälenden Debatten im immer noch nicht geeinigten Wirtschafts-Europa um ein gemeinsames Wirtschaftsrecht, gemeinsame staatliche Aufsichtsrechte (über Monopole, Universalbanken und Versicherungen), über die richtige Form der Währungs- (und Notenbank-)Verfassung bis hin zur Strukturpolitik verfolgt. Der nämlich erkennt unschwer die immer noch nicht abgetragenen Reste juristischer Schutzwälle der Nationen: der römisch geprägten Tradition im Westen und Süden Europas mit ihrer Dominanz ›öffentlicher‹ Kompetenzen, der germanischen Tradition im Norden und Zentrum Europas mit ihrer Vorliebe für ›pragmatische‹ Lösungen, für mehr Selbstverwaltung als Kontrolle.

Bedeutet das germanische Recht mehr Wirtschaftsnähe, mehr Marktwirtschaft? Nicht unbedingt. Denn auch Pragmatismus, Selbstverwaltung und Marktwirtschaft verlangen den klaren ›Ordnungsrahmen‹ (Walter Eucken), der den Lebensraum der freien Märkte vor den unverzichtbaren Staatsaufgaben absteckt: Law, order und deren Institutionen, die wie Justiz, Polizei und, nicht zu vergessen: das Geld, für alle da sind. Die Unternehmen, die privaten und öffentlichen Haushalte, die dynamischen und die lethargischen Bürger, die Armen, Reichen, Jungen, Alten. Es ist nicht das geringste Verdienst der modernen deutschen Ökonomie (und

ihrer ›Freiburger Schule‹, die Politiker wie Ludwig Erhard, Alfred Müller-Armack und andere geprägt hat), diese Symbiose von Recht und Wirtschaft, was sie eint und was sie trennt, wiederentdeckt und in aktuelle Wirtschafts- und Sozialpolitik umgesetzt zu haben.
Ein sich weise zurückhaltender Staat beschränkt sich daher auf die Sicherung der *Rechts*- und *Rechnungs*grundlagen der Wirtschaft und vermeidet (schon um nicht zu versagen) jedes Übermaß an Regierenwollen, bevor es zu sinnlosem und kostspieligem Leerlauf degeneriert. Erst die durch solchen ›Daten‹schutz und -kontrolle geregelten Märkte können sich sowohl von ihrem eigenen Wildwuchs (Monopolismus) wie auch jenem heute so störenden Zuviel an Staatsinterventionismus freihalten und entfalten. Und damit wiederum jene Bewegungsenergien freisetzen, aus denen eine von staatlicher Standortverfälschung unbeeinflußte weltwirtschaftliche Arbeitsteilung hervorgeht, in der alle Regionen ihre ›natürlichen‹ Kosten- und Qualitätsvorteile entfalten. In römischer Zeit: Nordafrika seinen (damaligen) Weizen-, Griechenland seinen (damaligen) Wein-, Oliven- und Honigvorteil. Der die Grenzen überschreitende Fernhandel seine Exotica, die damals wie heute das Leben erst ›schön‹ machen, auch wenn ein Pfund Pfeffer soviel kostet wie heute ein VW. Das Glücksgefühl, sich damals derartigen Luxus leisten zu können, dürfte das gleiche gewesen sein wie heute. In den Klassen der ›unteren‹ Einkommensbezieher noch ausgeprägter als in den blasierten Oberschichten, in denen vom Gewürz damals bis zum Mercedes heute aller Komfort jenseits längst abgestumpfter ›Sättigungsgrenzen‹ liegt.
Aus all dem folgt: Es ist nicht die Regierung, die die Integrationen ›macht‹ sondern der geordnete Wirtschaftsraum, der sie ›reifen‹ läßt. Der Erfolg der römischen Integration ist weniger ein Triumph des amtlichen Laissez-faire, wie Michael Rostovtzeff, in den Ideen seiner Zeit befangen, annimmt. Viel mehr: Rom steht für eine rechtliche Ordnung, die mehr ist als ein Katechismus für den Sonntag: ein höchst irdisches

Brevier für den Alltags-Umgang im Geschäftsleben, spiele es sich zu Hause, auf der Straße oder in fernen, am Rande der Welt gelegenen Regionen ab. Dem Markt werden durch das Recht keine *räumlichen* Grenzen gezogen. Im Gegenteil: in der Autonomie bestehender nationaler Rechte überkommene ›Protektionismen‹ der damaligen Zeit und ihrer Umstände werden kassiert.

Der römische Weltmarkt wird weltweit durch ein allen im wirtschaftlichen Alltag vorgegebenes Verhalten ›liberalisiert‹. Usancen, die nicht mehr urbi, sondern orbi gelten. Spielregeln, die dem einzelnen zwar die Freiheit lassen (und sichern), seine ererbte oder erworbene Findigkeit zu nutzen, Einkommen und Kapital zu bilden, ihn aber unter die Vorschriften stellen, die die res publica der res privata vorgibt. »Gebt dem Kaiser, was des Kaisers ist, dem Markt, was des Marktes ist«, wäre eine exakte und keineswegs blasphemische Beschreibung der römischen Marktwirtschaft der Caesar- bis Diocletian-Zeit.

Ist das Modell der antiken Weltwirtschaft unter der Herrschaft des *einen Rechts* und des *einen Geldes* ›einmalig‹? Ist es an die Konstellationen der Nach-Caesarzeit des 1. bis 3. Jahrhunderts unserer Zeitrechnung gebunden? Oder wäre es auch unter heutigen Bedingungen wiederholbar? Noch genauer: brauchen wir, wie im antiken Rom, Legionen (sprich: politische und militärische Gewalt), um die Europa verlorengegangene Einheit von Staats- und Wirtschaftsgrenzen wiederherzustellen?

Mit Sicherheit nicht; denn dies ist der eigentliche (viel zu wenig reflektierte) Fortschrittsfaktor unserer Zeit. Weder Staatseingriffe noch Staatsgrenzen, wie sie aus historischen und politischen Gründen nun einmal bestehen, brauchen heute mehr zu ›stören‹. Der ›weltweit‹ gewordene Radius der modernen Transport- und Kommunikationsmittel hat die meisten Standorte von Produktion, Investition und Verteilung der Welt-Güter quasi ›ubiquitär‹ gemacht. Die in der Antike unglaublich hohen, durch Verlust- und Risikogefahren überhöhten Transportkosten haben sich drastisch reduziert. Nicht nur weil die Chance, daß ein Eisenbahnzug entgleist, ein Schiffstransport verlorengeht, ein Cargo-Flugzeug abstürzt, eine Pipeline bricht, allenfalls ein Tausendstel der Wahrscheinlichkeit ausmacht, die bei einem römischen Segelschiff bestand, zwischen Rom und Alexandria oder zwischen Alexandria und Ceylon spurlos zu verschwinden. Die moderne *Versicherungswirtschaft* und -technik machen es möglich, das bereits verkleinerte Risiko nochmals durch Streuung (›Rück‹-Versicherung) und (internationale Re-)Finanzierung zu minimieren, durch kalkulierbare Wagniszuschläge (Prämien), die sich leicht in den Endpreisen der Welthandelsgüter unterbringen lassen. Die in der Antike fast unbezahlbaren Welt- und Fernhandelsrisiken können heute wirtschaftlich verkraftet werden. Zu Preisen, die jeder bezahlen kann. Oder könnte.

Verkehrs- und Nachrichtentechnik – nicht Legionen und völkerrechtlichc Verträge – haben der Moderne die *eine* Weltwirtschaft gebracht. Nicht (oder noch nicht) den *einen* Weltstaat!

Wenn Nachrichten mit Lichtgeschwindigkeit den Globus durcheilen, Transportkosten kaum noch eine durchschlagende Rolle spielen, werden die politischen Grenzen immer durchlässiger, immer weniger ›existent‹. Wie von der ›Abschirmung‹ lebende Regime (der politischen wie wirtschaftlichen Ideologie) jeden Tag aufs neue zu ihrem Ärger erfahren.

Die wirtschaftlich *eins* gewordene Welt engt nicht nur die Spiel- und Handlungsräume der ›nationalen‹ Politiker ein; sie setzt sie zunehmend unter Zwang, das noch bestehende politische *Integrationsdefizit* zu verringern. Wie ihre daraus resultierenden Zahlungsbilanz-Defizite, weil unsere moderne Weltwirtschaft – der antiken unterlegen – noch immer nicht gelernt hat, in *einer* Münze zu zahlen. Ihrem Aureus, der trotz Euro-Dollar und ECU noch immer aussteht!

Obwohl die politischen (Währungs-)Grenzen in der fast

transport-kostenlosen Weltwirtschaft von heute eine zunehmend kleinere Rolle spielen, ›stören‹ sie dennoch. Als *potentieller* Kostenfaktor, der sich jeder exakten Berechnung entzieht. Obwohl der gemeinsame Wirtschafts-Raum das gemeinsame Rechnen ermöglicht in einer Ausdehnung wie nie zuvor, wird es durch einen ganz und gar ›unvorhersehbaren‹ Risikofaktor belastet, den niemand kalkulieren kann. Kein Unternehmer, Kaufmann, Investor, Banker. Jeden Tag *kann* an den viel zu vielen Staats- und Währungsgrenzen etwas passieren, womit man, obwohl damit gerechnet werden müßte, nicht ›rechnen‹ kann: Währungsverteuerungen und -verbilligungen, Ausgleichsabgaben, Abschöpfungen, Schutzzölle, Einfuhrkontingente und was alles den modernen Nationalisten und Merkantilisten demnächst noch einfallen wird, den eigenen Raum von dem anderen ›abzuschirmen‹. Völker, die noch vor einer Generation nicht genug ›Lebensraum‹ zu haben meinten, scheinen inzwischen wild entschlossen, den eigenen Markt wie eine Festung zu verteidigen. So als ob an ›fremden‹ Standorten produzierte Produkte bösartige Geschosse wären, die den Schutzwall der nationalen Vollbeschäftigung zum Einsturz bringen, und nicht Beiträge zu einer höheren Weltproduktivität und einem höheren Lebensstandard diesseits und jenseits wirtschaftlich wie politisch störender Grenzen!
Solange – anders als im ›fortschrittlichen‹ Imperium Romanum – 150 und mehr nationale Staats- und Währungsgrenzen den einen Weltwirtschaftsraum durchschneiden, solange unübersehbare geldpolitische Risiken die ›optimale‹, allen Nationen dienende Verteilung der Produktions- und Investitionsstandorte in der einen Weltwirtschaft verfälschen, zahlen alle Nationen nicht nur die damit unvermeidlich verknüpften Mehrkosten. Es findet auch jene für die Gegenwart charakteristische unablässige ›Flucht aus dem politischen Risiko‹ statt: jene durch nichts zu stoppende Wanderbewegung der Firmen-Standorte zu den nur scheinbar politisch sicheren Asylen der Steuer-, Transfer- und Eigentumsschutzoasen,

den modernen Latifundien, hinter deren Weltabgeschiedenheit man die Bemühungen staatlicher Bürokratien mit passivem Widerstand durchkreuzen kann. Wie weiland Diocletian und die ihm folgenden tüchtigen Reformkaiser lernen die modernen (National- und Sozial-)Staaten: Verstöße gegen die ›natürlichen‹ Marktkräfte einer ihrem (weltweiten) Integrationsbefehl gehorchenden Weltwirtschaft führen im günstigsten Fall ›nur‹ zu Kosten und Produktivitätsverlusten, die man sich hätte sparen können. Im ungünstigsten Fall aber zu Krisen und Katastrophen, zu denen es nie hätte zu kommen brauchen. Und dürfen!

Die moderne Welt droht zu verspielen, was die antike unter der Herrschaft Roms für Jahrhunderte verwirklichte: die Einheit von Staat und Wirtschaft im Raum, unter dem Imperativ desselben Rechts und dem Magneten desselben Rechnens, sogar noch desselben Geldes. Was dabei herauskommt, ähnelt, wenn man die Zeiten und ihre Phänomene vertauscht, dem Rückzug des Weltstaates in die zu engen Mauern des Stadtstaates: des orbis in die urbs. Die Wirtschaft schafft sich ihren eigenen ›exterritorialen‹ Raum, in dem sie sich dem territorial steckenbleibenden Staat entzieht. Sie agiert auf einer ›multinationalen‹ Ebene oberhalb der nationalen staatlichen; Staat und Wirtschaft separieren sich. Mit der Folge, daß sich beide nicht nur entfremden, sondern unter ihren Möglichkeiten verkümmern.

Die moderne Weltwirtschaft braucht, um ihre technischen Chancen zu nutzen, nicht nur den ganzen Weltmarkt. Sie braucht den Welt-Staat, der *seine* Wirtschaft schützt und ordnet, die erst dank dieses Schutzes und dieser Ordnung *ihre* optimalen Strukturen verwirklicht. Erst wenn Wirtschafts- und Staatsgrenzen wieder zusammenfallen – wie im antiken Rom – wird auch der uns heute am meisten quälende Konflikt zwischen *nationaler* Sozial- und *multinationaler* Wirtschaftsordnung abklingen. Wird die *äußere* Weltwirtschaft aufhören, den Wohlstand und die Vollbeschäftigung der *inneren* Volkswirtschaften zu bedrohen. In einer Welt, die dann wieder frei ist, in der Rechts- und Rechnungsgrundlagen für *alle* da sind: alle Nationen, alle Menschen. Vor allem aber *stimmen.* Wie im Goldenen Zeitalter Roms – nach der caesarischen Zäsur.

TEIL II: Weltstaat Ohne Grenzen (Imperium Sine Fine)

»His ego nec metas rerum nec tempora pono:
Imperium sine fine dedi.«
(»Ihre Herrschaft begrenz' ich weder räumlich noch zeitlich: Endlos setz' ich ihr Reich.«)

Publius Vergilius Maro (19 v. Chr.)

Kapitel 3
Alle Umwege führen nach Rom

»Ich verwundere mich oft, wenn ich in der Lage bin zu entscheiden, welchen von beiden ich den Preis geben soll, Caesars Taten oder Caesars Schriften, wie sehr ich im Schwanken begriffen bin, und wie wenig ich es weiß. Beides ist so klar, so stark, so unbeirrt, daß wir wenig dergleichen haben dürften.«

Adalbert Stifter (1857)

Caesars Lebenslegende will wissen, daß er seine Laufbahn minutiös geplant habe. Spätestens seit er, 35jährig, im Jahre 65 v. Chr. die zweite Station seiner magistratischen Karriere erreicht, die Ädilität. Für diese Vermutung spricht nur der selbstmörderische Aufwand, den er treibt. Seine dem Volk gebotenen Gladiatoren marschieren in die Arena mit Rüstungen aus Silber, dem Prägestoff der Denare. Seine Millionen-Schulden kann der Mann ohne Vermögen und einflußreiche Freunde nur loswerden, wenn ihm der Absprung in ein geldträchtiges Kommando glückt. Wie vor ihm Pompejus, Lucullus oder Sulla.

Nur: Spieler setzen mehr auf ihr Glück als auf ihr System. Aber gerade wenn wir Caesars sprichwörtliches Glück rekonstruieren, die nicht eben wenigen kitzligen Situationen, aus denen er nicht nur mit heiler Haut herauskommt, sondern, für alle unerwartet, als strahlender Sieger das Feld behauptet, zeigt sich etwas ganz anderes. Caesar ist auch darin ungleich Alexander kein Liebling der Götter, an die er weniger glaubt als aus guten Gründen glauben läßt. Weder Tyche noch Fortuna schenken ihm etwas. Gerade weil es die Ausnahme seiner Lebensregel ist, daß er »kommt, sieht und siegt«, wie in der nicht gerade kriegsentscheidenden Schlacht

von Zela gegen den herzlich unbedeutenden Pharnakes von Pontus (47 v. Chr.), macht er so viel Aufhebens davon.
Das Geheimnis seines Glücks in Laufbahn, Politik, Krieg und bei Frauen ist, daß er keiner seiner Niederlagen erlaubt, sich auszuwirken: ein Faktor ›öffentlicher Meinung‹ oder allgemeinen Vorurteils zu werden. Caesar weiß mit dem Instinkt des geborenen Politikers, daß jede Gesellschaft ihre ›Gewinner‹ und ihre ›Verlierer‹ hat, ihre ›Idole‹. Jeder, der öffentlich wirken will, braucht sein ›Image‹. Und: von diesem hat man alles fernzuhalten, was schadet. In Rom spricht man von existimatio, fama, und später auch opinio vulgi. Und niemand kann gegen das Etikett, das ihm die Öffentlichkeit verpaßt, viel ausrichten. Es entscheidet nicht nur des Politikers Chancen, es besiegelt sein Schicksal. Es sei denn, man fängt es ab, noch ehe es zu kleben beginnt.
Caesar nimmt, was Vergil poetisch umschreibt: »Fama, malum qua non aliud velocius ullum« (»Gerücht, das schneller eilt als jedes andere Übel«), wörtlich. Er erlaubt keiner schlechten Nachricht, sich zur fama mala, zum negativen Image des Verlierers zu verdichten. Geht etwas schief, ist Zeit, wenn auch nicht allzuviel, den verpatzten ersten Akt zu korrigieren. Eine Chance, die man nutzen muß. Caesar studiert, wie keiner vor ihm, wenige nach ihm, die Mechanik öffentlicher Vorurteilsbildung. Und er wird buchstäblich nichts unversucht lassen, aus verlorenen Siegen nie erlittene Niederlagen zu machen. Kein Politiker, kein Feldherr hat aus der Defensive heraus überzeugender gesiegt, hat günstige Gelegenheiten instinktsicherer beim Schopfe gepackt und in gänzlich neue Situationen verwandelt als er.
Anläßlich der Aufdeckung der catilinarischen Verschwörung (63 v. Chr.) entgeht Caesar nur um Haaresbreite der Mitanklage. Cicero, der Anwalt des Geldadels (der Gläubiger), läßt nicht mit sich spaßen. Eine Verurteilung Caesars wäre für Cicero der Punkt auf dem i seiner nunmehr gesicherten Karriere. Caesar, der aus seiner Sympathie für die Sache der hochverschuldeten Catilinarier nie einen Hehl macht, der die

hinter Cicero agierenden Aristokraten, die vom Wucher leben, verachtet, muß mit dem Äußersten rechnen. Der Sympathisant öffentlicher Aufrührer, die mit ›Terror‹ drohen, wagt, was niemand für möglich hält: er dreht den Spieß um und beschuldigt den öffentlichen Ankläger des Gesetzesbruchs. Die Gesetze sind zum Schutze der Bürger da, nicht zu ihrer Vernichtung. Jetzt, da die Catilinarier unschädlich gemacht sind, haben sie als Bürger Anspruch auf ihren Schutz. Ihre Verurteilung zum Tode ist illegal und zudem ein höchst gefährliches Präjudiz, das sich eines Tages (Caesar deutet es an) auch gegen den heute Triumphierenden (Cicero) wenden kann. Nur 5 Jahre später wird der Volkstribun Clodius Pulcher Ciceros damaligen ›Gesetzesbruch‹ zum Anlaß nehmen, seine Verbannung durchzusetzen.

Im Jahre 63 v. Chr. setzt sich der Consul Cicero durch: Catilina wird zum hostis (Staatsfeind) erklärt, seine verhafteten Anhänger werden ohne ordentlichen Prozeß zum Tode verurteilt. Aber Cicero zuckt zurück, auch Caesar in die Untersuchungen einzubeziehen. Es fällt ihm um so leichter, als der betuchte Crassus einige ›Bußen‹ im Namen anderer Catilinarier des zweiten Gliedes leistet. Es sieht so aus, als ob sich Crassus die Karriere seines politischen Freundes Caesar einiges kosten läßt: seine Investition wird sich mit Zins und Zinseszins amortisieren.

4 Jahre später (im Jahre 59 v. Chr.) wird Caesar die erste Etappe seines langen Marsches zur Macht erreichen. Er wird mit Hilfe seiner sich zum ersten Dreibund zusammenschließenden ungleichen ›Freunde‹ Crassus und Pompejus Consul: fahrplangerecht mit 41 Jahren, dem für Patrizier zulässigen *Mindestalter*. Eine Karriere, die nur ihn selbst nicht überraschen konnte.

Sein Anschlußprojekt: der Gallische Krieg, mit dem er an Pompejus vorbei zum ersten Mann in Rom aufsteigen will, entwickelt sich zum erfolgreichsten seiner Fehlschläge. Militärisch wie politisch. Caesar erobert zwar ganz Gallien, setzt über nach Britannien, sichert Roms neue Nordwestgrenze

am Rhein, nachdem er die Germanen ›entdeckt‹ und mitten im Sprung, Gallien für sich zu gewinnen, gestoppt hat. Aber seine militärischen Unternehmungen kosten ihn nicht 2–3 Jahre, auch nicht die maximal 5 Jahre, auf die er vorsorglich sein Kommando ausweiten läßt, sondern unvorhergesehene 8 Jahre! Eine viel zu lange Zeit, in der er Rom fernbleiben muß. In der andere, nicht er, die innenpolitische Bühne beherrschen. Und als er schließlich, legendär, wie er glaubt, aus dem Kriege heimkehrt, und seinen Anspruch auf das Consulat des Jahres 48 v. Chr. anmeldet, fällt es dem mit Pompejus auf Gedeih und Verderb verbundenen Senat kein bißchen schwer, ihn wie einen x-beliebigen Kandidaten abzuwimmeln. Der große Caesar möge sich nur ›bewerben‹, aber bitte zu den für alle Kandidaten üblichen Konditionen: nach Entlassung seiner Legionen, Niederlegung seines ihm Immunität verleihenden Kommandos und ohne jede Garantie, daß ihn seine politischen Gegner nicht wegen längst verjährter politischer Formfehler aus der Zeit seines ersten Consulats statt in den Senat ins Gefängnis verfrachten.
Caesar versteht es jahrelang (in seinen ›Frontberichten‹ an den Senat und das Volk) aus dem schmutzigen Krieg in Gallien, der erst dann ›sauber‹ wird, als Vercingetorix den erfolgreichen Guerillakrieg seiner Vorgänger aufgibt und, verblendet durch seinen Erfolg bei Gergovia, die Entscheidungsschlacht wagt – und verliert, einen militärischen Erfolg zu machen. Aus einer strategischen Niederlage einen glänzenden End-Sieg. Erst die Belagerung Alesias verschafft Caesar die Chance, sein Genie und die Profi-Überlegenheit seiner geschulten Legionen in die Waagschale zu werfen. Vor Alesia gewinnt Caesar in wenigen Wochen des Jahres 52 v. Chr., was er zuvor in langen und bitteren Jahren nicht erreicht hat: die vollständige Vernichtung eines fast un(an)greifbaren Gegners. Erst *nach* Alesia kann er Gallien befrieden, wovon er viel zu früh und viel zu oft dem Senat berichtet hat.
Es bleibt sein Geheimnis, ob er die ersten 7 von ihm verfaß-

ten Bücher ›Über den Gallischen Krieg‹ auch dann geschrieben hätte, wenn er, wie ursprünglich geplant, ›gekommen, gesehen und gesiegt‹ hätte. Seine nicht für Tertianer, sondern einen auf sein Scheitern geradezu versessenen Senat abgefaßten Kommentare über diesen Feldzug lassen nicht nur die Zeitgenossen seinen permanenten Nicht-End-Sieg in Gallien übersehen, sondern auch die Mehrzahl seiner Bewunderer und Kritiker bis heute. Er schreibt, wie Scheherezade erzählt: aber nicht um seines physischen, sondern um seines politischen Überlebens willen. Nur unter sehr viel schwierigeren Bedingungen: denn er kann nicht wie sie flunkern. Was auch immer Caesar an Ereignissen, Gesprächen, Siegen, Rückschlägen festhält, es muß stimmen. Er kann nur eines: weglassen, akzentuieren, interpretieren. Und darin ist er unerreicht geblieben, bis heute.
Im Bellum Gallicum siegt Caesar jedes Jahr von 58–51 vor Christus – auf dem Papier. Dennoch mutet es bestenfalls komisch an, wenn eine ganze Generation von Historikern wetteifert, ihm Geschichtsfälschung, oder – wohlwollender – tendenziöse Berichterstattung nachzuweisen. Als ob das auf der offenen Bühne seines Kriegstheaters angesichts von Feldpostbriefen der Legionäre, offener und geheimer Kontrollberichte ihm nur bedingt gewogener Unterfeldherren und anderer Akteure möglich gewesen wäre.
Die Kunst des militärischen und politischen Analytikers Caesar ist ungleich größer. Er muß Tatsachen, die alle kennen, so darstellen, daß sie ihm recht, den anderen unrecht geben. Er muß auch da als der die Situation Beherrschende erscheinen, wo er es gar nicht ist: wie bei der Herleitung der Kriegsgründe, dem Dialog mit Ariovist, dem Abzug von Gergovia, den Übergängen über den Rhein, die zwar zu Meisterleistungen der Pionierkunst geraten, strategisch aber ohne jeden Wert sind. Selten hat ein Autor mehr erreicht als Caesar mit seinen ›Kommentaren über den Gallischen Krieg‹. Selbst die Kritik am Feldherrn Caesar begnügt sich großmütig mit dem, was der Autor Caesar fast gönnerhaft an Fehlern eingesteht.

Oder, noch raffinierter, so verschleiert durchblicken läßt, daß man es erkennen kann und sich seiner ›Entdeckung‹ freut.
Nichts kennzeichnet den politischen Mißerfolg des Gallischen Krieges deutlicher als die Tatsache, daß der siegreiche Feldherr, der Rom einen halben – und bislang so gut wie unbekannten – Kontinent erschließt: das geheimnisvolle Nord-west-Europa, nach dem Siege entscheiden muß, ob er – wie Pompejus – vor dem Senat kuschen oder – wie Catilina – putschen soll. Nur gekonnter und mit weit mehr Rechtsschein als dieser!
Keines von beiden wird er tun; aber aus beider Fehlern lernen. Die vom Senat in ihren Rechten geschmälerten Volkstribunen werden ihn ›bitten‹, die verfassungsmäßige Ordnung in Rom wiederherzustellen.
Im fürchterlichen Zugzwang zwischen dem unerbittlich auslaufenden Oberkommando und praktisch abgelehnter Kandidatur für das Consulat entwickelt Caesar in den Wintermonaten der Jahre 50/49 das Prinzip des legalen Staatsstreichs. Er entschließt sich, mit seinem Heer den Rubicon, die Verwaltungsgrenze zwischen den Provinzen und Italien, zu überschreiten und damit den Bürgerkrieg zu eröffnen. Er tut es für sich, nicht für andere. Sein Ausspruch: »Freunde, den Fluß nicht zu überqueren, wird *mir* manchen Ärger bereiten, ihn zu überqueren – der übrigen Menschheit« zeigt, daß er die Lage, wie stets, genau analysiert. Und daß er unter Handlungszwang steht. Seine Schiffe sind verbrannt. Er spielt mal wieder auf Sieg.
Seine beiden größten militärischen Triumphe: Alesia (52 v. Chr.) und Pharsalos (48 v. Chr.) enthüllen am deutlichsten den Mann, der sein Schicksal nicht dem ›Lauf‹, sondern einzig und allein der ›Aktion‹ anvertraut. Beide Siege werden aus der Niederlage komponiert: Alesia aus der von Gergovia, Pharsalos aus der von Dyrrhachium. In beiden Fällen läßt Caesar seine demoralisierten Legionen nicht nur gegen den Feind marschieren, sondern gegen die böse, wenn sie be-

kannt wird, ihn ruinierende fama. In beiden Fällen überholen spätere Siegesnachrichten frühere Gerüchte über vorangegangene Niederlagen. Ein halbes Jahr nach dem schmählichen Abzug vor Gergovia, der auch die letzten noch zögernden gallischen Stämme dem Aufstand des Arverners Vercingetorix zuführt, muß dieser in Alesia kapitulieren. Noch keine vier Wochen, nachdem die Legionäre Caesars vor Dyrrhachium erleben müssen, wie die Kunst ihres Feldherrn vor der des Pompejus verblaßt, setzen sie ihn auf der fast quadratischen Hochebene von Pharsalos in Thessalien schachmatt. Ein für alle Mal, gegen eine Feldüberlegenheit von 1 : 2.
In beiden Fällen siegt der Stratege Caesar, der dem Gegner *seine* Schlacht aufzwingt; sein Datum, seinen Ort und seine Technik. Vercingetorix ist unerfahren; aber auch bei dem versierten Pompejus gelingt es ihm. Das erweist ihn nicht nur als den größeren Feldherrn der beiden, sondern als *den* Kriegsmann schlechthin. Seit Pharsalos hat sich die Kriegs*technik* unerhört ›verbessert‹, aber nicht mehr die Kriegs*kunst*. Oder richtiger: die Kriegs*ökonomie*; das Verhältnis der eingesetzten Mittel zum Erfolg. Die caesarische Truppe reagiert wie ein Instrument auf den Anschlag seines Spielers. Unvorstellbar für den aus dem gleichen Holz geschnitzten Gegner, der keine ernste Chance hat.
Nein: Dem Gaius Julius Caesar schenken die Götter nichts oder nur selten etwas. Er nimmt sich das meiste. Nicht einmal, sondern ständig. Dieser Mann muß zeitlebens improvisieren. Als Politiker wie als General. Er kann gar nicht nach vorgefaßtem Plane arbeiten, den seine Biographen und Gegner bei ihm suchen. Aber wer klug genug ist, sich auf kein starres Verhaltensmuster festzulegen, kann dennoch seinen ›Visionen‹ leben. Zäh, und ohne das Ziel aus den Augen zu verlieren.
Das Triumvirat des Jahres 60 v. Chr. ist Caesars ureigene Idee. Der Außenseiter römischer Politik, dessen sorgfältig gefalteter Toga noch immer der Ruch der catilinarischen Affäre entsteigt, bringt die beiden mächtigsten und seit jeher

zerstrittenen Männer Roms auf eine – seine – Linie. Der ebenso reiche wie ehrgeizige Crassus kann den noch reicheren und ehrgeizigeren Pompejus nicht ausstehen, seit ihm dieser erst das Wohlwollen Sullas und dann den Triumph über den Sklavenaufstandsführer Spartacus stahl. Pompejus, der nach seinem überwältigenden Sieg über Mithridates die unverzeihliche Dummheit begeht, seine Legionen zu entlassen, wie das Gesetz es befiehlt, noch ehe der Senat die Zeche – der seinen Soldaten versprochenen Landzuteilung – bezahlt hat, braucht stärkere, innenpolitische Bataillone. Oder er muß alles aus eigener Tasche zahlen. Was er zwar könnte, aber nicht will. Jeder der drei ungleichen politischen Bettgenossen braucht den anderen für seine Ziele. Crassus will ein militärisches Oberkommando, um endlich so reich und berühmt zu werden wie Pompejus. Pompejus will den Senat seinen berechtigten Forderungen geneigt machen, entweder durch das Auftreten seiner neuen ›Freunde‹, oder indem seine alten Freunde aus Furcht vor seinen neuen zu ihren alten Verpflichtungen stehen.
Und Caesar? Er will ›bloß‹ Consul des Jahres 59 v. Chr. werden. Die alles wissenden Auguren des Jahres 60 v. Chr. hatten nicht den geringsten Zweifel, wer das Rennen machen würde: Pompejus. Und wenn nicht er, dann Crassus. Der ›Makler‹ Caesar würde seinen Lohn kassieren und nach seinem Consulat von der römischen Bildfläche verschwinden, um sich der Pflege seiner Finanzen und seiner Liebesaffären zu widmen: Sei es Damen der römischen Provinzsociety oder auch dem einen oder anderen hübschen jungen Mann aus gutem Hause (eine Neigung, die seit seiner viel beklatschten Liaison im Jahre 80/79 mit Nicomedes, König des kleinasiatischen Duodez-Staates Bithynien, an dessen Hof er sich damals vor Sulla versteckt, immer wieder zu Vermutungen Anlaß gibt).
12 Jahre später sieht man auch ohne Auguren, daß alles anders gekommen ist. Die beiden starken Männer des Jahres 60 v. Chr. sind tot. Beide in einer Wüste verscharrt: in der syri-

schen, wo ihn die Parther in eine mit bloßem Auge erkennbare Falle locken, der eine: Crassus. In der ägyptischen, in der er wie weiland Sertorius durch den Dolch eines seiner Offiziere umkommt, der andere: Pompejus. Nur daß Caesar nicht seine Hand im Spiel hat.

Aus dem kleinen Makler des Jahres 60 v. Chr. ist der neue Alexander geworden, der sich nicht nur auf Siegen und Erobern versteht, sondern auch auf Regieren, Verwalten und Reformieren. Dessen Reich nach Jahrhunderten gemessen werden wird, und das noch im Zerfall das unvergängliche Modell für alle sein wird, die ihm folgen.

Caesars erstes Consulat des Jahres 59 v. Chr. enthält bereits in nuce das Regierungsprogramm seiner späteren Alleinherrschaft. Er erfüllt loyal (oder berechnend?) die Erwartungen seiner neuen Freunde: Pompejus erhält das Land für seine Soldaten, Crassus den Nachlaß der Steuerpachtpauschale für die Provinz Asia. Aber Caesar wäre nicht Caesar, benutzte er die Gelegenheit nicht für Dauerhafteres. Er macht aus dem Landgeschenk an Pompejus' Veteranen Roms erste vernünftige Bodenreform. Er vermeidet den Fehler der Gracchen, eine entschädigungslose Aufteilung des »allen römischen Bürgern gehörenden« ager publicus zu verlangen und gegenwärtige Besitzstände anzutasten. »Was unter Gefahr von Bürgern erworben ist, muß auch zu ihren Gunsten verwendet werden«, erklärt er (laut Dio Cassius). Das zusätzlich zum noch freien Staatsland in Campanien für die ca. 40 000 pompejanischen Veteranen und die ca. 20 000 Neubauern, unter denen sich ›zufällig‹ z. T. auch Alt-Legionäre des Pompejus befinden, benötigte Land wird aus der offiziellen Beuteabführung des Pompejus angekauft. Eine neutrale Kommission sucht die Begünstigten aus, die das Land zunächst nur als kostenlosen Dauerbesitz für 20 Jahre erhalten, in denen sie es nicht veräußern dürfen. Danach gehört es ihnen zur vollen Verfügung.

Außer dem Ackergesetz und dem Gesetz zur Senkung der öffentlichen Pachtzinsen bringt der neue Consul

– ein Gesetz zur Neuordnung der Provinzverwaltung (Beschneidung der Kompetenzen der Statthalter) und
– ein Gesetz gegen Wucher, Erpressung, Veruntreuung und Bestechung

ein. Ein Programm, das zumindest schon im Ansatz auf die drei größten Mißstände der Republik zielt, die er später (ab 49 v. Chr.) angehen wird: die ungerechte Landverteilung, die Mißwirtschaft der senatorischen Statthalter (und ihrer Handlanger, der publicani) in den eroberten Provinzen und die haarsträubende Ausplünderung der Schuldner im ganzen Reich.

Ferner wird die ›Taxe‹ für die Übernahme öffentlicher Ämter neu geregelt und begrenzt. Der Reform-Consul Caesar profitiert von den Erkenntnissen des vor zwei Jahren nach Spanien entsandten Proprätors Caesar, der sich dort entgegen der fama nicht nur saniert, sondern offenkundig auch unmißbare Verwaltungserfahrungen angeeignet hat. Auch der edelste Reformer muß die Materie kennen, die er formt. Nicht nur vom Hörensagen.

Caesar hätte dieses Vor-Programm auf seine späteren Reichsreformen niemals verwirklichen können, wenn er jeweils auf die zweite Unterschrift seines von der Senatspartei bestellten Amtskollegen Bibulus (desselben, der schon mit ihm das Amt des Aedilen teilte) gewartet hätte. Caesar trickst ihn gekonnt aus und regiert allein. Bereits die Zeitgenossen sprechen vom ›Consulat des Julius und Caesar‹ statt dem des Caesar und des Bibulus.

Die Ausbootung des Bibulus wird Folgen zeitigen, rechtliche und tödliche. Das Regieren mit nur einer Unterschrift und gegen die von Bibulus beobachteten göttlichen Zeichen macht Caesar, solange er noch nicht alle Macht im Staat auf sich vereinigt, rechtlich angreifbar. Er braucht nach dem Consulat ein immunitätsverleihendes Imperatoren-Mandat, oder die Senatswölfe von Cato d. J. bis Cicero werden ihn zerreißen. Vor den beiden wird er sich zu schützen wissen. Nicht ganz so vor der Witwe des Bibulus, Porcia, der Tochter

Catos und späteren Frau seines Mörders Brutus. Brutus ist nicht nur wenig ehrenwert, ein übler Halsabschneider und Kredithai. Er hat wenig Rückgrat. Als Anführer der Verschwörer fällt er permanent um, vielleicht weil er zeitlebens unter dem starken Einfluß seiner Mutter Servilia steht, von der die fama berichtet, daß sie Caesars langjährige Geliebte gewesen sei. Cato deckt ihre Verbindung unfreiwillig in aller Öffentlichkeit auf, als er wutschnaubend die Herausgabe eines Zettels verlangt, der Caesar während einer Senatssitzung gegen die Catilinarier von einem Boten überbracht wird. In der Annahme, es handle sich um den lang gesuchten Beweis von Caesars catilinarischer Komplizenschaft, verlangt er dessen öffentliche Verlesung. Caesar, dem Senat stets zu ehrerbietigen Diensten, reicht Cato das Billet; sein Inhalt: ein Stelldichein mit Servilia, der Frau von Brutus' Vater.

Seit Brutus in zweiter Ehe mit Porcia verheiratet ist, gewinnt er Statur. J. P. V. D. Balsdon kommt nach sorgfältiger Auswertung aller erreichbaren Quellen zu dem Schluß, daß sie weit mehr als er der spiritus rector der Verschwörung gewesen sei. Cherchez la femme fatale. Höchst einleuchtend, wenn man bedenkt, daß Porcia als Tochter, Ehefrau und Schwiegertochter immer nur gegen das Monstrum Caesar motiviert worden ist: von ihrem Vater (Cato), ihren beiden Männern (Bibulus, Brutus), vor allem aber unfreiwillig von ihrer Schwiegermutter Servilia, die sie haßt.

Bevor der Consul des Jahres 59 v. Chr. die Geschäfte dem von allen drei Machthabern zu ihrem Interessenvertreter eingesetzten Piso übergibt, ordnet er seine politischen und persönlichen Angelegenheiten. Er heiratet seines Nachfolgers Piso Tochter Calpurnia (nachdem er sich 62 v. Chr. von Pompeja, seiner zweiten Frau, hatte scheiden lassen, als diese im akuten Verdacht stand, auf einer nur Frauen gestatteten Zeremonie zu Ehren der ›Guten Göttin‹ ihrem und Caesars Freund Clodius Pulcher Zutritt verschafft zu haben. Denn: »Caesars Frau muß über jeden Verdacht erhaben sein!«, noch bevor er Karriere macht).

Dem großen Pompejus gestattet er, sein Schwiegersohn zu werden. Der damals 47jährige heiratet die 24jährige Julia, Caesars einzige Tochter und einziges Kind (denn der ihm später von Cleopatra zugeschriebene Caesarion entspringt wohl mehr einer politischen als körperlichen Wunschzeugung).

Die Ehe des Pompejus mit der Caesartochter ist seine glücklichste. Caesar, sein um 6 Jahre jüngerer Schwiegervater, kann sich unbesorgt von Rom entfernen. In sein Kommando, das die beiden römisch besetzten Gallien umfaßt: Gallia cisalpina (die heutige Lombardei) und Gallia narbonensis (die heutige Provence und Côte d' Azur), die die Landverbindung nach Spanien sichert. Außerdem gehört dazu Illyricum (das heutige Dalmatien). Sein Mandat gibt ihm das Kommando über vier Legionen. Es entzieht ihn jeglicher politischer und strafrechtlicher Verfolgung, vor der ihn außerdem – sicher ist sicher – sein Schwiegervater Piso und sein Schwiegersohn Pompejus an der Heimatfront bewahren sollen.

Wie kommt es zum Gallischen Krieg, der Caesar bis zum Jahre 50 v. Chr. beschäftigen wird? (Vergl. die Karte auf S. 100)

Der neue Oberkommandierende Italien Nord, Gallien Süd weilt noch im Urlaub in der Nähe Roms, als – von den Häduern? – die Kunde kommt, daß die Helvetier, die Vorfahren der heutigen Schweizer, beschlossen hätten, süd-westwärts zu ziehen, in Gebiete jenseits der Rhône. Die Gründe für den Zug der Helvetier sind klar: sie werden von den sich rheinwärts ausbreitenden Sueben unter Ariovist bedrängt.

Unklar aber ist, warum der Pro-Consul beider Gallien sofort seinen Urlaub abbricht, seine vier Legionen zusammenrafft, wenige Tage später die römische Grenze nordwärts überschreitet und im Geschwindmarsch die Rhône hochmarschiert. Gewiß: ein senatus consultum aus dem Jahre 61 v. Chr. erlaubt jedem Gouverneur, jenseits römischer Grenzen zu operieren, wenn Gefahr im Verzug ist. Aber ist diese im Verzug? Glaubt Caesar, daß die Helvetier direkt gen Süden die Rhône abwärts, in die römische Gallia narbonensis ziehen wollen? Schwerlich. Oder: Will er, als die Helvetier in westlicher Richtung abschwenken, den Häduern helfen? Und wenn ja, warum? Weil sie seit einigen Jahren offiziell ›Freunde (amici) des Römischen Volkes‹ sind? Caesar ist alles andere als sentimental, und zudem steht gar nicht fest, ob die durchziehenden Helvetier die Häduer bedrohen. Nein: Der eigentliche Feind der Häduer und Römer sind die nachdrängenden germanischen Sueben. Caesar erkennt – intuitiv oder mit dem klaren Blick des vorausschauenden Politikers –, daß sich mit den Sueben die Frage stellt: ob Gallien gallisch bleiben kann oder germanisch werden muß. Warum nicht römisch?

Caesar hält im ›Gallischen Krieg‹ und später stets daran fest: Er habe nur Roms Bündnispflichten gegenüber den Häduern erfüllt. Die Unlogik dieses Motivs entlarvt bereits Ariovist, als er den Römer Caesar vor der Entscheidungsschlacht (bei Mühlhausen oder Belfort?) fragt: Warum entdecken die Römer ihre Liebe zu den Häduern erst jetzt und nicht schon bei früheren Gelegenheiten? Caesar ist, wie immer, objektiv genug, Ariovists Argumente in seinen Bericht an den Senat aufzunehmen: »Weder hätten die Häduer bisher den Römern geholfen ... noch hätten sie selber die Hilfe des Römischen Volkes genossen.«

Für Caesars Intervention in Gallien gibt es letztlich drei sich wechselseitig ergänzende und keineswegs ausschließende Motive:

- Caesar braucht den gallischen Kriegsruhm, die in Gallien zu gewinnenden Ressourcen (Geld und Legionen), um den von Pompejus und Sulla vorgezeichneten Weg der Machtergreifung in Rom konsequenter als diese beiden zu Ende zu gehen.
- Caesar korrigiert die durch die Eroberungen Sullas und Pompejus' entstandene ›Ost‹-lastigkeit des Römerreiches, die früher oder später zu einer Hellenisierung oder Orientalisierung führen muß: einer Ent-römerung des Reiches, der es beizeiten entgegenzuwirken gilt. Durch Landge-

winn im Westen, auf den Spuren der Scipionen, die Roms Dominanz im westlichen, nicht östlichen Mittelmeerbekken gesucht hatten und als deren Erbe sich Caesar sieht. Zum Ärger Catos d. J.

– Caesar, in der Schule des Marius, des Cimbern- und Teutonen-Bezwingers erzogen, sieht scharfsichtiger als der nur ans Geldverdienen denkende Senat den Rom bedrohenden furor teutonicus voraus. Sein Eingriff in Gallien richtet sich gegen die die Helvetier vor sich hertreibenden Sueben, die ihrerseits nur die Speerspitze der hinter ihnen nachdrängenden Germanenstämme sind. Es geht ihm um die Romanisierung Galliens. Caesar sichert es für Rom, schnappt es den Germanen buchstäblich vor der Nase weg.

Caesar ist zeitlebens der Mann der Doppel- bis Dreifachstrategien. Daß er Häduer sagt und Sueben – stellvertretend für alle über den Rhein drängenden Germanen – meint, schließt weder seine Reichs- noch persönlich gefärbten Machtmotive aus. Im Gegenteil: sein Vorteil ist am besten aufgehoben, wenn er sich mit dem Roms deckt. Und nicht mit ihm konkurriert.

Daß es ihm um die Sicherung Galliens vor den Germanen geht, läßt sich aus zwei Komplexen seiner gallischen Kriegsberichterstattung herauslesen: erstens der Bedeutung, die er der Begegnung mit Ariovist und dessen Argumenten beimißt. Er bleibt der einzige seiner Gegenspieler, den er respektiert. Zweitens aus der für einen Kriegsmann ungewöhnlichen ethnographischen Aufmerksamkeit, die er diesem die Gallier bedrängenden Volke widmet, in zwei offensichtlich später bei der Endredaktion des Werkes nach- und eingeschobenen Exkursen, von denen der eine (in Buch IV) die Sueben, der andere, größere (in Buch VI) die Germanen behandelt. (Vergl. Dokument IV des Anhanges)

In beiden Exkursen wächst der Autor Caesar über den militärischen Rapporteur und den Nicht-Sieg verschleiernden Lageanalytiker hinaus. Seine Erforschung der Landstriche zwischen Maas und Rhein, der herkynischen Wälder (Schwarzwald und Thüringer Wald) und der Ardennen stellen das westliche Gegenstück zu den Reiseberichten des Alexander-Admirals Nearchos im östlichen Indien, Persien und Arabien dar.

Schon 1920 notierte E. Norden in seiner ›Germanischen Urgeschichte in Tacitus' Germania‹:

»Bei Mommsen lesen wir ... ›Täglich‹, heißt es in einer römischen Schrift vom Mai 56 (gemeint ist Cicero – erg. d. Verf.), ›melden die gallischen Briefe und Botschaften uns bisher unbekannte Namen von Völkern, Gauen und Landschaften‹. Die Erweiterung des geschichtlichen Horizonts durch Caesars Züge jenseits der Alpen war ein weltgeschichtliches Ereignis, so gut wie die Erkundung Amerikas durch europäische Scharen. Zum engen Kreis der Mittelmeerstaaten traten die Mittel- und nordeuropäischen Völker, die Anwohner der Nord- und Ostsee hinzu, zu der alten Welt eine neue.«

Norden fährt fort:

»Caesar, der hochgebildete Mann, mag es als nationale Schmach empfunden haben, daß die Römer sich von griechischen Gelehrten den Vorwurf machen lassen mußten, ihre kulturelle Pflicht, die wissenschaftliche Erschließung des Westens, vernachlässigt zu haben. Wie einst Scipio Aemilianus diesen Vorwurf durch die Tat widerlegte, indem er dem Erkundungsdrange der ihn nach Afrika, dem Orient und Spanien begleitenden Gelehrten allen Vorschub leistete ... so wird auch Caesar, in dessen Zeit die Überlieferungen des Scipionenkreises ... vielfach hineinragten, die Erweiterung des geographischen Gesichtskreises als Ehrenpflicht anerkannt haben.«

Und Cicero, gewiß über den Verdacht erhaben, gewohnheitsmäßig das Lob Caesars zu singen, schwärmt geradezu in seiner Rede über die consularischen Provinzen, auf den gallischen Feldzug eingehend:

»Cum acerrimis nationibus et maximis Germanorum et Helvetiorum proeliis felicissime decertavit ... et quas regiones quasque gentes nullae nobis antea litterae, nulla vox, nulla

fama notas fecerat, has noster imperator nosterque exercitus et populi Romani arma peragrarunt.«
(»Er hat mit den trotzigsten und größten Völkern der Germanen und Helvetier höchst erfolgreich gekämpft ... und jene Regionen und Völker, von denen uns bisher nichts bekannt war: kein Buchstabe, kein Laut, ja nicht einmal eine Andeutung über sie, die durchdringen (jetzt) unser Feldherr, unser Heer und die Waffen des römischen Volkes.«)
Sicher ist, daß Caesar den Feldzug nicht nur als Erdkundler führt. Und sicher ist auch, daß er den Gallischen Krieg, aus welchem der drei Motive auch immer, oder allen dreien, gewollt hat. Es ist *sein* Krieg. Von der ersten Minute an.
Nachdem er den Zug der Helvetier bei Bibracte stoppt, ist es vorgeschrieben, daß er auf den Hauptfeind losgehen muß: Ariovists Sueben.
Wieder legalisieren die Häduer den längst eingeplanten Folgekrieg. Verabredungsgemäß bittet der von der Helvetier-Gefahr befreite Häduer-Fürst Diviciacus nun um römischen Beistand vor den weitaus gefährlicheren Sueben. Caesar läßt sich nicht lange bitten. Schon im Herbst desselben Jahres (58 v. Chr.) findet die Suebenschlacht irgendwo zwischen Besançon und den elsässischen Städten Mühlhausen, Epfig oder Beblenheim statt. Die Verwirrung rührt aus einer kontroversen Entfernungsangabe: Caesar spricht von einer Entfernung von nur 5 000 Schritt zum Rhein (quinque milia passuum). Aber schon den antiken ›Kommentatoren‹ (Orosius, Plutarch) kommt dies höchst unwahrscheinlich vor. Der Kampf hätte beim damaligen unregulierten Flußlauf im Schilf stattgefunden!
Wahrscheinlich handelt es sich um eine Zahl mit 5, von der einige ›Nullen‹ verlorengegangen sind: 15 000 oder, noch wahrscheinlicher, 50 000 Schritt vom Ufer entfernt. Waren es 50 000 Schritt (rund 75 km), könnte die Begegnung bei Belfort stattgefunden haben, etwa in der Mitte zwischen Besançon, wo sich Caesars Hauptquartier befindet, und Mühlhausen, von wo aus Ariovist aufbricht.

Die Schlacht, eine der härtesten des ganzen Krieges, endet mit der vollständigen Niederlage Ariovists. Die Sueben geben die linksrheinische Besiedlung für Jahrhunderte auf. Sie fallen als Machtfaktor beim Kampf um Gallien aus. Caesar hat freie Hand. Und, was noch schwerer wiegt: den Rücken frei.
Es ist schwer zu entscheiden, ob Caesar an den Rhein als die natürliche Grenze und Völkerscheide zwischen Kelten (Galliern) und Germanen glaubt, oder ob er sie für seine strategischen Absichten erfindet. Seine ethnographischen Entdekkungen vom Ganz-Anders-Sein der Germanen (siehe Dokument IV des Anhanges) können echt, aber auch vorgeschoben sein. Fest steht nur, daß er die seiner Ansicht nach ›natürliche‹ Grenze handfest und strategisch nutzen wird. Von Caesar übernimmt sie später Richelieu, schon nicht mehr ganz so unschuldig.
Caesars Ziel steht in den Wintermonaten des Jahres 58/57 v. Chr. fest: Gallien, das am Rhein endet, soll römisch werden. Germanien, das am Rhein beginnt, soll germanisch bleiben, eine Entscheidung, die bis heute die kulturelle Physio- und Psychologie Europas bestimmt.
Es ist sein Krieg; vor dem Senat rechtfertigt er seine Maßnahmen und Entschlüsse ex post, nicht ex ante. Dieser erfährt erst, als alles schon gelaufen ist, daß er für den neuen Feldzug des Jahres 57 v. Chr. in Gallia cisalpina abermals zwei neue Legionen ausgehoben hat! Er verfügt jetzt über 8 Legionen, doppelt soviel wie bei Übernahme des Kommandos (= 48 000 Mann), einige tausend gallisch-germanische Reiter als Vorhut mit begrenztem Gefechtswert. Wer kann nach Ausschaltung der Germanen die römische Herrschaft in Gallien noch stören oder gar durchkreuzen? Einzig und allein die zwischen Rhein und Seine siedelnden Belger und deren Hauptstämme: Nervier, Atrebaten, Viromanduer, Eburonen. Caesar stürzt diese Völker in einen Kampf auf Leben und Tod.
Die Rolle der den neuen Krieg legalisierenden Häduer spie-

len diesmal die in der Champagne siedelnden Remer (deren Name in ihrer Hauptstadt Reims fortlebt). Von ihrem Stammesgebiet aus marschiert Caesar nach Norden, die Axona (Aisne) aufwärts in die West- und Südardennen, den Hennegau (das heutige Hainaut). 75 000 Nervier, Atrebaten und Viromanduer (nachdem sie zeitweilig dreimal soviel Leute unter Waffen hatten, aber wegen Verpflegungsschwierigkeiten wieder nach Hause schicken müssen) erwarten die Legionen im Tal der Sambre, einem Nebenfluß der Maas, westlich des heutigen Maubeuge.

Caesars Bericht über den dramatischen Schlachtverlauf gehört zum Besten, was er in seiner unterkühlten Prosa (nicht mehr als 1 200 Alltagsworte verwendend!) je geschrieben hat. Wir benutzen die Übersetzung Hans Oppermanns:

»Den Römern, die sich von Norden her der Sambre näherten, zeigte sich der Fluß zwischen zwei sanft abfallenden Hängen. Auf dem anderen Ufer verlor sich der steigende Hang bald in Wald. Längs des Flusses sah man einzelne belgische Reiterposten. Die Tiefe des Flusses war drei Fuß, er war also leicht zu überschreiten.

Die Reiter und Schleuderer, die dem römischen Heer voranzogen, gingen über den Fluß und drängten die gallischen Reiter in den Wald zurück, in den sie aber nicht folgten. Sechs römische Legionen, die Hauptmacht, begannen inzwischen auf dem Kamm des Hügels nördlich der Sambre mit dem Lagerbau. An diese Legionen schloß sich der Troß. In dem Augenblick, in dem er auf dem Rücken des Hanges erscheint, stürmen die Nervier und ihre Verbündeten aus dem Wald vor. Sie werfen die römischen Plänkler, sie sind am Fluß, den sie durchwaten, sie stürmen im Laufschritt hügelan auf die schanzenden Legionen zu.

Caesar blieb keine Zeit zur normalen Reaktion, zum Hissen der Fahne, dem Alarmsignal, zum Trompetenstoß, der die Soldaten vom Schanzen zurückruft, zum Aufstellen einer geordneten Schlachtlinie, zur Ermahnung der Soldaten und zum Angriffsbefehl. Aber die gute Ausbildung der Soldaten

ersetzte das und ebenso das Eingreifen der Legaten, denen Caesar befohlen hatte, bei ihrer schanzenden Truppe zu bleiben. Auch ohne Caesars Anweisung geschah das Nötigste.
Caesar eilt sofort zu den kämpfenden Truppen und kommt zuerst zur IX. Legion, die mit der X. auf dem linken Flügel stand. Nach wenigen anfeuernden Worten gibt er den Befehl zum Angriff, denn die Feinde hatten sich schon auf Speerwurfweite genähert. Dann eilt er nach rechts, um auch hier den Angriff zu befehlen, trifft aber auf eine schon in Kampf verwickelte Truppe. Alles war so schnell gegangen, daß die Soldaten sich kaum hatten ordnungsgemäß wappnen können und daß zu einer regelrechten Aufstellung keine Zeit war.
Die Schnelligkeit des Angriffs, das abfallende Gelände, das – wie noch heute* – von dichten Knicks durchzogen war, machten eine einheitliche Leitung unmöglich. Die Schlacht löste sich in einzelne Gruppenkämpfe auf. Sie entglitt Caesars Händen. Von seinem Standpunkt aus sah er folgendes:
Links, von wo er kam, treiben die IX. und X. Legion die vom Sturm ermatteten Atrebaten rasch zum Fluß zurück, bedrängen sie beim Übergang, folgen ihnen über das Wasser, brechen im ansteigenden Gelände erneuten Widerstand und werfen den Feind zurück. Im Zentrum haben die VIII. und XI. Legion die Viromanduer zurückgeworfen und stehen am Flusse mit ihnen im Kampf. Durch dieses Vorrücken wird das Lager auf seiner linken Seite und in der Mitte entblößt, nur auf dem rechten Flügel stehen die XII. und VII. Legion. Hier stürmen die Nervier. Ein Teil dringt durch die Lücke zwischen Zentrum und linkem Flügel ins Lager ein, der andere beginnt, die beiden Legionen zu umzingeln.
Im Lager trafen die Nervier auf Reiter und Plänkler – die sich gewohnheitsmäßig hinter der vorrückenden Infanterie gesammelt hatten* – sowie auf die Troßknechte; beide flohen mit großem Geschrei. Als berittene gallische Hilfstruppen aus der Gegend von Trier das sehen – das Lager genommen, die Legionen umzingelt, rings Flucht aus dem Lager –, spren-

* Einschübe von H. Oppermann.

gen sie erleichtert davon: sie werden zu Haus melden, die Römer seien besiegt, die Nervier hätten Lager und Troß erobert.
Caesar sieht das alles. – Vor seinen Augen vollzieht sich die Katastrophe.* – Die Soldaten der XII. Legion sind zusammengedrängt und hindern sich selbst am Fechten, bei der 4. Kohorte sind alle Zenturionen und der Adlerträger gefallen; der Adler ist verloren. Auch bei den anderen Kohorten sind fast alle Zenturionen gefallen oder verwundet, unter ihnen der tapfere Publius Sextius Baculus, der sich kaum mehr aufrecht halten kann; die Kraft der anderen läßt nach. Schon drücken sich hinten einige, ducken sich vor den Geschossen und versuchen zu desertieren. Die Feinde aber drängen von allen Seiten unablässig heran. Die Sache steht auf des Messers Schneide und weit und breit ist keine Truppe, die man zu Hilfe schicken könnte – da greift er selbst ein. Einem in der letzten Reihe entreißt er den Schild, weil er selbst ohne Schild gekommen war, er tritt ins erste Glied, er ruft die Zenturionen namentlich auf, er spricht den übrigen Mut zu und gibt den Befehl, vorzurücken und die Reihen zu lockern, damit sie die Schwerter besser handhaben können. Sein Erscheinen gibt den Soldaten neue Hoffnung und stärkt den Mut. Jeder will unter den Augen des Feldherrn auch in schwieriger Lage zeigen, was er kann, und so wird der Angriff der Feinde etwas aufgehalten.
Caesar zieht nun die VII. Legion, die, ähnlich bedrängt, neben der XII. stand, mit Hilfe ihrer Offiziere allmählich hinter die XII., läßt sie kehrtmachen und beide gemeinsam sich der Feinde erwehren. Die Widerstandskraft wächst. In diesem Augenblick erscheinen die XIII. und XIV. Legion, die hinter dem Troß die Nachhut gebildet hatten und auf die Kunde von der Schlacht in Laufschritt gefallen waren, auf dem Kamm des Hügels. Gleichzeitig schickt Labienus, der mit dem rechten Flügel das belgische Lager erobert hatte und von dort aus die gefährliche Lage sah, die X. Legion. Die erkannte bald die kritische Lage ihrer Kameraden und nahte im Laufschritt.

Die Ankunft dieser Legionen bringt den völligen Umschwung. Die leichten Truppen und die Troßknechte fassen wieder Mut und greifen ihrerseits in den Kampf ein, um ihre Flucht wiedergutzumachen. Die Feinde aber – schließt Caesar die Schilderung und meint speziell die Nervier* – zeigten auch in der verzweifelten Lage größte Tapferkeit: Wenn das erste Glied gefallen war, traten die nächsten auf die Liegenden und kämpften auf den Leichen stehend, und als auch diese fallen und die Leichen sich häufen, werfen die Überlebenden wie von einem Hügel ihre Waffen auf die unsern und fangen unsere Speere auf und werfen sie zurück. Man darf sagen, daß so tapfere Männer nicht ohne Berechtigung es wagten, den tiefen Fluß zu durchschreiten, die ansteigenden Ufer zu erklimmen und in ungünstiges Gelände vorzurücken. Ihre Tapferkeit und Ausdauer hatte diese schweren Dinge leicht gemacht.«

Bereits am Ende des 2. Kriegsjahres hegt Caesar nicht mehr den geringsten Zweifel: Gallien ist befriedet (›Gallia est pacata‹). Einzelne Widerstandsnester in Aquitanien, der Bretagne (bei den Venetern) und im Herzen Galliens bei den Arvernern zwischen Dordogne und Loire sind noch auszuräuchern. Aber die Hauptarbeit liegt hinter ihm; nicht zuletzt, weil er das Operationsgebiet von allen äußeren Einflüssen (Germanen, Belgern) fast hermetisch abgeriegelt hat. In einem Zwei-Jahres-Feldzug ohne genaue Karten, ohne feste Nachschub- und Verpflegungsbasen hat eine auf sich gestellte Armee militärischer Nomaden auf Schusters Rappen, Abend für Abend ihr festes Lager aushebend und nur von einer festen Mahlzeit lebend (¾ kg Mehlration für Fladenbrot), in einem gnadenlosen Feldzug Gallien erobert. Ein Land, immerhin zweimal so groß wie Italien. So sieht er es am Ende des 2. Buches seiner berühmten Kommentare über den Feldzug.

Nach zwei Jahren Abwesenheit kann sich Caesar wieder um Rom kümmern. Mit dem Triumvirat steht es nicht zum besten. Der Senat hat Pompejus zum Generalbevollmächtigten für die staatliche Getreideversorgung (cura annonae) bestellt. Crassus' alter Neid ist wieder wach. Warum Pompejus und nicht er? Caesar, den beiden Großen nun ebenbürtig, bleibt in der angenehmen Lage des Schlichters. Man einigt sich in Luca, der romnächsten Stadt der Caesarischen Provinzen, auf das gemeinsame Consulat von Crassus und Pompejus für das Jahr 55 v. Chr. Danach werden sich alle drei proconsularisch bedienen: Crassus erhält Syrien, damit er endlich seinen Krieg gegen die Parther führen kann (Caesar stellt dafür seinen erprobten Legaten, den jungen Crassus ab), Pompejus übernimmt pro forma Spanien, wird aber, schon um der Interessen der Triumvirn und der cura annonae willen, die meiste Zeit in Rom verbringen. Caesars gallisches Kommando wird nach wärmster Befürwortung durch Cicero um weitere 5 Jahre verlängert, damit er sich im Jahre 49 v. Chr., nach einem Intervall von 10 Jahren, zum zweiten Mal um das Consulat bewerben kann. Ein gut ausgeklügelter Plan, der den jüngsten der drei fast geräuschlos zum ›Erben‹ macht. Der Fehler im Kalkül wird erst später sichtbar werden: nach dem Tod des Crassus (53 v. Chr.) und dem ›Verrat‹ des Pompejus und seines ›treuen‹ Cicero, die ihren Separatfrieden mit dem Senat machen werden (52 v. Chr.).

Von Luca eilt Caesar zurück an die Front. Das Jahr 55 v. Chr. sieht ihn das erste Mal den Rhein überschreiten. Nur 10 Tage brauchen seine Pioniere, um im Neuwieder Becken, unweit Andernach, eine 10 m breite Brücke über den Rhein zu schlagen. Warum das kostspielige Manöver? Einzig und allein, um den Resten der über den Fluß entwichenen Usipeter und Tencterer, die ihn zuvor links des Rheins nördlich von Koblenz angegriffen hatten und die er unter dem Vorwand des Verhandelns weitgehend massakriert hatte, überlegene römische Kriegstechnik zu demonstrieren. Sie soll ihnen das Wiederkommen gründlich austreiben und zugleich die Sueben von weiteren Belästigungen der rechtsrheinischen Ubier abhalten. Eine Drohgebärde, die seine fast hysterische Furcht vor dem Gegner hinter den herkynischen Wäldern mehr enthüllt als verbirgt. Sein alter Feind Cato findet den Wortbruch an den Usipetern und Tencterern so abstoßend, daß er im Senat beantragt, Caesar den Germanen auszuliefern. Obwohl viele gerne zugestimmt hätten, ist es jetzt zu spät. Die ›catilinarische Existenz‹ ist jetzt ein nationaler Heros. Ein zweiter, wenn nicht größerer, Pompejus.

Noch im selben Jahr landet Caesar in Britannien. Warum? Fürchtet er auch hier wieder den Feind im Rücken oder in der Flanke? Er selbst schiebt wirtschaftliche Gründe vor; er interessiert sich für Britanniens Bodenschätze, die seit Karthagos Zeiten bekannten Kupfer- und Zinnvorkommen und die Perlenfischerei, die dort seit alters her betrieben wird. Er kommt nicht weit, kann sich praktisch nicht vom Landungsplatz lösen. Stürme beschädigen seine an Land gezogene Flotte, die Britannier attackieren sein provisorisches Lager. Er muß zurück. Die Begeisterung in Rom über die neuerliche Ausweitung der Welt kennt keine Grenzen. Catull, nicht immer Caesars Freund, besingt wenige Monate vor seinem Tode »die Siegesmale des großen Caesar, den Rhein im fernen Gallien, das wilde Meer und Britannien am äußersten Rand der Welt«.

Der Rückschlag kommt im Jahre 54 v. Chr. Die Zeit des Siegens ist vorbei, die Wasser Galliens fließen aufwärts.

Der zweite Ausflug nach Britannien, obwohl besser vorbereitet als der erste, und obwohl Caesar diesmal wenigstens über die Themse vorstößt, endet genauso: im Abbruch des Unternehmens. Zwar hat sich Caesar auf gallischen Werften eine spezielle Landungsflotte bauen lassen: 28 Kriegsschiffe, die Erfahrungen aus seinem Seekrieg mit den Venetern berücksichtigend (flache Kiele, lederne Segel), 600 floßartige Leichter, auf denen er diesmal Troß und Pferde für die in Britannien unerläßliche Aufklärungskavallerie sowie 5 Legionen unterbringen kann. Und 200 Extra-Kähne, die ihm römische Geldleute privat finanzieren gegen entsprechende (Beute)Gewinnbeteiligung. Die britannischen Stämme haben sich auf seinen zweiten Besuch gut vorbereitet. Cassivellaunus, ihr gemeinsamer Oberbefehlshaber, macht seine Sache gut. Seine ›motorisierten‹ Divisionen, die Caesar auf 4 000 Wagenkämpfer beziffert – Napoleon III. (wie sein Onkel Napoleon I. ein emsiger Student von Caesars britischer Invasion) schließt daraus auf 660 Kriegswagen (6 Mann Besatzung je ›Panzer‹) –, stoppen Caesars Marsch nach Norden, zwischen Stour und Themse, in der Gegend des heutigen London. Caesar lernt nie die reichen Kupfer- und Zinnvorkommen in Wales, Schottland und auf den Scilly-Inseln kennen, hat auch vermutlich nie eine jener taubeneier-großen Naturperlen zu Gesicht bekommen, die er der von Sueton berichteten hauptstädtischen fama nach: »um die größten (für sich) zu sichern, eigenhändig abwiegt«. Das einzige, was seine Legionäre, als sie im Herbst endlich den unwirtlichen Norden verlassen dürfen, vielleicht mitnehmen, sind lederne Unterhosen (Subligaria), ein der römischen Soldatenkleidung bislang fremdes Utensil. Vergl. dazu die Meldung der NZZ vom 2. 3. 77:

»Auf der Suche nach den Unterhosen der alten Römer
London, 1. März (ap) Die alten Römer, die einst in Britannien Dienst taten, haben unter ihrer Toga zum Schutz gegen die Kälte *lederne Unterhosen* in Form von Knickerbockers getragen. Dies behauptet der Archäologe Robin Birley auf Grund von Ausgrabungen am Hadrians Wall, der als Gegenstück zum Limes in Deutschland einst quer durch Nordengland errichtet worden war. Wie Birley mitteilte, wurden Notizen über diesen besonderen Kälteschutz auf Schrifttafeln gefunden. Die Unterhosen hießen danach *»Subligaria«* und wurden den auf der Insel stationierten Soldaten oft in Paketen von zu Hause geschickt. Bisher wurde jedoch noch nie eine lederne Unterhose bei Grabungen gefunden, obwohl andere Reste von Leder- und Stoffbekleidung erhalten blieben. Für den Archäologen wäre es ein großer Augenblick, wenn bei einer Ausgrabung ein Paar »Subligaria« zum Vorschein käme.«

Als die Armada im Herbst 54 v. Chr. wieder im gallischen portus Itius (zwischen dem heutigen Boulogne und Cap Gris-Nez gegenüber von Dover) landet, erwarten Caesar nur schlechte Nachrichten. In Rom sind die zwei Frauen, die ihm am nächsten stehen, gestorben: seine Mutter Aurelia und seine Tochter Julia, Pompejus' Frau. Und Catull. Der Tod der beiden Frauen isoliert ihn nicht nur menschlich, sondern auch politisch. Aurelia, die Schwägerin des großen Marius, hielt die Verbindung zu den Häuptern der Popularen und den Inhabern der tribunizischen Gewalt intakt. Julia, die auch von ihrem Mann Pompejus Hochgeschätzte, war die wohl stärkste Rückversicherung seiner Interessen im Triumvirat. Mit Catull verlöscht das einzige Licht, dessen Schatten seinen Ruhm für immer an die Wände der Geschichte hätte werfen können.

Noch drohender aber sind die Berichte aus dem bereits mehrfach dem Senat als ›befriedet‹ gemeldeten Gallien. Der Norden steht in offenem Aufstand, der Süden bereitet ihn ebenso offen vor. Es fehlt nur noch, daß sich die Kunde von dem, was bei den Belgern geschieht, bei den Arvernern verbreitet – und der Funke wird zum Flächenbrand.

Der baumlange, bärenstarke und wie Odysseus listige Eburonenfürst Ambiorix, der sich zusammen mit seinem Amtskollegen Catuvolcus zunächst vom furor romanicus überrollen läßt, seinem Stamm das den Nerviern, Atrebaten und Viromanduern beschiedene Blutbad ersparend, macht den beiden nicht übermäßig intelligenten Legaten des im Maasgebiet (nördlich von Lüttich) errichteten festen Römerlagers klar, daß ihnen ein Angriff der rechtsrheinischen Germanen drohe und sie besser daran täten, das Lager aufzugeben, um sich mit den anderen in der Nähe stehenden Legionen zu vereinen. Denen des Caesar-Stellvertreters Titus Labienus, der bei Sedan, oder denen des Cicero-Bruders Quintus, der im immer noch unruhigen Nervierland (im heutigen Flandern) steht. Die beiden, Sabinus und Cotta, bedanken sich artig für den selbstlosen Rat, verlassen das schützende Lager und werden vor den Toren von den dort auf sie wartenden Eburonen bis auf den letzten Mann niedergemacht: 1½ Legionen, fast ein Viertel der gesamten gallischen Streitmacht. Den kommandierenden Sabinus könnte Ambiorix eigenhändig mit

den Worten getötet haben: »Ihr Zwerge wollt über Riesen wie uns herrschen!«
Nach der Tat stürzen sich Ambiorix' Eburonen gemeinsam mit den Nerviern auf das Lager des Quintus Cicero und berennen es mit allen Kräften. Labienus kann nicht helfen; denn er steht im schweren Abwehrkampf gegen die gleichfalls aufständischen Treverer, deren König Indutiomar im Einvernehmen mit Ambiorix und den vom linken Rheinufer vertriebenen Usipetern und Tencterern handelt.
Als Caesar von der Belagerung Ciceros hört, schickt er ihm sofort Nachricht: »Mut, Hilfe unterwegs.« In seinen Kommentaren hält er die höchst mißliche Lage objektiv fest:
»Seit sich die Kunde von der großen Niederlage und dem Tod des Sabinus verbreitet hat, spricht ganz Gallien nur noch vom Krieg. Von allen Seiten schickt man sich Nachrichten zu, entsendet Abordnungen, tauscht Pläne aus, wann und wo der Aufstand beginnen soll ... Caesar hatte deswegen den ganzen Winter keinen Augenblick Ruhe. Pausenlos gingen ihm Nachrichten über die Pläne der Gallier und des von ihnen vorbereiteten Aufstandes zu.«
So bedrohlich die Lage: eines funktioniert immer, Caesars Geheimdienst. Er arbeitet in Gallien ebenso zuverlässig wie in der fernen Hauptstadt, wo er über die verschlungenen Pfade römischer Innenpolitik genauso auf dem laufenden ist, als ob er anwesend wäre. Kenntnis der Absichten des Gegners ist eine der rationalen Erklärungen für Caesars immer wieder verblüffenden Erfolg. Eine der irrationalen: wie er diese Absichten auch da errät, wo sie ihm kein V-Mann zuspielen kann. Wo er sie sich buchstäblich errechnet, wie nach seinen fast tödlichen Niederlagen vor Gergovia und Dyrrhachium, aus deren schon geschürzter Schlinge er sich souverän wie ein Gedankenleser herausziehen wird.
Mitten im Winter 54 v. Chr. entsetzt Caesar den Quintus Cicero. Labienus erhält genaue Anweisung, wie er mit den Treverern fertig werden woll: entweder den Indutiomar mit Hilfe seines ehrgeizigen Schwiegersohnes Cingetorix entmach-

ten oder, wenn das mißlingt, ihn, koste es was es wolle, töten. Eine Rechnung, die beim zweiten Versuch aufgeht und die Caesar ein wenig zu selbstgefällig kommentiert, auch wenn das Lob Labienus gilt:
»Das Glück rechtfertigt die Planungen des menschlichen Geistes. Dadurch, daß sich alle der Verfolgung eines einzelnen widmen, gelingt es, Indutiomar zu fangen, gerade als er einen Fluß durchwatet. Er wird getötet und sein Haupt ins Lager überbracht.«
Caesar geht jetzt ganz auf Nummer Sicher. Ende 54 hebt er auf eigene Kosten in Windeseile zwei neue Legionen aus, bittet seinen Ex-Schwiegersohn Pompejus um die leihweise Überlassung einer weiteren, die dieser widerwillig, aber noch unentschlossen, es schon jetzt zum Bruch kommen zu lassen, von Gallia cisalpina aus in Marsch setzt. Die Provinzen sind geschützt.
Jetzt ist der Weg frei, dem Ambiorix das Rückgrat zu brechen. Um den Germanen das Risiko jeder Parteinahme oder gar Hilfe für ›die Brut der Eburonen‹ klar vor Augen zu führen, geht er im Frühjahr 53 v. Chr. nochmals über den Rhein. Die zweite Brücke ist noch immer nicht mit letzter Sicherheit lokalisiert; sie dürfte aber auch wieder in der Nähe von Koblenz, eventuell etwas nördlicher, zu suchen sein. Sie wird nach der Demonstration nur zum Teil abgerissen, in der Mitte des Flußes befestigt und für die Dauer der Kampfhandlungen bewacht.
Dann fällt Caesar mit drei Kampfkolonnen in das Gebiet der Eburonen ein, die nördliche kommandiert Labienus, die südliche Trebonius. Er selbst übernimmt die Mitte. Bräche jetzt, nur wenige Monate früher, des Vercingetorix Aufstand im Arvernerland, zwischen Loire und Dordogne, aus, nicht nur des Ambiorix Eburonen, ganz Gallien könnte sich behaupten. Caesars gallischer Krieg verliefe wie sein britannischer: erfolglos. Und Ariovist behielte recht mit seiner vor der Entscheidungsschlacht über die römische oder germanische Beherrschung Galliens an Caesar ausgesprochenen Warnung:

Feldzüge Caesars (58–51 v. Chr.)

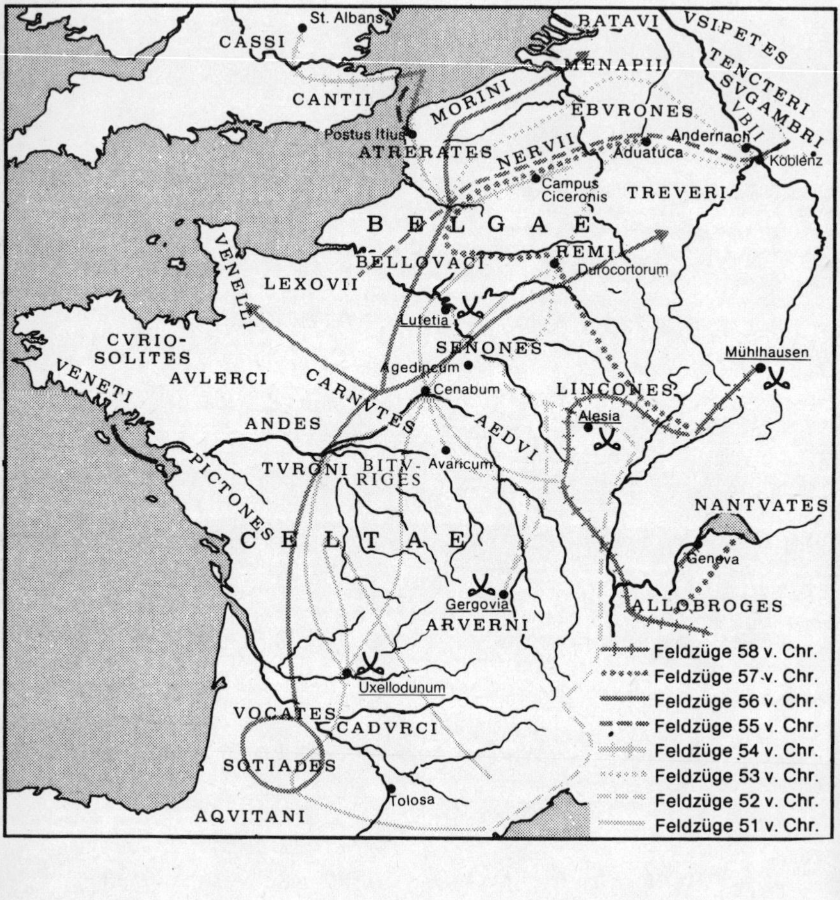

»Deine römischen Feinde, Caesar, warten nur darauf, Dich uns Germanen auszuliefern!« Wie etwa Cato d. J., der einen diesbezüglichen Auslieferungsantrag offiziell dem Senat vorlegt, der aber mit der Stimme Ciceros abgelehnt wird.
Was sich jetzt abspielt, ist eines der finstersten Kapitel nicht nur im Leben Caesars, sondern der europäischen Geschichte. Das Land zwischen Maas und Rhein wird mit Hilfe mitziehender Gallierstämme (Remer, Atrebaten) ›pulverisiert‹. Menschen werden zu Zehntausenden niedergemetzelt, Städte verbrannt, Äcker zerstört. Dieser Teil Europas bezahlt seinen Eintritt in die Geschichte mit einem beispiellosen Völkermord. Caesar berichtet darüber in einer Gelassenheit, so als ob er der Beauftragte des göttlichen Strafgerichts persönlich wäre. Noch läßt er nichts von seiner sprichwörtlichen clementia späterer Regierungsjahre erkennen, obwohl er sich ihrer gerade auch in Gallien rühmt! Aber es gibt eben doch Unterschiede: putschen Römer, wie Catilina oder später die Pompejaner, so haben sie Anspruch auf seine Milde. Nicht so ›Wilde‹ wie Ambiorix und Catuvolcus. Der letztere nimmt sich voll böser Vorahnung, was seinem Volke droht, das Leben. Ambiorix kämpft mit dem Mute der Verzweiflung, bis er buchstäblich – unverwundbar, wie er zu sein scheint – als letzter übrigbleibt und untertaucht. Da der Rhein gesperrt ist, kann er nur zur See entkommen. Nach England, das auch andere prominente Freiheitskämpfer aufnimmt? Wir wissen es nicht. In der letzten Phase des Endkampfes wird er plötzlich wieder da sein, um dann endgültig unauffindbar zu bleiben.
Jedenfalls bekommt Caesar seinen gefährlichsten gallischen Gegner, den die Historie zu Unrecht hinter Vercingetorix verblassen läßt, nie zu fassen. Er wird nie, wie Vercingetorix, vor ihm niederknien oder im Triumphzug des Römers auftreten müssen.
Stellvertretend für den entwischten Ambiorix läßt er den am Aufstand beteiligten Senonenfürsten Acco öffentlich und qualvoll (durch Auspeitschen) auf dem Marktplatz von Du-

rocortorum (Reims) hinrichten. Die flüchtigen Führer des Aufstandes werden öffentlich, unter Aufbietung gallischer Bannformeln, verflucht.
Hat sich der kühle Rationalist unter dem Schock des gefährlichen Eburonenaufstandes in einen blutrünstigen, Rache schnaubenden Assurbanipal oder späteren Tamerlan verwandelt? Caesar berichtet über den Völkermord in derselben sachlichen, nichts verschweigenden, aber auch nichts beschönigenden Manier, wie über seine anderen strategischen Anordnungen und Überlegungen. Sein Motiv heißt nicht Rache, sondern Zerstörung der von ihm hoch – und sicherlich nicht zu hoch – veranschlagten gegnerischen Kampfkraft und – siehe das Beispiel des Acco – Abschreckung. Er beteiligt, wie er dem Senat offenherzig mitteilt, die Gallier an der Ausplünderung ihrer belgischen Verwandten und Nachbarn. Nicht um ihre Solidarität zu untergraben, sondern das Risiko für seine Soldaten im fremden Land zu verringern:
»Caesar zog es vor, den Gefahren dieses Buschkrieges eher die Gallier als seine Legionäre auszusetzen.«
Sein Terror ist nicht nur ein überlegtes Mittel der Politik, sondern kalkulierte Risikominderung. Eine Rechnung freilich, die nicht ganz so glatt aufgehen wird, wie er bei ihrer Aufstellung meint.
Aber auch an der innenpolitischen Front in Rom gerät er in die Defensive. Während Caesar in den Ardennen den Ambiorix zu fassen versucht, fällt sein verläßlichster Alliierter für immer aus: Crassus verliert bei Carrhae im Pfeilhagel der Parther nicht nur sein und seines Sohnes Leben, sondern das Gros seiner 8 Legionen: fast 40 000 Römer bleiben auf dem Schlachtfeld. Der schwerste Rückschlag seit Cannae, als Hannibal Rom fast für immer niederschlug. In Rom befindet sich Pompejus in voller Annäherung an den Senat, das vor drei Jahren in Luca verabredete Programm ist außer Kurs. Niemand kapiert dies rascher als Cicero, der sich zwar mit Rücksicht auf seinen bei Caesar in Gallien befindlichen Bruder noch zurückhält, aber schon zu verstehen gibt, daß er

dem nahtlosen Übergang von Caesars gallischem Imperium in sein für das Jahr 48 v. Chr. angestrebtes Consulat schwerste verfassungsmäßige Bedenken entgegenbringt. Auf einmal! Noch drei Jahre zuvor hielt er Caesars Verdienste um Rom für größer als die angestrebte Belohnung. Caesar weiß, daß Cicero nur ausspricht, was Pompejus denkt. Er macht geradezu komische Angebote, aus dem Dreibund einen Zweibund werden zu lassen. Er bietet dem stets heiratsfreudigen Ex-Schwiegersohn an, zur Abwechslung mal den Schwiegervater zu spielen, eine Rolle, die dem älteren auch besser ansteht. Caesar ist bereit, sich von Calpurnia, seiner kinderlosen dritten Frau, scheiden zu lassen und Pompejus' Tochter Pompeja zu heiraten. Pompejus soll, doppelt hält besser, die Enkelin seiner Schwester und Schwester seines späteren Erben und Nachfolgers Octavius heiraten: Octavia. Es stört ihn kein bißchen, daß beide Damen schon vergeben sind.
Pompejus verwirft das doppelte Heiratsprojekt. Er entschließt sich für die Hand der Tochter des Metellus Scipio, Cornelia. Metellus ist eines der Häupter der Senatspartei, ebenso reaktionär wie korrupt. Ein eingefleischter Gegner Caesars. Pompejus und Metellus werden das nächste Consulat miteinander teilen. Pompejus' Rechnung vom Triumvirat geht auf. Die Verbindung mit den beiden anderen, vom Senat gefürchteten, starken Männern hat ihn noch unentbehrlicher, noch teurer werden lassen. Die Ernte reift.
Caesar ist nicht mehr wichtig. Der Mohr hat seine Schuldigkeit getan, doch ehe er geht, darf er noch den gallischen Unrat von der römischen Haustür kehren. Schafft er es nicht, ... nun gut, Rom wird auch ein zweites Carrhae überleben. Außerdem ist die Metellus-Tochter Cornelia, die Witwe des jungen Crassus, ebenso schön wie reich. Dazu – laut Plutrach – gar nicht »langweilig oder pretentiös wie die meisten anderen Mädchen mit Verstand«. Octavia dagegen eine zwar brave, aber fade Kuh. Sehr ähnlich ihrem ebenso ehrenhaften wie pedantischen Bruder, dem späteren Kaiser Augustus. Nicht

auszudenken, was geworden wäre, wenn sich Pompejus doch für Caesars ›Dynastie‹ entschieden hätte. Er wäre Schwiegervater Caesars und Schwager des ersten Kaisers geworden! Caesar muß heilfroh sein, daß es der allmächtige Pompejus noch nicht zum offenen Bruch kommen läßt. Daß er ihn noch nicht beschuldigt, hinter den von den Volkstribunen, seiner (Caesars) 5. Kolonne in Rom, permanent angezettelten Unruhen zu stehen, obwohl jeder weiß, daß es so ist. Denn Caesar, seit Gallien über alle Maßen reich, finanziert ihre alljährlich fällige Neuwahl: heute den Clodius Pulcher, der einst das Fest der ›Guten Göttin‹ entweihte und Anlaß zur Scheidung Caesars von seiner zweiten Frau Pompeja gab und der auf dem ersten Höhepunkt von Caesars Macht den störende Cicero in die Verbannung schickte. Den Curio morgen, von dem wir noch hören werden. Immer derselbe Typ: jung, ehrgeizig, gerader Scheitel und wenig Respekt vor den nur äußerlich würdigen Senatoren, den schlimmsten Geschäftemachern Roms, die bloßzustellen ebensoviel Spaß macht wie politischen Gewinn einbringt: die Begeisterung der Massen, mit deren Hilfe sich mindestens 50 % der öffentlichen Ämter erjagen läßt.
Spät im Jahr 53/Anfang 52 v. Chr. ist die Situation ›da‹. Labienus noch im Norden mit dem Austreten der letzten Brandstellen des Ambiorix-Aufstandes beschäftigt, erhält schlimme Nachrichten aus dem Süden. In Cenabum (dem heutigen Orléans) überfallen die Carnuten das römische Lager und die römische Kolonie und schlagen alles kurz und klein. Die benachbarten Arverner schließen sich dem Aufstand an und wählen den Sohn des von ihnen hingerichteten früheren ›Königs‹ und druidischen Oberpriesters Celtill zum gemeinsamen Oberbefehlshaber, ihren ›Vercingetorix‹ (= Heerkönig). Dieser erhält nicht zufällig denselben Status wie der bislang einzig erfolgreiche Caesar-Widersteher, der Brite Cassivellaunus. Vercingetorix, einer jener jungen Adligen, die als Offiziere die vor Ort requirierten Hilfsvölker kommandieren, von Caesar zum ›Freund des römischen Volkes‹ beför-

dert, hat mehrere Jahre in der römischen Armee gedient. Dort hat er zweierlei gelernt: wie die römische Kriegsmaschine funktioniert und – siehe Cassivellaunus – wie man ihr widersteht. Als der Arverneradel, geführt von seinem Onkel Gobannitio, zögert, dem warnenden Beispiel des Ambiorix zu folgen, handelt Vercingetorix auf eigene Faust. Er stellt, statt sich auf den Adel zu stützen, eine ›Volksarmee‹ auf: die erste der Geschichte. Laut Caesar geht er hin und bewaffnet die ›Habenichtse‹, ›Gesetzlosen‹, ›Geächteten‹ und ›Strauchdiebe‹. Ein früher Robin Hood und Schinderhannes, der das Volk aufrüttelt und hinter seine Fahnen bringt. Sein Beispiel zündet. Bei den benachbarten Senonen, Cadurcern, Biturigen, ja sogar den notorisch römertreuen Häduern erhebt sich statt des Adels das Volk unter Führung ähnlicher Volkshelden wie dem Arverner Vercingetorix. Selbst die ausgemergelten Nordstämme (Nervier, Atrebaten) schicken Freiwillige, die sich der von Tag zu Tag anschwellenden Armee des Vercingetorix anschließen.

Caesars Lage ist verzweifelt, und er weiß es: zwischen seiner, von Labienus geführten Truppe und ihm, der aus Italien herbeieilt, steht die Riesenmacht der von Stunde zu Stunde anwachsenden Gallier-Armee. Er macht sich nichts vor:

»Beordert Caesar die Legionen in die Provinz, so müssen sie auf dem Weg dorthin sich ohne ihn durchkämpfen. Eilt er unverzüglich zu seinen Truppen, hängt seine persönliche Sicherheit von denen ab, die zur Stunde noch ruhig erscheinen, was ihm gefährlich vorkommt.«

Vercingetorix kann sich aussuchen, ob er den in Gallien kommandierenden Labienus von hinten angreifen oder frontal in die kaum geschützte römische Provinz einfallen will. Caesar muß handeln. Noch schneller als damals, als ihn die Kunde vom Aufbruch der Helvetier erreichte und er beschloß, den Gallischen Krieg zu entfesseln.

Der kurze, aber die Entscheidung bringende Feldzug gegen die Volksarmee des Vercingetorix, der zeitweilig bis zu einer halben Million unter Waffen hat, fast zehnmal soviel wie

Caesar, ist der Triumph des Strategen über den Nur-Volkshelden. Der begeht gleich drei tödliche Fehler auf einmal, mit denen er alles verspielt. Erstens sieht er zu, wie Caesar über die verschneiten Cevennen der Gallia narbonensis heraneilt und sich mit dem vom Norden herunterziehenden Haupt-Heer vereinigt. Die Chance des getrennten Schlages ist vertan, der eben noch Angreifende zum Selbstverteidiger geworden.

Zweitens erlaubt er Caesar, sich unter seinen Augen mit Kavallerie einzudecken. Niemand kennt besser als der in römischen Diensten geschulte Reiterführer Vercingetorix die operative Schwäche der römischen Legionen: sie sind zu unbeweglich. Caesar muß sich während aller gallischen Kriegsjahre auf im Lande ausgehobene oder angeheuerte gallische oder germanische Reiterkontingente verlassen, die unter ihren angestammten Führern als seine Bundesgenossen kämpfen und manchen Sieg entscheiden. Er spricht, pardon, schreibt nicht gern über dieses Manko. In seinen Kommentaren ist zwar immer wieder vom Einsatz der Reiterwaffe die Rede. Aber nie genau, woher diese Reiter und ihre Offiziere kommen. Jetzt, im entscheidenden Kriegsjahr 52 v. Chr., erfahren wir es endlich. Vercingetorix sieht seelenruhig zu, wie Caesar sich bei den Sueben oder wahrscheinlicher den linksrheinisch siedelnden Ubiern (in der Nähe der ersten Rheinbrücke) mit neuen germanischen Reiterkontingenten ›versorgt‹. Denn er muß jetzt unzuverlässige oder schon weggerittene Gallier ersetzen. Daß Caesar die bald einsetzenden Reiterangriffe auf seine marschierenden Legionen mit gleicher Waffe zurückschlagen kann, beraubt den Vercingetorix seines entscheidenden ›Platzvorteils‹. Er kann jetzt nicht mehr beweglich aus der Tiefe des Raums heraus ›seinen‹, die Legionen zermürbenden Guerilla-Krieg führen, den ihm Ambiorix nur mit zu schwachen Kräften vorexerziert hat.

Schließlich glaubt er – sein letzter und tödlicher Fehler – sich zur Entscheidungsschlacht stellen zu müssen. Statt als ›Guerillero‹ wie ein Fisch im Wasser des Volkes unterzutauchen,

beschließt er, gegen den fast unüberwindlichen Armierungs- und Übungsvorteil römischer Kriegsprofis anzukämpfen!
Caesar geht, kaum daß er seine Armee komplettiert hat, mit ungeheurer Wucht zum Gegenangriff über. Er braucht rasche Erfolge, um vor allem den Abfall der noch loyalen Häduer zu verhindern. Und er muß verhindern, daß hinter ihm, durch den Kampflärm angelockt, nicht doch noch die gefürchteten Germanen von jenseits des Rheines aus eingreifen. Er belagert und plündert das Aufstand anzettelnde Cenabum (Orléans), nimmt das benachbarte Noviodunum (Nevers), wendet sich gegen die Biturigen-Festung Avaricum (Bourges). Er nimmt die Stadt im Sturm und gibt sie seinen Soldaten zur Plünderung frei. Mehr als 40 000 Menschen überleben sie nicht. Nur in einem verkalkuliert sich der große Stratege: der Kampfgeist der geschundenen Gallier nimmt durch diese Greuel nicht ab, sondern zu. Caesar muß Stamm für Stamm, Stadt für Stadt niederkämpfen. Fast jedes Dorf verwandelt sich auf seinem Vormarsch ins Arvernerland, dem Zentrum des Aufstandes, in eine Festung, die bis zum letzten Blutstropfen des letzten ›sterbenden Galliers‹ verteidigt wird.
Caesar sucht die Entscheidung in der blitzartigen Einnahme der Arvernerhauptstadt Gergovia (in der Nähe des heutigen Clermont-Ferrand). Der Handstreich mißlingt, er muß sich wieder, wie bei Avaricum, auf eine längere Belagerung einrichten, an deren Ende, daran besteht für ihn kein Zweifel, wie stets, der Fall der Festung und das Gemetzel stehen werden. Aber: Gergovia fällt nicht. Vercingetorix eilt zu ihrem Entsatz herbei, Caesar muß die Belagerung aufgeben. Er büßt vor Gergovia über 700 Mann ein, über 40 Offiziere, wie er zugibt. Es ist *seine* Niederlage, die er nicht so gerne eingesteht. Hätten seine Leute instruktionsgemäß statt der Stadt das Lager des Vercingetorix angegriffen, wäre ihnen die Stadt zuguterletzt wie ein überreifer Apfel, der sich nicht mehr halten kann, in den Schoß gefallen, schreibt er. So aber hätten zügellose Ruhm- und Beutegier den Sieg verschenkt.

Kein sehr starkes Argument, zumal er entgegen seiner Gewohnheit keinen der ›Schuldigen‹ bestraft.
Gergovia könnte die Wende sein. Die Häduer fallen nach dem großen Sieg des Vercingetorix von Caesar ab. Die Verpflegung der Legionen wird knapp und knapper. Die verbrannte Erde, die die Gallier jetzt hinterlassen, macht den Eindringlingen zu schaffen.
Doch: kein halbes Jahr später ist alles vorbei. Der nochmals von einem Volksthing fast aller gallischen Stämme in seinem Amt als Heerkönig bestätigte Vercingetorix kapituliert und liefert sich dem Römer, seinem ehemaligen Dienstherren, auf Gnade und Barmherzigkeit aus. Er wird Ungnade und Unbarmherzigkeit erfahren. Was geschieht? Der geschlagene Caesar zieht nicht, wie zu erwarten, ab, in seine abermals bedrohte römische Provinz, sondern bezieht neue Positionen im weniger verbrannten Häduerland. Seine aufgefüllten germanischen Reiterkontingente schlagen des Vercingetorix pausenlos ›störende‹ Kavallerie zurück. Da begeht der Gallier den entscheidenden Fehler, bricht den die Römer zermürbenden Bewegungskrieg ab und verschanzt sich in der zum Einflußgebiet der Häduer gehörenden Mandulier-Festung Alesia (in der Nähe des heutigen Autun). Und um Caesar Belagerung und Aushungerung noch leichter zu machen, schickt er vorher seine über 5 000 Reiter samt ihren Pferden fort. Sie seien ihm auf dem engen Raum der Festung nicht von Nutzen! Allein die Pferde hätten ihn eine Belagerung von einigen Monaten durchstehen lassen!
Spätere Entschuldiger dieser kapitalen Dummheit haben gemeint, die alten Gallier hätten ohnehin kein Pferdefleich gegessen. Aber das geht zum einen aus keinem Text hervor. Und zum anderen: in Alesia hätten sie es gelernt! In der Not, die schon nach wenigen Wochen der Umzingelung in der Festung ausbricht. Sie zwingt den Vercingetorix, alle Nichtkämpfer, Kinder, Frauen, Greise, aus der Stadt zu weisen. Die Römer mögen sie durchlassen. Diese aber lassen sie zwischen Festung und ihren eigenen, von Tag zu Tag wachsen-

den Belagerungswerken, elendig verkommen. Buchstäblich verhungern: sie werden nicht einmal der lebensrettenden Versklavung für ›wert‹ befunden. Zehntausende sterben zwischen den Linien und bleiben unbestattet liegen!
Drinnen hofft der Sieger von Gergovia, daß das von ihm heranbeorderte Entsatzheer jeden Tag erscheinen möge. In den inzwischen auf 20 km Länge aufgeworfenen, ausgebauten Belagerungswerken, die keinen Durchlaß mehr zur Stadt erlauben, richtet sich Caesar auf den gedeckten Zweifrontenkrieg ein. Jetzt oder nie. Schlägt er den Angriff auf sein langgestrecktes Lager ab, ist Alesia nicht zu halten. Hat er erst einmal den Feuerkopf des Vercingetorix dem Aufstand abgeschlagen, verlöscht dieser. Wie ein Feuer, dem die Luft genommen wird. Nach Wochen demoralisierender Belagerung, in denen des Vercingetorix Autorität mit der Moral der Verteidiger, die bald an nichts anderes als an die Kapitulation denken, verfällt, taucht wie eine Fata Morgana das langerwartete Entsatzheer auf: 250 000 Mann, darunter auch die 5 000 aus der Stadt entlassenen Reiter. Es leidet an einem auf 4 Köpfe verteilten Oberkommando: dem Atrebaten Commius, den Häduern Eporedorix und Viridomar und dem Arverner Vercassivellaunus, einem Vetter des Vercingetorix, dem einzigen Soldaten des Quartetts. Noch schwieriger ist die Verständigung mit den Eingeschlossenen. Es wird eine Fülle von Aktionen, aber keine konzertierten geben. Vier Tage lang werden die Kämpfer aus 43 gallischen Stämmen mit zehnfacher Überlegenheit gegen die wohlverschanzten römischen Legionäre anrennen, werden sie wie die Soldaten des Vercassivellaunus wahre Wunder an Tapferkeit vollbringen, die Nacht zum Tage machend. Erst am dritten Tag verständigen sich Angreifer und Eingeschlossene auf ein gemeinsames Angriffskonzept: Caesars Schwachstelle, den nur teilweise in den Befestigungswall integrierten Berg Rhea zu stürmen. Vercingetorix und Vercassivellaunus attackieren ihn mit ihren Eliteeinheiten von beiden Seiten: die römische Verteidigung beginnt zu wanken, trotz aller Verstärkungen, die

Caesar unter Decimus Brutus und Titus Labienus aus dem Lager herausschickt. Es ist die Stunde, die ihm selber schlägt. Mit seiner ihm allein unterstellten ›letzten Reserve‹, seiner strategischen Erfindung, mit der er Kriegsgeschichte macht, bricht er aus dem Lager aus, an der Spitze seiner Truppen. Die total erschöpften Gallier trauen ihren Augen nicht. Ihre Führer zaudern nur einen Augenblick zu lang. Es reicht, sie zu überrennen. Den Rest besorgen die um den Berg herumgeführten germanischen Reiter; sie metzeln nieder, was an Galliern noch steht oder läuft.
Der gallische Doppelangriff ist nach vier Tagen fast ununterbrochenen Kampfes abgeschlagen. Das Entsatzheer flieht, die Eingeschlossenen sind wieder allein hinter ihren Mauern. Vercingetorix kapituliert am folgenden Tag.
Caesar, der niemals mehr untertreibt, hält den Moment mit den in ihrer Schlichtheit monumentalen Sätzen fest. Es sind die letzten Sätze eigner Hand, bevor er Hirtius, seinem Sekretär, die Abfassung des 8., militärisch wie literarisch unwichtigen Buches seiner Kommentare anvertraut:
»ipse in munitione pro castris consedit; eo duces producuntur. Vercingetorix deditur, arma proiciuntur.«
(»Er selbst (Caesar) saß innerhalb der Befestigungen vor dem Lager; dorthin bringt man die Führer. Vercingetorix wird übergeben, die Waffen werden niedergelegt.«)
War Alesia zwingend? Es war eine Riesendummheit des Vercingetorix, urteilt noch nach 2 000 Jahren Paul Claudel. Es war aber auch eine Riesenfeigheit der Führer des Entsatzheeres, den Vercingetorix seinem Schicksal zu überlassen und auf Nimmerwiedersehen abzuziehen. Vercingetorix' Schicksal aber heißt Caesar, und der läßt ihn nach 6 Jahren unwürdiger Kerkerhaft in seinem römischen Triumphzug zur Schau stellen und als Aufrührer hinrichten. Wir wissen schon: clementia gegenüber Römern (= Menschen) und Barbaren (= Noch-Nicht-Menschen) ist zweierlei.
Caesar muß sich jetzt um Rom kümmern. Seinen Rückweg nach Rom. Er führt ihn vom peripheren Krieg ins Zentrum

der Macht. Der Krieg hat Gallien arm, ihn sowie seine Legaten, Ingenieure, Offiziere und Soldaten reich gemacht. Von der auf 3 Millionen geschätzten Bevölkerung überlebt wahrscheinlich nur ein Drittel: eine Million Menschen. Es ist der ungeheure Preis für den Anschluß eines noch nicht entwikkelten Halb-Nomadenlandes an den durch Rom verkörperten Fortschritt, der Anfang von Frankreichs Bauern- und Stadtkultur, seines bis heute nachwirkenden Vorsprungs vor dem noch lange ›barbarisch‹ bleibenden Germanien.

Das Ausräuchern der letzten gallischen Widerstandsnester überläßt Caesar weitgehend seinen Legaten. Der Krieg interessiert ihn nicht mehr. Er kommt nur noch zu den Strafaktionen. Sein Ziel heißt Rom. Dort könnten die Sterne nicht ungünstiger für ihn stehen. Pompejus und der ihn stützende Senat haben das Heft in der Hand. Clodius Pulcher, Caesars Mann in Rom, ist in einer der zahlreichen Terroraktionen, an deren Inszenierung er nicht ganz unschuldig ist, erschlagen worden. Cacsars Interessenvertretung übernimmt der Tribun des Jahres 50 v. Chr., Curio. Eher noch ehrgeiziger und noch zielstrebiger als sein Vorgänger.

Von Gallia cisalpina aus antichambriert der große General und Gallienbezwinger, der Rom ein Gebiet, doppelt so groß wie Italien (600 000 km^2) dazuerobert, der aus der Macht am Mittelmeer *den* europäischen Staat der Jahrhunderte formt, der Europas *natürliche* Grenzen: Atlantik, Nordsee, Rhein entdeckt und zur römischen Reichs- und Kulturgrenze macht, der Mann, dem Gallier, große Teile der Germanen, Britannier, wenn auch unter grausamen Blutopfern danken, daß sie ihren Primitiv-Zustand ein für allemal abstreifen, muß selber wie einer der viel zu vielen Berufspolitiker der römischen Szene um ›Klientele‹ schnorren. Klinken putzen, damit die Mächtigen ein ihm feierlich gegebenes Versprechen auch einlösen. Ein Versprechen, von dem nicht nur der Fortgang seiner Karriere abhängt, sondern sein politisches und vielleicht sogar physisches Überleben. Denn ohne ›schützendes‹ Amt werden ihn seine unerbittlichen Gegner,

die nichts vergeben und nichts vergessen haben, vor Gericht stellen und verurteilen lassen. Das walte C(ato) & C(icero). Nichts kennzeichnet das Nichtaufgehen seiner politischen Rechnung aus den Triumviratsabsprachen der Jahre 60 und 56 v. Chr. mehr als das fast peinliche Herunterschrauben seiner ›Forderungen‹: Er ist bereit, auf das Kommando in Gallia transalpina, ›seiner‹ eroberten Provinz, zu verzichten; ja auch auf das in Gallia cisalpina, dem Sprungbrett nach Italien; zuguterletzt begnügt er sich mit dem nur noch symbolischen Kommando über eine einzige seiner 10 Legionen im fernen Illyricum (Dalmatien), wenn der hochmögende, durch Pompejus wohlberatene Senat so gnädig ist, seine seit langem für das Jahr 48 v. Chr. angemeldete Consulatskandidatur in absentia zu bestätigen. Der Senat aber bestätigt nicht. Schwer auszumachen, ob die Furcht den Haß oder der Haß die Furcht übersteigt.
Ende des Jahres 50 v. Chr. sind alle Karten ausgereizt. Caesar, der wie ein gefangener Löwe in seinem Hauptqartier in Ravenna auf- und abläuft, muß sich entscheiden: kuschen oder kämpfen. Der Senat verlangt von ihm die sofortige Niederlegung seines Kommandos. Gibt er nach, ist er bis zur Erlangung des angestrebten Consulats ohne den immunisierenden Schutz des Amtsträgers tödlich verwundbar: jeder gerichtlichen Strafverfolgung, jeder Verleumdung, jedem Rufmord, jeder Auslöschung seiner politisch unerläßlichen existimatio ausgesetzt.
Später, als alles vorbei ist, auf dem Schlachtfeld von Pharsalos, bevor er sich anschickt, das Nachtmahl einzunehmen, das sich Pompejus zur Feier des sicheren Sieges über den verhaßten Rivalen hat richten lassen, wird er aussprechen, was er damals, wenige Wochen vor dem sein Schicksal bestimmenden Überschreiten des Rubicon, der Grenze zwischen ›Legalität‹ und ›Billigkeit ihm gegenüber‹, denkt:
»Hoc voluerunt; tantis rebus gestis Gaius Caesar condemnatus essem, nisi ab exercitu auxilium petissem.« (Sueton)
(»Das haben sie gewollt! Trotz meiner großen Leistungen

wäre ich, Gaius Caesar, verurteilt worden, hätte ich nicht Hilfe beim Heer gesucht.«)
Bis Caesar in den Abendstunden des 10. Januar 49 v. Chr. den Marschbefehl an seine Legionen erteilt, wird pausenlos gepokert. Caesar geht es nur noch um den Rechtsschein. Für später. Curio bringt vor Auslauf seiner Amtsperiode als Tribun (10. Dezembr 50 v. Chr.) noch den alle verblüffenden Antrag ein, beide: Caesar und Pompejus sollten bis zur Beilegung der Krise ihre Ämter zur Verfügung stellen. Ein scheinbar fairer Vorschlag, der den Caesarianern in Gestalt des dann auch schutzlosen Pompejus ein Faustpfand gibt: Verurteilst Du meinen Caesar, werde ich Deinen Pompejus zur Rechenschaft ziehen. Der Senat aber tappt in die Falle und nimmt den Antrag an, der seinen ›Beschützer‹ Pompejus aus dem Verkehr zieht.
Tags darauf korrigiert ihn der amtierende Consul Gaius Marcellus in Gegenwart der beiden Consuln für das Jahr 49 v. Chr. Man bittet Pompejus, den Schutz des Staates zu übernehmen und übergibt ihm feierlich ein Schwert. Curio und auch die neuen Volkstribunen protestieren, an ihrer Spitze Marc Anton, dem wir noch öfter begegnen werden. Curio versucht noch ein letztes Mal, zwischen Ravenna und Rom zu vermitteln; doch der pompejanische Senat läßt sich auf keinen Kompromiß mehr ein. Caesar muß das Kommando abgeben, erst dann ist man verhandlungsbereit.
Nur einer zögert ahnungsvoll: »Man hätte ihn bekämpfen müssen, als er noch schwach war; jetzt ist er zu stark.« (Cicero)
Als der Senat in der ersten Januarwoche die außergewöhnlichen Vollmachtn an Pompejus bestätigt, fühlen sich die beiden ihr Veto einlegenden Tribunen Antonius und Cassius (nicht der Caesar-Mörder!) nicht nur brüskiert, sondern persönlich bedroht. Sie ›fliehen‹ mit Curio ins caesarische Hauptquartier nach Ravenna und bitten ihn, zum Schutze der von Senat und Pompejus mit Füßen getretenen Verfassung einzugreifen. Die Würfel können nicht mehr länger in

der verschlossenen Hand geschüttelt werden. Sie müssen rollen.
Was dem Feldherrn in Gallien total mißlingt, gelingt ihm spielend in Italien: der Blitzkrieg.
Der römische Kalender befindet sich in heilloser Zerrüttung: der 10. Januar, in dessen Abendstunden Caesar den Rubicon überschreitet, wird später, umgerechnet auf Caesars Julianischen Kalender, auf Mitte November des Jahres 50 v. Chr. fallen. Der Winter, in dem die Waffen ruhen sollten, liegt noch vor ihm. Zwei Monate später sind nicht nur Rom und Italien fest in seiner Hand; große Teile der pompejanischen Armee laufen in Corfinium (in den Abbruzzen östlich Roms) zu ihm über und liefern ihren Anführer, seinen Nachfolger in Gallien, Ahenobarbus, sowie Teile des Senats und die Kriegskasse an ihn aus. Ein neuer Caesar nimmt alles drei entgegen: den feindlichen Anführer, die ihn ablehnenden Senatoren und das dringend benötigte Geld. Ein milder, verzeihender Caesar, der, wie er seinen Sekretären Balbus und Oppius erläutert: »durch Mäßigung die Herzen gewinnen und einen dauerhaften Sieg erringen will«. Noch ehe er in Rom einzieht, betritt nun tatsächlich die clementia Caesaris die Bühne, von der im Gallischen Krieg noch nicht allzuviel zu merken war.
Pompejus setzt sich bereits nach drei Tagen caesarischen Vormarsches aus der Hauptstadt ab, zuerst nach Capua, dann zu seiner aufbruchsbereiten Flotte nach Brundisium (Brindisi). Der Senat ist aufs höchste verwirrt: ein Schützer, der zunächst an seinen eigenen Schutz denkt. Tatsächlich hat Pompejus gute Gründe, dem caesarischen Blitz auszuweichen. Politisch arbeitet die Zeit für ihn, den die Legalität verkörpernden Bevollmächtigten des Senats. Militärisch auch: seine Legionen, mehr als doppelt soviel wie Caesar hat er um sich, stehen im Westen (Spanien) und im Osten (Griechenland, Kleinasien, Syrien). Seine das Mittelmeer beherrschende Flotte macht sie an jedem Ort und zu jeder Zeit einsatzfähig. Caesar scheint seine Lage kein bißchen anders zu sehen.

Deswegen marschiert er, wie weiland Hannibal, an Rom vorbei, direkt auf Pompejus zu. Entweder gelingt es ihm, doch noch in letzter Minute ein ›Toleranzedikt‹, ähnlich denen der Jahre 60 und 56 v. Chr., zu vereinbaren oder die Entscheidungsschlacht zu schlagen, bevor Pompejus in den Osten entkommt und dort alle Macht um sich versammelt.
Noch bevor er auf Pompejus zumarschiert, verläßt ihn sein zweiter Mann im Oberkommando, Titus Labienus, um zu Pompejus überzutreten. Die Gegner jubeln, denn Labienus weiß wie kaum einer abzuschätzen, wo die stärkeren Bataillone stehen. Der neue, milde Caesar schickt dem eilig Aufgebrochenen sein Gepäck nach. Labienus wird ihm auf der anderen Seite ungewollt mehr nützen als auf der eigenen. Labienus' Ratschläge führen den Pompejus in die Katastrophe von Pharsalos und besiegeln Caesars letzten Sieg über die Söhne des Pompejus bei Munda.
Pompejus, dem der Zeitgewinn alles ist, läßt Caesar vor Brundisium wie einen Anfänger abblitzen. Es kommt weder zu Gespräch noch Schlacht. Vor den Augen der verdutzten Caesar-Ingenieure durchbricht seine Flotte die Hafensperren und segelt mit den Resten der Legalität davon. Nach Griechenland, von wo aus der Kampf um die Macht in Rom fortgesetzt werden wird. Auf dem Rückmarsch in die nunmehr ›offene Stadt Rom‹ trifft sich Caesar mit dem voll böser Ahnungen zurückgebliebenen Cicero. Der neue Herrscher braucht jeden, selbst den durchsichtigsten Schein der Legalität, denn noch befindet er sich eher in der Rolle des Usurpators als der eines Mannes, der sich um Rom verdient gemacht hat.
Es gibt zwei Augenblicke im Leben des Nur-Politikers Cicero, da dieser Mut und Größe zeigt. Der eine ist sein Tod, als die Häscher des Marc Anton schon nach ihm greifen. Der andere ist seine strikte Weigerung, den Staatsstreich des Caesar im Rumpfsenat nach der Flucht des Pompejus für legal zu erklären, wie es Caesar, ihm schmeichelnd wie noch nie, von ihm verlangt. Caesar an Cicero:

»Schöpfe ich schon aus der Sache an sich große Befriedigung, so macht mich Deine Billigung meines Tuns frohlocken. Es berührt mich nicht, daß es heißt, die, die ich freiließ, seien fortgegangen, um wieder gegen mich zu kämpfen. Denn ich wünsche nichts mehr, als daß ich mir gleich bleibe und sie sich. Du triff mich bitte vor Rom, damit ich in allem Deine Ratschläge und Deine Hilfe nutzen kann.« (Das Schreiben Caesars ist überliefert in einem Brief Ciceros an Atticus)
Ciceros ganz und gar unciceronianische Antwort (wie er sie gegenüber Atticus formuliert):
»Ich mache nicht mit; denn entweder muß ich so sprechen und manches sagen, was ich nicht verschweigen kann, wenn ich da bin. Oder ich muß wegbleiben ... Ich glaube, er (Caesar) ist nicht mit mir zufrieden. Ich aber bin's mit mir, und das ist mir lange nicht passiert.«
Das Gespräch der beiden ›politischsten‹ Römer nicht nur ihrer, sondern aller Zeiten, findet am 28. März 49 v. Chr. (alter Zeitrechnung) in Formiae statt. Wenige Tage danach (am 1. April 49 v. Chr.) eröffnet Caesar die erste ordentliche Sitzung des anwesenden Senats in Rom. Die erste seines Zeitalters.

Kapitel 4
Romanze und Reform

»Hätte Cleopatra nicht eine so lange Nase gehabt, sie würde den Lauf der Weltgeschichte verändert haben.«
Blaise Pascal (1656)

»Die direkte Anknüpfung an Alexander hatte Caesar seit langem ins Auge gefaßt. Es ist nicht nur ein Liebesverhältnis gewesen, das Caesar im Jahre 48 mit Cleopatra angeknüpft hat – das hätte schwerlich jahrelang vorgehalten –: sondern die Königin war die letzte Erbin Alexanders und das ägyptische zugleich das letzte ... selbständige Königreich der Kulturwelt.«
Eduard Meyer (1919)

In der Beurteilung des im Jahre 49 v. Chr. die Macht in Rom an sich reißenden Caesar klafft ein bis heute unaufgehellter Widerspruch. Wollte er wirklich ein zweiter Alexander, ein Weltmonarch werden, dann muß ihm die Idee früher und woanders gekommen sein. Jedenfalls lange vor dem Besuch des ptolemäischen Ägypten nach der Schlacht von Pharsalos im Herbst des Jahres 48 v. Chr. Denn was er dort antrifft: ein heruntergekommenes Herrscherhaus, wüste Domestikenkabalen, staatliche Unordnung statt Ordnung, einen moralischen Sumpf, ein unbeschreibliches Durcheinander von Despotie, Priester- und Pöbelherrschaft kann schwerlich das Muster jener neuen Welt- und Völkerordnung abgeben, die er sucht und in der sein Rom – einschließlich er selbst – eine vernünftige, sinnvolle Rolle spielen sollen. Caesar, zeitlebens frei von utopischem Idealismus, sieht immer sehr klar seinen persönlichen Vorteil als Politiker wie als Reformer dort gewahrt, wo seine Sache einer allgemeinen dient, gleichviel ob im Geldprägen, Schuldensenken, Land-an-Freunde-Verteilen, Provinzen-Erobern. Aus all dem kann man ruhig Vorteil ziehen, wenn es auch der res publica nützt. So hat er es gehalten, und so wird er es auch weiter halten. Nur: mit dem Ägypten, das er in der 18monatigen Pause zwischen dem Krieg gegen Pompejus und dem anschließenden gegen die Pompejus-Anhänger und den dahinterstehenden Cato kennenlernt, ist kein Staat zu machen. In keiner Beziehung, weder politisch, und schon gar nicht reformerisch. Im Gegenteil: Das nicht eben beispielhafte Rom nimmt sich gegen den schwülen Dschungel des alexandrinischen way of political and private life fast wie eine spießige Kleinstadt aus.

Bliebe somit nur der tiefe Eindruck, den eine damals 21jährige, nicht eben übermäßig schöne, wohl aber berechnende und charmante Dame auf ihn gemacht haben soll. Weil über Caesars love-story am Nil so ziemlich alle Quellen schweigen, die es wissen können, sprudeln die um so freigiebiger, die es beim besten Willen nicht wissen können – allenfalls vermuten oder kolportieren. Von Caesar selbst bzw. dem von ihm ›bestellten‹ Autor des ›Alexandrinischen Krieges‹, dem einzigen zeitgenössisch authentischen Bericht über Caesars Ägyptenaufenthalt, erfahren wir über die Romanze kein Wort.

Und der gemeinsame Sohn der beiden: Ptolemäus Caesar, von den Alexandrinern, die ihn – nicht seine Mutter – mögen, liebevoll Caesarlein (Caesarion) genannt? J. Carcopino glaubt, aus den Erwähnungen Ciceros, der einzig verläßlichen Quelle jener Zeit, schließen zu können, daß er erst im April 44 auf die Welt gekommen sei. Nach Caesars Tod! Was zwar nicht dessen Vaterschaft ausschließt, aber ihre Wahrscheinlichkeit stark mindert. Denn Caesar ist in der Zeit, in der er den Grundstein seiner Vaterschaft hätte legen müssen, nicht in Rom, wohin ihm Cleopatra nachreist. Zu ihrem und Calpurnias Ärger macht er sich monatelang in Spanien, Gallia narbonensis und Oberitalien zu schaffen, lange nach dem Sieg über Gnäus Pompejus und seinen alten gallischen Kriegskameraden Titus Labienus bei Munda, den er schon im März 45 v. Chr. erringt. Als er nach ausgedehnten Inspektionsreisen und Kuraufenthalten endlich nach Rom zurückkehrt, ist es Anfang Oktober und für Caesarion gerade eben zu spät. Es sei denn, Cleopatra brächte ihn als 7-Monatskind zur Welt, was in Rom sicherlich vermerkt worden wäre.

Die größere Wahrscheinlichkeit spricht trotz Carcopino dafür, daß Caesarion schon im Herbst 47 v. Chr. geboren wird – kurz nach Caesars Aufbruch aus Ägypten. Als Folge und Hinterlassenschaft seines galanten Aufenthalts? Es kann so sein. Aber ›letzte‹ Beweise fehlen. Caesar, der sich noch in seinem letzten Testament (das er ein halbes Jahr vor seinem Tode, im Herbst 45 v. Chr., neu faßt) einen Sohn wünscht, erwähnt Caesarion mit keinem Wort! Entweder ist Caesarion (wie Carcopino vermutet) noch gar nicht auf der Welt, allenfalls ›im Kommen‹. Oder er ist schon, was wahrscheinlicher ist, auf der Welt und wartet mit seiner Mutter Cleopatra auf ihn in Rom. Aber er ist mit Sicherheit nicht sein ›legaler‹ Sohn. In beiden Fällen spricht dieses sehr persönliche Testament gegen Caesars Vaterschaft. Andere Gründe noch viel mehr.

Für Caesar ist Ägypten eine Episode, und auf dem Felde der Liebe noch nicht einmal seine nachhaltigste. Denn er landet schon ein gutes halbes Jahr nach seinem Exodus aus Ägypten (im Juni 47 v. Chr.) in den Armen und im Bett der Eunoë, der mehr charmanten als klugen Gattin des Mauretanerkönigs Bogud. Der als politisch interessierter Gastgeber nicht nur beide Augen zudrückt, sondern »eine Unzahl fürstlicher Geschenke entgegennimmt« (Sueton). Nachhaltig war die Romanze also nicht. Und warum auch?

Nicht Caesar ›braucht‹ Cleopatra, sondern Cleopatra Caesar, einmal um ihre prekäre innenpolitische Stellung zu sichern: sie muß sich gegen zwei Brüder und eine rivalisierende Schwester (Arsinoë) durchsetzen, die alle nach dem wenig

Cleopatra VII (69–30 v. Chr.)
Münzprägung

Cleopatra
Studie von Michelangelo (?)

überlegten Testament ihres gemeinsamen Vaters gleich herrsch-berechtigt und -süchtig nach dem Thron streben und ihren ränkeschmiedenden Anhang haben. Außerdem ist Ägypten eine – wenn auch noch nicht rechtlich einverleibte – Provinz Roms. Ausgerechnet die Triumvirn haben die Schein-›Souveränität‹ Ägyptens Cleopatras Vater, dem flötenspielenden Ptolemäus XII., bestätigt. Nicht gerade umsonst. Der Flötenspieler mußte den dreien für seine Anerkennung die märchenhafte Summe von 6 000 Talenten oder 36 Millionen Denaren (eine leicht durch drei teilbare Zahl) für ihre guten Dienste zahlen. Da er sie nicht hatte, nahm er bei dem römischen Bankier Rabirius ein ›Staats‹-Darlehen auf, der sich als Sicherheit für seinen Kredit zum ägyptischen Finanzminister (Dioiketes) machen ließ. Die an ihn fließenden Steuereinnahmen verbuchte er jedoch ausschließlich unter Gehalt statt Kreditrückzahlung. Jedenfalls bestand er auf seinen verbrieften Forderungen gegen die ägyptische Krone, als die Bevölkerung nach einigen Jahren der steuerlichen Ausbeutung streikte und römische Truppen intervenieren mußten. Rabirius wurde zu seiner Verblüffung nach Rom beordert und wegen Erpressung angeklagt. Cicero, von Pompejus diskret verständigt, was Rabirius alles unter Bruch des Bankgeheimnisses aussagen könne, übernahm den interessanten Fall. Er verglich den edlen Geldverleiher mit dem weisen Platon, der auch fremden Tyrannen wie dem von Syrakus gedient habe, und pries die uneigennützige Hilfe des edlen Kapitalisten Rabirius an den unverschuldet in Geldverlegenheit geratenen Ptolemäus. Es war nicht seine stärkste Rede (obwohl sie in jedes Trostbüchlein für unschuldig leidende Bankiers gehört). Wohl aber seine enthüllendste als Advokat.

Caesar landet im Jahre 48 in Ägypten. Auch ihn interessiert, was aus seinem, ihm als ehemaligem Triumvirn zustehenden Anteil an der ›Dankesbezeugung‹ des Cleopatra-Vaters geworden ist. Er will sein Geld (immerhin 12–18 Millionen Denare) und teilt das auch den Erben mit. Man darf der Überlieferung – Klatsch hin, Klatsch her – durchaus glauben, daß sich Cleopatra redliche Mühe gibt, ihren Gläubiger auf andere Gedanken zu bringen. Honni soit qui mal y pense.

Nur muß man wegen der von ihrer Seite verständlichen Interessen nicht unbedingt auf ernste Absichten seinerseits schließen. Und: von der vergnüglichen Gemeinsamkeit von Tisch und Bett auch auf solche des Regierens! Nein, eine Koalition mit Cleopatra verstößt nicht nur gegen Roms, sondern auch Caesars eigene, in seinem politischen Handeln der Jahre 49–44 v. Chr. klar erkennbare Interessen und Zielsetzungen.

Den Caesar der ersten, von ihm geleiteten Senatssitzung des Jahres 49 v. Chr. beschäftigen vor allem zwei Probleme: die Beseitigung der durch die Seeblockade der pompejanischen Flotte sich immer verheerender auswirkenden Wirtschaftskrise in Rom und Italien und die Wiederherstellung der Regierungseinheit im Reich. Wieder analysiert sein unbestechlicher Verstand, daß beide höchst verschiedenen Probleme zumindest teilweise aus einem Punkte zu kurieren sind. In Rom steigen die Lebensmittelpreise und Zinsen, fallen die Grundstückspreise (ganz entgegen Crassus' Vermutung, daß diese immer nur in die Höhe klettern können). Für einen Modius Weizen werden Schwarzmarktpreise bis zu 200 Denare gezahlt! Statt der normalen 1–2, äußerstenfalls 4 Denare! Die Zinsen haben sich demgegenüber nur bescheiden von 12 auf über 25 % p. a. verdoppelt. Pompejus' ›Kontinentalsperre‹ bringt immer mehr Reiche auf die Idee, ihr in Immobilien und bislang sicheren Geldforderungen angelegtes Vermögen zu versilbern. Liquidität ist mehr als sonst noch Trumpf. Wer sein Vermögen flüssig hat, kann sofort kaufen, wenn per Zufall Ware auftaucht, ein Getreideschiff die Blockade durchbricht. Wer sein Geld griffbereit hat, kann sofort verreisen, wenn sich in der Hauptstadt etwas tun sollte. Ein Ausbruch der nur mühsam zurückgestauten Massenemotionen, ein Anmarsch der befreienden Heere des Pompejus.

Caesar begreift, daß er zwei ganz konträre Dinge bekämpfen muß: den Preisauftrieb und die Hortung. Es müssen – um die Inflation zu bannen – mehr Güter, besonders Lebensmittel, auf den Markt gebracht werden. Es müssen – um die Zinsen wieder herunterzukriegen – mehr Geldmittel in Umlauf gesetzt und es muß etwas gegen die störende ›Liquiditätspräferenz‹ der Reichen unternommen werden.

Wenn es um Geld und Wirtschaft geht, laufen die Ansichten Caesars und Ciceros selten auseinander. Die Krise des Jahres 49 v. Chr.: explodierende Lebensmittelpreise und Zinsen, Mietanstieg bei fallenden Grundstückspreisen, führen beide auf die nämliche Ursache zurück: die wachsende Angst vor dem, was kommt. Oder kommen könnte. (Vergl. Dokument V des Anhanges)

Die Caesar-feindlichen Senatoren- und Geldadelskreise fürchten die Revolution von unten, die Wiederaufnahme der

Catilinarischen ›Reformen‹, denen des neuen Machthabers unverhohlene Sympathien gelten: Schuldenreduzierung, drastische Maßnahmen gegen Zins- und Mietwucher, die Götterdämmerung des römischen Kapitalismus, der alle, die schon genügend Geld haben, nährt, ohne daß sie unehrenhaft ›arbeiten‹ müssen. Die Caesar-freundlichen Kreise, seine Mitstreiter und die Massen der hauptstädtischen Proletarier, die alles zu gewinnen, nichts zu verlieren haben, befürchten, noch ehe sie sie gewonnen haben, den Verlust der neuen Freiheiten: die Rückkehr des Pompejus und der mit ihm geflohenen Consuln und deren schreckliches Strafgericht. Caesars treueste Verbündete, die Volkstribune, schwanken ständig zwischen Unterstützung und Obstruktion. Wer weiß, wem die Götter den Sieg verleihen. Zu oft hat in Rom in den letzten 100 Jahren die Restauration gesiegt. Und nicht die Revolution. Nach den Aufständen der Gracchen, den Reformen des Marius, der erstickten Revolte des Catilina wurden die Neuen Zeiten immer wieder in Strömen von Blut ertränkt, mit Unsummen konfiszierten Vermögens aus dem Kalender gestrichen. Warum soll es diesmal anders sein?

Caesar spricht in seinen Aufzeichnungen zum Jahre 49 v. Chr. von der ›fides angustior‹, der Mangelware Vertrauen. Cicero führt die die Geschäfte lähmende Lethargie technisch exakter auf die um sich greifende nummorum caritas zurück: die Verknappung der Münzen (im Mai 49 in einem Schreiben an Atticus). Nur: er hat, im Gegensatz zu Caesar, kein Rezept, was man zur Behebung der Wirtschaftskrise und Belebung der Investitionsneigung – wie wir heute fides angustior und nummorum caritas ›übersetzen‹ – jetzt tun muß.

Wieder entwickelt Caesar – wie schon als Consul des Jahres 59 v. Chr. – aus der akuten Notsituation heraus, aus dem ad hoc die Jahrhundertlinien großer Reformpolitik. Geradeso, als ob er auf den Augenblick wartet, der ihm die ersehnte Gelegenheit zur Verwirklichung lang gehegter Träume bietet.

Dabei ist klar ersichtlich, daß ihn die Lage genauso überrascht wie die anderen. Daß eben nichts vorbereitet ist und fast alles improvisiert werden muß. Nirgendwo zeigt sich deutlicher Caesars staatspolitische ›Künstlerschaft‹: wie er aus kleinen, der Abwehr akuter Notstände dienenden Defensivmaßnahmen die Töne und Melodien anschlägt, aus denen er die Symphonie seiner Gesamtreformen komponieren wird. Zwischen strapaziösen Feldzügen in der heißen Sonne Spaniens, Griechenlands, Kleinasiens, Afrikas, zwischen (oder während?) der Schäferstündchen mit Cleopatra und Eunoë, in der wackligen Sänfte auf dem Rückweg nach Rom, in die er sich immer dann wie in einen Kerker zwängt, wenn er arbeiten muß: lesen, denken, diktieren. Auf den beschwerlichen Reisen (sicher nicht nur, um sich abzulenken) schreibt er auch gern. Seine berühmte ›Grammatik‹ de analogia entsteht schon während seiner gallischen Jahre; was von ihr erhalten ist (»Verwende keine ungebräuchlichen Wörter«; »Die Grenzen des Geistes zu erweitern, ist mehr wert, als die Grenzsteine des Reiches zu verrücken«), öffnet die verschlossene Tür zu seiner Persönlichkeit, wenn auch nur um einen Spalt breit. Auf seiner letzten spanischen Reise (Ende 46 v. Chr.) entsteht ein langes Sinngedicht: die Reise (Iter). Und dazwischen immer wieder Memoranden, Entwürfe, Programme.

Seine Sekretäre der letzten Jahre: Hirtius, dem er sein literarisches Oeuvre zur Endredaktion anvertraut, wobei sich dieser offenbar auch Unterschreiber nehmen darf, Leute wie Balbus und Oppius, die für die ›laufenden Geschäfte‹ zuständig sind, und den zwielichtigen Faberius, der die wirklich delikaten Angelegenheiten regelt, nicht immer zu seinem persönlichen Nachteil. Caesar umgibt sich, je älter und erfolgreicher er wird, desto erkennbarer, nur mit Mittelmaß. Seit dem ›Verrat‹ des Labienus ragt niemand in seiner nächsten Umgebung durch überdurchschnittliches Können hervor. Keiner der bekannteren Senatoren berät ihn. Im Bürgerkrieg wird keiner seiner Legaten eine dem Labienus, jüngeren Crassus oder dem Fabius vergleichbare Rolle wie in Gallien spielen. Ob Pharsalos, Alexandria, Zela, Thapsus, Munda: Caesar dirigiert nicht nur vom Feldherrenhügel aus den Einsatz der Kohorten. Er wird zum wichtigsten Nothelfer seiner selbst, wann immer es kritisch um ihn steht. Symptomatisch für die fast magische Verbindung zwischen Obergeneral und Truppe: als am Abend von Pharsalos die vom Sieg übermannten Legionäre nach altem Brauch die Tapfersten aus ihrer Mitte ehren, erkennen sie den ersten Preis einstimmig Caesar zu, den zweiten einstimmig Caesar und der Wunder an Tapferkeit vollbringenden X. Legion, den dritten dem Stoßtruppführer Crastinus, der mit dem Ruf: »Caesar, tot oder lebend werde ich mir deine Anerkennung verdienen« die mörderische Schlacht eröffnet, in der er fällt. Kein Legat, kein Centurio wird in diesem Krieg unsterblich werden. Nur Caesar und seine Soldaten, die für ihren Feldherrn buchstäblich durchs Feuer gehen. In Gallien kämpft er aus der Überlegenheit; sein Hauptfeind ist nicht der Gegner, sondern die Natur, das unbekannte Terrain, das ungewohnte Klima. Im Pompejus-Krieg kämpft er aus der Unterlegenheit gegen einen Feldherrn, dessen fama der seinen noch weit überlegen ist, und die auch seine Legionäre fürchten. Und der in Dyrrhachium zeigt, was in ihm steckt. Der mit einem Zug im richtigen Moment, an der richtigen Stelle, nicht nur Caesars Schlachtplan, sondern seine ganze Position zum Einsturz bringt. Entschlösse sich Pompejus jetzt zum Marsch auf Rom, zur Offensive statt zum Abwarten, er und nicht sein fast ausmanövrierter Gegner Caesar wäre der Mann des Jahrhunderts. Der erste Princeps Roms.

Bevor Caesar dem seine Truppen aus Ost und West in Griechenland zusammenziehenden Gegner nachsetzt, muß er sich erst – militärisch und wirtschaftlich – den Rücken sichern. In einem Blitzfeldzug nehmen seine Legaten den Pompejanern die von ihnen beherrschten Kornkammern Italiens ab: Sizilien, Sardinien, Korsika. Spanien er selber.

Dann zwingt er das abtrünnige Massilia (Marseille), den

unterbrochenen Schiffsdienst mit der Hauptstadt wieder aufzunehmen. Nach der Schlacht bei Lerida (Ilerda) fällt in Rom der Getreidepreis wieder. Vertrauen ist alles.
Caesars Sieg überstrahlt die Niederlagen, die seine Legaten an anderen Fronten erleiden. Der mit zwei Legionen nach Nordafrika – ebenfalls der Sicherung der Getreideversorgung wegen – entsandte Curio gerät, ähnlich wie Crassus bei Carrhae, in einen Hinterhalt und wird von dem zu Pompejus haltenden Numider-König Juba restlos aufgerieben. Curio fällt. Pompejus' Flotte schlägt in der Adria Caesars unfähigen Admiral Dolabella (Ciceros Schwiegersohn), und der Bruder des Marc Anton, der mit einer kleineren Einheit auf dem Marsch nach Griechenland unterwegs ist, muß ohne den Schutz der Flotte kapitulieren. Den ärgsten Schlag versetzt dem auf die gute Stimmung seiner Truppe angewiesenen Caesar die Meuterei seiner alten IX. Legion in Placentia (Piacenza). Er ›vergißt‹ den ärgerlichen Vorfall in seinen eigenen Kommentaren zum Feldzug dieses Jahres völlig. Sueton zitiert ihn als weiteren Beweis seiner hohen Kunst der Menschenführung. Zuerst droht er den Meuterern die ›Dezimierung‹ an, die Hinrichtung jedes 10. Mannes. Dann mildert er die Strafe in die Exekution der 120 Rädelsführer, zuguterletzt begnadigt er diese mit Ausnahme von 12 zur Eintragung ihrer Schandtaten in das Personalregister. Am Ende sind Soldaten und Feldherr froh, so billig davongekommen zu sein.
In Rom beschließt der auf Antrag seines Freundes Lepidus zum Dictator, aber noch nicht auf Lebenszeit, ernannte Caesar grundlegende Reformen: Er folgt dabei fast sklavisch den ihm kurz zuvor plötzlich in aller Öffentlichkeit in Briefform erteilten Ratschlägen des Sallust:
»Nimm das Geschick des Staates in Deine starken Hände! Du allein vermagst ihn von allen Übeln zu befreien .... Entmachte das Kapital; es gibt kaum etwas, womit Du Deinem Lande, Deinen Mitbürgern und Dir einen größeren Dienst erweisen würdest ... Erweitere den Senat ... und führe die geheime Abstimmung ein.«

Ein Teil der Gelehrten neigt dazu, diesen Brief Sallusts für nicht allzu authentisch anzusehen. Ließ ihn sich Caesar schreiben, um seine politischen Vorstellungen zu lancieren? Wir wissen es nicht.
Nachdem dank Sicherung der Getreidezufuhren die Preise wieder fallen, die Inflationsrate zurückgeht, muß etwas gegen die zinstreibende Hortung und den Mietwucher getan werden. Die lex Julia de pecuniis mutuis (sein Schuldengesetz) verbietet kategorisch eine intensive Kassenhaltung: kein Römer darf mehr als 15 000 Denare, aus welchen Gründen auch immer, horten. Der große Erforscher der vorläufig letzten Weltwirtschaftskrise der 30er Jahre dieses Jahrhunderts, Lord Keynes, der in der zu großen ›Liquiditätspräferenz‹: der Unwilligkeit, vorhandenes und verdientes Geld durch Investieren und Konsumieren dem Wirtschaftskreislauf rückzuerstatten, den Kern allen Übels sah, muß im römischen Dictator des Jahres 49 v. Chr. seinen eigentlichen Vorläufer sehen. Nachdem das Güterangebot dank der wieder offenen Seewege steigt, muß auch der Geldumlauf vergrößert werden: der Geld- dem Güterkreislauf angepaßt werden, soll aus der durch Güterknappheit entstandenen Inflation nicht eine durch Geldmangel hervorgerufene Deflation, wenn nicht gar Depression (Arbeitslosigkeit) werden. Deswegen müssen die Geldhorte begrenzt und die das Wirtschaftsleben strangulierenden Überzinsen wieder auf Normalhöhe zurückgeführt werden. Die lex Julia verfügt ein gesetzliches Höchstzinsniveau von 12 % per annum und verpflichtet die Großgläubiger (Roms Kapitalisten), außer der Zahlung in Geld auch die Zahlung in Grundstücken zu akzeptieren, und zwar zu ihrem Vorkriegswert abzüglich der bereits entrichteten Zinsen. Ein harter Schlag für den römischen Geldadel.
Die hochverschuldeten Bauern, Kleinpächter und kleineren Latifundienbesitzer können sich ihrer Schuld- und Zinsknechtschaft elegant entledigen, indem sie ihren Besitz verkleinern: unter Anrechnung des richtigen Wertes und der be-

reits gezahlten Zinsen. Der Geldadel muß die in den letzten Jahrzehnten aus Zins und Bodenpacht ›arbeitslos‹ verdienten Grundrenten wieder herausrücken; er ist nicht gerade hell begeistert. Cicero, einer der Hauptgeschädigten der Reform, behält wenigstens seinen Humor. Seinem Freunde Papirius Paetus, der ihm seinen Ruin vorrechnet, schreibt er: »Ich kann Deine Geschichte kaum ernst nehmen. Nachdem Du gefaßt und würdig den Verlust Deines Vermögens zur Kenntnis genommen hast, kannst Du mich getrost zum Nachtmahl einladen und Dir vorrechnen: ich hätte meine Schulden an Dich neu berechnet.«
Auch Catilina hätte vom Vater der lex Julia lernen können, wie man Reformen ›macht‹. Caesar schwingt sich scheinbar zum Hüter republikanischer ›Wert‹-vorstellungen auf und weist die allzu ›radikalen‹ Forderungen nach vollständiger Schuldenstreichung (novae tabulae) empört zurück. Er explodiert gekonnt: »Welch niedrige Gesinnung, Armut als Entschuldigung anzuführen und über eigene oder der Zeiten Widrigkeiten zu klagen! Welche Unverfrorenheit oder Unverschämtheit aber erst, die Garantie eines Eigentums zu verlangen, das in Wahrheit durch Schulden aufgezehrt ist!«
Einem im Saale kommen die Worte irgendwie bekannt vor. Cicero hatte auf dem Höhepunkt der Redeschlacht mit Catilina ausgerufen: »Wo kämen wir hin, wenn jeder seine Mittellosigkeit damit entschuldigte, daß er persönlich oder der Ungunst der Zeiten wegen Pech gehabt hätte.«
Cicero gerät in die peinlichste aller Lagen. Er muß seinem Erzfeind, der seine eigenen Worte gebraucht, recht geben und sich selber, statt sich zu nutzen – wie damals – kräftig schädigen. Die Nachwelt verlangt wirklich zu viel von Cicero, wenn sie will, daß er Caesar lieben soll!
Außer dem Schuldengesetz werden in den Jahren ab 49 in rascher Folge durch den Senat gepeitscht: ein einmaliger Mietnachlaß für Römer und Italiker, eine neue Arbeitsnorm für das Verhältnis freier Lohn- zu Sklavenarbeit auf den (Weide-) Latifundien: dort muß ein Drittel aller Beschäftigten aus

freien Lohnarbeitern bestehen. Der Arbeitsplätze wegen! Und eine Bestimmung, daß kein römischer Bürger sein gesamtes Vermögen außerhalb Italiens anlegen darf, eine höchst wirksame Waffe gegen Kapitalflucht. Denn was nützt alle Enthortung, Entschuldung, Zinsherabsetzung und durch Mietherabsetzung bewirkte Kaufkraftsteigerug im Inneren, wenn alle neu geschaffene Nachfrage durch Abfluß in die Umwelt verpufft? Damit nicht genug: zum Zwecke der Arbeitsbeschaffung für die mittellosen Bevölkerungsteile und zur Ankurbelung der Wirtschaft werden großzügige Bauvorhaben in Auftrag gegeben, wird außerdem die Ansiedlung (land-)besitzloser Bürger in über das Reich verteilte Kolonien in die Wege geleitet, um das städtische Proletariat zu reduzieren. Bis zu Caesars Tod werden auf diese Weise 80 000 Menschen mit Land versorgt und aus dem überfüllten Rom entfernt, andere in der Stadt voll beschäftigt!
Schließlich wird Caesar dieses in seiner Kühnheit und Konsistenz beispielhafte Konjunkturprogramm, das moderner auch heute nicht hätte sein können, krönen durch großzügige Maßnahmen der Einkommens-, Geld- und Strukturpolitik. Zur Einkommenspolitik zählt die von ihm verfügte Heraufsetzung der Soldatenbesoldung und die neuerliche Regelung der Beamten›gehälter‹. Dergleichen schafft Einkommen, ohne daß – wie bei Löhnen – Produktions-Kosten entstehen. Aber Caesar denkt, wie immer, weiter. Er legt den Grundstein jener ›Meritokratie‹, jenes durch Verdienst und Leistung – und nicht mehr durch Geburt – begründeten Soldaten- und Beamtenadels, auf den sich seine Nachfolger, allen voran Augustus, zunehmend und mit Erfolg stützen werden. Bis dieser Stand sogar die ›guten Kaiser‹ stellt.
Das Beispiel der IX. Legion erschreckt ihn nicht nur. Es gibt ihm zu denken. Der Staat des vom Volke direkt beauftragten und nicht mehr vom Senat ›ausgehandelten‹ Princeps braucht zwischen Kopf und Füßen nicht nur Bauch, sondern auch Hände, sprich: eine leistungsfähige Verwaltung. Caesar sorgt nicht nur für einen ausreichenden, gegen Bestechung

immunisierenden Besoldungsrahmen, sondern auch für genügend ›Planstellen‹ und klare Kompetenzen: die Zahl der Praetoren- und Quaestorenstellen wird verdoppelt: von 8 auf 16, resp. 20 auf 40. Die Amtszeit der Provinzstatthalter wird auf maximal 2 Jahre festgelegt. Niemand soll sich als Staat im Staat fühlen. Caesar weiß, wohin dergleichen führen kann. Spuren schrecken, besonders, wenn es die eigenen sind!
Die Kosten des hauptstädtischen Wohlfahrtsstaates werden und können als Folge der neuen Massenwohlfahrt drastisch gesenkt werden. Seine lex Julia frumentaria (Getreideversorgungsgesetz) vermindert die Zahl der öffentlich Versorgten von 320 000 auf 150 000! Der um die Gunst der Massen buhlende Dictator kann es sich leisten, das Rom ›heilige‹ System des panem et circenses, des freien Brotes und der kostenlosen Spiele, auf die Hälfte der bislang davon Profitierenden zu beschränken! Ohne Aufstand der Massen und ohne spürbare Beeinträchtigung seiner Popularität. Der Wohlstand, den seine neue Wirtschaftspolitik ausbrechen läßt, macht's möglich. (Vergl. Dokument VI des Anhanges)
Die Krönung seiner Ankurbelung aber wird sein neues Geldsystem werden, die Einführung des alles überdachenden Aureus: des Goldgeldes der Antike. Über das Geld hat Caesar von allen Staatsmännern vor und wahrscheinlich auch nach ihm, wenn nicht am meisten, so doch am richtigsten nachgedacht. Es ist nicht nur dazu da, den einzelnen zu bereichern, sondern die res publica. Deswegen muß es der Staat als eine seiner vornehmsten Aufgaben fest in der Hand behalten:
Caesar zieht daher (wie Sueton berichtet) das Münzwesen an sich. Seine Beamten (Sklaven und Freigelassene) überwachen alle staatlichen Geldaktivitäten. Er hat einen ausgeprägten Sinn für die reale Macht im Staat, fast wie ein moderner Zentralbank-Gouverneur.
Im Jahre 49 v. Chr. geht es ihm zunächst um Naheliegendes. Er braucht das in Gallien erbeutete Gold. Und einiges mehr, um den Krieg gegen Pompejus durchzustehen und zu gewinnen. Schon in den letzten Jahren des Gallischen Krieges hat

er beträchtliche Mengen Goldes auf die Märkte werfen müssen: zur Bestreitung des Krieges, seiner Folgekosten, des ›Kaufs‹ neuer Anhänger wie z. B. Curio. Folge: der Goldpreis fällt um rund ein Drittel: von 4 000 auf 3 000 Sesterze das (römische) Pfund. Es verliert dadurch um rund ein Viertel seines Wertes gegenüber dem Silber. Freilich, das wird Caesar ab dem Jahre 46 v. Chr., dem Geburtsdatum *seines* Aureus, nicht hindern, zur alten Gold-Silber-Parität zurückzukehren. Ein (goldener) Aureus (1/40 Pfund) wird amtlich 25 Silberdenare oder 100 Sesterze wert sein. Viele hundert Jahre lang! Ein einziger Beweis, daß nicht der Metall- den Geldwert bestimmt, sondern der vom Publikum bestimmte Geldwert seinen Metallwert! Caesar hat dies gewußt und sein Wissen experimentell getestet. Seine Geldreform beweist es.
Auch das gallische Gold reicht nicht ewig: der künftige Souverän des Reichsgeldes muß einstweilen noch jeden ›Pfennig‹, den er zur Bezahlung des auf ihm lastenden Krieges braucht, nehmen, wo er ihn kriegen kann. Zum Beispiel aus dem aerarium des römischen Volkes. In Rom angekommen, gilt sein erster Besuch dem Tempel des Saturn, wo der Staatsschatz lagert.
Es geht – so Caesar selbst – das Gerücht, der flüchtige Consul Lentulus habe es so eilig gehabt, vor dem herannahenden Caesar zu fliehen, daß er sogar vergessen habe, das aerarium abzuschließen. Statt offener Türen findet Caesar am Tatort den ihm nicht freundlich gesonnenen Tribunen Metellus. Metellus verweigert ihm den Zutritt zur Staatskasse. Caesar argumentiert mit der Ausnahmesituation: »Die Stunde der Waffen ist nicht die Stunde der Gesetze. Gib den Weg frei; wenn du mein Vorgehen nicht billigst, dann geh!« Für ›justizförmliche‹ Debatten hat Caesar jetzt keine Zeit. Und als Metellus weiter insistiert: »Erhebt er«, laut Plutarch, »die Stimme und droht dem Metellus, ihn auf der Stelle töten zu lassen.« Um noch hinzuzufügen: »Du weißt genau, daß es mir schwerer fällt, es zu sagen als zu tun.«
Caesar entnimmt der Staatskasse 15 000 Gold- und 30 000

Silber-Barren sowie 30 Millionen Sesterze gemünzten Geldes. Lucan kommentiert den Vorgang: »Damals war Rom zum ersten Mal ärmer als Caesar.« Die Fehlrechnung eines Laien.

Rom wird durch die Plünderung der Staatskasse reicher, nicht ärmer. Das von Caesar aus dem öffentlichen Hort ›gestohlene‹ und in Umlauf gebrachte Geld aus dem aerarium ist Teil seines Wiederbelebungsprogramms. Es trägt dazu bei, daß die Zinsen fallen, neue Investitionslust sich regt, neue Arbeitsplätze geschaffen werden, die Zahl der öffentlichen Wohlfahrtsempfänger ab- statt zunimmt.

Der Krieg gegen Pompejus, der nach der erfolgreichen Eindämmung der Krise des Jahres 49 v. Chr. beginnt, wie sooft mitten im Winter, hat einen Tiefpunkt: Dyrrhachium, und einen Höhepunkt, der ihn, wie Alesia, als Hauptkriegsschauplatz beendet: Pharsalos. Glanz und Elend, Gefahren und Triumph seines langen Marsches auf Umwegen nach Rom sind in den ersten 8 Monaten des Jahres 48 v. Chr. wie in einem Schauspiel im Schauspiel verdichtet. Am 4. Januar 48 v. Chr. setzt Caesar auf einer requirierten Fischerflotte seine Hauptmacht: 20 000 Legionäre, 600 Reiter, über die Adria aufs griechische Festland über und landet bei Valona (dem heutigen Vlone in Albanien). Sein alter ›Freund‹ Bibulus, Amtskollege seines Consulats ›des Julius und Caesar‹ aus dem Jahre 59 v. Chr. und Befehlshaber der pompejanischen Flotte in der Adria, weiß sich vor Wut nicht zu fassen, daß er ihm unter der Nase entwischt.

Caesar zieht es nach der Landung sofort nach Dyrrhachium (dem heutigen Durazzo), wo Pompejus ein riesiges Vorrats- und Munitionsdepot für die Landung in Italien angelegt hat. Fällt es Caesar in die Hände, hat er keine materiellen Sorgen, den Krieg operativ in Griechenland (das Pompejus hält) zu eröffnen. Wieder einmal läßt er Tag und Nacht marschieren. Aber dasselbe tut Pompejus auch, als er von der Landung Caesars hört. Beide Armeen spurten auf dasselbe Ziel zu: Pompejus gewinnt den Lauf. Er ist um wenige Stunden frü-

her am Tatort und kann Stellung beziehen. Aber Caesar schiebt sich zwischen ihn und die Stadt. Jeder der beiden verliert dadurch den Rückhalt zu seiner Basis: Caesar den zu seiner Behelfsflotte, Pompejus den zu seinem Vorratslager. Caesar kann es nicht bekommen, weil er Pompejus im Rükken hat, Pompejus kommt nicht an seine Vorräte heran, weil er vorher Caesar überrumpeln muß. Die typische Patt-Situation. Caesar, überzeugt, in Gallien seine Kunst als Belagerungsstratege zur höchsten Meisterschaft entwickelt zu haben, beschließt, in einem Zweifronten-Belagerungskrieg à la Alesia, der zugleich seine numerische Unterlegenheit kaschiert (er hat nur etwa halb soviel Soldaten im Felde wie Pompejus), Dyrrhachium auszuhungern und Pompejus zu zermürben. Eine merkwürdig-uncaesarische Rechnung, die niemals aufgehen kann. Erstens hat Pompejus wesentlich mehr Zeit als Caesar; denn er hat mehr Ressourcen. Vor allem aber die Legalität auf seiner Seite. Er kann warten, bis der ›Aufstand‹ des Caesar in sich zusammenfällt. Zweitens hat Caesar, nicht Pompejus, das Problem der Verpflegungsbeschaffung. Pompejus' Soldaten haben ausreichendes Hinterland und Zugang zur See; die des Caesar sitzen auf engem Raum zusammengepfercht; sie sind zwar unangreifbar, aber können sich nur mühsam und zudem recht einseitig ernähren. Caesar braucht über 2 Monate, bis er begreift, daß er so nicht siegen kann.
Am 8. Juli läßt er zum Generalangriff blasen und erleidet die erste schwere Niederlage. Seine Soldaten kommen nirgends durch. Noch während sie ihre Wunden heilen, entlaufen zwei gallische Reiterführer und verraten Pompejus und Labienus, wie man, um ein Felskap herum, Caesars Befestgungsring von hinten unterlaufen kann. Eine Woche später bringt Pompejus Caesar die zweite schwere Schlappe bei. Seine Leute errichten ein Lager zwischen Caesar und der von ihm belagerten Stadt.
Spätestens jetzt, nachdem er Dyrrhachium gar nicht mehr belagert, müßte er die Sache aufgeben. Statt dessen setzt er

alles auf eine Karte und versucht, in einem verwegenen Ausfall das neue Lager zu stürmen. Von vorne und hinten gepackt, erleidet er die schwerste Niederlage seines Lebens: über 1 000 seiner Soldaten fallen, 32 Feldzeichen gehen verloren. Und was am schwersten wiegt: die Soldaten verlieren das Vertrauen in ihren Feldherrn.

Pompejus hat sich als der bessere Stratege, als der bessere Mann im Feld erwiesen. Zum ersten Mal wenden Caesars Soldaten ihre Waffen gegen ihn, als er sie, wie immer, wenn es brenzlig wird, am Fliehen hindert. Es grenzt an ein Wunder, daß er sie überhaupt zusammenhält. Wenn sie jetzt zu Pompejus und Labienus überlaufen, wird ihnen noch Straffreiheit gewährt. Wer weiß wie lange?

Es sind Caesars deprimierendste Stunden. Er allein hat diese Niederlage verschuldet; er allein kann sie, wenn überhaupt einer, wenden. Am Morgen nach der grauenvollsten Nacht seines Lebens steht sein Plan: Aufbruch, so rasch wie möglich, ehe der Feind das ganze Ausmaß seines Sieges begreift – und nachstößt. Er hält seiner Truppe im Morgengrauen eine kurze Ansprache, bagatellisiert den Rückschlag, lobt sie, erinnert an frühere Siege und Ruhmestaten und läßt sie im Eiltempo abmarschieren. Wohin?

Statt in Richtung Italien, zieht er ins Innere von Griechenland, wo Pompejus seine Hauptbastionen hält. Statt ihn ziehen zu lassen, folgt ihm Pompejus, das Gesetz des Handelns dem unterlegenen Caesar lassend. Knapp einen Monat nach dem Abzug von Dyrrhachium stehen sich beide Heere wieder gegenüber, in der weiten Ebene von Pharsalos. Die im Pompejuslager tonangebenden Consuln und Senatoren verlangen ungeduldig den Blattschuß. Der Staatsstreich des Caesar soll so schnell wie möglich erledigt werden. Labienus unterstützt ihr Plädoyer: Caesar ist am Ende. Wozu noch warten? Eine Niederlage schließt er kategorisch aus. Schließlich kennt er den Mann, über den er urteilt, aus 8 langen gallischen Jahren. Pompejus ist da vorsichtiger. Er hat zwar keine bessere Meinung über Caesar als Labienus. Aber er ist logisch: Caesars demoralisierte Truppe wird durch dic neue Schlacht nur unnötig revitalisiert. Läßt man sie schmoren, wird sie sich von selbst zersetzen, überlaufen, kapitulieren. Der Mann versteht sein Handwerk. Er ist kein Genie wie Caesar, aber ein solider Rechner; methodisch exakt, organisatorisch unerreicht. Bei ihm wird nichts improvisiert, jedes Detail geplant. Den Zufall kennt er nicht.

Es ist Caesars Glück, daß man seinen Gegenspieler nicht gewähren läßt. Die Politiker, die rasch nach Hause wollen, zurück zu den langentbehrten Geschäften, überstimmen den Obergeneral.

»Pharsalos ... 9. August 48 vor Christi Geburt. Ein Name, ein Datum. Von Marathon bis Stalingrad zählt die Menschheit kaum ein halbes Dutzend Entscheidungsschlachten, die den Lauf der Geschichte so maßgeblich bestimmt haben. Und doch sah man selten eine schneller improvisierte, gewissermaßen im letzten Augenblick zusammengepfuschte Schlacht.« (Gérard Walter)

Caesars Ausgangslage könnte schlechter gar nicht sein. Es hapert an allem: Soldaten (Pompejus stellt 50 000 gegen seine 20 000), Pferde (Labienus kommandiert 7 000 Reiter, er knapp 1 000), Munition und Kampfgeist. Als er seiner Truppe Mut macht, unterläuft ihm ein folgenschwerer Mißgriff. Er zählt ihnen die Namen derjenigen Feinde auf, die sie töten oder derjenigen, die sie schonen sollen, sie im letzten Moment an den fatalen Bruderkrieg erinnernd. Schon ist die Stimmung weg. Da springt der Stoßtruppführer Crastinus vor; sein Zuruf: »Folgt mir! Dies ist die Entscheidungsschlacht!« reißt alle mit.

Caesar weiß, daß er kämpfen muß: jetzt oder nie. Sein Schlachtplan ist nie einfacher und nie genialer gewesen. Den des Gegners kennt er diesmal nicht. Kein Überläufer, kein V-Mann hat ihm etwas enthüllt. Er kann nicht in den Karten lesen, also muß er aus den Bewegungen des Gegners seine Schlüsse ziehen. Aus ihnen ganz allein. Er zieht von jeder in Schlachtordnung aufmarschierter Legion die jeweils letzte

Kohorte ab, beordert sie zu sich: eine dem Gegner unsichtbare Eingreifreserve, allein zur Verfügung des Feldherrn. Er kann sie nach vorwärts wie nach rückwärts einsetzen. Im richtigen Moment.
Ausgerechnet Labienus, der diese Taktik kennen sollte, fällt ihr zum Opfer. Sein Reiterangriff bleibt in den gefällten – nicht geworfenen – Lanzen der Eingreifreserven stecken, nachdem ihn die Frontlegionen durchgelassen haben. Noch ehe Labienus' Pompejaner erkennen, was sich tut, fällt Caesar wie ein Sturmwind im Gegenstoß über den gegnerischen linken Flügel her, der knickt wie ein Schilfrohr im Wind. Innerhalb kürzester Frist wird von dort her das pompejanische Zentrum aufgerollt – bis alles in wilder Flucht sich auflöst. Pompejus' Truppen fluten zurück ins Lager. Caesar folgt ihnen ins Lager, wo das Gemetzel weitergeht. Pompejus hat gerade noch Zeit, den Feldherrenmantel abzuwerfen und das Lager durch den Hinterausgang zu verlassen. Ohne Gepäck; seine Korrespondenz, die Caesar ungelesen verbrennen wird, dem Sieger hinterlassend. Und seine Soldaten, die sich jetzt in Scharen dem Sieger ergeben.
Der eine Tag entscheidet nicht nur Caesars und Pompejus' Schicksal. Er entscheidet über Rom. Was Caesar will, kann niemand mehr verhindern. Nicht einmal mehr seine späteren Mörder, die er jetzt, Mann für Mann, begnadigt: zuerst den Brutus, der sich ihm, vom Schlachtfeld geflohen, im nahen Larissa zu Füßen wirft. Später auch den Cassius.
Warum begnadigt er alle? Daß er hart, grausam und rachsüchtig sein kann, hat er in Gallien bewiesen: Vercingetorix, Ambiorix, Indutiomar, Acco, Ariovist und viele andere edle ›Barbaren‹ haben statt der clementia die inclementia Caesaris erfahren. Wobei sich der Strafende doppelt verrechnet: seine gallische inclementia versteift den Widerstand, sogar noch nach dem Zusammenbruch von Alesia, als sich die Bellovacer unter Correos, die Senonen unter Drappes, die Cadurcer unter Lukter und die Andier unter Dumnacus aufs neue erheben und die Feste Uxellodunum (Puy d'Issolu an

der Dordogne) der caesarischen Belagerung heldenhaften Widerstand leistet. Und sich erst ergibt, als Caesar ihr das Wasser abgräbt. Sogar Ambiorix meldet sich zeitweise aus dem Untergrund.

Aber auch Caesars römische clementia verfehlt ihre Wirkung: die Leute, denen Caesar verzeiht, bleiben zeitlebens seine unbelehrbaren, tödlichen Feinde, die auch nach seinem Tod, blind vor Haß, seine geschichtliche Leistung weder sehen noch anerkennen werden. Die ihn nur schmähen, obwohl sie alle von ihm profitieren. Clementia in Gallien, inclementia in Rom hätte ihn vermutlich weitergebracht: hätte ihn weniger Zeit in Gallien gekostet und ihm mehr Zeit für Rom gelassen, die Früchte seines Sieges zu ernten und sein Werk zu konsolidieren.

Als Caesar im Geschwindmarsch in Verfolgung des vor ihm dahineilenden Pompejus, der vor ihm die rettende Küste und seine Flotte zu gewinnen sucht, bei Byzanz das Marmarameer, die Gestade des durch die Liebe Leanders zur schönen Hero berühmt gewordenen Meeres erreicht, hat er wieder einmal keine Schiffe. Der Fischer, der ihn mit einer Barke übersetzt, läuft geradewegs dem Lucius Cassius, Admiral der pompejanischen Flotte, vor den Bug. Caesar, statt vor ihm auszureißen, was noch möglich ist, läßt an seinem Flaggschiff festmachen, geht an Bord und nimmt huldvoll die Kapitulation der noch intakten Flotte des Pompejus entgegen. Appian verwechselt den Lucius mit seinem Vetter (?) Gajus, den mit dem ›hohlen Blick‹ (Shakespeare), der später am hartnäckigsten zum Morde hetzen wird.

In Kleinasien erweist Caesar, wie vor ihm Alexander, seine Reverenz dem ›heiligen Ilium‹ (Troja), seinen von Achill, dem Ahnen Alexanders, besiegten Vorfahren: Hector, Anchises, Aeneas, von dem er selber abstammt. Lucan (wir wissen schon: mehr dem Pompejus als dem Caesar gewogen) hält den Augenblick in seiner ›Pharsalia‹ dichterisch fest:

»Ihr Götter dieser Asche,
Bewohner dieser Trümmer Phrygiens,

Ihr Laren des Aeneas …
Ich bin's, der Julier edelster Abkömmling,
Der vor Euren Altären seinen Weihrauch spendet …
Gewährt meinen Siegen ein glückliches Vollenden …
Und neu wird erstehen ein römisches Troja.«

Mit dem Geschwader des Cassius kann Caesar die Verfolgung des Pompejus zur See wagen und abkürzen. Sein nach dem Sieg wieder zuverlässiger Nachrichtendienst signalisiert ihm, daß dieser von Lesbos aus, wo er Cornelia, seine junge Frau, an Bord nimmt, unterwegs ist nach Ägypten. Vermutlich derselben Sache wegen: der Schulden, die des Ptolemäus XII. inzwischen regierende Erben ihm (und Caesar) aus dem Darlehen des Rabirius immer noch zu zahlen haben. Für jeden rund 12–18 Millionen Denare. Und dem, der sie zuerst kassiert, das Doppelte!

Am 28. September 48 v. Chr. landet Pompejus bei Alexandria. Des Flötenspielers Sohn, der 15jährige Ptolemäus XIII., Bruder und Ehemann seiner mitregierenden, damals 21jährigen Schwester Cleopatra VII., deren Thronrechte er bestreitet, sendet auf Geheiß seines Premierministers Pothinus ein Boot, den illustren Gast von Bord zu holen. Einer der ihn abholenden Offiziere, ein ehemaliger römischer Centurio aus einem früheren Kommando des Pompejus, sticht den ahnungslosen Feldherrn im Boot nieder. Morgengabe für den Sieger, der ihm auf dem Fuße folgt, wie man in Ägypten weiß? Als Caesar nur 4 Tage später fast an der gleichen Stelle landet und man ihn mit dem Kopf und Siegelring des toten Pompejus ›begrüßt‹, bricht er zwar nicht in Tränen aus, wie eine fromme, aber nirgendwo belegte Legende wissen will. Aber er ist bestürzt. Es ist anzunehmen, daß er abwägt, ob der Tod des römischen Staatsoberhaupts, denn Pompejus war nicht nur der Generalissimus, sondern der mit Sondervollmachten ausgestattete Führer des Senats, den Krieg verlängert oder verkürzt. Pompejus kann zwar nicht mehr schaden, aber der tote Pompejus ist mehr noch als der lebende eine Legende: der letzte Republikaner.

Schon deswegen kann Pothinus' Rechnung nicht aufgehen, daß Caesar den Pompejusmörder mit der ägyptischen Allein-Herrschaft belohnen wird. Im Gegenteil: Caesar muß alles unterlassen, was ihn der Komplizenschaft mit des Pompejus Mördern verdächtig machen könnte. Ohne es zu wollen und zu merken, spielt Pothinus nicht das Spiel seines Herrn Ptolemäus XIII., sondern seiner Rivalin Cleopatra VII., der ebenfalls keine Ranküne fremd ist. Außer der einen: sie hat nichts mit dem Mord an Pompejus zu tun.

Ihre Einführung bei Caesar ist bühnenreif. George Bernard Shaw brauchte gar nicht viel dazuzudichten. Er mußte sich nur – wie vor ihm Shakespeare für die Fortsetzung der Geschichte mit Marc Anton – an die frühesten Quellen Lucan, Plutarch, Sueton halten. Caesar logiert im am Haupthafen Alexandrias gelegenen Palast, aus dem er den jungen König und seinen Hof unter Zuhilfenahme einiger Legionäre ausquartiert.

Cleopatra hatte sich aus Angst vor ihrem unberechenbaren Bruder-Ehemann, dessen Minister Pothinus ihren Reizen widersteht (er ist Eunuch), mit wenigen Getreuen in Richtung syrische Grenze zurückgezogen, um, wenn es ernst würde, auf römischem Staatsgebiet Schutz zu finden. Jetzt tut ihr die römische Schutzmacht den Gefallen, in ihrer Hauptstadt Alexandria präsent zu sein. Nur: wie hinkommen, ohne den Wachen des Brüderchens und seines widerlichen Eunuchen in die Hände zu fallen, die unauffällig, aber wirksam, auch den Zugang zum Palast kontrollieren?

Ihr Freund und Vertrauter, der Sizilier Appolodorus, weiß Rat. Er wickelt Majestät in einen Riesenteppich ein und segelt mit ihr als unauffälliger Kauffahrer mitten durch den bewachten Hafen vor die Stufen des Palastes. Die Wachen lassen die Sendung für den hohen Gast passieren. Drinnen ›enthüllt‹ sich die hereingeschmuggelte Königin vor dem Mann ihrer Wünsche. Angesichts von deren Dringlichkeit dürfte er es nicht allzu schwer gehabt haben, falls ihm der Sinn nicht nur nach Politik gestanden haben sollte. Plutarch, der nicht dabei war, ist sich dennoch ziemlich sicher: »Caesar biß an«, vermerkt er ebenso kurz wie vermutlich treffend.

Für die Partei des Ptolemäus XIII. und des Pothinus ist der ›Durchbruch‹ der Cleopatra eine politische Katastrophe. So benehmen sie sich auch. Sie beschließen, Caesar, bevor seine auf dem Landweg über Syrien heranmarschierenden Legionen da sind, auszuräuchern. Eine Wahnsinnstat; denn selbst wenn man Caesar, der nur knapp 4 000 Mann auf seinen paar Voraus-Schiffen mit sich gebracht hat, ›kidnappt‹ oder gar tötet: die römische Rache ist ebenso gewiß wie fürchterlich. Aber schon der Mord an Pompejus zeigt, daß Pothinus nicht nur Schaden an seiner Manneskraft genommen hat. Als Caesar sein Spiel durchschaut, behält er ihn nach einem seiner Routinebesuche vorsichtshalber als Geisel im Palast zurück. Caesars absurde Lage: belagert von einigen intriganten Zwergen, die nur so lange auf seiner Nase herumtanzen können, wie er auf seine Truppen warten muß, zwingt ihm eine Reihe von Vorsichtsmaßnahmen ab, die sonst nicht seine Art sind. Die im Hafen vor Anker liegende Flotte der Ägypter könnte er an sich ganz gut gebrauchen. Jetzt aber muß er verhindern, daß der Feind sie gegen ihn bewaffnet. Also läßt er sie verbrennen. Das Feuer greift unglückseligerweise auch auf die Gebäude an der Wasserfront über, darunter die weltberühmte Bibliothek. Von ihren 700 000 werden 400 000 (so Orosius nach Livius) unersetzliche Bände ein Raub der Flammen. Nach anderen Quellen sind es nicht nur weniger, sondern auch nur weniger wertvolle Doubletten, die im Hofe lagern und vom Funkenregen ergriffen werden.

Als der Kleinkrieg weitergeht, konzentriert Caesar seine Handvoll Leute auf die entscheidenden Punkte der Stadt: den Hafen, das Zeughaus, den Palast. Eine römische Kommandoeinheit erobert die berühmte Hafeneinfahrtinsel Pharos. Dagegen schlägt ein Versuch, den Verbindungsdamm zwischen Insel und Festland zu sichern, fehl. Caesar gerät in fürchterliche Bedrängnis: er muß vom Damm ins Wasser springen, um das nächste römische Boot zu erreichen. Da

dieses kentert, weil zu voll, muß er zum übernächsten schwimmen, seinen purpurnen Feldherrnmantel zwischen den Zähnen und einige wichtige Staatsdokumente, damit sie nicht naß werden, in der hochgereckten Hand. Den alexandrinischen Bogenschützen bietet er ein prächtiges Ziel. Er muß trotz der Dokumente tauchen, dabei verliert er den Mantel, den die Alexandriner herausfischen und als Siegestrophäe schwenken. Er selbst aber erreicht das rettende Schiff und ist in Sicherheit.
Cleopatra ist die ganze Zeit bei ihm im Palast. Übertreibt Lucans Schilderung eines ihrer Gastmähler? Und wenn, sein Bericht hat Geschichte gemacht. So stellt man sich die beiden seitdem vor:
»Solche Kühnheit gab Cleopatra jene Nacht, die zum ersten Mal die schamlose Ptolemäerin mit einem Römerführer im Bett vereinte. Wer möchte dir, Antonius, für deine rasende Leidenschaft nicht Nachsicht gewähren, wenn Caesars fühllosc Brust Flammen fing? Ja, mitten im Wüten und mitten im Wahn des Bürgerkriegs, als Pompejus' Geist noch im Palast verweilte, räumte er, vom Blut der Katastrophe in Thessalien triefend und zugleich Galan, Liebesfreuden einen Platz neben seinen Geschäften ein, verband mit seinem Waffengang unerlaubte Beilager und Kinderzeugung ohne Ehe. Pfui der Schande, er vergaß den großen Feldherrn und gab dir, Julia, Brüder von einer sittenlosen Mutter, ließ es geschehen, daß seine verjagten Gegner sich im Königreich am Rande Libyens zusammenschlossen, und wandte seine Zeit schmählich an eine Liebschaft im Nilland, wollte ja lieber Ägypten verschenken als zu eigenem Vorteil Sieger sein! Cleopatra baute auf ihre Schönheit und suchte ihn mit Trauermiene, doch ohne die geringsten Tränen auf, mit kokett geheucheltem Kummer, soweit er sie kleidet, mit losen und scheinbar zerrauften Haaren.
Ihre Versuche wären vergeblich, Caesars Ohren verstockt geblieben, hätte nicht ihr Blick die Bitten unterstützt und ihr Buhlerinnenantlitz nicht das letzte Wort gesprochen. Sie

wandte eine unerhörte Nacht auf, um ihren Richter zu bestechen. Als so gegen ein ungeheuerliches Geschenk die Gunst des Feldherrn eingehandelt war, folgte der Freude über solchen Erfolg ein Gelage, und Cleopatra entfaltete mit großer Geschäftigkeit einen Aufwand, der ihr geläufig, aber von Roms Söhnen noch nicht übernommen war. Schon der Raum glich einem Tempel, wie ihn freilich selbst eine noch tiefer verdorbene Epoche kaum errichten würde: da waren die Kassettendecken mit einem Vermögen besetzt und die Balken unter massivem Gold versteckt, glänzte Marmor an den Wänden nicht nur oberflächlich und in Platten als Verkleidung, waren Achat und Porphyr selber Säulen und nicht müßiger Schmuck, trat man überall im ganzen Saal auf Onyx. Ebenholz aus Meroë diente nicht allein zum Decken breiter Pfosten, nein, es stand wie gewöhnliche Eiche als Stütze statt als Zierde im Palast; Elfenbein verkleidete die Eingangshalle, und an den Türen haftete indisches Schildpatt, noch dazu von Menschenhand gefärbt und mit Smaragden tupfenartig reich verziert; Edelsteine glitzerten an den Speisesofas, und das Gerät warf gelben Jaspisschein. Es schimmerten Decken, deren größter Teil lange in tyrischem Purpur gekocht war und den Farbstoff aus mehr als einem Kessel aufgesogen hatte, während ein anderer Teil in Goldflaum blinkte und wieder ein anderer in Scharlach flammte, wie es beim Mischen von Zettel und Einschlag Ägypterart ist.
Und nun die Zahl der Sklavenschar, das Volk von Dienern! Die einen unterschieden sich je nach Farbe ihrer Rasse, die anderen nach Alter: ein Teil trug libysches, ein anderer so blondes Haar, daß Caesar nirgendwo im Rheintal so helle Locken gesehen zu haben angab, ein Teil von sonnenverbrannter Rasse hatte Krausköpfe und trug von der Stirn nach hinten fliehende Frisuren; es fehlte nicht an unglückseligen Knaben, denen das Messer die Mannheit weggeschnitten und weiche Züge gegeben hatte, gegenüber aber standen Menschen festeren Alters, deren Wangen dennoch kaum ein Flaum beschattete.

In diesem Saal legte sich das Königspaar und, als mächtigerer Mann, Caesar zu Tisch. Da hatte Cleopatra ihre unheilvolle Schönheit maßlos aufgeputzt: weder mit eigenem Zepter zufrieden noch mit ihrem Bruder als Gemahl, strotzte sie von Beute aus dem Roten Meer, trug am Hals wie im Haar ein Vermögen und war von Schmuck erdrückt; ihre weißen Brüste schimmerten unter Purpurfäden durch, die ein Weberkamm aus China angeschlagen und eine ägyptische Nadel gelöst hatte, sodaß der Stoff gelockert wurde und das Tuch sich dehnte. Jetzt setzte man auf schneeige Elfenbeinfüße runde Platten, die aus Bäumen vom Atlas geschnitten waren und in solcher Güte Caesar nicht einmal nach Jubas Niederlage vor Augen kamen. Pfui, welch blinder, hirnlos-eitler Wahnwitz, sein Vermögen vor einem Mann, der Bürgerkrieg führt, auszubreiten, die Sinne eines Gasts in Waffen zu entflammen!«

Den Sinn für die weniger angenehmen alexandrinischen Realitäten verliert Caesar dennoch nicht: den Pothinus, hinter dem er den Urheber aller Anschläge vermutet, läßt er hinrichten. Den kleinen König Ptolemäus XIII., dessen er sich auch bemächtigt hatte, läßt er nach dem Rückschlag auf dem Pharos-Damm frei, um Zeit zu gewinnen. Das Theater, das er dabei spielt, besser mitspielt, indem er auf die Tränen (!) des verschlagenen Jünglings, ohne die Miene zu verziehen, mit den biedersten Tröstungen und Ermahnungen antwortet (»Ihm wie schon sein Vater treu zu bleiben«) zeigen, daß er in der Schule Cleopatras weit vorangekommen ist.

Im Frühjahr 47 v. Chr. geht das Possenspiel zu Ende. Nicht nur das von Mithridates von Pergamon geführte Entsatzheer ist im Anmarsch. Der benachbarte theokratische Staat der Juden, dessen tüchtiger Hoherpriester Hyrcanus zunächst die falsche Partei des Pompejus ergriffen hat, sieht seine Chance, mit Hilfe Caesars seine verlorengegangene Stellung als weltlicher Herrscher in Judaea für sich zu gewinnen. Er schickt Caesar einige tausend Mann jüdischer Truppen unter dem energischen Antipater, dem Vater des aus der Bibel bekannten Herodes, der so zum besonderen Freund des römischen Volkes wird. Das Entsatzheer vereinigt sich und marschiert gegen das Nildelta. Caesar bricht aus Alexandria aus und vereinigt sich mit seinen Verstärkungen. Am Abend des 27. März 47 v. Chr. ist alles aus, vorbei: der kleine König, nach Erstürmung seines Lagers geschlagen, ertrinkt beim Versuch, sich zu retten, im Nil. Um der Legende zu begegnen, Isis und Osiris hätten ihn zu sich geholt, läßt Caesar seine Leiche bergen und nach Alexandria vorausschicken. Auf Cleopatras schwester- bis ehefrauliche Gefühle braucht er sicher keine Rücksicht zu nehmen.

In Alexandria macht Caesar jetzt kurzen Prozeß. Ägypten wird de facto römische Provinz, erhält aber keinen förmlichen Statthalter (Pro-Consul). Diese Rolle spielt unter Belassung ihres Titels Cleopatra, die jetzt ihren jüngsten Bruder heiraten ›darf‹: den 11jährigen Ptolemäus XIV. Ihre der Familientradition entsprechend ränkevollere jüngere Schwester Arsinoë nimmt er, um weiteren Zwisten zuvorzukommen (auf Cleopatras Rat?) nach Rom in die Verbannung mit. Seinen alten, ihm treu ergebenen Rufio, einen Offizier aus einfachem Stand, läßt er zu Cleopatras Schutz (oder Beaufsichtigung?) mit einem ausreichenden Kommando römischer Truppen zurück.

Jetzt könnte Caesar abrücken, die letzten Reste des Pompejanismus zu beseitigen. Statt dessen besteigt er mit Cleopatra die Barke ›Thalamegus‹ und fährt den Nil hoch bis ins Tal der Könige und vielleicht auch noch bis zu den am zweiten Katarakt gelegenen Tempeln von Abu Simbel, die erst dem Assuandamm ihren alten Standort abtreten sollen. Neueren Forschungen nach hat die Kreuzfahrt nur einige Wochen, nicht einige Monate gedauert. Cleopatra ist stets dabei, wenn Caesar mit der arroganten Priesterschaft von Luxor und den armen Schilfschneidern am Nil spricht. Es ist das erste – und letzte – Mal, daß sie ihr Land bereist. Beide ›Liebenden‹ führen nicht nur großes Gefolge mit sich, sondern auch militärischen Schutz. Sie sind also weniger allein als sonst unter Flit-

terwöchnern üblich. Die Lustreise, die für den seit 1½ Jahren ununterbrochen im Feld stehenden Caesar sicherlich Urlaubscharakter hat, nimmt sich gleichwohl mehr als Inspektions- und Huldigungsfahrt denn als ›honeymoon‹ aus. Cleopatra kann sich keine bessere Legalisierung ihrer Herrschaft wünschen als die Begleitung des ersten Mannes nicht nur Ägyptens, sondern der Welt. Als er sich von ihr verabschiedet, sagt er wenig galant: Auf Nimmerwiedersehen. Aber das ist nur von Shaw, nicht von Plutarch oder Sueton bestätigt. Außerdem falsch; denn er sieht sie wieder: im Herbst 46 v. Chr., nach seiner Rückkehr aus Afrika. Aber niemand weiß, ob er sie eingeladen hat. Sie könnte auch so gekommen sein.
Das Zwischenspiel nach dem endgültigen Aufbruch aus Ägypten und der Rückkehr nach Italien gehört der Niederschlagung der kurzlebigen Erhebung des Pharnakes. Vier Stunden nach Ankunft auf dem Schlachtfeld von Zela ist alles vorbei: Caesar kommt nicht nur, sieht und siegt. Er holt auch die in Ägypten verplemperte Zeit wieder ein.
Der Rest könnte Ablauf nach generalstäblichem Plan sein, wenn es nicht immer wieder Überraschungen gäbe.
Die erste: Marc Anton, der Caesar nach Pharsalos in Rom vertritt, entpuppt sich als unfähiger und korrupter Administrator. Statt die Reform voranzutreiben, spekuliert er wild. Zusammen mit dem Volkstribunen und Schwiegersohn Ciceros, Dolabella, ersteigert er die eingezogenen Güter der Pompejaner zu ›Vorzugspreisen‹ oder ›vergißt‹ ganz, dem aerarium die fälligen Summen zu zahlen. Dolabella seinerseits meint, sich durch die Forderung nach voller Schuldenstreichung (novae tabulae) politisch hervortun zu müssen. Als ob Caesar seine lex nie erlassen und begründet hätte! In den nicht erst seit heute verschuldeten Massen der hauptstädtischen Proletarier und Kleinbauern und -pächter auf dem Lande beginnt es wieder zu brodeln, so als ob nichts geschehen wäre.
Die zweite: Die tapferen Pharsaloskämpfer stehen noch immer Lanze bei Fuß und warten auf ihren Einsatz, genauer:

ihren Anteil an der neuen Beute. Sie fangen wieder an zu meckern.
Im Herbst 47 v. Chr. landet Caesar in Tarent. Der Ruf von seiner Ankunft elektrisiert Italien. Einer der ersten, der ihn erwartet, ist Cicero. Seit Pompejus' Tod bekümmert ihn weniger die Republik als der fehlende Anschluß an die stärkeren Bataillone. Caesar macht es ihm, wie immer, zu leicht. Statt ihn zu strafen, nimmt er ihn in Gnaden auf. Ciceros Treue wird nicht lange dauern. In Rom ersetzt Caesar den unfähigen Marc Anton durch den ebenfalls unfähigen, aber wenigstens redlichen Lepidus. Marc Anton und Dolabella müssen ihre Schulden an das aerarium bezahlen. Nicht nur aus Prinzip. Der jetzt erst einsetzende Endkampf gegen die letzten Bastionen der Pompejaner kostet eine Menge Geld. Woher es nehmen, wenn die Kriegskassen nicht gefüllt sind? Caesar kämpft nicht, damit ein paar Nichtsnutze wie Marc Anton und Dolabella zu anderen weggenommenem Reichtum gelangen.
Die meuternden Soldaten der unzufriedenen X. Legion bringt er zur Raison, indem er sie in aller Öffentlichkeit mit ›Bürger‹ (Quirites) statt ›Soldaten‹ (Milites) anredet. Sie verstehen ihn auf Anhieb. Es geht auch ohne sie! Sie aber wollen ihr Schicksal mit dem seinen teilen, schon der Beute wegen! Denn das haben sie in all den Jahren mit ihm gelernt: wer zuletzt lacht, lacht am besten. Also stellen sie das Murren ein, augenblicklich.
So wird es Winter (des Jahres 47 v. Chr.), ehe Caesar von Sizilien aus in See stechen kann. Kurs: das Numidien vorgelagerte ›Africa‹, das Kernland von Roms ältestem Feind Karthago, das es vor 100 Jahren bezwang, nachdem der unbeugsame ältere Cato die öffentliche Meinung auf den seiner Ansicht unvermeidlichsten aller Kriege eingeschworen hatte. Hier: an der Wiege von Roms Aufstieg haben sich die letzten Republikaner versammelt; wieder geführt von einem Scipio (Metellus, dem Schwiegervater des Pompejus) und einem Cato, dem Urenkel des unbeugsamen Alten, Caesars älte-

stem und, anders als Cicero, auch niemals zu bestechendem Feind. Sie haben alles, was auf das Kommando des Pompejus hörte, zusammengezogen: 10 Legionen und 15 000 Reiter. Dazu kommt das wertvolle Bündnis mit dem Numiderkönig Juba, der schon die Legionen des Curio vernichtet hat. Seine 30 Kriegselefanten sind der Alptraum aller Feldherren und Soldaten. Der ersteren, weil die Wirkung der Viecher auf die eigene Truppe katastrophal ist, der letzteren, weil das Verhalten dieser ›Feinde‹ nie zu berechnen ist.
Caesar landet nach stürmischer Überfahrt mit nur einem Bruchteil seiner Streitmacht: 3 000 Fußsoldaten und 150 Reitern. Das Gros seiner ihn begleitenden, überwiegend neu ausgehobenen, noch nicht im Krieg erprobten 6 Legionen und 2 000 Reiter wird nach Norden abgetrieben und stößt erst später – wie zwei weitere Veteranenlegionen – zu ihm. Als er dem Heer voraus an Land geht, geschieht das Unglück: er stolpert. Welch böses Omen! Er kennt den Aberglauben seiner Soldaten und nimmt ihn ernst. Noch im Fallen breitet er beide Arme aus, umgreift den Boden: »Afrika, ich halte Dich« laut rufend. Die Lage ist gerettet; die Truppe hält es für einen Zuruf des Feldherrn an die siegbringenden Götter, mit denen er (man weiß es) im geheimen Bunde steht.
Ein mühsamer Feldzug beginnt. Die Pompejaner verweigern trotz ihrer Überlegenheit jede Schlacht, weniger aus Berechnung, sondern weil sie sich nicht einig sind. Caesar wird seinem Ruf, ein schlampiger Furageur und Organisator zu sein, voll gerecht.
Seine Soldaten hungern wie noch nie. Weit schlimmer als in Gallien und vor Dyrrhachium; die Pferde müssen mit ausgewaschenem Seetang gefüttert werden. Doch je mehr seine Soldaten darben, desto kampfentschlossener werden sie. Am 6. April des Jahres 46 v. Chr. gelingt es ihm, den Feind zu stellen. Er stürmt das feindliche Lager bei Thapsus, Scipio und Labienus müssen kämpfen. Seine halbverhungerten Soldaten erschrecken Jubas Elefanten derart, daß sie rückwärts traben, die eigenen Linien einreißen. Die X. Legion

entscheidet, wie sooft, die Schlacht nach einem Plan, den er zuvor genau einstudiert hat.
Caesar selber ist – folgt man Plutarch – nicht ›auf Deck‹. Er verbringt den größten Teil der Schlacht im Zelt, im Banne jener geheimnisvollen Krankheit, von der alle nur zu flüstern wagen. Sueton nennt sie beim Namen: Caesar leidet unter plötzlichen Ohnmachtsanfällen und Angstzuständen, an Epilepsie, deren Anfälle sich häufen, je älter er wird. Man weiß nicht, welchen der beiden Caesaren man mehr bewundern soll: den gesunden, der seine Soldaten unter Todesverachtung mitreißt, oder den anfälligen, der sie so auf den Kampf eindrillt, daß er ihn sogar verschlafen kann. Am Abend ist die republikanische Streitmacht aufgerieben: 50 000 Mann gefallen, während Caesar noch keine hundert Mann verloren hat. Cato gibt sich wenige Tage später, beim Herannahen Caesars, in der Stadt Utica, den Tod; Metellus Scipio kommt auf der Flucht nach Spanien um. Merkwürdigerweise überrascht des Cato Freitod Caesar. Er hat nie viel von ihm gehalten, ihn voller Überzeugung einen bigotten Heuchler und Säufer genannt. Sein Märtyrertod macht ihn rasend; er sieht den falschen Glorienschein richtig voraus. Als sich Cicero auf die Nachricht von Catos Tod gar anschickt, ihn durch einen ›Cato‹ betitelten Nachruf unsterblich zu machen, schreibt er seinen ›Anti-Cato‹. Sein Glück, daß sich von diesem nur Bruchstücke erhalten haben der Art: de mortuis nihil nisi male (Über Verstorbene nichts, außer Schlechtes). Es wird sich an ihm mehr als an Cato erfüllen.
Bevor er abreist, ordnet er Africa neu. Numidien, das seit den Tagen des Massinissa, der von Hannibal zu Scipio überlief, nur Ärger bereitet, wird aufgeteilt: es bildet zusammen mit der alten karthagischen Provinz Africa nova, die er seinem kritischen Freund, dem großen Historiker (der über Jubas Vorgänger Jugurtha geschrieben hat) Sallust unterstellt. Der Rest geht an seinen Verbündeten, den Mauretanerkönig Bogud, dessen liebreizender Gattin er erlaubt, ihn den ›Verlust‹ der Cleopatra vergessen zu machen.

Ende Juli 46 v. Chr. ist er wieder in Rom, um Rechenschaft abzulegen. Auf seine Weise. Er feiert seine Triumphe. Nein, Rom feiert seine Triumphe über Gallien, Ägypten, Pontus, Africa. Taktvoll, wie er ist: nicht über den Senat des Pompejus. Rom lernt, daß es im Westen und Osten seine natürlichen Grenzen erreicht hat: den Atlantik, den Kaukasus, daß es die reichste Region der Erde sein eigen nennt (das Nildelta), daß es unermeßliche Schätze erbeutet hat: die Korn- und Ölkammer der Welt (Africa und Kleinasien), Gold im Wert von über 360 Millionen Denare, goldene Kronen (2 822 an der Zahl), die über 20 000 römische Pfund wiegen, usw., usw. Eine Beute, die alles übersteigt, was je dagewesen ist, die den Pompejus und Lucullus vor ihm verblassen läßt. Caesar läßt alle teilhaben: er bewirtet die Bürgerschaft an 22 000 Tischen, schenkt jedem ›bedürftigen‹ Römer 100 Denare (die vor dem Krieg versprochenen 75 Denare plus Zinsen), außerdem 10 modii Getreide und 10 Pfund (librae) Öl.
Die Legionen partizipieren an der sagenhaften Beute: jeder Soldat erhält ein Vermögen: 5 000 Denare, jeder Centurio ein doppeltes: 10 000, die Kriegstribunen und Legaten ein vierfaches: 20 000 Denare. Er selbst? Nun, wir werden noch sehen: es macht ihm nichts aus, den größten Teil der Staatsausgaben auf seine private Rechnung zu übernehmen. Warum? Den hochherzigen Schenker soll niemand mehr vergessen. Seine Mörder werden bald merken, daß seine Rechnung stimmt. Nicht ihre.
12 Tage dauert das Fest der Feste, singen und tanzen die Römer auf Straßen und den Tischen und Bänken der Tavernen, herrscht mitten im römischen Sommer Carneval.
Der Winter läßt ihn abermals ins Feld ziehen. Zum allerletzten Male. Pompejus' Söhne Gnaeus und Sextus sind mit der Flotte in Spanien gelandet, der Halbinsel aller Aufständischen seit Hannibal, Sertorius und dem Versuch der Pompejaner, dort Fuß zu fassen. Auch Labienus ist wieder dabei. Caesar eilt zum zweiten Male in diesem Krieg auf dem Landweg durch seine gallischen Provinzen an die spanische Front.

Im Frühjahr 45 v. Chr. schlägt er südlich von Cordoba bei Munda (dem heutigen Montilla) die letzte Schlacht seines Krieges um die Macht in Rom, um die römische Verfassung der nächsten 500 Jahre. Die letzte Schlacht seines 55jährigen Lebens. Es wird nicht seine größte, wohl aber seine gefährlichste werden. Nicht er, seine Soldaten sind kampfesmüde. Diesmal kann er sich keinen Tiefschlaf wie vor Thapsus leisten. Er muß raus in die vorderste Reihe, die Zurückweichenden umdrehen: »Hier wird gekämpft! Wollt Ihr Euren Feldherrn dem Feind überlassen?« brüllt er ihnen zu. Der alte Zauber wirkt noch immer. Sie sammeln sich wieder, greifen an. Labienus auf der anderen Seite kennt seinen Caesar. Jetzt kommt der nachstoßende Reiterangriff aus der Flanke. Umsichtig gruppiert er seine Reiter um. Die unerfahrenen Pompejaner deuten das Manöver als Absetzbewegung und geben auf!
Der Überläufer Labienus hat Caesar mehr genützt, als es der treugebliebene je vermocht hätte: bei Pharsalos, bei Thapsus und jetzt wieder bei Munda. Er bezahlt den letzten Kampf gegen den alten, ungeliebten Boß mit dem Leben. Er stammt aus derselben Gegend wie Pompejus: Picenum. Nun geht er in denselben Himmel ein. Der älteste Pompejussohn Gnaeus fällt auf der Flucht. Der jüngste, Sextus, wird überleben, wie ein zweiter Ambiorix der See noch eine Zeitlang aus dem Hintergrund der Meere stören. Aber nicht mehr ernstlich. Der Vater, der für Rom die Seeräuberplage beendete, läßt, wie zum Gedenken daran, einen Seeräubersohn zurück. Erst Augustus' Admiral Agrippa wird ihn 36 v. Chr. endgültig zur Strecke bringen.
Caesar kehrt im Oktober 45 v. Chr. nach Rom zurück. Weiß er, daß sein letztes Lebenssemester angebrochen ist?

Kapitel 5
Gott, Kaiser oder Volkstribun

»Er erhielt den Ehrentitel ›Vater des Vaterlandes‹ (parens patriae), die Sacrosanctitas (wie die Tribunen) und die Dictatur auf Lebenszeit (dictator perpetuus).«

Titus Livius (gest. 17 n. Chr.)

»Dem Volke, das ihn mit dem Königsnamen begrüßte, antwortete er: ich bin Caesar, nicht König (Caesarem se non regem esse).«

Sueton (um 120 n. Chr.)

»Um zu beurteilen, in welchem Maße Caesars Werk ihn überlebt hat, müßte man der genauen Konzeption sicher sein, die er hatte. Vielleicht (hat) er es für möglich gehalten, die Mittelmeerwelt seiner Zeit unter einem Gesetz zusammenzufassen ... Dieses Gesetz war natürlich das Gesetz Roms. Doch bei der Ausdehnung und Verschiedenheit der zu regierenden Länder hielt Caesar eine Konzentration der Macht für unerläßlich. Diese Konzentration im Gipfel würde nicht im Widerspruch zu einer Politik toleranter Assimilation und relativer Autonomie stehen. In diesem Sinn hat er das römische Imperium gegründet ... Und er hat sogar eine Doktrin eingeführt ... Eine Scheinmischung von persönlicher Macht und Volkszustimmung zu praktizieren, wobei die Volkszustimmung durch Mittel erreicht wird, die sich mehr an die Leidenschaften als an die Vernunft wenden.«

Jules Romains (1964)

Was will er mit der Macht, die ihm endgültig und unbestritten nach dem Sieg über die letzten organisierten Kräfte des alten Senats und der Pompejaner im Frühjahr 45 v. Chr. nach der Schlacht von Munda zufällt? Sie im Sinne orientalischer Despotie, eines späten Alexander, eines vorweggenommenen türkischen Sultan ausüben? Eines das ›Senatsland‹ Italien aussparenden Weltmonarchen? Eines Gottes auf Erden?
Oder sucht er nach etwas Neuem, das Rom in der Welt aufgehen läßt, ohne daß beide ihre Identität verlieren? Das Rom nicht allein ›herrschen‹, sondern auch ›dienen‹ läßt? Und der Welt die römische Ordnung nicht als ›Unterwerfung‹ vorführt, sondern als ›Entwicklung‹, die ebenso zwingend wie erwünscht ist: eine neue Etappe auf der Straße des Fortschritts der Menschen und der Organisierung ihrer Gesellschaften?
Die Logik – oder Laune? – historischer Forschung will, daß wir über Caesars mutmaßliches Nicht-Wollen besser unterrichtet sind als über seine letzten oder wahren Absichten. Helga Gesche weist nach, daß er zu Lebzeiten weder als Gott verehrt wurde noch es sich wünschte. Daß seine Apotheose, die Aufnahme als Divus Julius in den römischen Staatskult, erst Jahre nach seinem Tode erfolgt. Auf Initiative des damals noch schwachen Octavian. Der um die Legitimität Kämpfende braucht die Beschwörung des Geistes des großen Toten nicht nur, um nach Philippi zu gehen, sondern um die ihm zugefallene Macht zu bewahren. Und zu legalisieren. Eine Pietät, die sich auszahlt, nicht nur für den aus ihr hervorgehenden ›Augustus‹, sondern buchstäblich – für die ganze Welt.
Wir wissen schon: K. Kraft hat aus Caesars Münzen Mommsens ›Vor‹urteil: Caesar sei viel stärker im Alt-Römischen/Etruskischen als im Orientalismus der von seinen Vorgängern (Sulla, Lucullus, Pompejus) Unterworfenen verankert gewesen, ebenso scharfsinnig wie überzeugend bestätigt. Der Mann, der sich ›altmodisch‹ mit der etruskisch-römischen corona aurea abbilden läßt, damit die Ablehnung des

hellenistisch- östlichen Diadems demonstrierend, sieht sich sicherlich nicht in der Tradition orientalischer Gott- oder Großkönige. Und wir sahen auch: Alexander ist mehr als nur in einer Hinsicht der ›letzte Achämenide‹, in deren Familie er ostentativ hereinheiratet, um sich so dynastisch zu legitimieren. Caesar heiratet Cleopatra nicht, obgleich er seit dem Spätherbst 46 v. Chr. Zeit und Gelegenheit dazu hat. Es ist bezeugt, daß sie sich bereits zu diesem Zeitpunkt in Rom befindet, wobei nur umstritten ist: ob bereits mit oder ohne ihren ›gemeinsamen‹ Sohn Caesarion. Sicher ist, daß Caesar während der ganzen Zeit, in der sich Cleopatra in Rom aufhält, weder das Heiratsgesetz (das eine Doppelehe mit der Königin von Ägypten legalisieren könnte) einbringt, noch in seinem im Herbst 45 v. Chr. neugefaßten Testament Caesarion, der, wenn nicht auf der Welt, zumindest ›unterwegs‹ sein müßte (was, wenn es wahr wäre, Caesar sicher wüßte), bedenkt. Höchst ungewöhnlich für einen auf die Gründung einer Dynastie bedachten – sohnlosen – Herrscher!
Cicero bezeugt, daß Cleopatra im Frühjahr 44 v. Chr. nach Caesars Tod Rom fluchtartig verläßt (Sueton sich also insoweit irrt, als er Cleopatra sich vom noch lebenden Caesar verabschieden läßt). Oder wartet sie die Geburt Caesarions ab, um sich dann mit ihm nach Alexandria in Sicherheit zu bringen? Gewiß ist nur: Knapp 15 Jahre nach Caesars Tod ereilt sie ihr Schicksal: Cleopatra tötet sich, ehe der Sieger von Actium sie töten läßt – wie ihren Sohn Caesarion. In Legitimitätsdingen ist Augustus bis zur Grausamkeit vorsichtig! Es spricht vieles, wenn nicht alles dafür, daß die später Marc Anton nachgesagten orientalischen Erbmonarchiegelüste dem großen Vorgänger ›vor‹geschoben werden, dem unglücklichen Erben auch den letzten Rest von Originalität in seinem Beitrag zur Geschichte jener Zeit raubend. Jedenfalls findet sich in den zeitgenössischen Dokumenten außer Verdächtigung nichts, was auf Caesars Königs- oder gar Gottkönigsambitionen schließen läßt.
Und die Fakten selbst, die den Verdacht nähren oder nähren

sollen, sind so offen und vieldeutig ›als wie am ersten Tag‹: Im Januar des letzten Lebens- und Amtsjahres Caesars, 44 v. Chr., ereignet sich die ›Diadem-Affäre‹. Unbekannte dekorieren seine auf der Rednertribüne errichtete Statue mit dem Emblem der persischen Großkönige und der Alexander-Nachfolger. Schon die vier antiken Autoren, die den Vorfall berichten (Appian, Cassius Dio, Plutarch, Sueton) wissen ihn nicht einheitlich und schlüssig zu deuten. Appian und Dio haben die Vermutung: der unbekannte Täter wolle auf Caesars bevorstehenden Anschlag auf die republikanische Staatsform aufmerksam machen; er arbeitet also für den Senat! Aber die eigentlichen Hintermänner und Hintergründe bleiben im dunkeln.
Ende Januar 44 v. Chr. nimmt Caesar als Pontifex maximus an dem außerhalb Roms in den Albanerbergen stattfindenden Latinerfest teil. Als er in einer feierlichen Ovatio hoch zu Roß nach Rom zurückkehrt, begrüßt ihn ein Teil der Menge mit dem Zuruf: Es lebe der König. Ein anderer Teil der Menge zischt und lärmt. Caesar erklärt lächelnd: »Mein Name ist Caesar, nicht König« (rex). Caesar ist verwandt mit dem Geschlecht der Marcii, deren Mitglieder den Beinamen Rex tragen, eine Anspielung, die jeder versteht.
Nur wenige Wochen danach drückt auf dem Lupercalienfest (15. Februar) Marc Anton dem angeblich verdutzten Caesar während der öffentlichen Zeremonie einen Lorbeerkranz aufs Haupt, um den sich abermals das ominöse Königsdiadem ringelt. Cassius, der energischste der Verschwörer, tritt hinzu, nimmt es dem Dictator ab und legt es ihm, um Mißverständnisse zu vermeiden, in den Schoß. Marc Anton, wie immer unüberlegt, setzt Caesar den Kronersatz ein zweites Mal aufs Haupt. Caesar, der Posse überdrüssig – doch warum: weil das Volk nicht klatscht oder Caesar Kronen nimmt und sich nicht welche verpassen läßt? – lehnt ab. Er läßt das Diadem dem Jupiter zu Füßen legen, »da dieser der alleinige König der Römer ist.«
Und wieder bleibt die Frage offen: will er, oder will er nicht?

Ist es ein Versuchsballon oder die Provokation, die seine Gegner brauchen, um ihre weitgediehene Verschwörung zu motivieren, damit sie sich als Staatsnotstand legitimiert und nicht als Staatsstreich und Gegenrevolution? Hätte er wirklich die Krone gewollt: der geniale Inszenator ›spontaner Volkskundgebungen‹ hätte nicht gestümpert oder stümpern lassen; er hätte die Sache in die Hand genommen: seine Veteranen bestellt, einige Millionen Ermunterungsgeschenke verteilt und bekommen, was er wollte. Daß er die Krone nicht bekommt, beweist in seiner Lage, daß er sie nicht will!
Die Verschwörung stockt. Brutus, den man aus propagandistischen Gründen braucht: seines Ahnen wegen, der den letzten König Tarquinius vertrieb und die Republik ausrief, schwankt von Tag zu Tag. Ob zwischen Gewissen und Überzeugung, Mutter (die Caesar liebt) oder Frau (die Caesar haßt), bleibt offen. Wenige Tage vor der Tat, den Iden des März, schreiben Unbekannte auf den Sockel der Statue des legendären Brutus-Ahnen: Utinam viveres! »Lebtest Du noch!« Und an einer Statue Caesars findet sich die von Unbekannten verfaßte Inschrift: »Brutus, quia reges eiecit, consul primus factus est: hic, quia consules eiecit, rex postremo factus est« (Sueton). »Brutus wurde, weil er Könige vertrieb, erster Consul. Dieser (gemeint ist Caesar) wurde zuguterletzt König, weil er die Consuln vertrieb!«
Caesars angebliches Monarchiegelüst ist nicht nur Motiv und Motor der Verschwörung, sondern die einzige Chance, den Mord, wenn nicht populär, so doch plausibel zu machen. Der Königstitel ist jedem Römer so verhaßt wie der eines Kommunisten oder Terroristen dem Durchschnittsbürger heute. Gerade weil Caesar das genau weiß, ist es so unwahrscheinlich, daß er die Krone anstrebt: es wäre die sicherste Methode, seine fürs Regieren unerläßliche Popularität zu verspielen. Weil seine Gegner nur als Tyrannenmörder die Zustimmung der Massen zu ihrer Tat erwarten können, müssen sie alles tun, Caesar das Odium des Zerstörers der alten römischen Staatsform anzuhängen.

Die politische Wahrscheinlichkeit spricht somit für den Argwohn des Appian und Dio: Caesars Feinde inszenieren die ›Beweise‹ für seine Monarchietendenzen. Einen nach dem anderen, wobei ihnen ein Caesar wohlwollender Dummkopf wie Marc Anton am Lupercalienfest sogar noch in die Hände spielt. Wenn Caesar all dieses, weder Gott noch König, *nicht* werden will, was könnte er wollen? Oder gewollt haben? Was im Einklang mit seiner bisherigen Politik, seinen zuguterletzt erkennbaren Zielen steht?

Es gibt eine Konstante in der römischen Politik und eine Konstante in Caesars ganzem politischen Leben. Und wir haben zu fragen, ob sich beide Konstanten nicht decken. Caesar sucht zeitlebens, die Gleichung zu lösen, wie sich der Nutzen der res publica und der res privata auf einen Nenner bringen lassen.

Roms Geschichte ist seit Jahrhunderten latent, seit den Gracchen offen geprägt von der Auseinandersetzung zwischen Volk und Adel und ihren ureigensten institutionellen Repräsentanzen: Tribunat und Senat; seit es ihn gibt, lebt dieser Staat vom Spannungsverhältnis zwischen Volksversammlung und Senat; ringen beide um die entscheidende Macht im Staate: die Gesetzgebung und die Bestimmung der äußeren Politik. Seit aber Rom siegt und von der Beute lebt, erweitert sich der ›reine‹ Machtkampf um die Kommandostellen im Staat zum *Verteilungskampf* um das (zwangsweise) importierte Sozialprodukt: die den Unterworfenen abgenommenen Ressourcen. Seit die Beute in Milliardensummen der den Provinzen abgepreßten Sklaven, Güter und Geldmittel hereinströmt und in den Taschen einiger weniger verschwindet, Roms bislang niedriger, aber leidlich gerecht verteilter Bauernwohlstand sich in eine immer krasser zutage tretende Vermögens- und Einkommens*ungerechtigkei* verwandelt, ist es zwingend, daß die inneren Spannungen zwischen den beiden Polen der römischen Staatlichkeit zunehmen, nicht abnehmen.

Seit die Gracchen das Verteilungsproblem erkennen, nur mit

der falschen Methode: nämlich der Reagrarisierung lösen wollen, lebt Rom im permanenten Bürgerkrieg, dessen Phasen lediglich unterschiedliche Temperaturen aufweisen, mal heißer, mal kälter.
Caesar steht in diesem, von ihm früh registrierten Bürgerkrieg um die gerechtere Verteilung des gemeinsam erkriegten und erwirtschafteten Kuchens auf der Seite des Volkes, nicht auf der der senatorischen Aristokratie, der er von Geburts wegen angehört. Und er wechselt in dieser entscheidenden Sache nie die Front. Der junge, ehrgeizige Caesar läßt sich durch keine Drohung des mächtigen Sulla, der zu Alter, Verstand und Raffinesse gekommene Caesar durch keine Ämterbestechung oder Patronage auf die andere Seite ziehen. Ganz und gar unähnlich seinem Hauptrivalen Pompejus, der bedenkenlos die Seiten wechselt, als ihm seine Leute nicht genug bieten.
Freilich, Caesar wäre nicht Caesar, wenn er sich seine ›Uneigennützigkeit‹ nicht vergelten ließe: es sichert sich mit der Tribunen Hilfe in des Wortes wahrster Bedeutung. Er wird mit ihrer Unterstützung in jungen Jahren Pontifex maximus und erwirbt damit eine institutionelle Würde (dignitas), die ihm Respekt verschafft. Später ist es der Antrag eines Tribunen, der ihm zum Kommando in Gallien verhilft. Und als er in Gallien erst um Ruhm, Ansehen und Geld, sehr bald aber ums politische Überleben kämpft, halten die Tribunen des Abwesenden Stellung in Rom, setzen sich dafür ein, daß er sich in absentia um sein 2. Consulat soll bewerben dürfen. Es ist daher nur politisch konsequent, wenn Caesar schließlich um der vom Senat mißachteten Tribunen willen den Rubicon überschreitet. Er selbst formuliert seine Beweggründe für diesen Schritt im ›Bellum Civile‹ wie folgt: Befreiung des römischen Volkes von der Herrschaft einiger weniger (factio paucorum) und Wiederherstellung seiner (Caesars) und der Volkstribunen dignitas. Ein aufschlußreiches Programm. Was wird daraus?
Caesars Stellung als Dictator (perpetuus) ruht – obgleich ein

Novum – noch ganz in der alten republikanisch-senatorischen Verfassung. Eine andere steht bis zum Jahre 44 v. Chr. nicht zur Verfügung. Aber es ist bereits ein gänzlich neuer Senat; er repräsentiert nicht mehr ausschließlich Roms drei bis vier Dutzend große Familien, die sich seit Jahrhunderten die Macht und die Geschäfte des Staates zuspielen. Caesar hat die Zahl der Senatoren auf 900 erhöht (von 600) und den Neuzugang vor allem aus italischen Gemeinden und romanisierten Provinzen rekrutiert, was den ersten Schritt zu deren, unter den Nachfolgern des Augustus fortschreitender ›Reichsunmittelbarkeit‹ darstellt. Es handelt sich bei den neuen Senatoren durchaus um Männer von Distinktion und Status, keineswegs um Hermann Dessaus: ›Landsknechte‹ und ›Spieler‹. Wäre es anders, die alte Garde brauchte die Neuen nicht zu fürchten. Einer ihrer albernsten Appelle enthüllt ihre Sorge: niemand möge den Neuen den Weg zur Tagungsstätte des Senats weisen, wie Sueton nicht ohne Süffisance berichtet.

Letztlich ist der von diesem (nicht dem alten) Senat bestallte Dictator perpetuus ein Über-Tribun, der nicht von der Akklamation des Adels, sondern des Volkes lebt. Und leben will. Wir haben für den von Caesar angestrebten, aber erst von Augustus verwirklichten Einbau der tribunicia potestas als Rückgrat des Principats keine Beweise, aber mehr als bloße Vermutungen. Zum Beispiel: Cassius Dio berichtet (was ihm viele Forscher allerdings nicht glauben), daß sich Caesar im Jahre 48 v. Chr. die volle tribunizische Gewalt auf Lebenszeit übertragen läßt; vermutlich eben nicht nur um deren sacrosanctitas Willen, sondern der sich aus ihr ableitenden verfassungsrechtlichen Stellung wegen: der Legitimation durch das Volk. Und weiter: fast alle, nicht in das bisherige Bild des Tribunen-Freundes Caesar passenden, im Grunde irrationalen Provokationen eben dieser Volksführer, von denen die Quellen der letzten Amtsjahre Caesars berichten, werden Aktionen einer sorgsam kalkulierten Politik, wenn man, was keineswegs abwegig ist, unterstellt: Caesar will und muß sich seine nach dem Sieg über Pompejus angestrebte neue Verfassungsfigur des vom Volke gewählten ›Ersten‹ (princeps) Schritt für Schritt nicht nur – wie zu erwarten – gegen den Widerstand des Senats, sondern *auch der Tribunen* erobern. Will Caesar der erste aller Volkstribunen sein, der für alle Römer und Provinzen (urbi et orbi) zuständige Präsident, dann hat er nicht nur die ihre Privilegien verlierenden Senatoren gegen sich, sondern zwangsläufig auch seine alte Hausmacht: die Tribunen.

Mit dem Tribunat alten republikanischen Stils kann der Senat durchaus leben. Denn in seinen besseren Stunden begreift er sehr wohl deren soziale Alibi- und Ventilfunktion. Solange man den Tribunen, darin modernen Gewerkschaftsführern nicht unähnlich, kleine Erfolge beim Verteilungskampf um Macht und Wohlstand zuschanzt, sorgen diese Volks- (und Gewerkschafts-)vertreter schon um ihres lieben Prestiges willen, auf das sie wie alle Spießer stolz sind, dafür, daß das System (das ihnen diese Erfolge verschafft) erhalten bleibt. Establishment magst ruhig sein …

Und auch die Tribunen brauchen den Senat, der ihre Erfolge, ergo ihren institutionellen Besitzstand, sichert. Der ist nur gefährdet, wenn hitzköpfige Radikale beider Seiten (Gracchen, Sulla, Catilina) übers Ziel hinausschießen und die Machtbalance verschieben. Aber besonnene Pragmatiker beider Seiten werden sie immer wieder herstellen.

Erst Caesar bricht mit diesem ›System‹: er stellt am Ende seiner Laufbahn nicht das Gleichgewicht beider Pole in Frage, sondern den oligarchischen Staat in toto, mit seiner unzureichenden, innen- wie außenpolitisch gleich gefährlichen Unterrepräsentation des Volkes. Caesar ist nach allem, was wir sehen können, weniger der Demokrat, den Mommsen in ihm sieht. Aber auch nicht der Übermonarch, als den ihn Eduard Meyer, Mommsens Caesar auf den Kopf stellend, in das 20. Jahrhundert einführt. Er ist aber auch nicht der von allen guten Geistern der Selbstbeherrschung verlassene, der Korruption der Macht erlegene Shakespeare-Caesar, den

John H. Collins wiederentdeckt zu haben glaubt: ein – sehr viel kultivierterer – antiker Hitler. Ebensowenig wie seine Mörder mit den moralisch voller Skrupel an die Tat herangehenden Männern des 20. Juli 1944 auch nur das geringste gemein haben. Caesars Mörder stehen für das alte System, in dem noch keine 100 Familien die Macht in Rom und den Wohlstand der Welt untereinander teilen und dem Volke die Brosamen zuwerfen, die ihnen die Tribunen abverlangen. Und mit denen sie sich zufriedengeben. Caesar steht vielmehr für eine neue Welt, in der die sozialen Interessen der Klassen und die regionalen Interessen der Provinzen neu ausgewogen und neu ausbalanciert werden sollen. In dem mehr Rechte und Reichtümer sowohl dem Volke wie auch den Provinzen geboten, oder besser, belassen werden. Ein System, das durch Gewicht und Gegengewicht austariert werden kann und muß. Dem aber zu Anstoß und Feinregulierung nur eines fehlt: die neutrale Spitze. Der Dictator perpetuus oder Princeps, wie er ab Augustus heißt, gleich unabhängig von der Adelsvertretung (dem Senat) und der Volksvertretung (den Tribunen). Aus dem senatorisch-oligarchischen Stadtstaat soll ein Reichsstaat werden, in dem – da direkt gleichmäßige Repräsentation aller unmöglich ist – der eine (Princeps, Dictator, Über-Tribun) die Interessen aller vertritt.

Sieht man es so, dann gewinnen Caesars, die Historiker bis heute verwundernden ›Entgleisungen‹ und sich häufenden Zusammenstöße mit Senat *und* Tribunat in den letzten Jahren seiner Herrschaft Sinn. Sie sind das unvermeidliche Getöse, wenn zwei sich ausschließende Welten aufeinanderprallen. Caesar bezeichnet laut Suetons Gewährsmann Titus Ampius den Staat als nichts weiter als Schall und Rauch, Sulla als alten Trottel, der die Herrschaft aus der Hand lege, weil er nichts mit ihr anzufangen wisse; und er warnt die Leute, seine Worte leicht zu nehmen, wo diese doch das Gesetz seien (»nihil esse rem publicam, appellationem modo sine corpore ac specie. Sullam nescisse litteras, qui dictaturam deposuerit. Debere homines consideratius iam loqui secum ac pro legibus habere quae dicat«). Das ist dann weder Zynismus, noch Ausrutscher, auch kein Witz unter guten Freunden, die Caesar gar nicht hat, wenn man davon überzeugt ist, eine bessere Alternative zu haben als den status quo. Eine Verheißung, die gegen die durchgesetzt werden muß, die nie etwas dazulernen werden. Folgerichtig ärgert er sich über den Tribunen Aquila, der ihm nach seiner Rückkehr aus Spanien öffentliche Mißachtung bezeugt, indem er die dem Triumphator zustehende Ehre des Sich-Erhebens verweigert. Noch wochenlang wird er bei allen anstehenden Entscheidungen gallig vermerken: »soweit uns Aquila gnädig seine Zustimmung gibt«. Er sieht nicht seine verletzte Ehre, obwohl die existimatio damals eine größere Rolle in der Politik spielt als heute. Er sieht sehr klar den neuen unvermeidlichen Machtkampf zwischen princeps und Tribunen, zwischen neutraler Staatsspitze und auf ihren Besitzstand pochenden ›Gewalten‹.

Er fährt nicht nur zunehmend aus der Haut, wenn er im Senat mit immer neuen, zeitraubenden Verhandlungsprozeduren traktiert wird, wenn sich in seinem ›Vorzimmer‹ die Senatoren, von denen er doch genau weiß, daß sie ihn dahin wünschen, wo der Pfeffer wächst, ein permanentes Stelldichein geben, um immer neue Absprachen mit dem ersten Manne Roms zu treffen. Quot homines tot sententiae. Er weiß, was er will, was sie aber niemals akzeptieren werden: daß künfig *er* die Consuln und übrigen Beamten ernennt, daß sie auf *ihn* vereidigt werden und sich auf die Beachtung *seiner* Maßnahmen und Anordnungen verpflichten, daß seine *ihm ergebenen* Sklaven- und Freigelassenenmanager die Staatskasse (aerarium) verwalten und zunächst einmal *ihm* abrechnen und nicht dem Senat.

Ist es der Zwergwuchs seiner Gegner, der ihn die jetzt immer häufiger eingehenden Warnungen vor der drohenden Verschwörung in den Wind schlagen läßt? Ist es Altersresignation, die ihn anläßlich seiner sich rapide verschlechternden

Gesundheit immer häufiger befällt? »Brutus wird warten, bis dieses alte Gerippe von selbst eingeht« – kommentiert er einen der dringendsten Polizeiberichte über die sich konkretisierende Verschwörung.

Daß er, der Verführung der Macht widerstehend, der Mensch bleibt, der er immer gewesen ist, bezeugt niemand aufrichtiger als sein alter Feind Cicero, der sich wieder mal furchtbar über ihn ärgert. Er schickt ihm eine neue Denkschrift, die Caesar von den Vorzügen einer Rückkehr zur alten Senatsherrschaft überzeugen soll. Caesars Sekretäre Balbus und Oppius ›überarbeiten‹ sie, so daß sie der Autor kaum noch wiedererkennt.

Bald nach diesem Vorfall trifft sich Caesar mit ihm im Dezember 45 auf dessen Landgut bei Puteoli. Ciceros Bericht an Atticus zählt zum ehrlichsten, was er der Nachwelt überliefert. Gestochen scharf.

»Welch furchtbarer Gast; und dennoch kein Bedauern. Er war nämlich bester Stimmung ... Das Haus (des Philippus, in dem er zunächst wohnte – erg. der Verf.) war so voller Soldaten, daß in dem Zimmer, in dem Caesar speisen sollte, sich kaum noch Platz fand. Zweitausend Mann!

(Später) wurde draußen auf meinen Äckern ein Lager aufgeschlagen und das Haus bewacht.

Am folgenden Tag blieb er bis ein Uhr bei Philippus und ließ niemanden ein. Ich glaube, er ging mit Balbus Rechnungen durch. Dann – auf dem Wege zu mir – machte er einen Spaziergang am Strand entlang. Nach zwei Uhr badete er. Dann erzählte man ihm vom Tode (?) Mamurras (Chefingenieur Caesars im Gallischen Krieg, mit dem er angeblich auch ein ›Verhältnis‹ gehabt haben soll – erg. der Verf.). Er verzog keine Miene, ließ sich einölen und setzte sich zu Tisch.

Da er gerade eine Brechkur machte, aß und trank er nach Herzenslust. Es war ein üppiges Mahl, gut serviert und nicht nur gut gekocht, sondern auch mit guten Reden gewürzt. Mit einem Wort: sehr angenehm.

Wir waren wie Menschen zueinander. Und doch war er nicht

der Gast, zu dem ich sagen würde: ›Schau auf dem Rückweg wieder herein.‹ Einmal genügt!«
Ein einzigartiger Bericht. Der menschlichste, den Cicero über Caesar je gegeben hat. Und dennoch: Caesar schüchtert seinen Gastgeber ein. Cicero möchte ihn so bald nicht wieder bewirten. Ein Wunsch, der in Erfüllung gehen wird.
Wenn Caesar den Warnungen seiner wie immer exzellent arbeitenden V-Männer keinen Glauben schenkt, dann nicht, weil er seine Um- und Mitwelt verachtet oder weil er lebensmüde resigniert. *Er hält seine Ermordung für eine kapitale Dummheit.* »Wollen Sie denn wirklich«, fragt er seine Sekretäre mehr als einmal, »den Bürgerkrieg?« Und denkt sicherlich: ›Wer von diesen Dilettanten kann ihn führen, organisieren und bezahlen?‹ Er glaubt sogar dann noch nicht an die Wahnsinnstat, als die Symptome nicht mehr zu übersehen sind. Als Spurinna, der Augur, ihn höchst persönlich vor den Iden des März warnt, blinzelt er zurück. Als ob er sagen will: nicht zwischen uns Pastorentöchtern bitte. Als er am 15. März des Jahres 44 v. Chr. sich doch noch entschließt, zur Sitzung des Senats zu gehen – nachts fühlte er sich nicht recht wohl, Calpurnia warnt ihn, aufgeschreckt durch schwere Träume –, wartet Spurinna am Portal: »Heute sind des Märzen Iden«, ruft ihm Caesar fast fröhlich zu. »Noch nicht vorbei«, ist dessen düstere Antwort.

TEIL III: Vom Möglichst Gerechten Und Dauerhaften Frieden (Pax Quam Iustissima Et Diuturna)*

»Excudent alii spirantia mollius aera – credo equidem – vivos ducent de marmore vultus;
orabunt causas melius, caelique meatus describent radio et surgentia sidera dicent: tu regere imperio populos, Romane, memento –
hae tibi erunt artes – pacique imponere morem.«

(»Andere mögen Gebilde aus Erz noch weicher gestalten,
und noch lebendiger des Marmors Züge beseelen,
besser das Recht verfechten und mit dem Zirkel des
Himmels Bahnen berechnen; richtig den Aufgang der Sterne verkünden:
Du aber, Römer, gedenke die Völker der Welt zu beherrschen –
Hierin liegt Deine Kunst: Frieden und Recht zu verbreiten.«)

Publius Vergilius Maro (19 v. Chr.)

* Aus einem Brief des Sallust an Caesar.

»The creation of a very large area with uniform currency and low customs barriers probably encouraged the growth of seaborne commerce. The absolute resources of the Empire in terms of land and men were sufficiently great to allow a centralised political system and a heavily statified social hierarchy ...... notwithstanding the relatively low efficiency of the agriculture on which the Empire's wealth was mainly based.«

Richard Duncan-Jones (1974)

Kapitel 6
Bevor die Stunde schlägt

»Während Rom die Welt eroberte, ging ein geheimer Krieg in seinen Mauern um. Seine Feuer waren vom Stoff der Vulkane, die immer dann ausbrechen, wenn irgend etwas ihre Aktivität verstärkt.«

Charles de Montesquieu (1732)

»Man weiß, daß keine Kleidung so viele Taschen enthält als der Feldherrnrock. Aber die Kleider der Statthalter bestanden überhaupt nur noch aus Taschen. Die Herren schepperten, wenn sie wieder Heimatboden betraten, nach Metall nicht weniger, als wenn sie in Kriegspanzern gekommen wären.«

Bertolt Brecht (1957)

Was auch immer die Caesar-Mörder bewegt: Neid, Angst und die Sorge um die eigene Position oder die kollektive Abneigung aller braunen Spatzen gegen des einen gelben Kanarienvogel Gefieder, der es wagt, anders zu sein – eines verkennen *sie* gründlich, *ihr Opfer nicht*: die Fähigkeit der römischen Republik, sich selbst zu erneuern. Den Staat, den sich ein Cicero, jüngerer Cato, ehrenwerter Brutus – Träger von Namen, die zum Konservativismus verpflichten – zurücksehnen, gibt es schon lange nicht mehr. Genauer: seit über 70 Jahren nicht mehr, seit die beiden Brüder Tiberius und Gajus Sempronius Gracchus vergeblich versuchten, ihn – schon damals mit Verfallssymptomen behaftet – wieder aufzurichten. Beide sind in den Scheiterhaufen umgekommen, die sie selbst entzündeten. In den Jahren zwischen 133 und 121

v. Chr., also noch vor Caesars Geburt. Aber der Geruch des Brandes, den sie entfachten, liegt noch immer in der Luft. Wirtschaft bestimmt weit mehr als den meisten bewußt wird das Klima, in dem der einzigartige Gesetzesstaat der römischen Republik wächst, blüht, gedeiht. Und wuchert!
Die Gracchen planen die Reform der Gesellschaft über die Wirtschaft. Ihre verbohrten Gegner halten, was sie anstreben, für ›sozial-revolutionär‹. Sozial ja; denn sie wollen die römische Kriegsbeute: das den Besiegten abgenommene (Staats-)Land, den ager publicus, gerecht verteilen. Revolutionär? Die depossedierten Bauern, die Roms Siege erfechten und deswegen ihre Äcker zu Hause entweder zur unwirtschaftlichen Brache verkommen lassen oder verkaufen, sollen im italischen Stiefel, aber auch in den überseeischen Provinzen, angesiedelt werden. Als ›Wehrbauern‹ auf eigener, neu erworbener Scholle, die das längst entstandene Imperium als permanente (und billige) Miliz schützen, ›ver-römern‹: kolonisieren sollen. Ein Programm, das nur denen revolutionär erscheint, die ihr Schäfchen um jeden Preis trokken halten wollen. Die Gracchen sind weit ›konservativer‹, als ihre konservativen Gegner merken. Sie wollen zurück zum Gestern und Vorgestern. Dem Bauern- und Soldatenstaat der Großväter, der sich selbst versorgenden Minifundien, kleiner, selbstgenügsamer Familienlandwirtschaften. Der allenfalls einem unvermeidlichen Minimum von allem, was nach Stadt und Land, Arbeitsteilung, Ständen, Marktwirtschaft, Boden *und* Kapital, Regierten und Regierung riecht, entspricht. Einem Staat, der nicht in Friedens-, sondern einzig und allein in Kriegszeiten stattfindet: wenn, weil Gefahr im Verzuge ist, jeder seinen Einsatz leisten muß. Der eine mit der Waffe in der Hand, der andere mit seinem Geld, der einzigen direkten Steuer, die in den langen Jahren zwischen 404–167 v. Chr. für römische Bürger rechtens ist: dem tributum zur Bezahlung der stipendia (des geringen Kriegssoldes und anderer Kriegsunkosten), das oftmals aus der Beute mit Zins und Zinseszins erstattet wird.

Die Gracchen scheitern. Aber selbst wenn sie gesiegt hätten, hätte sich nichts am Bilde des römischen Staates geändert, der sich nicht vom ›Zehnten‹ nährt: dem Mehrertrag der eigenen (Land- und Stadt-)Wirtschaft, sondern von der den Besiegten (wehe ihnen!) abgenommenen Beute zehrt. Jener Raubgesellschaft, von der nicht klar ist, ob sie den Bürgerkrieg nur solange (und deswegen) vermeidet, wie die gemachte Beute reicht, die inneren Ansprüche aller zu befriedigen: statt aus Wirtschaftswachstum aus Krieg und Sieg. Oder ob sie zur kriegerischen Aggression verdammt ist, weil sie nur *so* die Chance hat, den sozialen status quo zu wahren, den sie im Inneren – durch eherne Gesetze – festgeschrieben hat. Nur wenn die reißende Wölfin fortwährend in die Pferche ihrer Nachbarn bricht, kann sie das gefährliche Grummeln in den eigenen Gedärmen übertönen und beschwichtigen. Was aber, wenn alle Pferche ihr gehören? Und sie gezwungen ist, fortan den eigenen Besitz zu zerfleischen?

Die Gier der Mächtigen versucht schon ein Gesetz aus dem Jahre 218 v. Chr. (100 Jahre vor der Gracchen) zu zügeln, ruft aber letztlich nur neue ›Ausbeuter‹ auf den Plan; es verbietet den ›Adligen‹ (Senatoren) den ›niederen‹ Kommerz; Geld- und Handelsgeschäfte jeder Art. Schiffe, die ein Ladegewicht von mehr als 300 Amphoren haben, dürfen sie weder besitzen noch beleihen.

»Wie wenig das ist« – schreibt Th. Pekáry – »zeigt ein vor kurzem bei Marseille im Meer gefundenes und durch Unterwasserarchäologen untersuchtes Handelsschiff aus dem 2. Jh. v. Chr. mit einer Ladung von über 2 000 Amphoren. Der Durchschnitt lag laut Berechnungen Carson's sogar bei 3 000. Jedoch gab es noch bedeutend größere Schiffe. War es nun tatsächlich so, wie es die römische Geschichtsschreibung behauptet, daß sich die Volksversammlung diesmal – ausnahmsweise – gegen die Senatoren durchsetzte? Oder siegte hier eine in der ganzen Antike zu beobachtende konservative Auffassung – wir haben darüber schon wiederholt gesprochen –, die besagt, daß der vornehme Bürger nur aus seinen

Landgütern lebt, nicht jedoch aus Handel und aus Geldgeschäften? Oder handelt es sich nur um eine Beschwichtigung der durch die sozialen Ungerechtigkeiten aufgebrachten Volksmassen? Wie dem auch sei: das Gesetz begünstigte den Aufstieg einer neuen Bevölkerungsschicht, die sich in vermehrtem Maße auf Handels- und Geldgeschäfte stützen konnte und sich als Ritterstand artikulierte; andererseits gibt es Belege dafür, daß die Senatoren auch dieses Gesetz zu umgehen wußten, teils durch Strohmänner, teils dadurch, daß sie eine Art von ›Aktiengesellschaften‹ gegründet haben.«

Ein weiteres Problem des (spät-)republikanischen Staates: die Schuldenregelungen. Wer Gläubiger ist, darf seinem Schuldner fast alles antun: schon der kleinste Zahlungsverzug erlaubt den Zwangskonkurs über das Gesamtvermögen (die proscriptio bonorum). Oder, was politisch schwerer wiegt: die Sperrung von allen öffentlichen Ämtern (aufgrund der infamia). Wer kein Hab und Gut mehr hat, verliert seine moralische ›Würde‹. Ein Römer ohne dignitas ist tot: sozial, politisch, moralisch.

Polybius (Mitte 2. Jahrhundert v. Chr.) wie Cicero (Mitte 1. Jahrhundert v. Chr.) bezeugen beide unabhängig voneinander die Gefährlichkeit der Laufbahn des Politikers. Die höchsten Staatsämter Quaestur (Finanzen), Ädilität (Stadtverwaltung), Praetur (Justiz), Consulat (Regierung) erreichen ohnehin meist nur Männer (keine Frauen!) von ›Adel‹. Adel aber heißt ›bekannt‹ sein. Einen Namen haben, den man in zeitungs- und bildschirmlosen Zeiten eher ererbt als sich erwirbt. Die Zahl der Männer mit bekanntem (= ererbtem) Namen, der den Laufbahnzutritt öffnet, ist begrenzt. Von den 200 amtierenden Consuln der Jahre 232–133 v. Chr. stammen 159 aus 26 Familien, die Hälfte (knapp 100) aus 10 Familien und ein knappes Drittel (62) aus ganzen 5 Familien! Doch welches Risiko erwartet diese von Herkommen und Geburt ›Regierungsfähigen‹? Um in die Laufbahn, mit der Quaestur beginnend, einzutreten, muß das in Stimmbezirke (tribus) eingeteilte ›Volk von Rom‹ sie wählen, genauer: selektieren. Wonach? Nach dem Ansehen und dem, was jeder der Kandidaten realiter ›bietet‹: an ›freien‹ Zuteilungen von Brotgetreide, Zirkusspielen, bis hin zu besserer Beleuchtung auf den Straßen, Nachtpatrouillen der Polizei, damit bezechte Bürger unberaubt nach Hause kommen usw. usw. Dergleichen kostet Geld. Des Kandidaten Geld, das er, wenn er es nicht mitbringt, leihen muß. Wie und von wem? Die Regel ist, daß eine der anonymen, aber irgend jemandem gehörenden Kapitalgesellschaften die Mittel vorschießt oder die Landgüter des Kandidaten beleiht. Mit Hypotheken, die mindestens 12 % p. a. kosten, vor allem aber selten länger als 5 Jahre laufen. Die Jahreslast (Annuität) des Kandidaten liegt also bei mindestens 30 % der Schuld, von der er (bei 12 % p. a. Zins und Zinseszins) in 5 Jahren das Doppelte der Ursprungssumme tilgen muß. Was er nur kann, wenn er Glück hat und sein Amt möglichst mit (anschließender) lukrativer Betätigung in der Provinzverwaltung auch bekommt.

Wenn nicht, sieht seine Rechnung düster aus. Sein Gläubiger (gleichviel, ob ›Partei‹freund oder -feind) hat ihn in der Hand. Kommt es zur proscriptio bonorum oder infamia, ist er erledigt. Und geht am besten ins Exil.

Um (politisch wie kommerziell) im ›Geschäft‹ zu bleiben, braucht jeder Römer, was man heute standing nennt: existimatio. Den notfalls nachprüfbaren Ruf der Kreditwürdigkeit bzw. der vollen finanziellen Unabhängigkeit. Sie rangiert weit über Fähigkeit und Anstand. Die existimatio: wie man eingeschätzt wird, ist die Geschäftsgrundlage für jede Art von Aktivität, im business wie in der Politik.

Roms Politiker sind daher ebenso unwiderruflich wie unübersehbar *politische Investoren*, die ihr Vermögen und ihren Kredit für ihre Laufbahn *riskieren*. Mit allen Chancen des Scheiterns und Gewinnens. Ein unerhörter Einsatz, der sich von Generation zu Generation noch steigert. Nicht so sehr, weil etwa Inflation die Preise und Summen aufbläht, um die es geht, sondern vor allem: weil der Appetit der Wähler und ihre Ansprüche an ›ihre‹ Kandidaten wächst, die ›ihren‹

Staat ›verkörpern‹. Das wählerische Wählervolk verteuert diesen Staat, den andere zahlen. Zahlen müssen. Doch bevor wir sehen, wie – noch einige Zahlen dazu:
Appian schätzt Caesars Aufwand, die ersten Stufen der Ämterkarriere (bis einschließlich zur Praetur im Jahre 62) zu erklimmen, auf 25 Millionen Sesterze! Ein Betrag, an dem nur eins erstaunt, daß jemand bereit war, ihn dem zwar ›bekannten‹ (adligen), aber mittellosen Kandidaten vorzustrecken. Weder er noch seine Familie haben Güter zum Beleihen. Nachweisbar! Caesars Risiko, mit dieser Schuld, ihrer Verzinsung und Tilgung im Schuldturm statt im Capitol zu enden, ist riesengroß. Auch wenn er (lt. Appian) kalt, aber richtig bemerkt: »Ich brauche 25 Mio. Sesterze, um nichts zu haben.«
Caesar nimmt sein Risiko auf sich. Wenn Plutarchs Anekdote stimmt, gelegentlich mit durchaus menschlich weichen Knien: Im Jahre 63 v. Chr. bewirbt er sich um das Amt des Pontifex maximus. Sicher nicht, um dem Schuldengott näherzutreten, wenn etwas passiert. Doch dieses eher einem ›elder statesman‹ als einem Karrieristen anstehende Amt schützt zwar nicht vor Strafverfolgung, aber es verleiht die dignitas (Würde) und damit die existimatio (standing), die er braucht. Dringend. Man kann nie wissen, wie man als Schuldner enden wird. Seiner Mutter läßt er vor dem bis zum Auszählen der letzten Stimme offenen Wahlgang (sein Rivale Catulus bietet ihm in letzter Minute die Übernahme seiner – ihm offenbar nicht voll bekannten – Schulden an, wenn er verzichtet) ausrichten: Sie sähe ihn entweder als Pontifex maximus oder gar nicht wieder. Caesar denkt für den Fall der Fälle sicher nicht an Selbstmord, wohl aber an ein langes, seine Schulden verjähren lassendes Exil.
Caesars Risiko als Schuldner: jeden Tag politisch wie gesellschaftlich geächtet und verbannt werden zu können, ist weder ungewöhnlich noch sensationell. Es ist normal. Nur: Caesar begreift erstens, wie unbedenklich es ist, sich mit Riesensummen ins politische wie moralische Obligo zu bringen,

wenn man – nach den harten, strengen römischen Gesetzen – auch mit jedem lächerlichen Kleckerbetrag mit einem Bein im Schuldturm steht. Ob 100 000 Sesterze, eine Million oder 25 Millionen, macht, wenn man sie ohnehin nicht zurückzahlen kann, keinen Unterschied. Im Gegenteil: bei 25 Millionen ist bei gleichem Risiko die politische Gewinnchance, den Rivalen auszustechen, mit Sicherheit 25 mal größer, als wenn er nur eine Million einsetzt. Und mehr als 250 mal größer, als wenn er nur 100 000 riskiert. Einzig und allein der Sesterz entscheidet, den man *mehr* einsetzt als der Rivale. Er reduziert, wenn man ihn ausspielt, das *gesamte* Spiel-Risiko auf Null!

Zweitens aber: Caesar sieht klarer als jeder Politiker seiner Zeit und Generation, daß dieses ›Staatsroulette‹ der öffentlichen Ämter, das auch ihn nach oben katapultiert, die res publica erst diskreditieren und dann ruinieren muß. Diskreditieren, weil das in seinen Augen wichtigste Staatsorgan, das Volk, vom Staate und seinen ›Funktionären‹ korrumpiert wird, nicht umgekehrt. Ein rechtschaffenes Volk kann einen korrupten Politiker zur Not entfernen. Ein durch Wahl- und andere Geschenke korrumpiertes Volk wird aber niemals rechtschaffene Politiker wählen, die ihm zu wenig bieten! Deswegen bleibt nichts anders übrig, als das System zu ändern: das Staatsamt an den Würdigsten und Besten zu verleihen in einem für alle offenen Verfahren. Und nicht nur an die Träger zahlungskräftiger Namen. Es gilt, eine ›Laufbahn‹ einzurichten, zu der auch Angehörige der ›unteren‹ Schichten des Bildungs-, Beamten- und Soldaten-›Adels‹ Zutritt haben. Selbst der Nicht-Römer von Geburt, doch von römischer Gesinnung, wie später unter dem von Caesars Nachfolgern in seinem Geiste ›entfeudalisierten‹ Principat.

Zurück zum Vor-Caesar-Staat: Rom ist eine agrarische Zwei-Klassen-Gesellschaft. Die Masse seiner Bauern, sofern nicht durch langen Kriegsdienst ruiniert, lebt auf Familienhöfen, deren durchschnittliche Größe selten 20 bis 30 iugera (ein römisches Joch: »soviel Land, als ein Joch Ochsen an einem Tag umpflügen kann« = 0,25 ha) übersteigt: 5–7,5 ha. Man kommt also weitgehend ohne Sklaven aus, was freilich intensive Bewirtschaftung voraussetzt. Nimmt man die Betriebsanweisungen der Agrarschriftsteller (Cato d. Ä., Varro, Columella) für bare Münze und rechnet sie (mit R. Duncan-Jones) auf unsre heutigen Normen um, so braucht man für den Anbau von Olivenbäumen den niedrigsten Arbeitskräfteeinsatz: ein Mann bearbeitet 30 Joch; es folgt der Flächenbau von Getreide mit einer Mann-Land-Relation von 1 : 25 (Joch). Am arbeitsintensivsten ist der Weinbau, bei dem ein Arbeiter nur 7–10 Joch betreut.

Eine Arbeitsintensität, die sich auszahlt: Im Weinbau werden jährlich 7–10 % des investierten Kapitals verdient, im Getreideanbau höchstens 5–6 % jährlich. Fraglich bleibt, ob die antiken Betriebswirte und Manager die ›toten‹ Anlaufzeiten der heranwachsenden, aber noch nicht tragenden Weinstöcke und jungen Olivenbäume immer richtig erfassen und vom Nettoertrag absetzen. Wichtiger, als daß sie richtig rechnen, ist, daß sie überhaupt rechnen und sich den Kopf über richtiges Investieren zerbrechen. Ökonomisches Denken beginnt immer dann, wenn gleichzeitig mögliche (und kostengleiche) *Alternativen* gegeneinander abgewogen werden. Ob Cato d. Ä., Varro, Columella: sie sind ›wissenschaftliche‹ Wirtschaftsautoren, weil sie ihren Managerlesern den Renditenvergleich zur Pflicht machen. Ein unerhörter *Gedanke*, der richtig ist, unabhängig davon, ob die zugrunde gelegten Zahlen und ihre Berechnungsmethoden stimmen oder nicht.

Neben den Familienhöfen existieren die bewirtschafteten Güter der vorwiegend senatorischen (adligen) Großgrundbesitzer. Die eigentlichen Finanzmagnaten Roms aber sind die Ritter, die ihren Namen (equites = Reiter) dem Umstand verdanken, daß sie, weil sie Geld haben, den Kriegsdienst zu Pferd leisten (können). Die Zeiten jedoch, in denen sie das Gros der römischen Reiterei stellten, sind längst vorbei. Die Kavallerie Roms spielt keine allzugroße Rolle und wird weitgehend von provinzialen Hilfsvölkern gestellt. Denn der römische Ritter braucht inzwischen sein Leben, um etwas besseres damit anzufangen, als ›süß und ehrenvoll für das Vaterland zu sterben‹. Er muß Geld verdienen. Schon um jene Mittel anzuhäufen, die seine Freunde, die Senatorensöhne, brauchen, um Karriere zu machen.

Diese Ritter sind die ›dynamischen Unternehmer‹ (Schumpeter) Roms, die alles finanzieren, was seine Kosten und Risiken einspielt: Karrieren, Schiffsladungen, Speicher, Bodenspekulation. Sie sind der kreative und risikofreudige Anti-Typ zum statischen, vorsichtigen Land-Lord (dem Latifundienbesitzer), der zwar auch spekuliert – aber auf die langsamer steigende, dafür ›sichere‹ Grundrente.

Nach außen entwickelt der römische Staat des 2. vorchristlichen Jahrhunderts – was auch für die italische Landschafts- und Gesellschaftsstruktur nicht ohne Folgen bleiben wird – eine unerhörte expansive *militärische* Sprengkraft. Ihr Motor und Hauptnutznießer aber sind Roms ›*General*‹-Unternehmer: seine in der Regel vom Senat (nicht dem Volk) bestellten *Feldherrn*. Für sie ist der Krieg geradezu eine Voraussetzung der weiteren politischen Karriere. Nicht nur weil der militärische Erfolg das Prestige hebt, sondern weil ihnen aus der Kriegsbeute weder von der Phantasie noch von der Staatskasse zu fassende Mittel zufließen, die großzügige Investitionen in Wahlbestechungsschlachten gestatten. Roms Legionen erobern unter diesen Führern, nachdem ihnen bereits im 3. Jahrhundert die vor der italischen Haustür liegenden westlichen Mittelmeerinseln Sizilien, Sardinien, Korsika und Elba in die Hände gefallen waren, nun auch das Gebiet um Karthago (das heutige Tunis), Spanien, die südfranzösische Landbrücke zwischen Spanien und Italien (Gallia narbonensis, die heutige Provence und das westliche anschließende Hérault). Im Osten sind sie auf dem Sprung vom gleichfalls unterworfenen Griechenland aufs kleinasiatische Festland: einen nach dem anderen der viel zu klein geratenen, zeitweise an die 200 hellenistischen Nachfolge›staaten‹

des Alexanderreiches annektierend, das sich in einer Art politischer Kernspaltung in einen Balkan ohne Zentrum zersetzt. Ein beispielloser Vorgang, der die römischen Ordnungs- wie Geschäftsinstinkte gleichermaßen anregt. Oder besser: nicht mehr schlafen läßt.

Rom führt seit Beginn des 2. Jahrhunderts ständig Krieg im Osten. Immer nach demselben, durch stereotype Wiederholung seiner Unehrlichkeit fast schon wieder abstoßend ehrlichen Muster: Jedesmal, wenn ein bedrohter Duodezstaat aus der Konkursmasse des Alexanderreiches die römischen Friedens- und Ordnungsfreunde zu Hilfe ruft, weil ihn der böse Nachbar bedrängt, ernennt der um den Weltfrieden besorgte Senat – der Ruf ist noch nicht ausgestoßen – einen der Seinen, der dem Bedrängten die römische Hilfe aufzwingt. Sie zahlt sich aus. Buchstäblich. Welchen Autor, der über diese Zeit berichtet, man auch aufschlägt: Polybius, der sie noch erlebt, den Augustus-Zeitgenossen Livius, der sie nicht erlebt, aber gut belegt wiedergibt, sie alle stimmen überein, daß viel hereinkommt: unermeßliche Summen gemünzten Geldes, unglaubliche Mengen münzfähiger Metalle: Gold, Silber, Kupfer; Sklaven jede Menge und jeder Qualität: vom Arbeitstier bis zum Philosophieprofessor für den gehobenen Unterricht edler, aber dümmlicher Senatorenknaben, Steuern, legale und erpreßte. Und all das, was in die weiten Taschen der römischen Soldaten paßt, der Feldherren, Offiziere und Gemeinen. Tenney Frank addiert allein aus den Quellenbelegen (Polybius, Livius) für die knapp 50 Jahre von 200 bis 157 v. Chr. 380 Millionen Denare (= rund 1,5 Milliarden Sesterze) ›öffentlicher‹ Zahlungen (Reparationen, Steuern, Beute). A. H. M. Jones vermutet für die nächsten gut 100 Jahre von 167 bis 50 v. Chr. einige Milliarden Denare, teils aus ständig fließenden Quellen wie den griechischen und spanischen Silberminen. In den letzteren arbeiten laut Polybius: »40 000 Bergleute, die für das römische Volk jeden Tag 25 000 Drachmen fördern«, was jährlich etwa 9 Millionen Denaren entspricht, also allein rund 1 Milliarde in 110 Jahren!

Dazu kommen einmalige Enteignungen, wie des Attalidenschatzes (pergamenische Erbschaft), dessen Höhe unbekannt ist, die Zyprische Konfiskation, mit der 58 v. Chr. der jüngere Cato beauftragt wird und die auf 40 Millionen Denare zu veranschlagen ist. Mithridates, als er (84 v. Chr.) endlich Frieden schließt, zahlt 3000 Talente oder 18 Millionen Denare. Für die 70er Jahre legt Sulla den von ihm unterworfenen kleinasiatischen Provinzen eine Reparation von 120 Millionen Denaren auf. Natürlich können sie diese Summe nicht sofort aufbringen. Roms Geldritter, immer auf dem Sprung zu ›helfen‹, erklären sich bereit, die Summe vorzuschießen, damit da unten alles friedlich bleibt. Plutarch berichtet später, wie es ausgeht. Die Bedrängten dürfen bei nur mäßigem Zeitaufschub der römischen City den doppelten Betrag erstatten. Bei 25 % Zins und Zinseszins und 3 Jahren Tilgung ganz ›normal‹. Aber nur für den, der einzieht, nicht den, der zahlen muß!
Cicero, den Gelddinge zeitlebens ebenso faszinieren wie seinen Freund-Feind Caesar, vielleicht sogar noch mehr, da er im Gegensatz zu diesem äußerst geizig ist, beschreibt offenherzig, wie man als römischer Militärbefehlshaber auf ganz legale Weise seine – privaten oder abzuführenden? – Einnahmen steigert. An seinen Freund und Bankier Atticus, als ob der es nicht selber weiß: »Die reichen Städte geben riesige Gelder aus, damit sie keine Soldaten in die Winterquartiere nehmen müssen, so die zyprischen Städte allein 200 Talente.« Das wären allein in einem einzigen Fall über eine Million Denare.
Hinzu kommen unvorstellbare Mengen importierter Sklaven. Nach Gesichtspunkten, die wir nicht mehr rekonstruieren können, werden ganze Völkerschaften, Stämme, Stadteinwohnerschaften mit Ausnahme der ›Unbrauchbaren‹ versklavt. Genauer: vermarktet. Direkt oder über die zentrale Sklavenbörse Delos (›Umsatzrate‹ von gelegentlich bis zu 20 000 Sklaven pro Tag!) nach Rom und Italien verkauft. Thomas Pekáry nennt folgende eindrucksvolle Zahlen:

30 000 aus Tarent (209 v. Chr.), 1 700 aus Sardinien (177 v. Chr.), 150 000! aus Epirus (167 v. Chr.), 50 000 aus Karthago (146 v. Chr.).

Billiges Geld und billige Arbeit, die wirtschaftlichen Folgen des permanenten Siegens erst im Westen: in Südgallien, gegen Karthago und seine Stützpunkte (Sizilien, Spanien), dann gegen den Osten: erst Griechenland, dann Kleinasien, verändern Roms Strukturen gründlich. Das Minifundium, die intensive bäuerliche Familienwirtschaft, aus der Roms Bauernkrieger kommen (die die Gracchen um jeden Preis dem Staat erhalten wollen), wird mehr und mehr durch Latifundien verdrängt. Die Großgutsherrschaften der reichen (im Krieg zu Geld gekommenen) Herren, die sich außer Arbeitssklaven den geschulten Managerverwalter (meist auch ein Sklave ›gehobener‹ Provenienz aus Griechenland oder dem griechisch kolonisierten Westen) leisten können, der wiederum seinen Cato d. Ä., später Varro oder Columella liest. Und der weiß, daß seine optimale Betriebsgröße nicht mehr 20–30, sondern das Zehnfache: 200–300 Joch, ausmacht: 50 bis 75 ha. Und wie ist es mit ihrem Ertrag?

Der Beuteimport an allem, was auch Italien produziert, Getreide, Oliven, Wein und Obst, verschärft den Wettbewerb. Italiens Landschaft verwandelt sich mit der raschen Expansion der großen Güter in einen einzigen blühenden Garten. Die Latifundien erproben immer mehr statt Land- die Weidewirtschaft, statt Ackerbau die Viehzucht und die *Horti*kultur. Je mehr der römische Wohlfahrtsbürger von den billigen Brocken lebt, die für ihn vom Tische seiner reichen Herren herunterfallen, die er wählt und die für ihn verdienen, desto mehr muß sich die Landwirtschaft vor Ort (zumal wenn billige Seetransporte immer neue ›ausländische‹ Produktionen rentabel machen) ›veredeln‹. Die Güter rund um Rom verlegen sich auf Schlemmereien: Hühner, Eier, Käse, Frischobst und -gemüse. Sogar seltene Fische gedeihen in ihren natürlichen und kunstvoll angelegten Teichen. Alles, was dank des Wohlstandes aufhört, ›exklusiv‹ zu sein und anfängt,

einen Markt zu gewinnen. An dem auch andere als Lucullus kaufen.
Den rauhen Wettbewerb als Kehrseite des Ausverkaufs der Welt zu Niedrigpreisen spüren als erste die kleinen Bauern. Wer will noch ihr Getreide ›kaufen‹, wenn es aus den wachsenden Programmen staatlicher Fürsorge (z. B. der von den Gracchen eingebrachten lex frumentaria) oder von jenen, die mit einem Auge nach der Erlangung bzw. Verlängerung eines Amtes oder Kommandos blinzeln, umsonst zu kriegen ist? Zwar hätten die kleinen selbständigen Bauern, deren Kosten weit elastischer sind als die der großen Güter, den Wettkampf mit den Großen aufnehmen und vielleicht auch bestehen können, durch Umstellung auf Weide-, Veredelungs- oder Obstwirtschaft. Aber warum sollten sie? Es bieten sich auch andere Erwerbsmöglichkeiten: seit der Heeresreform des Marius (Ende 2. Jahrh.) ist so mancher italische Kleinbauer zum Kriegsarbeitnehmer geworden. Er gibt die Brache ab und macht sein Geld im Kriegshandwerk – wie der Feldherr. Als gutbezahlter Legionär, der zwar nicht im entferntesten soviel wie jener verdient, doch reichlich im Vergleich zum bisher. Später wird er sich von seinem Feldherrn mit neuem Land aus der gemeinsamen Beute oder Teilen des ager publicus entschädigen lassen. Oder als feiner Herr den Lebensstil mit dem Berufe wechseln: als römischer Bürger in einer der neuen Kolonie-Städte eine ganz andere, neue Existenz begründen, mit seinem weniger erdienten als erraubten Geld als Startkapital.
Weit gefährlicher als die ›soziale Frage‹ der gerechten Landverteilung (die wirtschaftlich nur Rückschritt, keinen Fortschritt bringen würde), ist der ›föderale‹ Krach zwischen Rom und seinen italischen Bundesgenossen zu Beginn des letzten Jahrhunderts vor der Zeitwende:
Roms Legionen bestehen zur Hälfte bis zu zwei Drittel aus Italikern. Die ›echten‹ Römer leben so gut von ihrer Stimme, daß sie der Sold schon nicht mehr reizt. Höchstens die Aussicht auf Abenteuer und auf Beute. Die italischen Legionäre,

die für Rom im Felde kämpfen, sind staatsrechtlich keine Bürger Roms. Verbündete (socii), denen zwar ein reduzierter Beuteanteil zusteht, aber weder Stimm- noch Wahlrecht, geschweige denn ein Amt im Staate, für den sie ihre Haut zu Markte tragen. Verständlich, daß die ›Bundesgenossen‹ dieses ändern wollen. Sie wollen ›ihre‹ Bürgerrechte.

Nach heftigen Kämpfen setzen sie durch, was ihnen vorschwebt: Rom und Italien bilden fortan eine Einheit gleichen Bürger- und gleichen Verwaltungsrechts. Nicht Rom geht in Italien auf, Italien in Rom. Rom macht den ersten Schritt heraus aus seinen Mauern, vom Stadt- zum *Flächenstaat*. Italien mit seiner neuen Hauptstadt Rom wird, ungewollte Folge des Bundesgenossenaufstands, zum nukleus des neuen Reiches, des Commenwealth der um das Mittelmeer geeinten Nationen. Aber bis es wirklich entsteht, werden noch einige Jahrzehnte vergehen. Zuvor erleben erst noch Roms Polit-Generäle und seine General-Unternehmerschaft ihrer Blütezeit.

Marius, mit einer Tante Caesars verheiratet, beginnt aus dem Milizheer, das ohnehin keines mehr ist, weil die Soldaten viel zu lange dienen, das Berufsheer zu formen: mit fester Dienstzeit, maximal 16–20 Jahren! Und gibt ihm die unerreichte, flexible Legionen-, Kohorten-, Centurien-Gliederung, mit der sein Neffe Caesar schon bald danach militärische Wunder vollbringen wird. Eine Legion besteht fortan aus 6000 Mann (Sollstärke), eingeteilt in 10 Kohorten à 600 Mann und 60 Hundertschaften (Centurien). Die Standardbewaffnung jedes Mannes, das Kurzschwert für den Nahkampf Mann gegen Mann, der Wurfspeer gegen den Reiter und zur Verlängerung der Distanz bei Kampferöffnung. Caesar wird seine Legionen das Marschieren lehren. Bis zu 150 km täglich legt er selbst zu Pferd oder im Wagen zurück, gelegentlich die eigenen Eilboten überholend, wenn es um Sein oder Nichtsein geht. Seine Legionen schaffen im Fußmarsch von 28 Stunden – bei 3 Stunden Rast – gelegentlich bis zu 75 km (Gallien); auf dem Weg nach Spanien (Ende 46) legt Caesar u. a. mit Teilen der X. Legion sogar 90 km pro Tag zurück.

Marius ist legendär, weil er im letzten Jahrzehnt des 2. Jahrhunderts die aus Skandinavien aufgebrochenen Cimbern und Teutonen schlägt, bevor sie Italien verwüsten: bei Aquae Sextiae (dem heutigen Aix-en-Provence) die Teutonen, und bei dem norditalischen Vercellae die Cimbern (102 und 101 v. Chr.). Volk und Armee stehen hinter ihm. Die Situation verlockt, die seit dem Fehlschlag der Gracchen geschwächte Stellung der Volkstribunen wieder zu stärken.
Der *Volkstribun*, Roms ältester und originärer Beitrag zur Demokratie, die sich, anders als die griechische, nicht als zügellose Demagogie versteht, ist eine Art ›Staatsgeist, der stets verneint‹. Verneinen *kann*, nicht muß. Sein Veto (Einspruchsrecht) gegenüber Magistraten und Senat kann nur in Notzeiten aus dem Weg geräumt werden. Durch einen für die Dauer von 6 Monaten ernannten *Dictator*. Und nur, solange diese erklärte Notzeit herrscht.
Marius macht aus der seit nahezu vier Jahrhunderten ›heiligen‹ Institution des Volkstribunen den politisch ebenbürtigen Gegenspieler des allmächtigen Senats. Dieser schäumt, verläßt sich aber ganz auf Sulla, der gerade in Kleinasien, wo Mithridates VI. Eupator (der Große), König von Pontus, 80 000 Römer und Italiker, die das Land aussaugen, in einer furchtbaren Bartholomäusnacht hinrichten läßt, die Lage klärt. Der Nachhall des Blutbades ist so groß, daß noch nach 20 Jahren der ständig um sein Geld fürchtende Cicero, an jenes Ereignis denkend, warnt:

> »Die Sicherheit des Römischen Geldmarktes ist auf das Innigste mit dem Wohlergehen Asiens verbunden. Geschieht dort ein Unglück, wird unser Kredit zwangsläufig in seinen Grundfesten erschüttert.«

Typisch Cicero: Blut darf es kosten, kein Geld.
6 Jahre überläßt Sulla den Marianern Rom. Der Sieg über Mithridates und die Sicherung der östlichen Beute sind ihm wichtiger. Marius stirbt im Amt (86 v. Chr.). 4 Jahre später (82 v. Chr.) kehrt Sulla mit seinen siegreichen Legionen heim. Er mißachtet eines der ältesten Schutzgesetze Roms,

wonach kein Feldherr – außer im Falle eines Triumphes – den Boden Roms mit seinen Truppen betreten darf. Er ›erobert‹ Rom wie eine feindliche Stadt und richtet ein furchtbares Blutbad an. Nicht nur unter Marius' Popularen, sondern auch unter allen begüterten Anhängern der Volkspartei, deren Vermögen eingezogen und unter die gierigen Hyänen seiner Partei verteilt wird. Dann läßt er sich zum Dictator ausrufen. Nicht für ein halbes Notstandsjahr, sondern deren vier. Er entmachtet die Volkstribunen, indem er deren wichtigste Rechte kassiert, und läßt in den 2 Jahren seiner Dictatur die senatorische Gegenrevolution marschieren. Das alte Adelsregiment, das alle Macht den Senatoren zuschreibt, wird wiederhergestellt, so als ob die beiden Gracchen niemals gelebt hätten.

Caesar ist zu dieser Zeit knapp 20 Jahre alt, glücklich verheiratet mit Cornelia, der Tochter Cinnas, des engsten Vertrauten Marius'. Und alle Welt wartet gespannt darauf, was der junge Adlige im Dienst der falschen Partei, für die er keinerlei Stallgeruch mitbringt, nun tun wird. Er geht in den Untergrund.

Was Sulla einleitet, wird jetzt System. Die römischen ›General‹unternehmer kassieren im Osten ein Gebiet nach dem anderen, und fast alle der hellenistischen ›Machthaber‹ beeilen sich, sich dem römischen Appetit als Gabelbissen zu servieren. Kühl berechnend, daß, wer zuerst die Schutzmacht für sich gewinnt, dem Nachbarn vielleicht noch das eine oder andere abjagen könne. Kaum einer widersetzt sich. Die meisten werden geschluckt. In den 20 Jahren zwischen 80 und 60 v. Chr. werden ganz Kleinasien und der größte Teil von Syrien und dem heutigen Israel römischer Besitz. Von den ursprünglich drei großen Nachfolgestaaten des Alexanderreiches: dem makedonischen Griechenland der Antigoniden, dem kleinasiatisch-syrischen Mittelreich der Seleukiden und dem Ägypten der Ptolemäer ist nur noch das letztere einigermaßen intakt. Und auch das nur, weil es abseits der römischen Heerstraße liegt. Vorläufig noch.

Das Geschäft des Sulla übernehmen nacheinander die ihm folgenden Militärbefehlshaber im Osten, die großen und die kleinen. Lucullus folgt in den 70er Jahren Sulla im Kommando: Ein militärisches Genie, das die römische Macht weit über das Mithridatesreich ausdehnt. Als man ihn jedoch nicht weiter siegen und Beute machen, sondern durch den jungen Pompejus ablösen läßt, ist er derart erbost, daß er seinen immensen Reichtum nur noch dazu benutzt, ein Festgelage nach dem anderen zu geben. Er zieht sich in sein römisches Stadthaus und seine italischen Villen zurück und konzentriert sich ganz und gar auf die Freuden des Gaumens und des Bauches. Seine Trink- und Eßkunst werden sprichwörtlich. Lange vor Trimalchio. Bei einem auf viele hundert Millionen Sesterze geschätzten Vermögen kann er es sich leisten.
Sein Nachfolger, Pompejus, dem Sulla persönlich mit 25 Jahren den Titel der ›Große‹ (Magnus) verleiht, wird den römischen Generals-Imperialismus perfektionieren: in Management und Technik. Als Kriegsinvestor ist Pompejus in der Tat der Größte. Dennoch wird, obwohl er rechnen kann wie keiner, seine Rechnung schiefgehen. Ein Manager-, kein Feldherrenschicksal!
Schon in jungen Jahren übernimmt Pompejus von seinem Vater Veteranenverbände, die er selbst bezahlt und Sulla zuführt, was ihm, kaum 20jährig, den begehrten Titel ›Imperator‹ einbringt. Als des Marius Freund und Kampfgenosse im fernen Spanien, Sertorius, gegen das Senatsregime in Rom putscht, ist Pompejus zur Stelle. Als Sertorius nach acht Jahren Kampf in Spanien immer noch nicht besiegt ist, ermordet einer der engsten Stabsoffiziere zufällig seinen Feldherrn. Pompejus' Rolle bleibt ungeklärt. Knapp 25 Jahre danach wird er ebenfalls dem Dolch einer seiner Offiziere zum Opfer fallen.
Nach Sertorius' Ermordung kehrt Pompejus zum rechten Zeitpunkt (71 v. Chr.) nach Italien zurück. Seine Legionen schlagen den von Crassus bereits niedergeschlagenen Skla-

venaufstand des Spartacus noch einmal nieder. Pompejus erwischt die letzten Reste der sich bereits Verkrümelnden. Auf Befehl des Crassus, der seinen Sieg herausstreichen möchte, werden 6 000 Sklaven an der langen Straße von Capua nach Rom an ebensoviele Kreuze geschlagen. Pompejus begnügt sich damit, die ihm in die Arme laufenden restlichen Aufständischen ›normal‹ hinzumetzeln. Die Spuren sollen schrecken. Sie tun es.
Pompejus erhält für den Doppelsieg über Sertorius und Spartacus den begehrten Triumph. Crassus, der sich für den eigentlichen Sieger über die revoltierenden Sklaven hält, muß sich mit der weit bescheideneren Ovation begnügen. Crassus wird dem Pompejus weder die gestohlene Gunst Sullas noch den vorenthaltenen Triumph verzeihen. Am wenigsten aber seines Rivalen legendären Reichtum. Seine nicht mehr zu zähmende Begier, den Pompejus als militärischen Geldmacher zu überflügeln, wird ihn 20 Jahre später, in der Partherschlacht von Carrhae, umbringen. Ihn und seinen tüchtigen Sohn Publius, der das Kriegshandwerk in Caesars gallischem Krieg bis zur Meisterprüfung erlernt. Der stets heiratslustige Pompejus wird den ›Glücksfall‹ seines frühen Todes dazu benutzen, dessen junge Witwe Cornelia zu heiraten, die auch von ihrem zweiten Ehemann nicht allzulange etwas haben wird.
Crassus, der Vater, läßt sich zur Entschädigung für entgangene militärische Ruhmestaten gerne als den reichsten Römer seiner Zeit bezeichnen. »Niemand, wirklich niemand, ist reich, der nicht seine eigene Armee aus eigener Tasche bezahlen kann«, äußert er, wie Plinius d. Ä. berichtet, vor Freunden. Die geheime Triebfeder des Generalunternehmertums der zur Oligarchie denaturierten römischen Republik mit diesem einen Satz bloßstellend.
Crassus läßt keine Gelegenheit aus, die das ›System‹ ihm bietet. Als Sulla mißliebige, reiche ›Freunde‹ wie ›Feinde‹ gleichermaßen enteignet, ist Crassus zur Stelle. Wie ein Aasgeier mästet er sich am Vermögen der von Sulla politisch Verfolg-

ten, kauft für 'nen Appel und 'n Ei, was sich gerade bietet: Grundstücke, Häuser, Geschäftsräume, Speichersilos. Wenn es um eine ›Okkasion‹ geht, zuckt er vor nichts zurück. Er zieht Frauenkleider an, um eine begüterte Vestalin zu besuchen; aber nicht, um ihr den Hof zu machen, wie alle Welt vermutet, sondern um ihr ein Grundstück abzuluchsen, auf das er scharf ist.

Weil er Pompejus und den mit ihm paktierenden Senat haßt, wird er der Mann der Volkspartei und der Verbündete Caesars: ein leidlich verläßlicher sogar.

Crassus ist vielleicht nicht gerade treu, aber er kann rechnen. Sein fast tragisches Mißgeschick: Seine Rechnung geht in allen Punkten auf, nur kommt er dabei um. Er rettet Caesar vor Cicero (in der Catilinarischen Verschwörung), vor seinen Gläubigern, die ihn, als er endlich seine spanische Propraetur in der Tasche hat, nicht ausreisen lassen. Er bringt ›sein‹ Rennpferd Caesar ins Ziel des lang angestrebten Consulats (des Jahres 59 v. Chr.), damit er endlich seine Armee erhält, die ihn wirklich zum reichsten Manne Roms machen soll, an deren Spitze er dann in die Katastrophe reitet.

Vorher muß er sein Geld mit kümmerlicher ›Wirtschaft‹ machen. Seine Leidenschaft ist die Immobilienspekulation. Solange Menschen- und Geldmassen um die Wette nach Rom einströmen, können Grundstückspreise und Mieten nur steigen, nicht fallen. Aber woher die immer lukrativer werdenden Grundstücke und Mietobjekte nehmen, die jedes Jahr an Wert gewinnen, oft bis zu 50 % pro Jahr (während die Darlehenszinsen permanent fallen, zeitweilig bis unter 10 % pro Jahr.)?

Crassus beschäftigt eine kleine Privatarmee von zeitweise über 700 Sklaven und Freigelassenen, die ihm nicht nur Grundstücke suchen, sondern auch signalisieren, wann und wo welche brennen. Crassus erscheint dann mit seiner freiwilligen Feuerwehr, löscht aber erst, wenn der verzweifelte Hausherr sein inzwischen stark lädiertes Objekt an Crassus verkauft. Erst dann greifen Crassus' Leute zur Spritze. Gerüchte, daß Crassus' Feuerwehren sich in arbeitslosen Zeiten auch selbst beschäftigen und die Brände legen, die sie später löschen, scheinen frei erfunden. Neidern jedoch erscheint bekanntlich nichts unmöglich.

Doch während Crassus im Schweiße seines Angesichts mittelgroße Brötchen backt, steigt Pompejus ›groß‹ ins militärische Investment ein. Roms Geldleute fragen sich aufgrund der Kosten ihrer Versicherungspolicen: was nutzt die sich in Asien stapelnde Beute, wenn sie unterwegs auf dem Seeweg nach Italien verschwindet? Nicht nur auf dem Meeresgrund, sondern in den Taschen der offenkundig im Bunde mit Mithridates, dem alten Römerfeind aus Pontos, von Kreta und den übrigen griechischen Inseln aus operierenden und glänzend organisierten *Seeräubern*. Sie beherrschen praktisch das gesamte östliche Mittelmeer und lassen kaum noch ein für Rom bestimmtes Schiff durch. Die römischen Getreidepreise ziehen an, und weil auch die Darlehenszinsen wieder steigen, verliert des Crassus' Immobilienzukauf an Attraktivität. Auch ordinäres Wuchern lohnt sich wieder, falls man noch Schuldner findet.

In einer ihrer nicht eben häufigen ›großen Koalitionen‹ beschließen der Senat und die von den Tribunen geführten Popularen, den Pompejus mit der Vertreibung und Bestrafung der Rom so schädlichen Piraten zu betrauen. Den Senatoren geht es um die Stabilisierung der Zinsen, den Tribunen um dic Stabilisierung des Getreidepreises. Einer der seltenen Fälle, in denen Caesar (des Getreidepreises wegen) und Cicero (des Zinses wegen) am selben Strange ziehen. Nur Crassus (weil er ihm den Ruhm und den unvermeidlichen Beuteschnitt neidet) hält sich bei der Berufung des Pompejus zum Groß-Admiral der römischen Flotte, die den Piraten das Handwerk legen soll, zurück.

Pompejus übernimmt das Kommando mit einem Kalauer: »Navigare necesse est, vivere non est necesse!« (Segeln müssen wir, leben nicht unbedingt). Er wird gleichwohl die Lebens- und Lobbymaxime aller Flotten bauenden Nationen

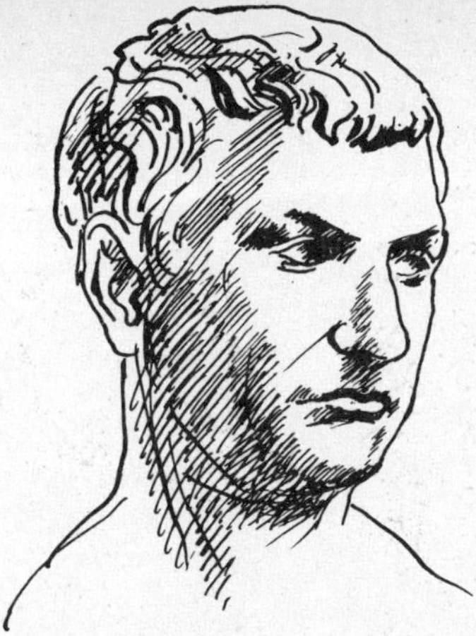

Pompejus Magnus

Marcus Crassus

vom Victorianischen England bis Wilhelminischen Deutschland vor Ausbruch des Ersten Weltkrieges: »Keep the seas we must, live if we may« (Die See müssen wir beherrschen, leben nicht unbedingt).
Caesars wie Ciceros Kalkül ist ebenso einfach wie unwiderleglich. Hat Pompejus Erfolg, muß er seinen Ruhm mit ihnen teilen. Denn es ist *ihre* Politik, die sich auszahlt. Versagt er, wird der Mißerfolg, wie stets, nur *einen* Vater haben: den für die Aktion – nicht die Planung – verantwortlichen Pompejus. Nicht den Namen des Cicero und schon gar nicht den des Caesar.
Diesmal übertrifft Pompejus alle Erwartungen und Befürchtungen. Er zieht in wenigen Wochen alle verfügbaren römischen Kriegsschiffe im westlichen Mittelmeerraum zusammen und fegt in einem wahren Wirbelblitz die verdutzten Piraten zusammen. Als die kurze Segelsaison vorüber ist, ist das östliche Mittelmeer wieder frei. Und en passant räuchert

Gaius Julius Caesar

Pompejus auch die Schlupfwinkel der Korsaren in Cilicien, des Dodekanes und auf Kreta aus.
Zu Hause aber triumphieren seine ungleichen Freunde und Helfer, denen sich, innerlich grollend, nun auch der ›Volksparteiler‹ Crassus zugesellt. Denn auf den Wagen des Erfolges zu springen, hat er gelernt. Nur so läßt sich der Weg zur Endstation Sehnsucht schneller zurücklegen. Und: wer zuerst ankommt, lacht am längsten.
Pompejus, Cicero, Crassus, Caesar sind nicht nur die vier bekanntesten Politiker der späten Republik, von denen nur einer ›weiß‹, daß sie im Sterben liegt: Caesar. Jeder der vier steht für einen anderen Weg zum Gipfel aller Macht.
Pompejus setzt auf seinen Ruhm als Feldherr. Schon als junger Mann heuert er (wie sein Vater Strabo) auf eigene Faust und eigene Kosten Truppen an. Er ist ein echter Unternehmer, der viel Geld in seine erstaunliche Karriere steckt. Nicht nur eigenes, sondern fremdes, das er auf seinen eigenen Namen und Kredit sich leiht. Seine Truppe ist sein Wagnis, sein

finanzielles – und politisches. Ein früher Albrecht von Wallenstein, der seinem Kaiser nicht nur sein ›Armee-Investment‹: seine Landsknechte zur Verfügung stellt, sondern der als ›Verbündeter‹ auf eine politische Vergütung pocht, die – wie bei Pompejus – nicht nur aus Zins besteht, sondern aus Macht im Staat. Pompejus, ungleich vorsichtiger als sein barocker Nachfahr, läßt sich als Oberkommandierender zu Wasser und zu Lande gegen die Seeräuber und deren Hintermann Mithridates vom Senat Blanko-Vollmachten übertragen, die es ihm gestatten, jederzeit auf das aerarium zurückzugreifen, wenn er militärisch und finanziell ins Gedränge kommt. Cicero setzt auf seinen Ruhm als öffentlicher Redner und Philosoph. Das militärische Engagement liegt ihm nicht, obwohl sein jüngerer Bruder Quintus als Caesars Unterfeldherr in Gallien eine gute Figur machen wird. Es liegt also nicht an der Familie. Cicero ist mindestens so ehrgeizig wie die anderen drei und kein bißchen weniger geldgierig als sie. Er sammelt Rittergüter, von denen er mindestens fünf besitzt, und kann Zustände kriegen, wenn er für den Wasseranschluß seines geliebten Tusculanum die dafür vorgeschriebenen Gebühren zahlen soll. Wie ein verblichener hessischer Politiker der Gegenwart kämpft er jahrelang um ›Sonderkonditionen‹. Seine Geldgier macht ihn für jede Art von Advokaten›service‹ fähig. Als sich Pompejus, Crassus und Caesar, Roms starke Männer, in corpore vom thronbedrohten Ägypterkönig Ptolemäus XII., dem Flöte spielenden Vater Cleopatras, einen Millionenbetrag schenken lassen, als Anerkennung, daß sie ihn im Amt ›bestätigen‹, verteidigt Cicero den dieses Geld wider die römischen Gesetze vorschießenden Bankier Rabirius mit dem Argument: er habe dem bedrängten Flötenspieler so selbstlos geholfen wie weiland Platon dem Tyrannen von Syrakus! Nicht mit Rat, sondern mit Geld!
Weil Cicero weder ein Mann der Tat noch des politischen Risikos ist, sucht er zeitlebens Anschluß bei den stärkeren Bataillonen. Sein Pech, daß er sich dabei verrechnet. Weil er auf Pompejus statt den um ihn lebenslang werbenden Caesar

setzt, scheitert er. Selbst als Pompejus tot ist, hält er sich von Caesar fern, der ihm nach seiner ›Machtergreifung‹ aus durchsichtigen Gründen einen ›Kabinettsposten‹ anbietet; widersteht dessen, in seinem Falle wirklich umwerfenden Zweckcharme. Ciceros Abneigung gegen den Dictator perpetuus, die sich in unzähligen Briefen an Freunde und Vertraute enthüllt, verrät ebenso persönliche und berechnende wie grundsätzliche Motive. Vermutlich kannte er die Mordpläne gegen Caesar. Warum sich dann mit einer Leiche, die ihre Totenstarre nur noch nicht bemerkt, verbünden, oder schlimmer: kompromittieren?

Crassus plant seine Karriere ›kapitalistisch‹. Er setzt sein ›zivil‹ erworbenes Vermögen dafür ein, sich in der großen Politik unentbehrlich zu machen. Im Gegensatz zu Caesar vermeidet er jedes Risiko, von politischen Gläubigern in den Orkus der infamia oder cessio bonorum geworfen zu werden. Wir sahen schon: wer sein (Kredit)standing, seine existimatio (öffentlichen Ruf) verliert, ist im Rom der Vor-Caesarreformzeit verloren. Nicht nur finanziell, sondern auch politisch, und kann buchstäblich ›nach Hause gehen‹. Crassus' panische Angst bleibt zeitlebens, daß sich einer der zahllosen von ihm Ruinierten an ihm rächen wird. Seine ›Kugelweste‹ ist sein Vermögen, das er aus Sicherheitsgründen durch seine Sykophanten (Gerüchteausstreuer) ›hoch‹reden läßt. Aber Crassus weiß, was ihm fehlt: die Inschrift auf dem Grabstein. Daß er ein Vermögen gemacht hat, reicht dafür nicht. Unsterblichkeit verschafft erst der militärische Ruhm. Gerade den hat ihm der ›große‹ Pompejus, auf den er, seit ihrer gemeinsamen Jugend ›am Hofe‹ Sullas, eifersüchtig ist, voraus. So setzt er bewußt auf dessen natürlichen Gegenspieler Caesar. Er baut ihn gegen den anderen auf, letztlich für sich. Wenn zwei sich streiten, freut sich in Rom immer ein Dritter. Warum nicht Crassus?

Caesars, des um das Jahr 60 v. Chr. kleinsten und unbedeutendsten im Bunde, Glück oder Stärke ist, daß er aller drei Rivalen Absichten kennt und ihre Strategien mischt. Weil er hochverschuldet (mit mindestens 25 Millionen Sesterzen!) an den Start kommt, ständig mit einem Bein im Schuldturm steht, muß er sich zunächst mit der Methode des Pompejus entschulden. Als er im Jahre 61 v. Chr. als Propraetor die Provinz Spanien zur Verwaltung bekommt, lassen ihn seine Gläubiger nicht aus Rom abziehen. Seiner Schulden wegen. Crassus löst ihn mit Geld und guten Worten (die Bürgschaftscharakter haben) aus. In Spanien macht er sich mit Feuereifer daran, die gar nicht bedrohten, reichen Städte vor (von ihm erfundenen) Überfällen wilder Bergstämme, Vorläufer der heutigen Basken, zu beschützen. Dergleichen kostet natürlich etwas. Und nach einem Statthalterjahr ist die Gefahr, in Rom als Bankrotteur, der weder seine Schulden zurückzahlen kann noch Kredit hat, exekutiert zu werden, gebannt. Als Caesar im Jahre 60 v. Chr. aus Spanien nach Rom zurückkehrt, hat er keine Geldsorgen mehr. Was sich mit der kleinen Münze des Pompejus und des Crassus kaufen läßt, besitzt er nun. Er ist bekannt, hat nicht allzuviel Geld, aber keine Schulden. Was er aber vor allem hat: Rückhalt in der Volksversammlung, bei den Tribunen, wie auch immer diese heißen. Sein eigentliches Spiel kann also beginnen. Kennen wir es?

Selbst den Zeitgenossen geht es zunächst nicht auf. 15 Jahre später wird der, der ihn am meisten unterschätzte, Cicero, resignierend seufzen: »Man hätte ihm Einhalt gebieten sollen, als er noch schwach war; jetzt ist er zu stark.« Damals glauben sie alle: seine Feinde wie seine Freunde, die Auguren hinter der Szene wie die mächtigen Senatoren, die sie bestimmen, der kleine gerissene Makler des Jahres 60 v. Chr., der die beiden starken, aber unzufriedenen Männer Roms: Pompejus und Crassus miteinander aussöhnt, wolle ›nur‹ Consul des Jahres 59 v. Chr. werden.

Noch hegt niemand des Plutarch post-hoc-ergo-propter (danach-also-deswegen)-Argwohn: Schon der Ädil Caesar habe lange vor dem Dreibund den Plan gefaßt, ein zweiter Sulla, besserer Marius oder größerer Alexander zu werden.

Dergleichen post-mortaler Kaffeesatz hätte damals nur ein bedauerndes Lächeln hervorgerufen. Ehrgeizig mag der ›kleine‹ Caesar schon sein, aber er ist weder verrückt noch größenwahnsinnig. Er wird sich seinen Maklerlohn nehmen: eine lukrative Provinz. Und dann werden wir außer ein paar Frauen- oder Männergeschichten nicht mehr allzuviel von ihm hören. Wie man sich doch täuschen kann.
Ist Caesar der smarte Trittbrettfahrer, als den ihn viele seiner gegnerischen Zeitgenossen sehen? Der Mann, dessen ›Genius‹ in nichts weiterem besteht als darin, daß er die Drehtür, die er als Dritter betritt, als Erster verläßt?
Wer die Aktionen des Mannes aus *seiner* Zeit heraus begreift, aus dem System, in dem er wirkt und das er ein Dutzend Jahre später sprengen wird, kommt zu ganz anderen Schlüssen: Caesars unverwechselbare ›Einzigartigkeit‹ wird deutlich, wenn man eine Linie zieht zwischen zwei Ereignissen, von denen das eine gerade vorbei ist, den Zeitgenossen aber noch frisch in der Erinnerung haftet, das andere noch in der Zukunft liegt. Das Ereignis der Vergangenheit ist die zum Ärger des ›Chefanklägers‹ Cicero niemals restlos aufgehellte Verschwörung des Catilina aus dem Jahre 63 v. Chr., das der Zukunft Caesars Krisenmanagement des Rubiconjahres 49 v. Chr., als er in Rom schon herrscht, Pompejus aber ungeschlagen die römischen Zulieferungen (an Lebensmitteln wie an Geld) blockiert, der große Piratenjäger zum noch größeren Piraten wird.
Catilina, wie Caesar ein Mann aus gutem Hause, in den Augen des Senats jedoch auf der falschen Seite kämpfend, putscht gegen die Überschuldung der Minifundien, jener armen Bauern, die ihre Familien nicht mehr ernähren können. Dieser keineswegs heruntergekommene Salonsozialist, ein Gracchus Nummer 3, genießt Caesars offene und gar nicht geheime Sympathie. Der Mann steht für die Ideale der alten Volkspartei, der Marius, Cinna und der Volkstribunen. Cicero, der das Establishment vertritt, macht aus dem verständlichen Protest gegen Zinswucher und Ämterkauf der reichen

Senatoren eine Staatsaffäre. Einen Anschlag auf Gesetz und Ordnung: das römische Schuldrecht, das alle Macht dem (passiven) Gläubiger verschafft und keine Gnade für den (aktiven) Schuldner kennt. Ein sozialer Schädling ist, wer vernichten will, was ›ehrliche‹ Gläubiger sich mühsam erwuchern: mit 24 bis 48 % Jahreszins! Zu letztgenanntem Zinssatz vermittelt beispielsweise der ›ehrenwerte‹ Brutus Staatsdarlehen an cyprische Stadtgemeinden. Erst Caesar wird ihm später auf die Finger klopfen und den Wucherzins auf maximal 12 % pro Jahr begrenzen.
Cicero, der Anwalt der Gläubiger, macht aus Catilinas Sache, den überschuldeten Kleinbauern, die an ihrer Scholle hängen und für nichts Schlimmeres eintreten als eine Neufestsetzung ihrer Altschulden (novae tabulae), helfen zu wollen, das schmutzige Geschäft der paar reichen, leichtsinnig überschuldeten Latifundienbesitzer, die es *auch* unter Catilinas Anhängern gibt. Er nimmt, gekonnter Advokatentrick, das Teil fürs Ganze: wenn sie ›nur‹ ihr Haus und ihren Hof liebten, seien sie gewißlich Ehrenmänner, voll der besten Absichten. Aber machen sich diese überhaupt klar, wofür sie streiten? Für eine der abscheulichsten Sachen, die man sich vorstellen kann: den Bruch der Gesetze! »Horum hominum species est honestissima, voluntas vero et causa impudentissima!« (Diese Männer sind zwar höchst angesehen. Ihr Wollen und ihr Anliegn zählen jedoch zu den schimpflichsten Dingen dieser Welt!)
Als Catilinas Forderungen auf Schuldenstreichung und -begrenzung am Widerstand des Senats scheitern und er sich, unvorsichtig genug, zur offenen Revolte hinreißen läßt, ist sein Schicksal besiegelt. Seine Förderer, Crassus und Caesar, ziehen sich vorsichtig, aber geschickt zurück – und aus der Affäre. Nur nicht erwischt werden! Crassus scheint die von Cicero aufgerührten Untersuchungswogen durch einige private ›Moratorien‹ zusätzlich zu glätten, obwohl er als Gläubiger eigentlich eher auf seiten der Anti- als der Catilinarier zu erwarten wäre.

Was hat Catilinas vergeblicher Aufstand gegen die Zinsknechtschaft der Nur-Bauern und die vested interests der Hochfinanz: jeden Schuldner gnadenlos, ohne erleichternde Umstände oder soziale Billigkeitserwägungen, zu exekutieren, mit der Wirtschaftskrise der Bürgerkriegsjahre 49/48 v. Chr. zu tun?
Wir sahen schon: Als Caesar nach dem Gewaltmarsch über den Rubicon in Rom ›herrscht‹, verhängt Pompejus die Blockade über das von Caesar widerrechtlich besetzte Gebiet. Im austrocknenden Rom steigen Preise und Zinsen um die Wette. An sich sollte dies die Chance der dahinsiechenden bäuerlichen Landwirtschaft sein; denn teuer auf dem Landwege nach Rom gekarrte Lebensmittel haben wieder einen Markt. Aber die Leute haben entweder kein Geld, oder wenn sie es haben, halten sie es zurück. Es ist weder das erste Mal, noch wird es das letzte Mal sein, daß die um sich greifende Unsicherheit vor dem, was kommt, die ›Liquiditätspräferenz‹ der Wohlhabenden ins Uferlose eskalieren läßt. Der Sieger von Rom, Caesar, trifft wie immer den Nagel auf den Kopf, wenn er die Lage militärisch knapp zusammenfaßt: Fides angustior (Vertrauen ist Mangelware).
Damals erzwingt Caesar gesetzlich, womit 14 Jahre zuvor Catilina scheiterte: die sofortige teilweise Schuldenstreichung, Höchstgrenzen für die viel zu hohe (Wucher)-Zinsnahme und eine generelle Besserstellung der Schuldnerposition im römischen Recht. Ganz nebenher, um seinen ›administrierten‹ Zinsen die rechte Marktgeltung zu verschaffen und Schwarzmarktwucher gar nicht erst entstehen zu lassen, ›bricht‹ er die übertriebene Liquiditätspräferenz der Reichen, indem er die Bargeldhortung auf 15 000 Denare begrenzt. Vor allem aber währungspolitisch, indem er erhebliche Mengen Neugeld prägen läßt.
Und die unvermeidliche Inflation, Folge der durch nichts als durch das Prägemetall gedeckten Geldmengenvermehrung? Es gibt Situationen, in denen »zwei Pyramiden oder zwei Totenmessen doppelt so gut (sind) wie eine – besser als zwei Ei-

senbahnen von London nach York«, witzelt 20 Jahrhunderte später der größte Ökonom der Neuzeit, Lord Keynes. Er meinte zwar das alte Ägypten, hätte aber auch Caesar sagen können.

Der neue Mann in Rom braucht nicht nur den Aufschwung, um das Geld für seinen Krieg, der jetzt erst in seine entscheidende Phase tritt, aufzubringen. Er braucht statt fides angustior fides amplior. Einen Vertrauensvorschuß, um das alles einzuleiten, was er sich vornimmt.

Nur: wie ihn bekommen? Die lähmende Angst und Lethargie werden verschwinden, wenn man ›Gerechtigkeit‹ mit wieder ›funktionierender Wirtschaft‹ kombiniert. Die über ›Pyramiden‹ und ›Totenmessen‹ (Nachfrageausweitung) richtiger als über Kapazitätserweiterung und Verschärfung des Konkurrenzdrucks (›zwei Eisenbahnen derselben Strecke‹) angestoßene Wirtschaft wird nur dann zum Selbstträger, wenn ihre Erträge allen zugute kommen.

In der Verschwörung des Catilina wie in der Meisterung der Wirtschafts- und Liquiditätskrise des Jahres 49/48 v. Chr. klingt zum ersten Male *das* Leitmotiv aller späteren caesarischen Reformen an, die, soweit sie liegenbleiben, später der vom Octavian zum Augustus heranreifende Nachfolger – loyal wie nur je ein Erbe – in den 44 Jahren seiner Friedensherrschaft Zug um Zug verwirklichen wird: den Staat dazu zu bringen, *aus sich heraus* zu leben, ohne militärische und territoriale Expansion. Das aber verlangt, daß er nicht nur ›gerecht‹ ist. Seine Gerechtigkeit darf nirgendwo den sozialen Status zementieren, wie die einseitige Bevorzugung der Gläubiger vor den Schuldnern, der Senatoren vor den übrigen Menschen (Ständen, Provinzialen, Freigelassenen, Sklaven), der Reichszentrale vor den Provinzen, des civis romanus vor den im Römerreich vereinten Nationalitäten.

Der Politiker Caesar läßt sich auf den doppelten Nenner bringen, der, wie ›Zahl‹ und Bild seiner modernsten Schöpfung, des Weltgeldes des Aureus, nur Vorder- und Rückseite derselben Münze ist: Ihm sind Privilegien verhaßt, gleichviel von wem. Der Staat muß vielmehr jedem: Adligem, Bürger, Bauern, Bettelmann, Freiem, Freigelassenem, Sklaven, Peregrinen (Noch-Nicht-Römern) seine Chance offenhalten. Das Rom der Caesaren wird in seiner Blütezeit die erste ›offene‹ Gesellschaft der Geschichte werden. In ihr kann jeder jedes erreichen (politisch und wirtschaftlich), sofern er sich im Rahmen der Gesetze hält.

Es ist nicht einfach zu entscheiden, ob die offene Gesellschaft, die das Vermächtnis des größten aller Römer ist, aus sich heraus – ihren eigenen Bewegungsgesetzen und Abläufen – den Weltstaat und die ihn treibende Weltwirtschaft hervorbringt. Oder ob die ›Geschlossenheit‹ dieses Weltstaates und seiner Welt-Wirtschaft die innere Öffnung der Gesellschaft erleichtert. Auch wenn wir die Frage offenlassen müssen, bleibt die welthistorische Leistung des Mannes, der ihr Uhrwerk aufzieht, so daß es selbsttätig abläuft in einem Prozeß, der viele hundert Jahre währt, in einem Zeitalter, das schon die Zeitgenossen ›golden‹ preisen. Und dessen Mechanik wir, so gut es geht, rekonstruieren wollen.

Kapitel 7
Das Uhrwerk, das von selber läuft

»Wir bevölkern ein kleines Stück Erde von Phasis (an der Ostküste des Schwarzen Meeres) bis zu den Säulen des Herkules (an der Straße von Gibraltar) und leben rund um das Meer wie Ameisen und Frösche um ihren Teich.«

Platon (427–347 v. Chr.)

Als Anfang der 70er Jahre der Club of Rome das Wunschbild seiner humanen, Mensch und Natur erhaltenden Wirtschaft an die Wände trostloser Fabriken und trauter Heime malt, verfehlt er mit Sicherheit die Zukunft. Aber auch die Vergangenheit? Er projiziert ein Bild, das vor 2 000 Jahren stimmte, ins 20. und 21. Jahrhundert: das der römischen Weltwirtschaft der Zeitenwende. Auch sie kannte weder:

– ein selbstzerstörerisches Wirtschaftswachstum; Roms Wirtschaft wächst nicht technisch-explosiv, sondern ›natürlich‹: fast 90 % ihres Sozialproduktes (oder Volkseinkommen) entstehen in Landwirtschaft, Forstwirtschaft und Bergbau. Der Ernterhythmus guter und schlechter Jahre schlägt den Takt ihres Produktionstempos an, wie ein Metronom. Kein Fließband, keine Servolenkungen und keine automatisierten und von Computern gesteuerten Impulse irritieren es: die Wachstumsrate heißt jährlich 2–3 %, je nachdem, was die Ernten bringen;

– noch eine umweltfeindliche Großtechnologie; zwar kennt man seit den ›Spekulationen‹ Leukipps und Demokrits im 5. Jahrhundert den Begriff des Atoms. Aber man verzichtet darauf, es zu spalten (was nicht ausschließt, es als philosophisches und medizinisches Argument zu gebrauchen). Winde und keine Dieselmotoren treiben Schiffe sowie Korn- und

Olivenölmühlräder. Setzen sie aus, so ruhen Schiffsverkehr und Vermahlung praktisch den ganzen Winter über. Die Speicher›industrien‹ übernehmen die Versorgung. Schiffsherren und Mühlenbesitzer überholen ihre Anlagen für die nächste Saison;

– und schon gar keinen Raubbau modernen Ausmaßes an der Natur und ihren Schätzen.

Entgegen dem nicht nur marxistischen Vorurteil ist die menschliche Sklavenarbeit nicht billig, sondern teuer. Als das Zeitalter des billigen Sklavenimports – aus der Kriegsbeute – abklingt und der Friede hinter gesicherten Grenzen den wirtschaftlichen Alltag prägt, argumentieren die römischen Wirtschafts- und Agrarschriftsteller (Varro im 1. Jahrhundert vor und Columella im 1. Jahrhundert nach Christus) mit unanfechtbarer Logik: bei gefährlicher Tätigkeit (in ungesunden Gegenden) verwende man ›freie‹ Lohnarbeiter, keine Sklaven. Verunglückt der Arbeiter, ist es sein Risiko, verunglückt der Sklave, das seines Herren. Der Sklave ist Investition, der Arbeiter Betriebsaufwand. Erstere ist zu erhalten und zu verzinsen, letzteres ein Geschäft (der Kauf einer Dienstleistung), für das man zahlt, aber keine Rückstellungen bildet. Caesar macht sich in der Krise der Jahre 50/49 v. Chr. Sorgen, daß bei bestimmten – risikoarmen – Berufen auf dem Lande (Viehzucht, Weidewirtschaft) freie Arbeiter nicht mehr ankommen, und ordnet eine Drittelparität an: Wer 2 Sklaven beschäftigt, muß einen freien Landarbeiter dazunehmen.

Wie reich ist der Durchschnitts-Römer der Zeit um Christi Geburt? Wir werden darauf (in Kapitel 11) noch zurückkommen. Hier nur soviel: er ist dem Augenschein nach ärmer als ein Einwohner Bhangladeshs heute, des ärmsten aller Entwicklungsländer, vergleicht man das Damals mit dem Heute unter Zugrundelegung *unserer* Methoden und *unserer* Vorstellungen eines angemessenen und ausreichenden Lebensstandards. Der für die Vereinten Nationen tätige indische Entwicklungsforscher Surendra J. Patel hat dies unter Ver-

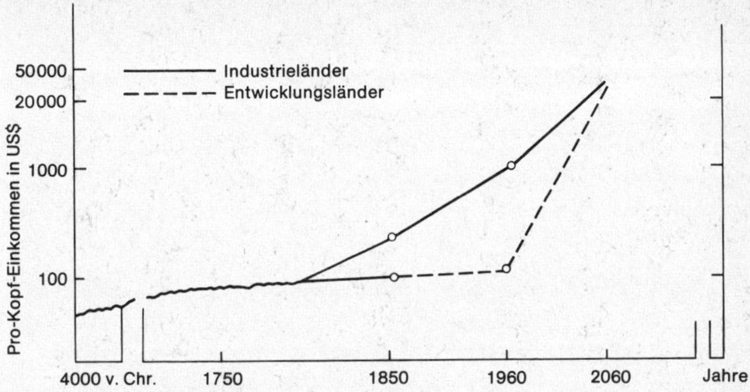

wendung aller verfügbaren Daten über die Zunahme der Bevölkerung und ihres Produktionspotentials für die hinter uns liegenden, einigermaßen übersehbaren 4 000 Jahre Menschheitsgeschichte getan. Das von ihm entworfene Schaubild weist der Zeit um Christi Geburt ein Pro-Kopf-Einkommen (je Mann, Frau und Kind) von rund 50 US-Dollar (rund 125 DM) heutiger Kaufkraft zu. Jährlich, nicht monatlich oder wöchentlich. Doch was besagen seine Zahlen? Dazu Patels eigener, entwaffnender Kommentar:

»Selbst wenn das Pro-Kopf-Einkommen nur um ein Prozent per Dekade gewachsen wäre, hätte es sich bei konstanter Wachstumsrate in zweitausend Jahren versiebenfachen, in dreitausend Jahren verzwanzigfachen und in viertausend Jahren verfünfzigfachen müssen. Daraus würde sich ein durchschnittliches Realeinkommen für Ägypten, Sumer oder Griechenland auf dem Höhepunkt ihrer Kulturen von nicht viel mehr als zwei bis fünf Dollar jährlich in gegenwärtiger Kaufkraft errechnen – ein Zwanzigstel bis ein Fünfzigstel seines Wertes von 1850. Menschliche Existenz in jedweder Form wäre bei einem derartigen Lebensstandard ausgeschlossen.«

Überzeugt diese Argumentation?

Die Visionen des Club of Rome mögen für die Vergangenheit stimmen, nicht für die Zukunft. Patels Zahlen wiederum mögen für die Zukunft stimmen, nicht für die Vergangenheit. Warum? Weil Einkommen, Lebenstandard und Geldwert immer nur Meßlatten ›ihrer‹ Zeit sind, nicht unserer.

Geld ist zur Römerzeit vor allem Stadt- und Fernhandelszahlungsmittel. Auf dem platten Land, das 90 % der Bevölkerung beherbergt und ernährt, herrscht weitgehend Selbstversorgerwirtschaft, wie in der Mehrzahl der heutigen Entwicklungsländer auch. Den Leuten auf dem Land geht es nicht schlecht; sie haben satt zu essen; der überwiegende Teil ihres Einkommens wird in natura ›gezahlt‹: Weizen, dem römischen Universallebensmittel (in Rom ißt man noch nicht einmal ›sonntags‹ Fleisch), Olivenöl (der antiken ›Butter‹), frischem Obst und Gemüse. In Caesars Heer bricht einmal geradezu ›Meuterei‹ aus, als es über Wochen nur Fleisch, kein Getreide als Proviant gibt. Das Wort ›frumentum‹ (Getreide) steht ganz einfach für ›Ernährung‹ oder ›Proviant‹.

Aber auch die Stadtbevölkerung bezieht oft noch bis zu 2/3 ihres laufenden Einkommens ›unbar‹: in Lebensmitteln und Gebrauchsartikeln. Seit sich die Republik anschickt, die Welt zu erobern, ist sie bestrebt, Teile der den eroberten Provinzen erpreßten Beute zu ›sozialisieren‹, oder richtiger: zu ›popularisieren‹. Die hauptstädtischen Massen werden aus den Staatsspeichern und -lagerhäusern (horrea) verköstigt; satte Bürger, genauer: Staatspensionäre, proben seltener den Aufstand als hungrige. Eine Erfahrung, an die sich später die Caesaren halten werden. Man muß sich also das von Patel errechnete Durchschnittsgeldeinkommen als ein für Luxusgüter und -genüsse (für die heute wie damals Barzahlung verlangt wird) zur Verfügung stehendes ›Taschengeld‹ vorstellen. Der wahre Reichtum Roms und seiner Bürger, Provinzialen, Freigelassenen und Sklaven erschließt sich erst, wenn man ihn statt in Geld- in *Real*einkommen und -vermögen mißt.

Roms Geldeinkommen bleiben über Jahrhunderte ziemlich gleich. Ein hauptstädtischer Arbeiter verdient zur Zeit der späten Republik (kurz vor Caesars Machtantritt) mindestens 2 Sesterze (HS, wie wir sie künftig abkürzen wollen) täglich, 60 HS monatlich, 720 HS jährlich. Teilt man diese Beträge durch 4, erhält man ihren Gegenwert in Silber-Denaren (die wir künftig mit D abkürzen wollen; 1 D = 4 HS). HS ist die gängige Umlaufs-, D die offizielle Zähl- oder Rechengeldeinheit der römischen Wirtschaft.
Der Mann erhält also in Denaren: ½ D täglich, 15 D monatlich, 180 D jährlich. Was kann er sich dafür kaufen?
Ein ›Maß‹ Weizen (1 modius = knapp 9 l oder 6,75 kg) kostet damals ½ D. Der Mann arbeitet also einen Tag lang für rund 7 kg Weizen oder 25 000 Kalorien (rechnet man das kg Weizen zu 3 600 Kalorien), von denen er (die übrigen Naturalbezüge nicht gerechnet) gut eine Woche leben kann. Allein. Jeden Tag der Woche, den er zusätzlich verdient, könnte er sich einen Familienangehörigen leisten: zur Not eine Frau und 6 Kinder. Die sicherlich nicht üppig, aber genug zum Leben hätten.
Freilich: der Römer gibt für Ernährung (Getreide) fast 80 % seines Familien-Budgets aus; sein deutscher Nachfahre ›investiert‹ nur noch 40 % seiner laufenden Einnahmen ins nackte Überleben! Wir wollen auf diese – und andere – Zahlen noch in Kapitel 11 zurückkommen.
Allein aus der letzteren Relation lassen sich, wenn überhaupt, Schlüsse auf den materiellen Fortschritt ziehen. Denn dafür zählt, was *nach* Sicherung der nackten Existenz *noch* übrigbleibt: für Hobbyausgaben, Sparen usw. Das ist heute mehr als zur Römer-Zeit.
Dennoch ist es Roms ›unterentwickelte‹ Wirtschaft, die der damaligen Menschheit *die erste Existenzsicherung der menschlichen Geschichte ermöglicht.* Ein ausreichendes, ja nach damaligen Maßstäben sogar üppiges Existenzminimum, das nicht nur einigen happy few (die man damals noch beati possidentes nennt) zufällt – sondern allen!

Sucht man nach Parallelen in der neueren Geschichte, so bleibt nur Mao Tse-tungs Sieg über das mit herkömmlichen Methoden nicht mehr regierbare China des Jahres 1949 n. Chr. Maos Regime sichert mit eher vor-marxschen Methoden (einer fast ›antiken‹ Kapitalbildung über staatlich organisierte Arbeit der Massen: in Feldmelioration, Bewässerung, Straßen) ebenfalls erstmals seit Jahrhunderten das Überleben aller – die erste Aufgabe, die jeder menschlichen Gesellschaft gestellt ist.
Verglichen mit Rom steht noch nicht fest, wie es um die zweite, nicht minder wichtige Aufgabe jeder Gesellschaft bestellt ist: Gerechtigkeit und Chancengleichheit zu gewährleisten, d. h. offen für alle zu sein, unüberschreitbare ›Stände‹barrieren ein für allemal zu beseitigen. Ein Vorsprung, den Rom nicht nur vor China hält.
Roms permanenter Prozeß der Steigerung des Lebensstandards, der Verbesserung der *Real-*, nicht Geldeinkommen seiner Bevölkerung, resultiert aus einer Verbreiterung des Güter*angebotes*. Ausgelöst durch eine anhaltende Sogwirkung seiner *Nachfrage*. Wie das?
Wir können uns die weltwirtschaftliche Ausgangslage, aus der heraus das Experiment gestartet wird, aus einer Fülle von Einzelangaben und -belegen ›errechnen‹.
Die Römer plündern nicht nur seit gut 200 Jahren die ganze Umwelt der Apenninhalbinsel nach allen Regeln der Kunst und investieren, was sie an ›Liquidität‹ (münzbarem Metall) erbeuten, in Italien: in Landgütern, Bauten, Stadtverschönerungen, Infrastruktur (Wasserleitungen, Straßen usw.). Entscheidend: der Gegenwert all dieser aus ›importierter Liquidität‹ finanzierten Anlagen zirkuliert in großen Summen als ungesättigte Kaufkraft: als flüssiger Gewinn der Großgrundbesitzer (vor allem Senatoren), sagenhafter Profit der Bauunternehmer (überwiegend Ritter) sowie in Form ›gehorteter‹ Geldlöhne der Land-, Bau- und Stadtarbeiter. Rom und Italien besitzen zur Zeit der caesar-augusteischen Konsolidierung einen erheblichen Wohlstands- und daher auch

Nachfragevorsprung vor dem Rest der Welt. Diesseits wie jenseits der Grenzen mit den Barbaren. Die unvermeidbare Folge: Roms finanzkräftiger Appetit auf buchstäblich alle Herrlichkeiten dieser Welt läßt alle Produzenten und Händler nur einen Markt ausmachen: Rom und sein italisches Umland. Selbst die traditionellen Wohlstandszentren wie Alexandria und Antiochia treten ihm gegenüber zeitweise in den Hintergrund.

Das Imperium Romanum hat darum in seinen besten Zeiten eine *passive*, keine aktive Zahlungsbilanz. Ganz anders als die modernen Wirtschaftsimperien: England im 19. und die USA lange Zeit im 20. Jahrhundert.

Roms über Jahrhunderte *passive* Zahlungsbilanz bringt der antiken Welt vier Vorteile und einen Nachteil. Die Vorteile genießen *alle* Reichsteile und Provinzen, den Nachteil erträgt einzig und allein Italien. Studieren wir zunächst die Vorteile der Reihe nach.

Erstens: Weil Rom per Saldo mehr importiert als exportiert, zieht es die zurückgebliebene Umwelt nach. Diese ›importiert‹ nämlich Nachfrage, Einkommen und Beschäftigung, die Rom aus seinem Einkommensvorsprung abgibt. Alle Reichsteile und die ›barbarische‹ Außenwelt verdienen an diesem Zusatzgeschäft mit der Zentrale, die sich so benimmt wie heute kein einziges Industrieland gegenüber seiner ›unterentwickelten‹ Peripherie. Rom gibt durch seine Nachfragesteuerung das Wachstums- und Integrationstempo der von ihm geführten Welt an. Es ist der Führer des Geleitzuges.

Zweitens: Roms permanente Importüberschüsse vergrößern und verbilligen das Angebot auf seinen Hausmärkten. Seine einstmals ›importierte Inflation‹ weicht zunehmenden und spürbaren Preis- und Kostensenkungen. Und einer ständigen Verbesserung der Qualität. Roms Geldverdiener können trotz gleichbleibender (Geld-)Einkommen *mehr* für ihr Geld kaufen. In Quantum wie Qualität. Wohlstand und Lebenshaltung steigen auf diese Weise *real*, weil das von Jahr zu Jahr wachsende Mehrangebot der ganzen Welt die Konkurrenz beflügelt – die davon schließlich ihren Namen erhält: vom ›Zusammenlaufen‹ (lat. concurrere) der viel zu vielen Händler um den einen König Kunden, den einzigen, den Rom duldet.

Drittens: Roms ›marktwirtschaftliche‹ Preis- und Kostensenkungen begrenzen wiederum die Inflationsspielräume der übrigen Umwelt. Geizt Rom mit der Bewilligung höherer Preise, lassen sich diese auch nur schwer oder gar nicht auf den Nebenmärkten der Provinzen durchsetzen. Roms passive Zahlungsbilanz integriert deswegen nicht nur das Imperium zu einem ›Gemeinsamen Markt‹ annähernd gleicher und sich real verbessernder Lebensbedingungen. Sie ermöglicht diese Integration ganz ohne ›Stabilitätsopfer‹. Im Gegenteil: Wer sich römisch integriert, wird seine aus Isolierung, Abschottung von den Weltmärkten (die in Rom zu Hause sind) resultierende ›hausgemachte‹ Preis- und Kostensteigerung los. Er importiert Stabilität und steigenden Geldwert – und nicht, wie heute, Inflation und Geldentwertung.

Viertens: Roms passive Zahlungsbilanz macht die Stadt zur ›City‹: zu *dem* Geld- und Finanzzentrum der Welt. Wer Jahr für Jahr, Jahrzehnt für Jahrzehnt, Jahrhundert für Jahrhundert mehr kauft als verkauft, muß in Höhe der Differenz entweder Kredit aufnehmen – oder bar bezahlen. Rom hat zwar jeden Kredit, den es braucht. Aber es zieht die Barzahlung vor. Genauer: seine Lieferanten ziehen die Barabrechnung vor. Nicht weil sie dem römischen Kredit mißtrauen, sondern weil Geld knapp ist. Selten und äußerst begehrt. Weil Rom mit römischem Geld bezahlt, seinen Sesterzen und Denaren, erscheint sein Markt doppelt attraktiv: seiner Kunden und ihrer Zahlungsweise wegen.

Plinius d. Ä. veranschlagt die ›Liquiditätspräferenz‹ allein des Ostens für römische Münzen auf »rund 100 Millionen Sesterze jährlich«; sie dürfte also, bezogen auf die ganze Welt, weitaus größer gewesen sein. Denn außer dem ungesättigten Geld- und Schmuckbedarf der geldlosen ›Barbaren‹ gibt es ein höchst einleuchtendes, wenn auch heute aus nahezu jeder Mode geratenes wirtschaftliches Motiv: bei steigendem Geldwert kostet Kassenhaltung nichts. Was man – vielleicht – an Zinsen verliert, kommt über den bei fallenden Preisen *steigenden* Realwert der Geldvorräte wieder herein!

Rom versorgt für Jahrhunderte die Welt mit Geld. Dem schönsten und stabilsten, das es über so lange Zeiten und so weite Räume je gab. Bis heute. Wenn sich in etwas die Sehnsucht nach dem ›Goldenen Zeitalter‹ verdichtet, dann in Roms bis zur Stunde taghell funkelnden Münzen. Caesar, der rationalste unter den römischen Lenkern, mit dem sicheren Gespür für die magischen Sehnsüchte der Völker, weiß, was er tut, als er den silbernen Denar durch den *Aureus* krönt: der 25 D und 100 HS wert ist und bleibt, solange sein Reich floriert.

Und der Nachteil der passiven Zahlungsbilanz? Er trifft mit voller Wucht Italien. Es leidet unter der Billig-Preis-Konkurrenz der ganzen Welt wie keine andere Region des Reiches. Italien versorgt Rom mit Getreide und Landwirtschaftsprodukten, solange der Stadtstaat nicht über die Apenninhalbinsel hinaus expandiert. Aber: mit jeder neuen Provinz tritt ein neuer Konkurrent zum Kampf um den römischen Markt in die Arena. Italien, zur Zeit des 1. Punischen Krieges (Mitte 3. Jahrhundert v. Chr.) ein blühendes Bauernland, muß sich schon 50–100 Jahre später auf großflächige Weide- und Gartenwirtschaft umstellen. Schon zur Zeit der Gracchen (in den 30er und 20er Jahren des 2. Jahrhunderts v. Chr.) hat es seine Struktur von Mini- zu Latifundien extensiviert, was den Aufstand der nicht mehr mitkommenden Kleinbauern auslöst. Aber auch die Schafzucht, Obst- und Gemüseanbaulatifundien sind auf Dauer nicht zu halten. Ab dem 1. Jahrhundert n. Chr. weicht man verstärkt auf hochwertigen Wein- und Olivenanbau aus. Aber beide Produktionen haben ihre liebe Mühe, sich gegen die höheren Qualitäten Griechenlands, Nordafrikas und Spaniens zu behaupten. Eine Umstrukturierungskrise ohne Ende.

Die Folge: Ab dem 2. Jahrhundert n. Chr. wird Italien überwiegend Investitions- und Kapitalanlageland. Kein Produktionsland mehr. Die *Spekulation* überrundet die Produktion. Wer es sich leisten kann, legt den größten Teil seines Vermögens in italischen Immobilien an, die am werthaltigsten und schwankungssichersten in der Nähe der Hauptstadt sind. Und da in den kleineren Hafen- und Provinzstädten Italiens auch Geld verdient wird, bilden die sich um die Reichtumszentren ausbreitenden ›Ritterguts-Zonen‹ bald ein fast nahtloses Geflecht. Es reicht im Norden bis in die Transpadana, greift im Süden und Westen bis auf die Inseln Sizilien, Sardinien, Korsika und Elba über: Großgüter, die ›industriell‹ von Managern und Sklaven bewirtschaftet werden, oft von einem seinem Herrn bedingungslos ergebenen Sklavenmanager, der alles erwarten kann: sogar seine Freiheit. Und von auf eigene Rechnung und Gefahr arbeitenden ›freien‹ Arbeitern bzw. Pächtern. Der Wert dieser Güter liegt mehr im ›toten‹ Kapitalwert des Bodens (der ständig steigt) als im laufenden Ertrag. Und was sie produzieren, sind Spielereien bis Lekkerbissen: Spalierobst, Fische, Geflügel. Dinge, die gehen. Aber nur: solange man in Rom und in den übrigen Städten Geld hat und gut verdient. Lediglich auf den armen Felsböden des oberen Apennin, in der rauhen Toskana und den Hochebenen Umbriens überdauern vereinzelte Bauerngehöfte den vereinten Ansturm von Bodenspekulation, Geldanlegern und Prestigebauern.
Als das Reich im 4. und 5. Jahrhundert n. Chr. eine nach der anderen seiner ›überseeischen‹ Versorgungsquellen verliert, kann sich das einstmals blühende Italien nicht mehr selbst ernähren. Es ist ein Opfer weltwirtschaftlicher Arbeitsteilung geworden, die so lange Wohlstand produziert, wie der Verbund besteht. Keinen Tag länger!
Diese Weltwirtschaft der Wachstumsrate des Pro-Kopf-Einkommens von Null, deren von Ernten abhängige Produktion kaum stärker steigt als die Bevölkerung sich vermehren kann (wahrscheinlich 2–3 % pro Jahr), deren Wohlstand aber ›re-

al‹ zunimmt, weil ein durch Handel reicheres und Konkurrenz billigeres Angebot die Preise drückt (und auch die Zinsen, wie wir noch sehen werden), gewährt den gleichen Geldeinkommen dennoch permanent mehr Kaufkraft: einen von Jahr zu Jahr steigenden, keineswegs fallenden Lebensstandard.

Den ›Wachstumsimpuls‹, den die Weltwirtschaft von ihrer Umwelt empfängt, können wir von Weltkarte zu Weltkarte ablesen. Buchstäblich.

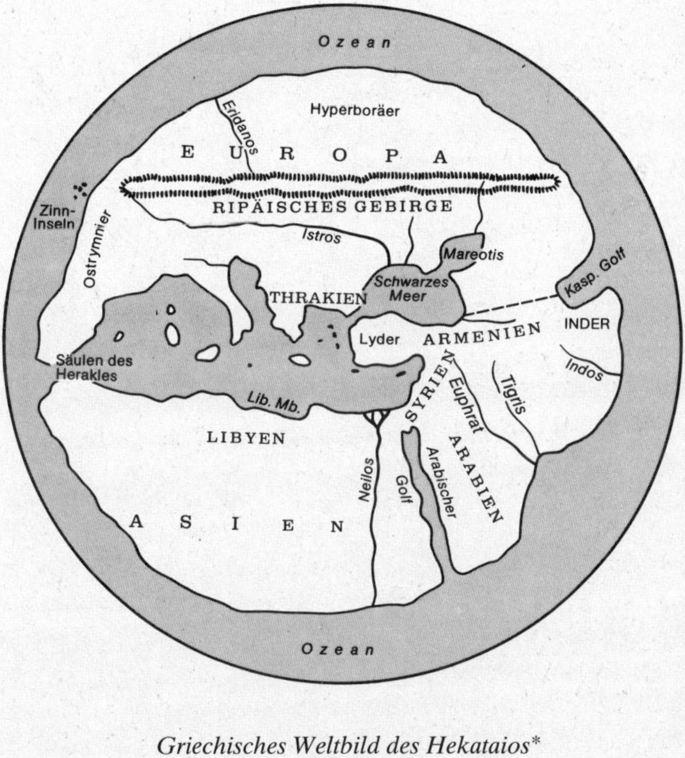

*Griechisches Weltbild des Hekataios**

Hekataios von Milet (um 500 v. Chr.), der bis ins ferne Indien reist (vemutlich mit Karawanen, die erst der persischen Königsstraße ›hinauf‹ nach Susa, Ekbatana, Pasagardae, den hochgelegenen Perser-Hauptstädten folgen und dann der Seidenstraße durch Afghanistan, den Kabulfluß ›herunter‹ bis zum Indus), sieht die Erde als begrenzte ›Scheibe‹, die zur Hälfte von Europa eingenommen wird, seine Geburtsstadt, das an der Mündung des Mäander gelegene reiche, ionische Milet in der Mitte.

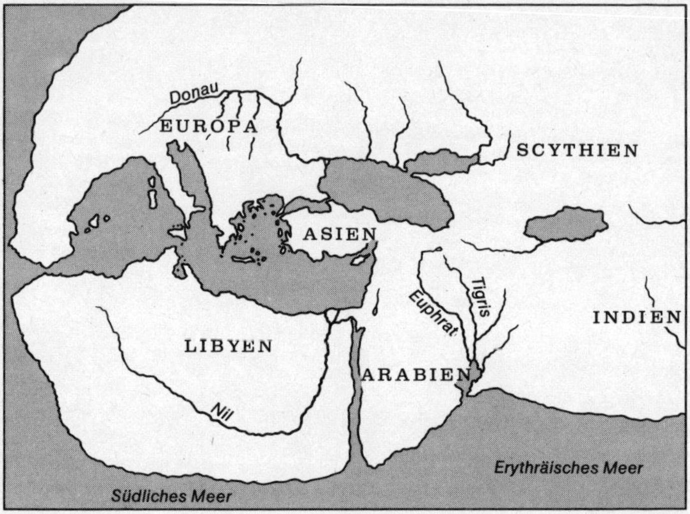

*Weltbild des Herodot**

Auch der griechische Gelehrte und Globetrotter Herodot (um 450 v. Chr.) hat, obwohl weitgereist, noch einen höchst engen Horizont. Die Welt, das ist ›sein‹ Mittelmeer, die östliche, ionische Hälfte, mit seiner Geburtsstadt Halikarnass (dem heutigen Bodrum), an der Südwest›ecke‹ Kleinasiens (der heutigen Türkei), in der Mitte; Europa verliert sich für ihn nördlich der Donau; Rheinmündung, Britannien, Skandinavien sind noch nicht entdeckt. Doch schon große Teile Südrußlands und Nordindiens. Nicht China; und Afrika, nur soweit das Rote Meer Arabien von Ägypten trennt. Sein Weltbild läßt genau erkennen, wie weit der Handel damals geht. Die Kaufleute, nicht das Militär und auch nicht die Wissenschaft, erkunden die Welt und ihre ›Sehenswürdigkeiten‹, immer auf der Suche nach Novitäten, um sie zu Hause auf den Märkten feilzubieten.

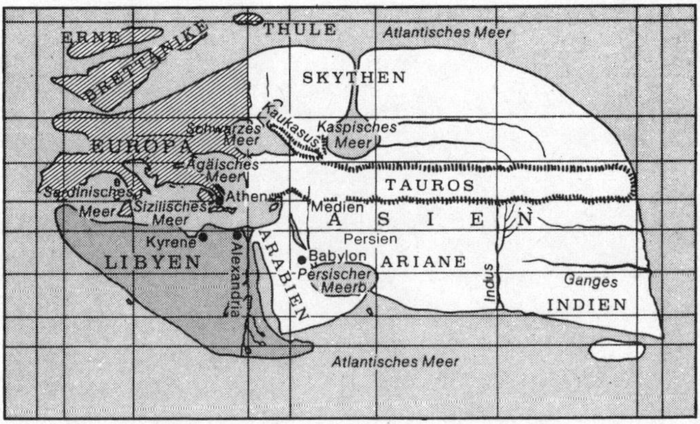

*Hellenistisch-römisches Weltbild (nach Eratosthenes)**

Erst der Kyrener Eratosthenes, um das Jahr 250 v. Chr. ins neue Wissenschaftscenter der hellenistischen Welt, Alexandria, berufen, wird die neuen Horizonte des legendären Alexanderzuges weit in den Osten hinein verarbeiten, die Welt wächst nach Osten, nicht nach Westen: Indien nimmt Gestalt und Form an, aber noch fehlt China, das der Himalaya dem Handels-Blick versperrt.
Eratosthenes ist der erste Kartograph, der nicht malt, sondern rechnet. Er verfehlt den richtigen Erdumfang nur knapp mit rund 45 000 km (statt 40 000 km).
Nur 350 Jahre später wird der ›römische‹ Alexandriner Claudius Ptolemäus (um 150 n. Chr.) für die nächsten anderthalb Jahrtausende zusammenfassen, wie man die Welt sieht, was man von ihr kennt. Seine Karte beschreibt Roms Weltwirtschaft: sie reicht im Osten bis China, dessen Umrisse man

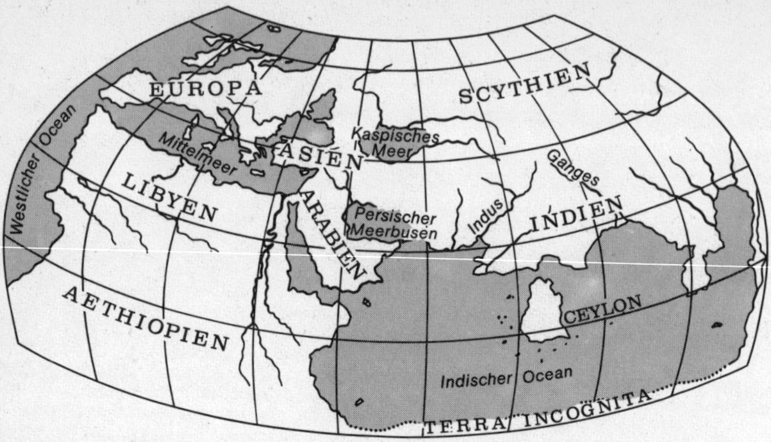

*Weltbild des Ptolemäus**

ahnt – nicht mehr! –, wo sich die Seidenstraße verliert. Erst der Venezianer Marco Polo wird sie im 13. Jahrhundert n. Chr. bis an ihren Ursprung zurückverfolgen, auf dem Landweg und noch nicht zu Schiff, was erst lange, nachdem Vasco da Gama (1498) den Seeweg nach Indien wiederentdeckt, möglich wird. Roms geographisch-wirtschaftlicher Horizont endet im Westen, wo auch schon Herodot und Hekataios die Zäune, die die Welt verriegeln, vermuten: an den Säulen des Herkules, der Straße von Gibraltar. Eine Grenze, die weder die Araber (die das Weltbild des Ptolemäus als ihren ›Almagest‹ übernehmen) noch das Mittelalter überspringen werden. Bis der Genuese in spanischen Diensten, Christoph Columbus, den Schlüssel für die Öffnung des Tores nach dem Westen findet. Ein Alexander, der friedlicher reist, wenn auch nicht ungefährlicher. Und dessen Entdeckung die Welt und Weltwirtschaft nicht weniger verändert als des Mazedonen Ostfeldzug.
Mit Ptolemäus wird nicht nur ein kartographischer Höhepunkt erreicht. Seine Erfassungsmethode ist von kühler, phantasiefreier Wissenschaftlichkeit. Um sich nicht ins

Bockshorn seegarnspinnender Fahrensleute jagen zu lassen, prüft er, wo immer möglich, gegen. Vermutlich auch die auf den ersten Blick phantastischen Logbuch-Angaben des griechischen (oder ägyptischen?) Seefahrers Hippalus und des griechisch (aber kein allzu gutes) schreibenden Autors des ›Periplus des erythräischen Meeres‹ über seine kühnen Fahrten nach Afrika und Indien. Gewährsmänner bestätigen, daß beide nicht flunkern: einer erreicht sogar auf der Periplusroute Zabae (das heutige Singapur), um von dort bis Kattigara (dem heutigen Kanton) in China zu gelangen. 1 200 Jahre vor Marco Polo! Auf dem See- und nicht auf dem Landweg. Südindien, Ceylon, der malayische Archipel, Ptolemäus' Chryse oder ›Goldener Chersones‹ sowie das ferne Land der Serer sind somit keine Erfindungen, sondern Realitäten. In riskanten Handelsreisen wissen griechische, ägyptische, vom Geschäft mit Rom via Alexandria lebende Kaufleute, sie zu nutzen. Und was sie aus der Ferne an exotischen Produkten mitbringen: Pfeffer, Zimtblatt (Malabathrum), Seiden-, Baumwoll-, Musselinstoffe, Schildpatt, Perlen und Halbedelsteine (Achat, Karneol, Jade, Topas, Saphir) und Diamanten.

Mit Ptolemäus verflüchtigt sich die ›naive‹ Weltbetrachtung seiner griechisch-hellenistischen Vorläufer, sich und den eigenen Standort für den Nabel der Welt zu halten. Rom rutscht an den äußersten westlichen Rand der Welt; es lehnt sich mit dem Rücken auf die Säulen des Herkules. Aber seine Fernhandels-Märkte liegen im Osten: in Arabien, Indien und China. Sowie an der Ostküste Afrikas, wenn man von der Meerenge des Tals der Tränen (dem heutigen Bab el Mandeb) das Rote Meer verläßt und längs der Küste entlang nach Erythräa und weiter südlich ins heutige Tansania fährt: nach Dar-es-Salam oder das damalige Rhapta.

Moderne Kartographen wie Arno Peters finden zwar – sicher zu Recht –, daß selbst die metrischen Projektionen eines Mercator (des Deutschen Eduard Kremer) aus dem 16. Jahrhundert, der ersten maßstabgerechten Weltkarte, die ›alles‹

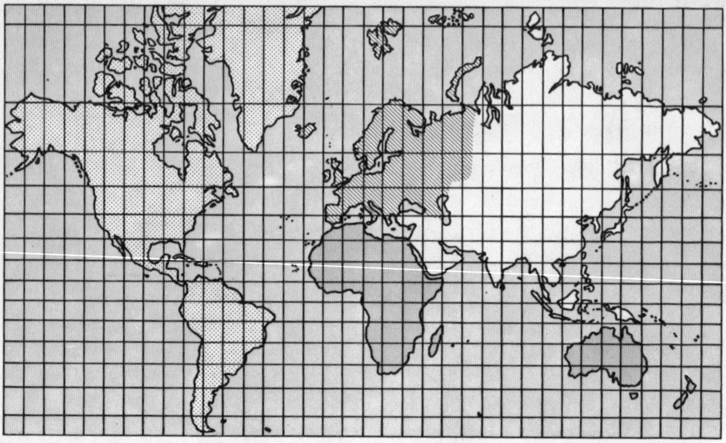

Eurozentrische Weltkarte (Mercatorprojection)

enthält, was bis dahin entdeckt ist, nicht frei sind von unterschwelliger ›Egozentrik‹. Europa und die nördlichen Einzugsgebiete des ›weißen Mannes‹ werden perspektivisch überzogen. Die ›beherrschte‹ Welt der anderen Farben und Rassen kommt buchstäblich zu kurz. Letztlich aus demselben Grund, der auch schon dem Ptolemäus zu schaffen macht: wer seine Informationen von Leuten bezieht, die sich mehr für Geld und Ware interessieren als für die Krümmungen der Flüsse und die Erhebungen der Landschaften, muß dergleichen in Kauf nehmen. Er erfährt zum Ausgleich etwas mehr über die Wirtschaft als über die Natur.

Die in den Weltbildern eingefangene ›Geographische Evolution‹ der rund 650 Jahre, die zwischen Hekataios und der Weltkarte des Ptolemäus liegen, in denen das klassische Hellas entsteht und vergeht, Alexander sein hellenistisches Großreich errichtet und seinen Nachfolgern zur Selbstzerstörung überläßt und schließlich Rom die Zügel der Welt ergreift und anzieht, ist das einzige und eigentlich ›dynamische‹ Element der Wirtschaft jener Zeit. Die im Osten entdeckten und erschlossenen Märktc bringen nicht nur neue Produkte nach Rom, Geld nach Indien, Arabien und Afrika. Es

müssen neue, das Abenteuer des ›erythräischen Meeres‹ (des Indischen Ozeans) bestehende Schiffstypen gebaut werden, mit einer Ladefähigkeit, die sich lohnt: mindestens 1 000 Tonnen. Aber oft auch bis zu 2 000 und 3 000 Tonnen. Wir wissen z. B., daß die beiden Lastschiffe, die die Obelisken aus Ägypten abholen und nach Rom bringen, zwischen 1 300 und 1 400 Tonnen an Bord nehmen können – und müssen. Das römische Schiff Isis, das im 2. Jahrhundert n. Chr. zwischen Rom und Alexandria Linie fährt, befördert bis zu 3 500 Tonnen. Die Schiffe auf der Fernostroute, die seegängiger sein müssen als die ›Kähne‹, die man dem im Sommer ruhigen Mittelmeer anvertrauen kann, müssen zwar kleiner und wendiger sein, stellen aber, gemessen an der Küstenschifffahrt der Vorzeit, einen Riesensprung seetechnischer Innovation dar. In Konstruktion wie Ausrüstung. Und Ausbildung des seemännischen Personals. Weder Phönizier noch Griechen, von denen die Römer in der Schule der Karthager (ihren Angstgegnern des 3. Jahrhunderts v. Chr.) die Seeschiffahrt lernen, wissen allzuviel von Sternbildern. Und sie verfügen über keinerlei leistungsfähige nautische Hilfsmittel, obwohl des Pythagoras und Euklid Geometrie sie ihnen nahelegen. Aber die Indienfahrt ›erzwingt‹, daß man vom großen zum kleinen Bären als Leitsternbild übergeht: die Achse des Polarsterns entdeckt. Und den Monsun, der es ermöglicht, zwischen Juli und September mit den ›etesischen Winden‹ ostwärts zu segeln und bei richtiger Schrägstellung des an sich unbeweglichen Rahsegels die ferne Malebaren(West-)küste Indiens in 2 bis 3 Wochen zu erreichen. Nicht länger, als man braucht, das Mittelmeer in seiner vollen Länge von Gades, an den Säulen des Herkules (dem heutigen Cadiz), bis Alexandria, Rhodos oder Antiochia (dem heutigen Antakya) zu durchqueren.
Was den kühnen Seefahrern der Antike fehlt, jede ihrer Reisen zu einem Wagnis für Mannschaft und Ladung macht, ist der *Kompaß*. Jetzt rächt sich, daß der Periplus-Autor bereits im Golf von Bengalen umkehrt und nicht bis China durchse-

gelt. Vermutlich hätten ihm die Chinesen schon damals einen Kompaß zeigen können. Europa kennt ihn erst ab Beginn des 13. Jahrhunderts; er leitet das entdeckungsreiche Zeitalter des portugiesischen Prinzen Heinrich (des Seefahrers) ein, aus dessen Schule alle großen Weltumsegler des 15. Jahrhunderts hervorgehen. Mit Schiffen, die weit mehr ihrem Forschungsauftrag entsprechen als möglichen oder erhofften Handelsprofiten. Columbus' ›Santa Maria‹ kann allenfalls 150 Tonnen laden, ein Zehntel des antiken Ladefaktors, hat aber bewegliche Segel und einen Kapitän, der, außer seiner Bibel, alle Sternzeichen am Firmament auswendig kennt, mit seinem Sextanten jederzeit den Standort und seinem Kompaß jederzeit den Kurs des Schiffes überprüfen kann.

Roms Fernhandel bringt nicht nur technische Verbesserungen die Fülle hervor: infrastrukturelle Wunder wie den Tag und Nacht besetzten Leuchtturm nach dem Muster des ›einmaligen‹ Pharos von Alexandria (den Sostratos von Knidos bereits um 280 v. Chr. erbaut), dic kombinierten Lade- und Löschkais von Ostia und Puteoli (dem heutigen Pozzuoli bei Neapel), den beiden wichtigsten Eingangshäfen für Italien. Die Waren müssen sachgerecht gestapelt und gespeichert werden, in Silos (horrea), die in Rom, Ostia, Puteoli, Alexandria und seinen Zulieferhäfen, Tyrus und Antiochia, ganze Viertel füllen, geordnet nach Produkten. Mit eigenen Lade- und Abfuhrwegen. Und Lüftungsschächten (suspensurae). Vor allem aber will der höchst riskante, anschwellende Fernhandel finanziert und versichert werden. Die societates finden hier ihr eigentliches Feld. Sie geben Darlehen, übernehmen Schiffs- und Ladeanteile und versichern die enormen Verlustrisiken.

Wir wissen wenig über ihre Konditionen, die angesichts der hohen Wagnisse mehr ›Prämie‹ als ›Zins‹ gewesen sind. Hinzu kommt meist noch folgendes Problem: der Schiffseigner (meist eine Gesellschaft) ist nur im Ausnahmefall der Kaufmann. Die Gesellschaft ist zumcist nur der Reeder, der den Transportraum zur Verfügung stellt. Vermietet. Schiff und

Ladung sind also getrennt zu finanzieren und zu versichern. Verhältnismäßig einfach liegt der Fall, wenn Schiff und Ladung uno actu untergehen. Was aber, wenn der Kapitän, um das Schiff und einen Teil der Ladung vor der wilden See zu retten, andere Teile über Bord gehen läßt? Oder was wird aus dem Eigentum bei Ländung eines unbekannten Wracks? In allen Hafenstädten arbeiten ganze Dienstleistungkonzerne, die Schiffe vermieten, Anteil und Ladung finanzieren und versichern. Und Rechtsanwaltssozietäten und -kanzleien, die Schadensfälle regulieren, mit allem Aufwand anwältlicher Schläue und Gerissenheit.
Thomas Pekáry vermutet z. B., »daß die berühmte ›Piazzale delle Corporazione‹ in Ostia, der große viereckige Platz mit den kleinen Läden oder Kontoren, vor denen jeweils cin Mosaik als Schild zu sehen ist, nicht so sehr dem Warenverkauf diente, wie meistens angenommen, sondern ... der Schiffsvermietung. Darauf deuten die zahlreichen abgebildeten Schiffe hin, aber auch der Umstand, daß die Kontore zu klein sind, um darin Warenmuster aufbewahren zu können«. Durchaus überzeugend.
Der um sich greifende See- und Fernhandel modernisiert die Wirtschaft in Technik, Abwicklung und ›kapitalistischer‹ Gesinnung. Die Leute lernen rechnen, wägen, spekulieren. Der Beruf des Kaufmanns, bei den Griechen nicht allzu hoch im Kurs, wird in römischen Zeiten zunehmend ehrbarer. Nicht weil ein Kaufmann römischen Rechts weniger betrügt. Der Ruf folgt der Dimension. Je großartiger die Transaktionen (gewagter und größer), desto ›königlicher‹ wirkt der Mann auf seine Umwelt, obwohl er deswegen eher größere als kleinere Spannen nimmt. Cicero spricht aus, was alle denken: »Der Beruf des Kleinhändlers ist schmutzig. Nicht jedoch der des Großhändlers, der zwischen Meer, Hafen und Grundbesitz vermittelt.«
Die enormen Risiken verlangen, daß man nicht in Prozentsätzen unter 100, sondern über hundert kalkuliert. Die Einheit Pfeffer direkt aus Indien importiert kostet 1 000 % mehr

als loco. Fracht, Versicherung und Risiko inbegriffen! *Ein* geschicktes Geschäft macht den Fernhändler reich, das nächste kann ihn ruinieren, also muß er spekulieren, Risiken teilen und mischen. Und stets in *Geld* und nicht mehr, wie der Bauer und Gutsverwalter, in Saat*gut*, Ochsen und allenfalls einfachen Renditen denken.

Die Elemente dieser Handelsökonomie heißen: Markt, Disposition, Risiko, Kalkulation, Abwägen, Geld, Kosten und Ertrag. Und alles kommt vom Handel, nicht mehr von der altmodischen Produktion. Gewiß, der Händler verkauft nur, was ein anderer produziert, doch die unmittelbare Anschauung des Gutes geht verloren. Der Disponent entscheidet bereits ›abstrakt‹ aufgrund von Büchern, Zahlen, Unterlagen.

Es ist dies ein Wirtschaftsbild, das, fast 2 000 Jahre älter, geradezu frappierend dem der klassischen Nationalökonomen Ende des 18., Anfang des 19. Jahrhunderts n. Chr. gleicht, jener modernen ›westlichen‹ Philosophen, die sich anschikken, die ersten, zum Teil bis heute gültigen Gesetze der Wirtschaftsabläufe zu formulieren. Drei hätten auch auf Roms Weltwirtschaft gepaßt:

– Wirtschaft beinhaltet, je weiter sie sich entwickelt, immer weniger ›Produktion‹: die der liebe Gott entweder, wie in der nicht immer guten, aber alten Zeit, direkt wachsen läßt (Agrargesellschaft) oder, wie heutzutage, indirekt durch die Weisheit seiner Stellvertreter auf Erden, der ständig technische Neuerungen ersinnenden Ingenieure (Industriegesellschaft). Wirtschaft wird fortschreitend immer mehr ›Verteilung‹: von Gütern, Einkommen und Vermögen. Wobei die eigentliche Frage lautet: Wem diese zuwachsen. Sicherlich denen, die das dafür notwendige Geld verdienen. Aber: *wie* verdienen sie es?

Roms und der ökonomischen Klassiker des 18. und 19. Jahrhunderts auch noch heute gültige Antwort: Indem sich Staat und Wirtschaft die Arbeit teilen. Der Staat ›macht‹ die Gesetze, die jeden binden, aber auch jedem ›seine‹ Freiheit lassen: dem König, dem Kaufmann, dem Bettelmann. Die

Wirtschaft geht ›ihren‹ Geschäften nach, die darin bestehen, eine Nachfrage, die da ist (auch manchmal geweckt werden muß), zu ›bedienen‹. Nicht zu ›beherrschen‹ – entgegen dem unausrottbaren Irrtum alter und neuerer Monopolisten. Durch Bedienen verdienen!

– Jeder Markt lebt deswegen von seiner Konkurrenz, nicht von seinen Monopolen. Deswegen fahren – auch ohne Dampfschiff, Eisenbahn, Kraftfahrzeug und Flugzeug – alle mit ihren Einmastseglern (mit und ohne Rudererverstärkung) gut: der Staat, die Wirtschaft und die Kunden. Auch wenn, wie fast 6 Monate im Jahr, die Winde aussetzen oder in die falsche Richtung blasen.

– Und wie sichert man sein Geld? Daß es über Jahrhunderte stabil bleibt? Seinen Gold- und Silber›glanz‹ behält und nicht verliert? Rom glaubt mit den Klassikern der Ökonomie an den ›Wäge‹-Wert des Geldes. Aber es erfindet und praktiziert – ohne jede ›Theorie‹ und Politik – das erste ›Zähl‹geld der Geschichte.

Solange Gold und Silber Edelmetalle sind, tut der Staat gut daran – wie ein ehrlicher Kaufmann – richtig zu wägen, zu prägen und zu stempeln! Aber wenn die Preise für Gold und Silber von der (staatlichen) Nachfrage nach diesen Geldmetallen abhängen – und nicht von ihrem ›inneren Wert‹ (den es gar nicht gibt), müssen Marktpreise der Edelmetalle und ›Nennwert‹ der Geldarten (Münzen) übereinstimmen. Wie macht man das? Indem man dem Geldbenutzer jederzeit die Wahl läßt, ob er sein Geld zu Metall oder sein Metall zu Geld umschmilzt. Solange dieser Fluchtweg der Münze in das Metall – und umgekehrt – offensteht, kann jeder: Kunde, Kaufmann, Bettelmann – und König – ›seinem‹ staatlichen Geld blind vertrauen. Ist auch der Münzmeister Staat gegen die Versuchung gefeit, aus seinem Metall mehr Münzen zu schlagen, als diese wert sind.

Wird aber aus der ›Naturalwirtschaft‹ des Geldes, die sich des besseren Tausches wegen der (gewogenen und gemünzten) Edelmetalle bedient, die ›Nur-Noch-Geldwirtschaft‹,

die Geld nicht nur als ›konkretes‹ Tauschmittel, sondern zugleich auch als ›abstrakte‹ Recheneinheit benutzt, gewinnt das Geld einen – vom Metallgehalt – gelösten Eigenwert. Zwangsläufig; denn es vermittelt *ständige* Kauf- und Tauschbereitschaft (›Liquidität‹). Man traut dem ›unterwertigen‹ Geld, weil ihm alle trauen und ganz abstrakt (in seinen Zähleinheiten HS, D und Aureus) rechnen. Das Geld wird zur wirtschaftlichen *Maßeinheit*, zum monetären *Metermaß*, das mißt – unabhängig vom Stoff, aus dem die Elle gemacht ist: Kupfer, Silber, Gold. Oder (wie heute) Papier. Was hält dieses Geld, das keinen ›Feingehalt‹ mehr hat, stabil? Die Antwort – aktueller denn je – gibt wieder Rom. Sein Geld, das – fast 3 Jahrhunderte lang – der *ganzen* Welt dient, bleibt stabil, weil dieser ›Weltbankier‹ sich den Luxus einer *passiven Zahlungsbilanz* leistet, indem er mehr Güter importiert als exportiert. Ein ›Luxus‹, der sich für alle auszahlt: die Welt, die sein Geld benutzt, ihn selbst, der die Güter dieser Welt frei Haus geliefert bekommt, und das Geld, das dank der Übernachfrage aus aller Welt begehrt bleibt. Das keine Zentral(noten)bank ›pflegen‹ muß.
Hält es ein Staat umgekehrt, schätzt er – wie heutigentags die Bundesrepublik – seinen Export höher ein als seinen Import, mag zwar sein Geld gefragt sein, weil alle Welt es braucht, seine Rechnungen (in DM) zu bezahlen. Sein Geld bleibt jedoch ständig vom Verfall bedroht. Denn: weniger Güter an den Inlandsmärkten als man im eigenen Land produziert (weil man mehr exportiert als importiert) bedeuten stets ›Über-Nachfrage‹, steigende – nicht fallende Preise. Die Gegensituation zu Rom in seinen besten Zeiten. Und allen Bemühungen der Ordnungshüter zum Trotz: mehr und nicht weniger Inflationsgefahr. Denn Geld bleibt nur stabil, *wenn das Güterangebot die Nachfrage übersteigt, nicht umgekehrt!*
Wer hat das geniale Uhrwerk des römischen Wirtschafts-Kosmos ersonnen? Seiner freien, aber wachsenden Märkte. Seines stabilen Weltgeldes. Gaius Julius Caesar? Sein Nachfolger Octavian Augustus und dessen Berater?

Wir wissen nur eines: Der erste und größte der Caesaren hat mit ›seiner‹ Reichsreform ein Laufwerk aufgezogen, das über 3 Jahrhunderte lang fast fehlerlos abläuft. Die es erleben, preisen es als Goldenes Zeitalter. Aelius Aristides, ein griechischer Römer, besingt es in seinem ›Lobe Roms‹ wie folgt:

»Das Reich dient jedem Stand. Niemand kann ohne es mehr leben. Seine Verfassung hat aus uns allen eine weltumfassende Völkerfamilie gemacht. Was niemals denkbar schien, ist eingetreten: *sie überwacht einen Weltstaat mit festen und dennoch freundlichen Gesetzen.*

Viele kommen aus dem Staunen nicht heraus. Sie gleichen Menschen, die aus bösem Traum erwachen und plötzlich ein Wunder sehen ...

Der Krieg hat aufgehört... Und findet, wenn überhaupt, nur noch an den fernen Grenzen eines großen Reiches statt. Daran ermißt man Dein (des Kaisers – der Verf.) Friedenswerk. Denn einstmals war der Krieg die Regel und allgegenwärtig.

Die Verwaltung des ganzen Reiches arbeitet nach den Gesetzen und Richtlinien, die Du ihm gabst.

Alle tragen ... nach ihren Kräften zur Verteidigung bei. Keine Stadt ist überfordert. Du selbst bestimmst den Beitrag, den jeder leisten kann.

Dein bester Gedanke aber: *Du wählst* (für Deine Verwaltung) *von überall die Allerbesten aus.*

Die Männer an der Spitze Deines Staates müssen nicht von Adel sein. Die, die Stellungen darunter halten, müssen nicht aus unteren Ständen kommen. Jeder erhält den Posten, den er hat, gemäß Verdienst und Können.

Die Welt legt wie am Festtag ihre Waffen ab, die eine schwere Last für alle waren. Und Streitereien, die die Städte oft entzweien, sind beigelegt. Jede Stadt wetteifert mit der anderen, noch schöner und geschmückter zu erscheinen: Mit noch mehr Sportarenen, Brunnen, Marmortempeln, Werkstätten und Schulen sich hervorzutun.

Die zivilisierte Welt, die krank schien bis ins Mark, ist durch die rechte Medizin ein Staat des Glücks geworden.
Homers Botschaft: Die Erde sei euch Allen! – hast Du wahr gemacht. Du hast das Land, das uns gehört, vermessen; hast seine Flüsse überbrückt und Deine Straßen Berge überqueren lassen – mit Poststationen an den Knotenpunkten. *Du hast die Regionen alle aufgeschlossen und ihnen ein geordnetes Leben ermöglicht.*
Deswegen keine Reiseschilderungen mehr, keine ermüdende Aufzählung all der Gesetze, die in allen Ländern Deines Reiches gelten ... Du hast der Welt und ihrer Zivilisation die Tore aufgetan, daß jeder sie bestaunen kann.
Du hast uns das ›Gemeine Recht‹ gebracht, das aufhebt all die früheren Rechte, die zwar ganz lustig zu beschreiben waren, doch hinderlich vom Standpunkt der Vernunft.
Du erlaubtest jedem zu heiraten, wo immer er es wollte, und *ließest die ganze zivilisierte Welt eine einzige Familie bilden.*
Vor Dir regierten Konfusion und Zufall. Seit Du die Herrschaft übernommen hast, sind Streit und Wirrnisse verschwunden.
Die Ordnung Deines Staates wirft ihr strahlend Licht auf alle Dinge: ob sie privat sind oder öffentlich. *Deine Gesetze und Altäre haben der Menschheit Frieden wiederhergestellt.*«
Geschrieben nicht im Nachhinein, sondern während des Goldenen Zeitalters: im Jahre 143 n. Chr.

Kapitel 8
Pompejis Rot

»Carthago capta ferum victorem cepit.«
(»Das besiegte Karthago überwand den wilden Sieger«)
In Abwandlung des Quintus Horatius Flaccus (14 v. Chr.)

»Die wirtschaftliche Lage in augustäischer Zeit wird durch zwei Erscheinungen charakterisiert: ... der Zurückhaltung ..., deren sich die Regierung im Wirtschaftsleben des Reiches befleißigte ... Die Politik des laisser faire war die herrschende.
Der zweite Punkt, der hervorgehoben werden muß, ist die Bedeutung Italiens im Wirtschaftsleben des Reiches. Italien blieb das reichste Land der römischen Welt und hatte für jetzt noch keinen Rivalen ... (Es) war das größte Zentrum der Landwirtschaft, des Handels und der Industrie.«
Michael Rostovtzeff (1926)

Über die römische Wirtschaft des 1. und 2. Jahrhunderts n. Chr. – oder nach Caesar – gibt es Tausende von Einzelangaben. Aus der großen Literatur, den Inschriften, Wirtschaftsbüchern (Papyri) jener Zeit: Preise, Löhne, Zinsen, Schiffsfrachten, Versicherungsprämien. Wir wissen, was Sklaven an der zentralen Börse auf Delos, Grundstücke in Italien, Ägypten, Nordafrika kosten, römische Legionäre, Hauptleute und Kommandeure im Frieden verdienen; wie man reist: zu

Lande und zu Wasser, und wie weit man kommt. Nur eines wissen wir nicht: wie das Ganze funktioniert. Was den eindrucksvollsten Wirtschaftskosmos der Antike im Innersten zusammenhält. Und bewegt.
Man kann mit Rostovtzeff streiten, ob die römischen Herrscher Wirtschafts-, Währungs-, Finanz- und Sozialpolitik betreiben oder nicht. In einem Punkt kann man ganz sicher sein: kein Kaiser, Kaufmann oder Bankier hat damals auch nur die leiseste Ahnung von Wirtschafts*theorie*: der Fähigkeit, wirtschaftliche Zusammenhänge zu sehen, wirtschaftliche Abhängigkeiten zu erkennen und aus diesem Wissen heraus zu planen. Für die Zukunft, und nicht nur den Tag. Was keineswegs besagt, daß man den Mangel nicht empfindet. Cicero macht sich zeitlebens Gedanken, wovon der Darlehenszins, den er zahlt oder verdient, abhängt. Sein Riecher trügt ihn selten. Solange Pompejus in Asien siegt, strömt Geld nach Rom, fallen die Zinsen. Aber wehe, es kommt anders. In seiner Rede zur lex Manilia (aus dem Jahre 66 v. Chr.) plädiert er für eine Verstärkung der staatlichen Zinsregulierung. Seine Begründung kennen wir schon: »Die Sicherheit des römischen Geldmarktes ist auf das Innigste mit dem Wohlergehen Asiens verbunden. Geschieht dort ein Unheil, so wird unser Kredit zwangsläufig in seinen Grundfesten erschüttert.«
Als ob man mit einer Zinsfixierung dem Problem der Risikosenkung beikäme!
Oder ein anderes Beispiel: Maecenas, des Augustus mächtiger und tüchtigster Minister, sorgt sich zeitlebens – berichtet Horaz –, was »die Serer (die antiken Chinesen – erg. der Verf.), die einst von Kyros beherrschten Baktrier und die immer unruhigen Stämme an den Ufern des Jaxartes noch alles an Unheil aushecken können«.
Ein prophetischer Blick, als ob er die Katastrophe des Kaisers Valerian 250 Jahre später (des einzigen römischen Kaisers, der je in feindliche Gewalt gerät) ahnt.
Nur: weiß er, was in beiden Regionen vorgeht? Kennt er das

›Entwicklungsgefälle‹ zwischen dem Römischen Reich und seinen Nachbarn, das Zusammenstöße programmiert?
Cicero wie Maecenas urteilen aus Anschauung: erlebter wie überlieferter. Erfahrungen, wie der später von Sulla und Pompejus niedergeworfene Aufstand Kleinasiens unter Mithridates VI. von Pontus, der Zehntausenden von ›Kolonial‹-Römern das Leben und Vermögen kostet, oder das schreckliche Ende des Crassus in der Partherschlacht bei Carrhae, prägen ihr Urteil. Sie verfügen noch über kein ›Modell‹: weder der in der Antike bestehenden Geldmarktverflechtung noch der komplizierten Zusammenhänge zwischen Entwicklungsstand und Attitüden ›rückständiger‹ Nationen und ihrer Führer.
Wirtschaft heißt für den Menschen der Antike ›Haushalt‹: sei es der Volkswirtschaft (soweit man diese bereits wahrnimmt), des Staates (soweit man diesen bereits von der kaiserlichen Hofhaltung trennt), oder des einzelnen (soweit dieser bereits zwischen seinem ›Vermögen‹, dem gegenüber der Familie verselbständigten Unternehmen und dem ›laufenden‹ Verbrauch für sich und die Seinen unterscheidet). Der Senator, der seine Domänen bewirtschaftet oder bewirtschaften läßt, der ›Geld‹-Ritter, der sich an Kauffahrteischiffen beteiligt oder Grundstücke beleiht, der freie Arbeiter, der seine Arbeitsleistung gegen einen vereinbarten Tageslohn verkauft, ja selbst der ›für alle‹ sorgende Kaiser – sie alle fühlen sich zu allererst als treusorgende Haus- und Familienväter (pater familias). Noch nicht als ›Unternehmer‹ oder im Auftrag der Allgemeinheit tätige ›Politiker‹. Obwohl sie es – ohne es zu merken – bereits sind.
Der zeitgenössische Berichterstatter hat es da weit schwerer als wir. Er stößt ständig an die Grenze seines bereits damals ›falschen‹ Bewußtseins. Roms ohnehin nicht eben zahlreiche Agrar- und Wirtschaftsschriftsteller verharren nur allzuoft in einem moralisierend verkleideten Anachronismus, der noch zu allen Zeiten das sicherste Indiz dafür ist, daß die Dinge sich längst verändert haben. Das Ist entspricht nicht mehr

dem Soll. Auch wenn man die Differenz noch nicht ›theoretisch‹ fassen kann. Und *unser* Dilemma: Römische Wirtschaft darf nicht mit dem am modernen Kapitalismus geschulten Verständnis analysiert werden. Roms Geldwirtschaft, Banken, Börsen, Geld- und Gütermärkte sind nicht nur von anderer, nicht unbedingt geringerer Qualität (und Quantität). Entscheidend ist: ihr Einfluß auf den Wirtschaftsablauf hat noch keineswegs das Gewicht wie heute. Deswegen wäre es falsch, die Situation von damals mit den schon damals nicht mehr stimmenden Mitteln und Ansichten wiederzugeben; dergleichen hieße die Erbsünde aller Nur-Historiker wiederholen. Aber ebenso falsch wäre es, ein der Gegenwart (nicht selten einer eingebildeten) abgewonnenes Modell einer Vergangenheit überzustülpen wie einen viel zu großen Hut, unter dem jeder Blick verlorengeht: der des Betrachters und des zu Betrachtenden; dergleichen hieße die Erbsünde aller Nur-Ökonomen wiederholen.

Worum es geht, ist, das Bild von damals mit den geschärften Augen von heute zu sehen. Was in der Kunst von jeher selbstverständlich gewesen ist: den Homer, den Euripides, den Vergil und den Plautus mit den Gefühlen, den Vortrags- und Regiemerkmalen von heute auf sich wirken zu lassen, muß – so scheint es – die Wissenschaft der verstehenden Ökonomie erst noch lernen. Wir müssen bei diesem Versuch einer Nachzeichnung des römischen Wirtschaftsablaufs unterscheiden zwischen *zeitloser* Erfahrung von wirtschaftlichen Zusammenhängen und Abhängigkeiten und dem Einfluß und der Bedeutung ›aktueller‹ Phänomene und Institutionen, die zwar für unsere Zeit charakteristisch sind, nicht aber für die antike. Wir operieren also mit moderner Wirtschaftstheorie, versuchen aber, diese so weitgehend wie nur irgend möglich von allen Schlacken eines gegenwartsbedingten ›Institutionalismus‹ freizuhalten: keine ›erzählende‹ Geschichte mit ökonomischen Mitteln, sondern ökonomische Analyse am konkreten historischen Objekt.

Was hat sie uns zu sagen?

Einiges wissen wir bereits, anderes müssen wir ergänzen.
Roms Wirtschaft kennt keine *Ideologie*: Kapital und Arbeit sind weder ›Mächte‹, die ein nur Insidern bekanntes Eigenleben führen, noch gigantische Vertragspartner, die sich nach nur ihnen bekannten Regeln und Riten den ›Kuchen‹ aller teilen und den Nichtbeteiligten das ungute, aber meist richtige Gefühl hinterlassen, wenn nicht vom ›Kapitalismus‹, dann eben vom ›Sozialismus‹ ausgebeutet worden zu sein. Rom kennt nur das *Individuum*, sein (ererbtes oder verdientes) Geld oder sonstiges Vermögen und sein *Recht*. Diese zwei Elemente formen sein Vertragssystem, mit dem sich der einzelne schützt. Vor seinen Mitmenschen, Konkurrenten und dem Staat. Reicht so wenig aus, so viel zu bewirken?
Roms Herrschaft der Gesetze hat einen Wirtschaftskosmos geschaffen und Jahrhunderte rotieren lassen, der drei gängige Kollektivirrtümer – auch noch unserer Zeit – widerlegt:
– den planwirtschaftlich-technokratischen, daß am Anfang jeder Entwicklung die Weichen ›politisch‹ gestellt werden müssen, sollen Fehlläufe vermieden werden;
– den marxistischen, daß Privateigentum zumal am Produktionsmittel primitiver Sklavenarbeit der sicherste Freifahrtschein in die nächste Krise und die permanente Stagnation ist;
– den sowohl bürgerlich-liberalen wie sozialen, daß man ohne permanente ›Wachstumshilfen‹ auf die Dauer Wohlstand weder erzeugen noch bewahren kann.
Roms wirtschaftliche Entwicklung (deren nachrechenbare Zahlen wir in Kapitel 11 auf den Tisch legen) hat zwei ›letzte‹ Antriebskräfte: die Wunschträume seiner Individuen und das Geldvermögen, das diese mitbringen oder einsetzten. Es hat kaum je eine *ungerechtere* Vermögens- und Besitzverteilung gegeben als die römische. Zumindest die, mit der Rom in die Geschichte seines Imperiums eintritt. Sowohl innerhalb der Gesellschaft – zwischen den einzelnen Ständen und Klassen – als auch innerhalb der Regionen und Nationen. Die Senatoren sind der reichste *Stand*, Italien bleibt das

reichste *Land*, auch wenn es seine Struktur verändern, seine Minifundienherrschaft abschaffen muß.
Aber: Am Ende der römischen Geschichte gibt es reichere ›Stände‹ als die Senatoren, reichere Länder und Regionen als Italien. Dazwischen liegen Jahrhunderte einer beispiellosen Reichtumsexplosion. Und zugleich einer niemals abreißenden Reichtumsverlagerung und -nivellierung. Rom ist das bis heute überzeugendste Beispiel dafür, wie eine ›sich selbst überlassene‹ Wirtschaft die ihr mit auf den Weg gegebene Hypothek einer ebenso einseitigen wie ungerechten Vermögensverteilung abträgt. Vorausgesetzt, man schafft den dafür unabdingbaren (gesetzlichen) Rahmen, läßt ihr die dafür unerläßlichen Fristen und bewahrt sie vor besitzkonservierenden Monopolen.
Und die Gegenrechnung, daß man mit ›gerechter‹ Verteilung am Start des Laufes noch besser gefahren wäre? Sie vergißt die in der Ablehnung sozialer Ungerechtigkeit aufgeladene Bewegungsenergie, die wie das Gefälle zwischen oberem und unterem Stausee überhaupt erst den Entstau des Prozesses ermöglicht.
Die heutigen Entwicklungsländer können von Rom lernen, daß *keine* Entwicklungspolitik richtiger sein kann als eine falsche. Dann nämlich, wenn man denen, die rechnen können und etwas wagen, nicht nur ihre Freiheit ›läßt‹, sondern ihre Freiheit auch ›schützt‹. Roms Gesetze, die die Geld-, Güter-, vor allem aber die Arbeitsmärkte offenhalten: die Zuzugs-, Gewerbe- und Transferfreiheit sichern, haben den ›rückständigen‹ Provinzen mehr genützt als dem ›führenden‹ Italien. Griechenland, Kleinasien, Nordafrika waren niemals reicher als unter der Herrschaft der römischen Gesetze. Sogar verglichen mit heute!
Seit Marx sind alle Marxisten felsenfest davon überzeugt, daß Sklavenarbeit ein Hindernis gesicherten Fortschritts und wirtschaftlichen Wachstums ist. Derselben Meinung ist auch der Vater des theoretischen Kapitalismus, Adam Smith. Nur: der nüchterne Schotte hält sich an Fakten, der sozial-ro-

mantische Deutsche an ›Interpretationen‹. Marx schreibt mit Bezug auf den römischen Agrarschriftsteller der Caesar-Zeit, Varro:

»Der Arbeiter soll sich… nur als instrumentum vocale von dem Tier als instrumentum semi-vocale und dem toten Arbeitszeug als instrumentum mutum unterscheiden. Er selbst aber läßt Tier und Arbeitszeug fühlen, daß er nicht ihresgleichen, sondern ein Mensch ist. Er verschafft sich das Selbstgefühl seines Unterschiedes von ihnen, indem er sie mißhandelt und con amore verwüstet. Es gilt daher als ökonomisches Prinzip in *dieser* Produktionsweise, nur die rohesten, schwerfälligsten, aber gerade wegen ihrer unbehilflichen Plumpheit schwer zu ruinierenden Arbeitsinstrumente anzuwenden.«

Smith sieht es nüchterner:

»Ich glaube, daß die Arbeit, die von Sklaven getan wird, nur auf den ersten Blick billig erscheint. Am Ende ist sie die teuerste von allen. Denn ein Mensch, der kein Eigentum erwerben kann, hat nur *ein* Interesse, soviel zu essen wie möglich und so wenig zu arbeiten wie möglich.«

Tatsächlich *haben* Roms Sklaven hart gearbeitet. Aber nicht nur für ihre Herren, sondern auch für *sich*, seit ihnen schon die Republik die Chance des Freikaufs und der vorzeitigen Ablösung bietet. So hart, daß der ob der in Stadt und Land ›sichtbaren‹ Arbeitslosigkeit besorgte Caesar Mindestkontingente freier Arbeiter auf den Gütern Italiens anordnet! Später verteuern sich Sklaven wie kein anderes Produktionsmittel. Freilich, die römische Wirtschaft, die spätestens ab dem 3. Jahrhundert jedes nur erdenkliche ›wirtschaftliche‹ Motiv hat, teure Sklavenenergie durch billige und leicht installierbare mechanische Energie zu ersetzen (Wasser-, Wind- und Wasserdampfkraft), versagt. Sehr zum Unverständnis des anonymen Autors des ›de rebus bellicis‹ aus der Mitte des 4. Jahrhunderts, der nicht begreift, warum Roms ingeniöse Kriegsmaschinen nicht auch friedlicher Arbeit nutzbar gemacht werden können. Womit die antike Wirtschaft nur mit umgekehrten Vorzeichen vorexerziert, worin ihr die kapitalistische fast 2 000 Jahre später folgt. Auch die Hungerlöhne der ›industriellen Reservearmeen‹ des 19. Jahrhunderts veranlassen die Unternehmer nicht, teure Maschineninvestitionen zu unterlassen und statt dessen billige Arbeiter einzustellen, die ihnen nach Marxens famoser (aber leider falscher) Rechnung einen noch höheren ›Mehrwert‹ eingebracht hätten.

Welche Technik eine Wirtschaft adaptiert, hängt offenbar zuerst von *kulturellen* Faktoren ab, erst an zweiter Stelle von wirtschaftlichen. Sind Sklaven ›in‹, hat Technik keine Chance, sind Maschinen ›in‹, kann menschliche Arbeit noch so billig werden. Die zu ihrem Einsatz ersonnenen Programme werden nicht honoriert!

Der Sklave hat der antiken Gesellschaft geschadet. Sie blieb auf Handarbeit fixiert, auch als diese längst nicht mehr zu bezahlen war. Die Maschine hat der kapitalistischen Arbeitswelt geschadet, wie Marx (den Pfaden J. St. Mills folgend) zu Recht anmerkt: den Menschen der Natur entfremdet. Nur: beides war weder ›zwingend‹ noch ›systemimmanent‹. Es war schlicht: ›herrschendes Vorurteil‹. Es ist immer noch zu früh, gerecht abzuwägen, welcher Preis für welches Fehlverhalten der höhere war.

Und schließlich widerlegt Rom viele Jahrhunderte lang die moderne Legende von der unvermeidlichen *Erstarrung* jedes sich selbst überlassenen Marktsystems. Seit die modernen Ökonomen Bedarf, Nutzen und Nachfrage als mit abnehmender Intensität Wachstumsimpulse ausstoßende Antriebsaggregate der Volkswirtschaft entdeckt haben, plagt sie die Furcht, die eingebauten Pferdestärken würden eines bösen Tages – einer mehr oder minder ›zyklischen‹ Periodizität folgend – ihre benötigten Mindeststärken unterschreiten und statt Wachstum, Prosperität und hohen Lebensstandard nur noch Krise, Existenzvernichtung und Arbeitslosigkeit für ungezählte Millionen produzieren. Es macht wenig Unterschied, ob man die causa causans des Umschlags des Prosperitäts- in den Pauperisierungsprozeß mit Marx in der Überproduktion der Ausbeuter- und der gleichzeitigen Unterkonsumtion der ausgebeuteten Klassen oder mit John Maynard Keynes im zwangsläufigen Zurückbleiben der Konsumtion hinter dem gleichzeitigen Einkommensfortschritt sieht. Die Schlußfolgerungen gleichen einander wie ein Ei dem anderen. Die verlorengehende Nachfrage muß ersetzt, dem System auf andere Weise wieder rückerstattet werden: durch Umfunktionierung des Staates vom ›Fiskus‹ zum ›Generalunternehmer‹. Bei Marx durch den einmaligen Akt, die Expropriation der Expropriateure, die den Staat zum Alleinunternehmer der Volkswirtschaft macht. Bei Keynes und seinen Schülern, den modernen Wirtschafts- und Finanzministern, durch einen permanenten Prozeß: der Staat springt immer dann als investierender Unternehmer ein, wenn die privaten Investoren wie Gäule, die sich Ruhe gönnen, im Schatten rasten. Aus Angst vor Risiken, Verlusten oder Schulden lieber ›sparen‹ als ›investieren‹, lieber Geld *nicht* ausgeben als ausgeben und damit überhaupt erst das herbeiführen, wovor sie sich am meisten fürchten: die Krise.

Roms Nachfragemotor läuft jahrhundertelang mit *zunehmender* statt abnehmender Intensität. Bedarf und Wünsche seiner Wirtschaftsbürger steigen statt zu fallen, jedes gestillte Verlangen erzeugt neue, höhere Ansprüche. Und trotz der offenkundigen Inflation der Ansprüche erlebt die römische Welt jahrhundertelang keine oder nur eine höchst minimale Eskalation der Preise. Zumindest gute zweieinhalb Jahrhunderte lang. Warum? Weil der unerhörte Luxus der wenigen beati possidentes immer größere Kreise zieht? Zum Lebensstandard von immer mehr novi possidentes wird? Wer immer aufrückt, bemüht sich, den alten Wohlstand (und seine Demonstrationssymbole) zu übertrumpfen. Eine Sozietät des eskalierenden ›angeberischen Verbrauchs‹ (Veblen)?

Bis zu einem gewissen Grade schon. Cicero, der Bilderbuchrömer, als welchen er sich selbst am liebevollsten zeichnet, begnügt sich, kaum zum Senator aufgestiegen, nicht mit den normalen 2 bis 3 Landsitzen vor den Toren der Stadt Rom. Er

bringt es zeitweise bis auf 10! Und als eines seiner Statussymbole, sein heißgeliebtes Tusculanum (für dessen Anschluß an die städtische Wasserleitung er nichts zahlen will), auch noch abbrennt, verlangt er ganz unrömisch Schadenersatz. Caesar, der weiß wofür, läßt ihn auszahlen.
Der spätrömische Senator Symmachus, ein Cicero der 2. Hälfte des 4. Jahrhunderts, rühmt sich des Besitzes dreier Residenzen in Rom, dreier Landgüter mit Villen vor den Toren der Stadt, je einer Villa in Tivoli, Praeneste und Laurentum, einiger weiterer im Golf von Neapel bei Cumae, Baiae und Puteoli sowie riesiger Ländereien in den Samniterbergen, auf Sizilien und in Nordafrika: ein ›Fürstentum‹ von vorsichtig gerechnet 150 000 ha! Es dürfte ihm, ebenfalls vorsichtig gerechnet, eine jährliche Pacht oder Grundrente von – in ›alter Währung‹ ausgedrückt – 5 bis 6 Millionen Aurei oder 125 bis 150 Millionen normaler Silberdenare bringen! Genug zum Leben, selbst in Inflationszeiten.
Natürlich können weder Cicero noch Symmachus auch nur mehr als einen Bruchteil ihres laufenden Einkommens konsumieren. Aber ihr Lebensstil ist exemplarisch für die, die ihn sich noch nicht leisten können. Er befeuert ihre Jagd nach dem Reichtum, der nicht schändet, sondern ehrt. Und er setzt *investive* Maßstäbe für die, die gleich Cicero und Symmachus beim besten Willen nicht mehr konsumieren können.
Rom kann sich als Republik wie Weltreich den Luxus öffentlicher Armut leisten, weil seine 10 % überdurchschnittlich reicher Bürger einen großen Teil der Staatsausgaben freiwillig auf sich nehmen. Reichtum verpflichtet. Viele von Roms öffentlichen Bauten: Foren, Tempel, Bäder, Schulen, Stadien, große Teile seiner – vorbildlichen – Infrastruktur: der Straßen, Wasserleitungen, Bibliotheken, entstammen Schenkungen Privater, die damit ihren Namen der Nachwelt auf haltbarerem Material überliefern als einem Stück Papier oder Magnetophonband.
Kann sich ein großer Staat so weitgehend vom privaten Gewinn- und sozialen Prestigestreben seiner Bürger abhängig

machen wie der römische? Was ist der Preis von soviel ›privacy‹?
Er liegt weit weniger im Verzicht auf Wohlstand, Sicherheit und Planung als manche Schulweisheit uns heute einreden möchte. Er liegt in Abstrichen von der zentralen – allzu zentralen – Staatsgewalt. Der Staat, den Caesar konzipiert und Augustus aus der Blaupause in Leben verwandelt, ist in einem uns kaum noch vorstellbaren Maße dezentral. Augustus und seine Nachfolger beschäftigen in den ersten beiden glücklichen Jahrhunderten n. Chr. einige hundert (!) Staatsbeamte für das Riesenreich. Nicht einige Millionen, wie jede einzelne der Nachfolgerepubliken heute!
Das Rückgrat römischer Reichsverwaltung sind bis ins 4. Jahrhundert hinein die sich selbst verwaltenden Kommunen. Ihre Freiheit aktiviert und multipliziert ein ungeheures Bürgerpotential: in Ehrenämtern und Ehreninvestitionen. Man übertreibt nicht, wenn man feststellt, daß vier Fünftel heutiger Staatsausgaben für Soziales, Bildung, Kultus und öffentliche Infrastruktur in Rom privat und kommunal bestritten werden. Der kaiserliche (zentrale) Reichshaushalt ist für die Armee und die Beamtengehälter da. Und kaiserliche Lieblingsprojekte wie die Anlage neuer Städte, die römische Form regionaler Strukturpolitik, die Planung neuer überregionaler Land- und Wasserstraßen, Brücken, Leuchttürme und Poststationen, die Trockenlegung von Sümpfen und andere Maßnahmen des Landschaftsschutzes.
Das kaiserliche Gesamtbudget (das wiederum zu einem erheblichen Teil privat finanziert wird, nämlich aus des Kaisers eigenen Einnahmen, der seinen beati possidentes mit gutem Beispiel vorangeht) verschlingt jährlich rund 4 Milliarden Sesterze oder 1 Milliarde Silberdenare: 4 bis 5 % des mutmaßlichen Volkseinkommens oder Sozialproduktes (vergl. hierzu unsere Nachrechnungen in Kapitel 10 u. 11). Die restlichen 95 bis 96 % überläßt der Staat großzügig seinen Bürgern: für ihren privaten und öffentlichen Konsum, ihre gewerblichen und sozialen Investitionen, ihre Vermögensbildung. Mag

sein, daß dieser Staat, gemessen an den Ansprüchen von heute, zu wenig bietet. Aber: er überfordert auch niemanden, weder mit Eingriffen noch mit Unkosten.
Dennoch läuft dieses Zeitalter unbeschwerten, selbsttätigen Wachstums aus. Langsam und allmählich, im Verlaufe des sich außenpolitisch, militärisch und sozial verdüsternden 3. Jahrhunderts. Rom erlebt seine schmählichste Niederlage gegen die wiedererstandenen Parther, die den Kaiser Valerian gefangennehmen. Bis dahin fielen römische Imperatoren, wenn schon *in der Schlacht* (Decius, 251 n. Chr.), aber nicht in Feindeshand.
Die neue Aufrüstungspolitik, die ab Septimius Severus (mit Beginn des 3. Jahrhunderts n. Chr.) einsetzt, sollte die Nachfrage stimulieren: bis hin zu Übernachfrage und Inflation. Es kommt auch zur Inflation, die im 4. Jahrhundert zeitweise astronomisch wird. Aber Rom produziert keine Übernachfrage, der für die moderne Inflation typische ›run‹ in die Sachwerte bleibt aus. Allenfalls in den großen Städten breitet sich eine, von den aus den Katakomben ans Tageslicht steigenden Christen verurteilte, diesseitige Konsumentalität aus. Im ganzen aber gilt: nicht die Nachfrage steigt; das bislang überreichliche Angebot fällt! Die jahrhundertelang zum Bersten vollen Speichervorstädte Ostias, Roms (auf dem Aventin) leeren sich. Warum? Weil nichts mehr über See hereinkommt und der Landweg, wie seit eh und je, für Massengüter viel zu teuer ist.
Die realen Hintergründe der römischen Untergangsinflation werden wir noch in den folgenden Kapiteln 9 und 12 deutlicher machen. Ihre Vordergründe liegen auf der Hand: eine Wirtschaft, die – aus welchen Gründen auch immer – ihre Märkte verliert, zieht sich in sich selbst zurück; kehrt aus der Geld- in die Naturalwirtschaft zurück, aus der ›freien‹ Markt- in die ›gebundene‹ Hauswirtschaft. Reduziert sich auf sich selbst-versorgende Wirtschaftseinheiten, die jetzt noch Latifundien heißen, aber schon bald ›Fronhöfe‹, ›Klosterwirtschaften‹ und karges ›Mittelalter‹ sein werden. Der Staat

aber, dessen vornehmste Aufgabe der Schutz seiner freien Weltwirtschaft war, erstarrt zum bürokratischen Zentralverwaltungs- oder Beamtenstaat, der aus dem schrumpfenden Sozialprodukt oder Volkseinkommen für sich zu retten sucht, was noch zu retten ist. Ohne, wie in solchen Situationen üblich, zu erkennen, daß nur eines wirklich helfen würde: die zugeschütteten Reichtumsquellen wieder zu öffnen oder gänzlich neue zu erschließen.

Ist es zufälliges Zusammentreffen oder mehr? In seiner aufbauenden (›integrativen‹) Phase beschränkt sich der römische Staat und läßt ›seine‹ Wirtschaft verdienen. Er selbst regiert, soweit er überhaupt regiert, über seine bürgernahe Munizipal-, nicht über seine unnahbare Zentralgewalt. In seiner abbauenden (›desintegrativen‹) Phase greift derselbe Staat brutal und zentral in seine Wirtschaft ein, die sich aus Angst vor gänzlich neuen wirtschaftlichen Risiken und den ungewohnten politischen Gefahren ins Schneckenhaus der eigenen vier Wände zurückzieht. Michael Rostovtzeff, der die Parallelität von wirtschaftlicher Integration und politischer Dezentralisation, wirtschaftlicher Desintegration und politischer Zentralisation im Aufstieg und Abstieg des Weltreichs der Caesaren als erster registriert, weiß sie gleichwohl noch nicht zu deuten:

»Der Grundzug im Wirtschaftsleben des spätrömischen Reiches war die allmähliche Verarmung. Je ärmer das Volk wurde, um so primitiver wurde das Wirtschaftsleben. Der Handel verfiel, nicht nur infolge der Seeräuberei und der Barbareneinfälle, sondern vor allem deshalb, weil es mit seinem Absatz böse bestellt war ... Die Bauern lebten in äußerster Armut und kehrten zu einer fast uneingeschränkten ›Hauswirtschaft‹ zurück, d. h. jedes Haus deckte seinen Bedarf durch Eigenproduktion ...

Trotz seiner scheinbaren Kompliziertheit war das System des spätrömischen Reiches viel einfacher, viel primitiver und unendlich brutaler als das feingliedrigere, vielmaschige System der frühen Kaiserzeit, in dem das Hauptgewicht auf der

Selbstverwaltung der Städte ruhte, während die Beamtenschaft nur als Hilfs- und Kontrollorgan fungierte. Im Besitze einer übermächtigen Gewalt, in keiner Weise der Kontrolle derjenigen unterworfen, die das Rückgrat des Staates bildeten, wurde die Beamtenschaft allmählich äußerst korrupt und unehrenhaft und zugleich verhältnismäßig untüchtig, trotz der guten beruflichen Schulung ihrer Mitglieder ... Jede Vermehrung des Beamtenheeres, jede Vergrößerung des Schwarmes der Kontrolleure verstärkte nur die Zahl derjenigen, die von Bestechung und Korruption lebten.«

Ist dieser Zyklus zwangsläufig? Enden Freiheit und Integration immer in ihren Negationen? Früher oder später? *Diese* Frage an die römische Geschichte interessiert heute mehr denn je. Versuchen wir sie zu beantworten.

Was Rom ›seinen‹ Bürgern ›bot‹, erleben wir noch heute, wenn wir die am Fuße des Vesuvs gelegene Reiche-Leute-Stadt Pompeji besuchen. Hier lebten, bis der Aschenregen des Vesuvausbruchs des Jahres 79 n. Chr. sie für immer ›festhielt‹, etwa 30 000 wohlbetuchte Bürger, die Geld überwiegend in der Industrie und im Seehandel machten, der vor allem über den nahegelegenen Hafen Puteoli abgewickelt wurde, den Vorläufer Neapels und dem Umschlag nach zweitgrößten Italiens nach dem römischen Ostia. Der Unberechenbarkeit des Vesuvs verdanken wir ein Bild, wie es authentischer nicht sein könnte. Rostovtzeff, der die Ausgrabungsstätte vor rund 60 Jahren besuchte, hat es für uns festgehalten:

»Wir können uns vorstellen, mit welcher Schnelligkeit der Reichtum der Stadt in der Zeit nach dem zweiten punischen Krieg zunahm ... In dieselbe Periode fällt die erste Industrialisierung des pompejanischen Lebens, gehören die ersten Läden, die an große Häuser angeschlossen sind ... Es ist kein Bruch zwischen dieser Periode und der Zeit nach Sullas Koloniegründung. Die Häuser und einige villae rusticae ... sind jetzt ebenso groß und schön wie zuvor. Eine neue Bauweise und ein neuer Dekorationsstil wurden eingeführt, aber diese

neuen Stile waren nicht minder prächtig und kostspielig als die früheren. So etwas wie einen dauernden wirtschaftlichen Verfall gab es damals in Pompeji nicht. Und so war es auch in der augusteischen Zeit mit ihrem verfeinerten dritten Gemäldestil, der sicherlich starken alexandrinischen Einfluß zeigt, während der zweite Stil eher von der Lokalkunst zeugt, die von Kleinasien beeinflußt worden ist. In dem Wechsel spiegelt sich die veränderte Orientierung der wirtschaftlichen Beziehungen. Der pompejanische Hafen trat in augusteischer Zeit in enge Beziehungen zu Alexandria, die diejenigen zu Kleinasien ablösten, und Kampanien überhaupt begann mit Alexandria in gewissen Zweigen der industriellen Produktion in Wettbewerb zu treten. Die letzte – nach-augusteische – Periode, die des 4. Stils, war die Zeit der intensiven Industrialisierung der Stadt und des Aufkommens neureicher Parvenüs, deren mehrere frühere Sklaven waren wie der Trimalchio des Petron.«
Die neuere Forschung glaubt freilich, daß das Haus des Trimalchio nicht in Pompeji, sondern in der Hafenstadt Puteoli gestanden habe. Dennoch bleiben drei Stichworte haften:

Seehandel, Reichtum und Trimalchio. Um mit dem letzteren zu beginnen. Des Petronius ein gutes Jahrzehnt vor dem Ausbruch des Vesuvs verfaßtes ›Gastmahl des Trimalchio‹ (Cena Trimalchionis) ist eine schwer zu deutende Persiflage. Auf Platons das Edle, Gute und Schöne verherrlichendes ›Symposion‹ (Gastmahl)? Oder auf Pompejis Schickeria?

Mit Trimalchio betritt der erste in der langen Reihe der Quichottes, Gargantuas, Simplizius', Werthers, Père Goriots, Thibaults, Buddenbrooks, Babbits und all der anderen Männer mit nur einer, ihre Zeit und Umstände karikierenden Eigenschaft die literarische Bühne. Trimalchio zieht sein pompejanisches oder puteolisches Stadthaus mit den rotgetönten Wänden, die statt Tapeten Bilder zieren, die statt der dezenten, der bei besseren Leuten üblichen allegorischen Liebesszenen pornographische Deutlichkeiten ›enthüllen‹, dem Landleben auf seinen drei Gütern mit den auf leichter Anhöhe errichteten Villen vor. Seine Sklaven vermehren dort sein auf 30 Millionen Sesterze selbst geschätztes Vermögen, indem sie ihm – manchmal an einem einzigen Tag, wie er behauptet – 70 Kinder gebären: 30 Jungen, 40 Mädchen. Sein Geld macht Trimalchio mit Weinimporten aus Griechenland, schon um einen Patrioten wie Varro zu ärgern, der dafür war, daß Italiker italische Weine trinken, (nicht zuletzt) um die von ihm ›vorgegebenen‹ Renditen zu erfüllen. Der unversicherte Untergang von 5 Amphorenschiffen kostet ihn bare 30 Millionen Sesterze, die eigentlich sein Nettovermögen ausmachen. Aber in der Stunde der Not hilft ihm die betuchte Gattin mit runden 100 Aurei (10 000 Sesterze) aus der Patsche.

30 Millionen und 10 000 Sesterze sind zwei stereotyp wiederkehrende Zahlen seiner monologisierenden Suada, die niemand unterbricht. So als ob er nur diese beiden Zahlen kennt. Die eine steht offenbar für ›viel‹, die andere für ›wenig‹. Seine reichen Freunde besitzen entweder, wie er, ein stattliches Vermögen von 30 Millionen oder werden es demnächst haben. Wenn er – damals schon (!) – städtische (noch

nicht kaiserliche!) Beamte besticht: in Puteoli (oder, wie Mommsen vermutet, in Cumae), reichen mickrige 100 000. Sein »iam scio unde acceperit denarios mille aureos« (Ich weiß schon, wie er zu seinen 1 000 Goldstücken gekommen ist) wird zum geflügelten Wort noch üblerer Epochen werden. Fast alle Zahlen und Fakten seines Berichtes sind grotesk. Und sollen es wohl auch sein. Wie der ganze Kerl. Doch sein ›Typ‹ stimmt. Wer in Rom nicht reich geboren ist, kann es in weniger als einer Generation werden. Nicht ein kleines, bescheidenes Vermögen machen wie die Legionäre, die nach 16 bis 20jährigem Dienst mit ihren gesparten Soldrückständen (8 bis 10 000 Sesterze) in das Zivilleben zurückkehren und nicht nur in Trimalchios kurioser Rechnung ›zu wenig‹ haben. Nein, ein großes: von 30 Millionen und mehr! Er muß nur, wie Trimalchio, sich im Handel tummeln. Auch wenn manchmal das eine oder andere Schiff nicht seinen Bestimmungshafen erreicht, es bleibt genug, um, wie Trimalchio, in Pompeji zu leben. Und zu strunzen.

Trimalchio widerlegt die angenommene, aber falsche Selbsteinschätzung des gebildeten Römers seiner Zeit. Rom hat nicht die Nachfolge Griechenlands, sondern des geschäftstüchtigen Karthago angetreten. Der alte Cato, der wie kein anderer zum dritten und völlig überflüssigen Punischen Krieg gehetzt hatte (»ceterum censeo Carthaginem esse delendam«), ärgerte sich in Wahrheit über des besiegten Gegners unbesiegte Konkurrenz. Sein fortschrittlich geführtes Landgut, das ihm als Modell seines Bestsellers de agri cultura (Über Landwirtschaft) diente, der führenden Agrarbetriebslehre seiner Zeit, kam, solange die flinken Karthagerschiffe Getreide, Olivenöl, Wein, Frischobst und -gemüse fast jeder Provenienz und Saison auf den römischen wie italischen Märkten feilboten, auf keinen grünen Zweig. Die römischen Sieger des zweiten Punischen Krieges hatten ›vergessen‹, wirtschaftliche Sanktionen zu ergreifen, Karthagos Handelsflotte und Hafen zu zerstören. Vor allem aber, sein fruchtbares Hinterland: die mit viel Aufwand kultivierten und bewässerten Plantagen, aus denen die dortigen Händler ihr billiges Angebot bezogen, wieder in Wüste zurückzuverwandeln. Der sittenstrenge Censor ist ein antiker Henry Morgenthau. Nur gedachte er im Gegensatz zu diesem, an seinen Plänen Geld zu verdienen. Sein einziger Kummer: er erlebte nicht mehr, wie seine Saat aufging, und die Kasse seiner Erben wieder stimmte. Im Jahr der Kriegserklärung (149 v. Chr.) starb er.

200 Jahre später hat sich sein Vermächtnis erfüllt. Das besiegte Karthago hat den einstigen Sieger bezwungen, die untergegangene Krämernation aus dem siegreichen Bauern- und Kriegervolk eine Bruderschaft der Kaufleute und Pfeffersäcke gemacht. Einen Weltstaat der Kaufleute!

Denkt Petronius ähnlich wie Cato? Zeichnet er darum sein bis heute fortwirkendes Zerrbild eines ganz und gar nicht ›ehrbaren Kaufmannes‹ als abschreckende Karikatur? Wir werden sehen.

Rom ›erbt‹ von Karthago nach dessen Zerstörung (im Jahre 146 v. Chr.) endgültig das westliche Mittelmeerbecken. Es bildet das westliche Trapez der Häfen Rom (Ostia, Puteoli), Massilia (dem heutigen Marseille), Carthago Nova (dem heutigen Cartagena) und dem 100 Jahre nach dem Bannfluche des Siegers, Scipio d. J., durch Caesar als römische Kolonie wiederaufgebauten Alt-Karthago (in der Nähe des heutigen Tunis).

Rom erobert sich zwischen 146 v. Chr. (dem Jahr der Zerstörung Korinths) und 44 v. Chr. (dem Todesjahr Caesars) die nordöstliche Mittelmeer- und die südliche Schwarzmeerküste. Dieser Raum bildet das ›obere‹ östliche Trapez der Häfen Aquileja (dem heutigen Aglar und Vorläufer Venedigs), Byzanz (dem späteren Konstantinopel), dem einstmals blühenden Athen und den beiden ›Börsen‹inseln: Delos (Sklaven) und Rhodos (Getreide).

Das dritte südöstliche Trapez braucht nicht erobert zu werden. Es fällt Rom buchstäblich zu. Durch Geschäft und allenfalls am Rand durch Krieg. Es besteht aus dem kommerziel-

len Schwerefeld des Rom (Ostia) in dichtem Abstand folgenden zweiten Großhafens der antiken Welt: Alexandria und seinem Netz von Zubringerstationen an der Küste, Tyros (in der Nähe des heutigen Beirut), Antiochia (dem heutigen Antakya an der Grenze Syriens mit der Türkei), Tarsus (in der Südtürkei), auf den Inseln (Delos und Rhodos) und in der Wüste, wo die großen, aus dem Inneren Afrikas (Sudan, Äthiopien, Erythräa), Arabiens, des einstmals blühenden ›Zweistromlandes‹ (Babylon) und Fernen Ostens (Indien, China) herausführenden Karawanenstraßen enden: in Palmyra, Petra, Aquaba.
Die Magistralen aller drei Trapeze fügen sich – nicht zufällig – in eine fast euklidische Handelsgeometrie.
Die Karte bringt sie an den Tag (siehe Vorsatz). Rom liegt im Westteil dieser Welt, die an den Säulen des Herkules endet. Ihr Tor nach Osten aber heißt: Alexandria.
Es ist ein Tor, das mehr herein- als herausläßt. Von hier, auf den Bahnen des südöstlichen Trapezes, strömt alles ein, was die Welt jenseits der römischen Grenzen zu bieten hat: Elfenbein, seltenes Holz und Tierfelle aus Afrika; Parfüme, Purpurfarben, Lederwaren aus Arabien, dem Zweistromland und der Levanteküste; Seide und Seidengarn auf dem langen Landweg der Seidenstraße aus China mit letzter Zwischenstation in Palmyra, Damaskus oder Antiochia; Gewürze aus Indien über Aquaba oder die Landstation des nabatäischen Petra. Dazu Alexandrias hausgemachtes Angebot an Getreide, Olivenöl, seltenen Pflanzen und vor allem an Papyros, dessen ›Rohstoff‹ längs des Nil gewonnen wird und Ägyptens einzigartige Monopolstellung in der Antike begründet.
Roms mittelmeerischer Seehandel läuft darum in erster Linie von Ost nach West. Roms und Italiens Reichtumsvorsprung absorbiert, was über das Osttor einkommt. Die Schiffsstrekke Rom (Ostia, Puteoli) – Alexandria ist die befahrenste des Mittelmeeres. Eine Route von rund 1 850 km (1 250 römische Meilen), für die ein Segler ›vor dem Wind‹: dem (etesi-

schen) Westwind, der nach Osten treibt, 10 bis 20 Tage braucht. Für die Gegenstrecke, von Alexandria nach Rom, bis zu 60 Tage. Sie ist auch in km (oder römischen Meilen) länger; denn da mit festem Rahsegel gegen den Wind nicht viel zu machen ist, läuft man auf dem Rückweg die Häfen von Delos, Rhodos, Kreta oder Athen an.
In den beiden anderen Trapezen dominiert der weniger exotische Alltagshandel. Byzanz, die Brücke Asiens nach Europa, sammelt ein, was seit alters aus Kleinasien, der Schwarzmeerküste und den unbekannten Steppen Innerasiens angeboten wird: Wolle, Wein, Textilien, Edelmetalle (Gold und Silber), Pferde. Getreide aus der Krim. Byzanz hat schon seit langem Athen den Rang als Relaisstation nach Asien und seinem Hinterland abgelaufen, seit Asien ein Hinterland hat, das sich nicht auf eine Handvoll Griechenstädte an der einstmals ionischen Küste beschränkt. Am Bosporus enden die Landwege aus den anatolischen, assyrischen, medischen und nunmehr parthischen Höhen, aber auch die Seestraßen aus dem Schwarzen Meer. Je mehr sich des Reiches Schwerpunkt wieder nach dem Osten verschieben wird, desto eigengesetzlicher wird Byzanz das nicht nur kommerzielle Doppelerbe von Rom und Alexandria gleichzeitig antreten. Ab den Reformen des Diocletian und Konstantin, Ende des 3., Anfang des 4. Jahrhunderts – unübersehbar, aber auch unaufhaltsam. Im westlichen Trapez ist Rom seit dem Sieg über Karthago ›zu Hause‹. Aus dem wiederaufgebauten Karthago kommen, wie zur Zeit des zornigen alten Cato, Getreide, Gemüse und Obst, verstärkt um die Zugaben aus den benachbarten Inseln: Sizilien, Sardinien, Korsika und Elba.
Was Cato noch zu ruinieren drohte, stört nicht mehr. Italien hat sich umgestellt auf extensive Veredelungswirtschaft: Weide, Schafzucht, Wolle und Weinbau. Und ist dennoch reich wie nie zuvor. Sein Bedarf kann schon seit langem nur noch zu Bruchteilen aus der ›eigenen Scholle‹ gedeckt werden. Es braucht seine Böden ›in Übersee‹ wie diese den römisch-italischen Markt. Zwischen dem schon vor der römi-

schen Okkupation, erst recht danach, reichen Gallien und Italien entwickelt sich übers Meer ein dichter ›Nah‹-Verkehr mit dem in griechischer Zeit gegründeten Massilia. Bald wird rhôneaufwärts die Kaufmannsstadt Lugdunum (das heutige Lyon) dazukommen.

Der Nordhandel (vgl. die Karte auf S. 242) mit den noch freien, in vorstaatlicher ›Tribal‹-Ordnung lebenden Germanen spielt keine große, aber interessante Rolle. Von Carthago Nova starten die wenigen Überseesegler, die das Abenteuer mit dem unberechenbaren Atlantik wagen, dessen Winde und Sternbilder dem römischen Nautiker unbekannter sind als die Arabiens oder Indiens. Sie suchen in England Zinn, Kupfer, Blei und Frischwasserperlen. Und wenn sie in die Ostsee vordringen: Bernstein. Das Zentrum des Nordhandels ist die Adriahafenstadt Aquileja (nördlich des heutigen Venedig). Von hier brechen die Planwagen auf, die nach Zwischenstationen an der Nordost-Grenze Noricums (dem heutigen Österreich) die March und Theiß aufwärts das markomannische Böhmen durchqueren und sich dann entscheiden müssen, ob sie nordöstlich an der Weichselmündung, der Kurischen Nehrung (zwischen dem heutigen Danzig und dem heutigen Königsberg) die ›Bernsteinküste‹ erreichen wollen oder weiter westlich in der Gegend der heutigen pommersch-holsteinischen Ostseeküste.

Der Bernsteinhandel bringt den freien, aber wilden Germanen mehr als nur ganze Töpfe römischer Münzen, römischer Waffen und römischer Haushaltsgeräte, von Bestecken bis zu Kupferkesseln und Brätern. Sie entdecken mit den eingehandelten Bronzegeräten, Keramikvasen und Halsketten, daß Leben mehr sein kann als ein blutigernster Kampf ums Überleben. Die wenigen römischen Kaufleute, die im 1. und 2. Jahrhundert bis zur Ostseeküste vordringen, beginnen die Mentalität ihrer Geschäftsfreunde und die politische Landkarte der nächsten Jahrhunderte zu verändern – mehr als sie ahnen. Der neu erwachte Sinn für Statussymbole und Besitzdemonstration läßt sie fast über Nacht die Sitte der Feuerbe-

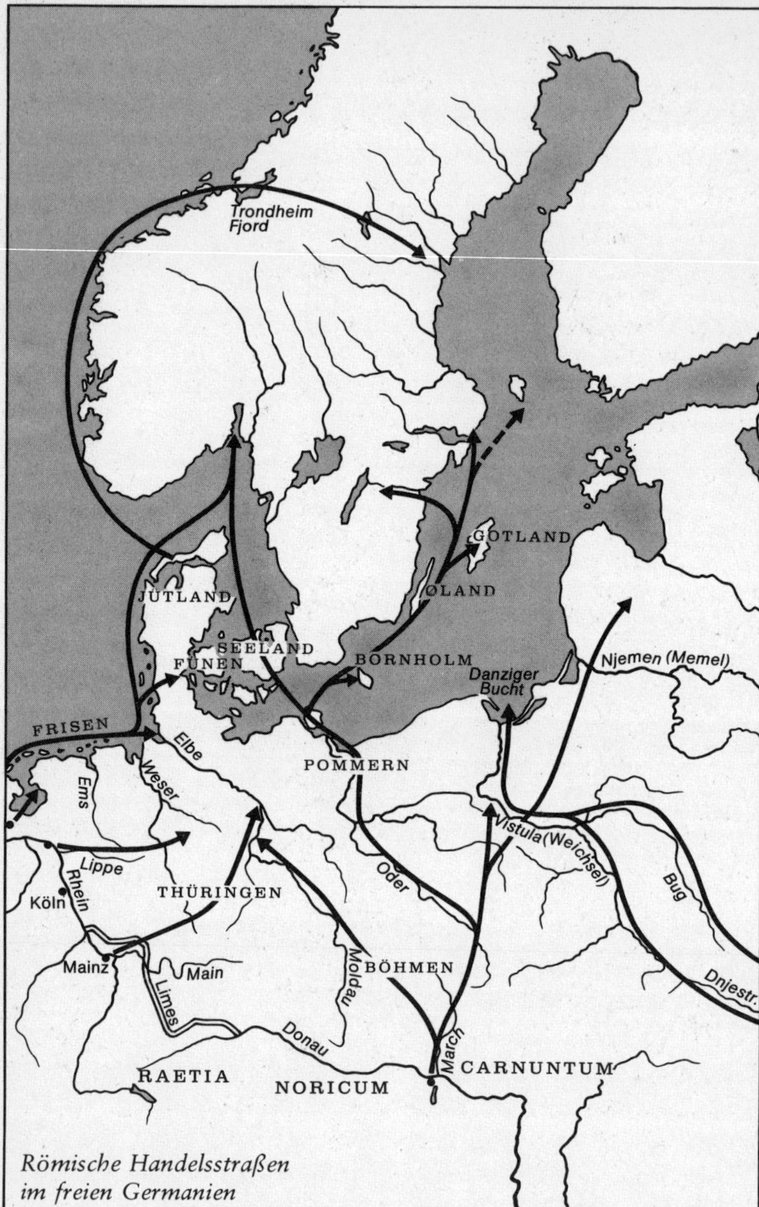

Römische Handelsstraßen im freien Germanien

stattung ablegen und zur Form des Erdbegräbnisses übergehen. Mit allem Pomp und allen Grabbeigaben, die dazu gehören.

»Der Tote wird unverbrannt begraben und mit allen Dingen umgeben, die ihm ans Herz gewachsen sind: goldene Armbänder, Schwerter, Dolche, Äxte, Fibeln, Häute und Stoffe, Becher und Schalen ... Es wirkt beinahe, als ob die ›Neureichen‹ jetzt mit der Erschließung neuer Verdienstquellen ... den Glanz einer eigenen fernen Vergangenheit hätten wieder zum Leben erwecken wollen. Es gibt keinerlei Anzeichen dafür, daß eine neue Herrschaft von außen zugewandert wäre, und die umwälzende neue Sitte fällt auch mit keiner der bekannten Stammes- oder Völlkergruppen zusammen.

Gewiß scheint nur, daß der neue Brauch aus dem Wohlstand erwachsen ist, und daß er seinen Siegeszug durch Mitteleuropa bereits vollendet hatte, als sich der Einfluß der mediterranen römischen Kultur durchzusetzen begann. Die neue Bestattungsform war offenbar das Vorrecht einer aristokratischen oder plutokratischen Schicht (der ›Fürsten des Bernsteinhandels‹?), die ihre eigene Vorstellung vom Jenseits hatte, vor allem den naiven Wunsch, im Grabe unversehrt zu bleiben, um die Freuden ihres friedseligen, prachtgewohnten Daseins nach dem Tode fortsetzen zu können«

schreibt Sir Mortimer Wheeler über die Wirkungen des kommerziellen Kulturimportes.

Freilich: dieser angeberische Totenkult, der in einem noch aufwendigeren ›Götter‹kult seine Parallele findet, ist volks- wie betriebswirtschaftlicher Luxus. Die in den Sümpfen der Schlei nördlich Schleswig gefundenen drei Nydamboote stellen ein ungeheures Betriebs- wie Volksvermögen der damaligen Zeit dar. Mit allem, was sich in diesen ›Weihegeschenken‹ unterbringen ließ: 150 römische Schwerter, 500–600 metallene Speerspitzen, 40 Bögen, 170 Eisenpfeilspitzen, 34 römische Denare und zahllose Gegenstände von Schmuck bis zum Gebrauchsvermögen.

Das neu erweckte Selbstgefühl der germanischen Stämme

und ihrer Führer wird sich nicht lange danach politisch artikulieren. Der Glanz der überlegenen Kultur, der sie in jedem der erhandelten Gebrauchs-, Schmuck- und Wertgegenstände zunächst nur blendet, beflügelt mit der Zeit ihre schweifende Phantasie. Gleich den Konquistadoren späterer Jahrhunderte brechen sie auf, mit dem Gott zugleich sein Eldorado zu suchen. Die römischen Bernsteinhändler weisen der germanischen Völkerwanderung das Motiv und die Richtung. Handel bringt nicht nur Geschäftsfreunde einander näher. Er kann auch Handels- in Militärstraßen verwandeln.
Zum eigentlichen Abenteuer der römischen Weltwirtschaft wird jedoch der Handel östlich von Alexandria: die Entdekkung des Seeweges nach Indien und der Südroute nach Ostafrika. Etwa zur Zeit des Trimalchio (also im 1. Jahrhundert n. Chr.) wagt sich wieder einmal ein unbekannt gebliebener ägyptischer oder griechischer (?) Kaufmann aus dem Roten Meer und der es schützenden Meerenge zwische Asmara und Dschibuti in den Indischen Ozean hinaus. Was er berichtet in dem mit Abstand aufregendsten Buch der Antike (»soziologisch wie geographisch ein Markstein allerersten Ordnung«, Sir Mortimer Wheeler), elektrisiert zeitgenössische wie spätere Autoren: den älteren Plinius, Tacitus und den in Alexandria an seiner Weltkarte bastelnden Claudius Ptolemäus.
Vgl. Kap. 7, S. 159
Das ›Reisetagebuch‹ des Kauffahrers, der in unbeholfenem Griechisch verfaßte ›Periplus des Erythräischen Meeres‹ (gemeint ist ganz allgemein der Indische Ozean), ist uns überliefert. Heute, nach mancher Dechiffrierarbeit, ist ziemlich klar, wie weit der unbekannte Entdecker gekommen ist. Im östlichen Afrika bis Sansibar und Dar-es-Salam. Die Dinge, die er dort vor 2 000 Jahren sieht, leiten noch heute die Archäologen, die mit ihm sicherer fahren als Schliemann mit seinem Homer. Er beschreibt, woher die Sachen stammen, die Rom teuer in Alexandria einkauft. Arabische Händler kommen in Scharen von der Küste des Yemen (dem südlichen Arabia felix) herüber, kaufen Elfenbein, Rhinozeros-

horn, Schildpatt, Palmöl, Zimt, Weihrauch und Sklaven und bringen es in die alte Handelsstadt Muza südlich von Asmara. Dort wird umgeladen, teils auf Schiffe, teils auf Karawanen, deren Zielort mit oder ohne Zwischenstation immer derselbe ist: Alexandria. Die Königin des Osthandels.

Der Verfasser des ›Periplus‹ stützt sich bei seiner Fahrt im Indischen Ozean vermutlich auf Erkenntnisse eines Kapitäns namens Hippalus, der vor ihm die gleichen Gewässer befahren und offenkundig als erster Seemann der Antike die Regelmäßigkeit und Richtung der Monsunwinde erkannt und ausgenutzt hat. Nur: wer ist dieser Hippalus? Wann hat er gelebt?

Plinius d. Ä. erwähnt en passant die Reise eines römischen Freigelassenen, den es samt seinem Schiff bei einer Umseglung Arabiens auf die Indienroute nach Ceylon verschlägt. Plinius datiert den Vorfall in die Zeit des Kaisers Claudius (41–54 n. Chr.) und nennt auch den Namen des Patrons des Freigelassenen: Plocamus. Durch einen unglaublichen Zufall entdeckt in den dreißiger Jahren dieses Jahrhunderts ein englischer Forscher, der sich für Felsinschriften in der ägyptischen Wüste interessiert, in der Nähe der alten Straße von Koptos nach Berenice, etwa 100 km von Koptos entfernt, eine Inschrift, die da lautet:

Lysa P. Anni Plocami veni anno XXXV
III. non Iul ...

Die Hieroglyphen besagen, daß im 35. Jahr der Regierung des Kaisers Augustus ein gewisser Lysa, Sklave des Plocamus, des Weges kam. Wenn aber dieser Plocamus derselbe ist, den auch Plinius erwähnt, steht wohl fest, daß die Datierung des Plinius falsch ist, und vor allem wird durchaus wahrscheinlich, daß die ›Entdeckung‹ der Monsunwinde für den Seeweg nach Indien und damit auch die diese ausnutzende Fahrt des Hippalus bereits in augusteischer Zeit erfolgt. Und wenn die Bibel, wie anzunehmen, ›doch recht hat‹, dann kann nicht nur der ›braune‹ der Heiligen drei Könige den hippalischen Seeweg übers ›erythräische‹ Meer genommen haben, mit oder ohne Zwischenstation in Muza. Der zunächst ›ungläubige‹, aber dann, nachdem er sich überzeugt hatte, vor Glaubenseifer berstende Heilige Thomas, der der Überlieferung nach bis Indien gelangt, könnte ebenfalls auf einem der Boote gereist sein, die an der Küste von Hadramaut (dem heutigen Yemen) in See stechen. Kurs: Süd-Ost. Wie der Autor des ›Periplus‹: er tastet sich die südarabische Küste entlang. Und dann gelingt ihm das ›Wunder‹: der Wassersprung nach Indien!

Seit Alexanders Admiral Nearchos im Jahre 325 v. Chr. nach Alexanders Rückzug aus Indien das kalkulierte Risiko wagte, mit einem Teil der Soldaten, die mit Alexander bis ins ferne Indien gezogen waren, hart unter der Küste zurückzufahren, wußte man, daß derselbe Ozean Persien (das gesamte Gedrosien und heutige Belutschistan) und Indien netzte. Aber wie weit Indien südlich reichte und wie man dahinkam, stand in Sternen, die niemand kannte. Unser Seefahrer lernt mit ihnen umzugehen.

Die aus dem Mittelmeer bekannten ›etesischen‹ Westwinde wehen von der Südküste Arabiens einmal im Jahr mit verläßlicher Regelmäßigkeit: immer dann, wenn etwa im Juni der sommerliche Monsun einsetzt. Mit ihm im festen Rahsegel erreicht man Süd-Indien, wo der Pfeffer wächst, in 10 bis 14 Tagen. Der Pfeffer! Er wird, seit der noch besser segelnde als schreibende Periplus-Autor ihn als regelmäßiges Angebot auf den römischen Markt bringt, wo ihm alsbald ganze Speicherviertel gebaut werden (sog. horrea pipera) zum Königssymbol eines ebenso lukrativen wie gefährlichen Fernhandels. Was aber fasziniert die Leute am Pfeffer? Daß sie, seit ihn ein unbekannter römischer Kaufmann zum Markenartikel machte, ohne ihn nicht mehr auskommen wollen? Und den Pfeffersäcken, die ihn heranbringen, ein Vermögen zahlen. Im Rom damals 1 000 % seines Preises frei Indien! Schon der ältere Plinius konnte sich keinen Vers darauf machen:

»Es ist sehr erstaunlich, daß der Genuß von Pfeffer so in Mo-

de gekommen ist, wenn man bedenkt, daß an anderen, bei uns gebräuchlichen Nahrungsmitteln einmal ihr Süße, ein andermal ihr Aussehen unsere Aufmerksamkeit auf sich zieht; beim Pfeffer jedoch sind weder Frucht noch Beeren im geringsten verlockend, einzig begehrenswert ist vielleicht eine gewisse Schärfe; und doch führen wir ihn über die ungeheure Entfernung von Indien her ein! Wer hat wohl als erster unternommen, etwas Derartiges als Nahrungsmittel auszugeben? Es nimmt mich wahrhaft wunder, welcher Mensch das gewesen sein kann, dem der Hunger allein nicht Anreiz genug zur Befriedigung seiner gierigen Gelüste gewesen ist«
fragt er sich und seine Leser in seiner Naturalis historia.
Wir fragen uns noch immer, was den Pfeffer zum ältesten und teuersten Welthandelsgut gemacht hat. Es gibt ab dem 1. Jahrhundert kein Kochbuch, in dem nicht, wie bei Apicius, ›Gepfeffertes‹ angerichtet wird, sogar zu Süßspeisen! Als Alarich 408 n. Chr. das erste Mal vor Rom steht, läßt er sich noch mit 3 000 Pfund Pfeffer besänftigen. Allerdings nur für zwei Jahre. Dann kehrt er zurück und läßt sich nicht mehr ›abspeisen‹.
Im 16. Jahrhundert erwerben Portugal und die Niederlande sagenhaften Reichtum, indem sie des Periplus-Autors Pfefferland kurzerhand besetzen. Aber sie teilen ihren Schatz ›redlich‹ mit maritimen Wegelagerern jener Zeit, den Kaperkapitänen Englands, Frankreichs und derer, die auf eigene Rechnung arbeiten. Kein Wunder, denn die Ladung nur eines einzigen Ostindienseglers beziffert sich schon 1592 auf runde 100 000 Pfund Sterling. Bei einem (realistischen?) Kaufkraftindex von 2 500 % heute rund 250 Millionen Pfund Sterling, oder eine knappe Milliarde DM! Ein Risiko, das lohnt. Für den christlichen Seefahrer wie den nicht minder christlichen Piraten, für den ein Schiff zu kapern sich noch mehr auszahlt, als heute eine Bank zu überfallen. Die Münz-, Vasen- und Glaswarenfunde bestätigen: die auf der Route des Periplus segelnden römischen Kaufleute gelangen bis an die Mündung des Ganges, in das heutige Kalkutta. Zentren

des sich unter Tiberius, des Augustus Nachfolger, intensivierenden Handels sind die westlich und östlich um das Cap Comorin (Comari), die Südspitze Indiens, sich hinstreckenden Küsten der Malebaren und des Koromandels. Zwei Flüsse, Ponnani und Kavery, bilden eine ›natürliche‹ Binnenwasserstraße zwischen den beiden Fernhandelsküsten, zwischen denen auf halbem Wege der reiche Tamilen-Distrikt von Coimbatore liegt, der Schnittpunkt dreier Königreiche: Chola, Chera und Panaya, an dem alles zusammenströmt, was im Lande angebaut und an den Küsten angelandet wird. Dieser äußerste Südzipfel Indiens, unterhalb der heutigen Städte Mysore und Madras, dem Kernland der dunkelhäutigen Tamilen, hat bis heute mehr römische Funde zutage treten lassen als der ganze riesige Subkontinent. Allem voran römisches Geld: Silberdenare und Aurei. Die meisten aus der Zeit des Augustus und Tiberius, wenige aus der späteren Epoche des Nero und seiner Nachfolger. Was aber das Merkwürdigste ist: die meisten dieser Münzen sind lädiert, entweder durchbohrt oder mit einem Schnitt quer über das Bild des Kaisers ›ungültig‹ gemacht. Warum?

Der Periplus-Autor informiert uns, daß römische Gold- und Silbermünzen ein wichtiger Einfuhrartikel der Malebarenhäfen seien. Plinius d. Ä., der sich ständig Gedanken über Roms ›passive‹ Zahlungsbilanz macht, kommentiert: »denn in keinem Jahr entzieht Indien unserem Imperium weniger als 50 Millionen Sesterze«. (Vergl. Dokumente VII und VIII des Anhanges)

Kaiser Tiberius beklagt sich vor dem römischen Senat, daß die unverantwortliche Ausfuhr von Gold und Silber Roms Kassen plündere. Und wofür? »Für nichts als Tand!«, den wir sogar »den Feinden Roms« vergüten. (Vergl. Dokument IX des Anhanges)

Hätte er, der aufrechte Patriot und treusorgende Hausvater, sich weniger aufgeregt, wenn er gewußt hätte, was erst uns dämmert: die ›Feinde Roms‹ benutzten diese Münzen weder als Geld noch als Kriegsschatz, um sich Waffenarsenale anzu-

legen, sondern als Vermögenshort und -speicher. Die Inder kannten noch kein Geld; sie tauschten natural und nutzten die kaiserlichen Münzen als geeichte ›Barren‹: im Vertrauen darauf, daß das kaiserliche ›Siegel‹ (Bildnis) den ›richtigen‹ Feingehalt verbürgt. Rom kassiert, ohne daß Tiberius es merkt (oder seine Geldexperten), das ›Seigniorage‹-Privileg aller ›Reserve‹länder, die ihr eigenes nationales Geld als ›Weltbankier‹ dem Handel und der Vermögenssicherung anderer Völker zur Verfügung stellen. Wie heute immer noch die USA mit ›ihrem‹ Dollar und vor ihnen gut 100 Jahre Großbritannien mit ›seinem‹ Pfund Sterling. Denarius und Aureus sind *das* Weltgeld ihrer Zeit, in dem nicht nur fakturiert wird, sondern auch gezahlt und gespart. Selbst die, die wie die indischen Tamilen der Augustus- und Tiberiuszeit zu Hause ›geldlos‹ leben, nutzen das Weltgeld als ›liquide‹ Vorratshaltung. Warum aber dann die ›Demonetisierung‹? Um ganz sicher zu gehen, daß aus einmal gebildetem ›Vermögen‹ nicht wieder ›Geld‹ wird! Und damit als Vermögen verloren geht, ›konsumiert‹ wird!
Rom bezieht nicht nur seinen Pfeffer aus Indien, dessen Hauptanbaugebiet das fruchtbare Hinterland der beiden Küstenzonen (Malebaren und Koromandel) ist. Der Periplus berichtet, daß außerdem »große Mengen feiner Perlen, Elfenbein, Seidengewebe, Narde vom Ganges, Malabathrum (ein geheimnisvoller Zimtersatz), durchsichtige Steine mannigfacher Art, Diamanten, Amethyste, Schildpatt« die hier ankernden römischen Schiffe füllen. Eine stattliche Liste, die zeigt, wie ›entwickelt‹ Südindien damals ist. Ein Teil der in den Handelsniederlassungen, teils Faktorei, teils Dorf, teils Stadt mit festen (Ziegel)Mauern angebotenen Produkte kommt von weit her. Z. B. der gegenüberliegenden, ebenfalls tamilisch besiedelten Insel Ceylon, in der Sprache des Periplus: ›Palaesimundu‹, von der er hört, die er aber nie besucht. Und aus dem fernen, noch geheimnisvolleren Lande ›This‹ (wie die Inder China nennen), welches, wie man sagt: »schwer zugänglich ist«. Kein Wunder, denn das Zentralmas-

siv des Himalaya gilt selbst heute noch als schwierig zu durchqueren.

Die spätere Karte des Ptolemäus (S. 210) läßt ahnen, wie weit östlich der Verfasser des Periplus und seine Nachfahren gelangen. Sein Poduke Emporion ist die spätere Hauptstadt Französisch-Indiens, Pondicherry. Die dort gefundenen Mauerreste, Überbleibsel riesiger Lagervorräte an Textilien (Musselinen?), Edel- und Halbedelsteinen (aus der Gegend und von weiter her), von Luxusgütern für den persönlichen Gebrauch wie Keramikschalen, Becher, Lampen und erhebliche Mengen von Amphoren-Scherben aus der Gegend von Arezzo, einstmals gefüllt mit italischem oder griechischem ›Rezina‹ (geharztem Wein), dies alles erlaubt Rückschlüsse auf den Wohlstand, die industrielle Fertigkeit und die Organisation des damaligen und dortigen Fernosthandels. Dem Gegenpol zu Alexandria als Angelpunkt des Umschlags zwischen Indischem Ozean und Mittelmeer, der von dort gestartet wird, vor dem Abklingen der winterlichen Monsunwinde, im Frühling. Gerade rechtzeitig für den Marktbeginn in Rom.

Wie weit nach Osten kommt der Autor des Periplus wirklich? Der – bis heute – östlichste römische Fund stammt aus der alten Stadt Oceo am Mekong-Delta, südwestlich von Saigon, dem heutigen Grenzgebiet zwischen Kambodscha und Vietnam. Einige Gemmen mit römischer Gravur, einige Perlen römischer Fasson, einige Münzen des Kaisers Marc Aurel deuten auf Kontakt mit, nicht unbedingt Direktbesuch aus Rom. Des Ptolemäus Karte spricht dagegen, daß Schiffe, die der Route des Periplus folgten, dies alles selber abgeliefert hätten.

Ptolemäus' Indischer Ozean, sein ›zweites Mittelmeer‹, bildet ein westliches Becken mit Afrika (als zweitem Spanien) und Indien (als zweitem Italien), das ihn teilt. Ab da wird alles vage, voller Phantasie. Das östliche Becken verliert sich am ›Goldenen Chersones‹, einer Halbinsel, gleich der Krim, die alles sein kann: der kurze Burma-Archipel, der dahinter

liegende längere von Malaysia oder der noch weitere von Thailand und Kambodscha. Wäre der Anonymus des Periplus dagewesen, hätte er Ptolemäus nicht auf Vermutungen und Analogien sitzenlassen.
Die Kehrtwendung der dem Periplus nachfahrenden Schiffe irgendwo im noch sicheren Golf von Bengalen und der Rückweg gegen den jetzt feindlichen Monsun, vermutlich auf der Küstenroute des Nearchos, ›rettet‹ jahrhundertelang den horrenden Seidenpreis. Die tief aus dem Innern des Hochlandes von Kumlun sich herauswindende längste Karawanenstraße der Alten Welt muß zunächst das Verkehrshindernis Himalaya nehmen. Die Straße windet sich um ihn herum, um über Sikkim oder Kaschmir die nordindische Ebene zu gewinnen: das Tal des Indus und die Ebene von Peshawar. Die für Indien (die Malebaren- und Koromandelküstenzentren) bestimmten Kontingente gehen per Küstenschiff an ihre Bestimmungsorte: Cranganore, Coimbatore, Tranquebar, Arikamedu und Pondicherry. Dort werden sie direkt verladen auf die römischen Ozeansegler, die nach Rom gehen: Musseline, Seidenstoffe und Seidengarne gelangen so via Alexandria und Rom in die Villen von Pompeji und Praeneste, wo sie ihre Kundinnen sehnlich erwarten. Und den weiten Weg teuer genug bezahlen.
Die Hauptmasse der schwer beladenen Kamele und ihrer Treiber aber zieht nach kurzer Rast zum Khaiberpaß und folgt von dort dem Kabulflusse aufwärts, vorbei am heutigen Kabul zu der am Südhang des unwirtlichen Karakorum gelegenen uralten Stadt Balch, der ›Mutter aller Städte‹. Damals eine Karawanenmetropole »von mehr als 11 km Umfang und ... Knotenpunkt des ganzen asiatischen Verkehrsnetzes« (Sir Mortimer Wheeler).
In Balch entscheiden dann die Absprachen mit oder besser Abgaben an die das Chorasan beherrschenden Parther, ob es sich lohnt, auf der längeren, aber bequemeren Südroute weiterzuziehen, dem umgekehrten Alexanderweg durch Südafghanistan, Nordpersien nach, vorbei an Elburs und Kaspi-

schem Meer, nördlich des heutigen Teheran, hinunter in die Ebenen des Tigris und Euphrat, um in einem der Wüstenvorhäfen Alexandrias zu landen: Resapha, Rakka oder dem königlichen Palmyra. Sperren, wie ab dem 3. Jahrhundert, die mit Rom verfeindeten Sassanidenherrscher das Parther-Gebiet, mit dem sie Rom von Indien und China trennen können, bleibt nur die weit beschwerlichere Nordroute: den Oxus (heute Amru darja) oder den Jaxartes (heute Syr darja) entlang, am Karakorum vorbei durch Samarkand zum Aralsee. Von dort den Weg zum Nordufer des Kaspischen Meeres nehmend, gelangt der Zug über den Kaukasischen Isthmus an die Schwarzmeerküste und dort wieder auf die ›große Königsstraße‹: die vor Alexander die Perserkönige ›herunter‹-zogen, das übermütige Volk der Griechen zu bestrafen, bis Alexander die Richtung änderte und seine Makedonen die Berge ›herauf‹führte. Bis hin nach Balch.
Die Nordroute über Samarkand und Armenien ist für den Seidenhändler kürzer, aber weit beschwerlicher. Dennoch wird sie und nicht die umgekehrte Alexanderroute die Einfallspforte aller Reiternomaden Asiens werden, die ab Attilas erstem Hunnensturm im Jahre 375 n. Chr. alle 200 bis 300 Jahre mit militärischer Urgewalt das Abendland durchschütteln werden: von Dschingis Khan und Tamerlan, Mehmet II. (dem Byzanz 1453 zum Opfer fällt) bis hin zum letzten ohnmächtigen Sturm Kara Mustaphas auf Wien im Jahre 1689. Eine Handelsstraße mehr, die dem Kommerz nicht näher-steht als dem Kriege, wie Eisenbahnen und Autorollbahnen späterer Zeiten und Jahrhunderte!
Was wissen wir von den Transportmitteln und -vehikeln jener Zeit: den Ochsen-, Pferde-, Maultierkarren, Karawanen, Kamelen, den Binnen-, vor allem aber den die Hauptlast fahrenden Überseeschiffen, die das Mittelmeer zur Binnenverkehrsdrehscheibe des weitgespannten Reiches, den Indischen Ozean aber zum römischen Atlantik machen?
Pferd, Esel und Maultier scheiden als kommerzielle Zugtiere über größere Distanzen aus, weil sie viel zu teuer sind, schon

in der Anschaffung. Erst recht im laufenden Verbrauch. Das Pferd bleibt bis ins späte Mittelalter ›Kriegsmaschine‹: Panzermotor und Jeep. Es verschafft den ›Gottesgeißeln‹, den allzeit kriegsbereiten Reiternomaden Hinterasiens: den Hunnen, Ungarn, Seldschuken, Türken, ja selbst den Arabern die unglaubliche Beweglichkeit ihrer Reiterarmeen. Und damit den kriegsentscheidenden Erfolg. Europas Verteidigungsrückstand in Sachen Pferd wird erst Anfang des 18. Jahrhunderts eingeholt. Durch Prinz Eugen, den ›edlen Ritter‹.

Bis dahin schwebt Europas ›höhere‹ Seßhaftenkultur mehr als einmal an dem gar nicht seidenen Faden, daß sie doch noch am Reiterkriegsgeschick der einzig und allein Pferdezucht betreibenden und stets dicht vor dem Endsiege stehenden Steppenvölker scheitert! Auf den Katalaunischen Feldern (451 n. Chr.), vor Tours und Poitiers (732 n. Chr.), dem Lechfeld (955 n. Chr.), der Walstatt von Liegnitz (1241) usw.

Schon der Bauernstaat Rom verpaßt die Chance eigener Pferdezucht. Aus einleuchtenden Gründen: als Zugtier den Agrarbetriebswirten zu teuer, als Kriegsmaschine den Kampfstärke in ›Infanterieeinheiten‹ kalkulierenden Feldherren überflüssig. Der römische Legionär verteidigt sich zu Fuß, und wenn es ernst wird, hinter Wällen. Das bißchen Kavallerie, das Caesar in Gallien einsetzt, ›kauft‹ er ein: bei Germanen und noch freien Gallierstämmen. All das reicht, bis Attila erscheint.

Das wirtschaftliche Zugtier der Antike, ihr Hafermotor, ist nicht das ›edle Pferd‹, sondern der ›gemeine Ochse‹. Ein geduldiger, aber unglaublich teurer Motor. Er frißt, je länger sich der Weg dahinzieht, buchstäblich immer größere Teile seiner Ladung auf. Oder blockiert, was auf dasselbe hinausläuft, immer größere Teile seiner Ladenutzfläche für seinen eigenen, beträchtlichen Kraftstoffverzehr, den er malmt. Aufgrund der Angaben des Plinius über die italischen ›Tarife‹ für den Landtransport von Weizen läßt sich ein Transportkostenanteil von über 70 % für je 100 zurückgelegte römische

Meilen (= rund 150 km) errechnen. Ein Tarif, der mit Sicherheit nicht ›linear‹ steigt, sondern progressiv. Denn alle 3 bis 4 Tage muß der Ochse gewechselt werden. Ausspannen aber heißt Relaisstationen, besser: Ställe an den Straßen und Knotenpunkten, neuer Hafer, neue Kosten, die im Tarif vergütet werden müssen. Aber auch ohne dies: bei diesem Verkehrsträger verdoppelt sich der Preis des transportierten Gutes spätestens alle 100 km! Allein durch laufenden ›Benzin‹-Verbrauch. Was erklärt, daß es im Römischen Reich zu allen Zeiten keinen Landtransport von Massengütern der Lebenshaltung gibt und geben kann: Getreide, Gemüse, Obst – außer auf allerkürzeste Distanz, und nur in Notzeiten, wenn der Seeverkehr zusammenbricht. Rom ›lebt‹ vom billigen Seetransport. Ohne ihn gibt es weder ein Reich noch eine Versorgung, geschweige denn Wohlstand produzierende Wirtschaft.
Um welche Kostenverbilligungen es geht, verdeutlichen die von Kaiser Diocletian in seinem berühmten Preisedikt aus dem Jahre 301 n. Chr. festgelegten ›Maximaltarife‹ (wobei wir unterstellen, daß er die Inflationsrate für alle Verkehrsträger gleichmäßig ansetzt). Danach verhalten sich Landtransportkosten (Straße) zu Seefracht (Schiffen) für dieselbe Menge Weizen je 100 römische Meilen wie 56:1! Ein Umsteigen auf Schiffstransport erlaubt somit die Heranführung desselben Gutes (in unserem Falle Weizen) zum selben Preis aus einer 56mal weiteren Umgebung! Nordafrikanisches Getreide, das 500 Meilen von Rom entfernt angebaut wird, kostet, per Schiff herangebracht, nicht mehr als das vor den Toren der Stadt in Tivoli angebaute! Man versteht den Groll des älteren Cato auf Karthago. Aber auch den Eifer und die Fixigkeit, mit der sich die bis zum ersten Punischen Krieg (264–241 v. Chr.) ganz und gar seeuntüchtigen Römer auf die Schiffahrt und den Schiffbau stürzen! Ihre für die nächsten Jahrhunderte nationale oder besser: kommerzielle Leidenschaft.
Wie sieht der große Billigmacher der römischen Weltwirtschaft, das römische Seeschiff, aus? Nicht toll. Wir müssen es

uns als eine Art ›umbautes Floß‹ vorstellen. Mit festem Rahsegel, also einer höchst begrenzten Manövrierfähigkeit, ohne Kiel, also nur bedingt seegängig. Mehr ein Boot für Binnengewässer als für die offene See. Die Römer haben es von den Karthagern übernommen. Diese zu ziemlich gleichen Teilen von den Griechen und den Phöniziern. Und alle beide wieder von den Ägyptern. Das Schiff der Römerzeit ist in der Tat ein nur wenig weiterentwickeltes Flußschiff, erprobt auf den langen, aber ruhigen Läufen des Nil, zwischen dem Delta und dem unteren Katarakt von Assuan. Es verlangt von seiner Besatzung und Leitung (Kapitän und Steuermann) nicht allzuviel. Auf dem Nil braucht niemand Sturm noch Brecher zu befürchten; der Flußlauf nimmt dem Kapitän die Nautik ab, der Steuermann braucht ein scharfes Auge, um Untiefen und Stromschnellen auszuweichen. Mehr nicht. Dies alles aufs offene Mittelmeer und später den noch wesentlich rauheren Indischen Ozean übertragen, schafft erhebliche Probleme. Man kann weder gegen den Wind segeln (kreuzen) noch, wenn Wetter aufkommt, der eigenen Ruderfähigkeit allzu sicher sein, weil dem Steuermann der ›gegenhaltende‹ Kiel fehlt.

Es fehlt aber auch an den primitivsten Hilfsmitteln der Navigation. Man hat keinen Kompaß und eine höchst begrenzte Kenntnis vom Lauf und den Wanderungen der Gestirne. Die Folge ist, daß man nur in wenigen Zeiten des Jahres segeln kann: wenn die Winde günstig sind, die See nicht allzu schwer, und nachts die Sterne sichtbar: also im Sommer. Außerdem braucht man die sechs Wintermonate, um die im Einsatz strapazierten Boote wieder gründlich zu überholen. In den Schiffsbauwerften nahe den großen Häfen wird im Winter hart gearbeitet, mit einer Vielzahl instrumentaler Neuerungen: mit Kupfer und Metall, Nägeln und Schrauben, die den alten Holzdübel ersetzen, mit Zangen, Flaschenzug und Hebel, die es ermöglichen, das Schiff an Land zu ziehen, zu wenden und zu bewegen.

Dieser Pulsschlag des Seetransports schlägt durch die ganze

antike Weltwirtschaft. Das Arbeitsangebot, der Produktionsanbau, die Finanzierungsfristen – all dieses deckt den aktiven Teil des Jahres: die sechs Sommermonate. Sechsmonatlich sind Finanzierungs- und Versicherungsfristen. In diesen sechs Monaten muß herangebracht werden, was die römische Welt braucht; laufend, und was sie im Winter verzehrt; muß das Lager aufgefüllt werden. Man kann daher mit einiger Pointierung sagen: im Sommer, zwischen April und Oktober findet aktive Weltwirtschaft, findet Warenaustausch und Lageraufbau statt; im Winter wird vom Speicher gelebt, repariert und Inventar gemacht. Schiff und Speicher sind die Pole – und Symbole des wirtschaftlichen Jahreszyklus.

Und dazwischen wird viele stumpfsinnige Tage und Wochen hindurch auf günstigen Segelwind gewartet. Und gehofft. Der später von Domitian als Nichtstuer verbannte Stoiker (und Sklave) Epiktet beschreibt das Los der wartenden Seeleute:

»Wenn uns das Wetter daran hindert, unter Segel zu gehen, sitzen wir griesgrämig da und laufen alle Augenblicke ans Fenster, um zu schauen, was für Wind am Himmel sei: noch immer Nord! Ach, der leidige Nord! Wann endlich wird einmal der Süd wehen?«

Man weiß nicht so recht, worüber man sich mehr verwundern soll: Daß soviel Herausforderung und Gewinnchance kein moderneres und leistungsfähigeres Seetransportwesen hervorbringt: keinen Kompaß, keinen Sextanten zur Standort- und Kursbestimmung, keine lückenlosere und systematischere Beherrschung der astronomischen Gezeiten, ihrer Regelmäßigkeiten und Anhaltspunkte. Kein besseres und geräumigeres Schiff. Gewiß, man weiß einiges, doch längst nicht genug. Man fährt auf Sicht und nicht auf Kurs und zittert, wenn Wolken die paar Sterne verhüllen, die man kennt und auf die man angewiesen ist. Und lernt niemals segeln, wie ab dem Mittelalter in Europa.

Oder, daß ›trotzdem‹ so viel erreicht wird. Daß die römische

Seefahrt trotz ihrer Verluste an Schiffen, Mannschaften und Ladung, die den Grund des Mittelmeeres in ein einziges und einzigartiges Kulturmuseum verwandeln, dessen Schätze noch längst nicht registriert, geschweige denn gehoben sind, dennoch so erfolgreich operiert und so billig ist. Daß Hippalus und sein Barde, der Periplus-Autor und ungezählte andere so unvergleichlich gute Seeleute werden können: antike Columbusse, Cabots und Vasco da Gamas. Mit schlechterer Ausrüstung und mindestens demselben Mut. Und römischer Nüchternheit.

Und das alles, obwohl »kein Schiff sehr alt wird« (Properz).

Wenn wir das Fazit ziehen und uns fragen: was färbt Pompejis Atrium- und Tricliniumwände rot, wer erwirtschaftet den Reichtum, wer bezahlt die Mosaikwände mit der Alexanderschlacht, die Bäder der Villen von Tivoli, Praeneste, Cumae, Capua, Agrigentum, so fällt es schwer zu glauben, daß es ›nur‹ der Handel in jenen 6 Monaten und mit 5 + 5 Binnen- und Fernhandelsgütern ist, die Roms primitive Schiffe heranbringen und die über Roms nur gelegentlich ›geschiente‹ Landstraßen holpern. Aber es werden nicht mehr als die, die wir in der folgenden Übersicht festhalten:

Roms typische Binnen- und Fernhandelsgüter
(Auszug aus Dokument X des Anhanges)

Binnenhandel	Woher	Wohin
1. Getreide	Spanien, Mittelmeerinseln, Nordafrika, Ägypten, Balkan, Krim	Rom, Italien, Großstädte
2. Olivenöl	Spanien, Griechenland, Nordafrika (wenig)	Rom, Italien, Großstädte
3. Wein	Spanien, Griechenland, Italien, Gallien	Rom, Italien, Großstädte

Roms typische Binnen- und Fernhandelsgüter
(Auszug aus Dokument X des Anhanges)

Binnenhandel	Woher	Wohin
4. Obst, Gemüse, Honig	Nordafrika, Italien, Gallien, Griechenland	Rom, Italien, Großstädte
5. ›Industrie‹-waren: Metalle, Keramik, Glas, Papyrus	Britannien, Spanien, Gallien, Italien, Ägypten	Rom, Italien, In- und Ausland

Fernhandel	Woher	Wohin
1. Bernstein	Germanien	Gesamtes Röm. Reich
2. Elfenbein	Afrika, Indien	Gesamtes Röm. Reich
3. Weihrauch, Drogen	Arabien, Indien	Gesamtes Röm. Reich
4. Gewürze	Indien	Gesamtes Röm. Reich
5. Seide, Musseline	China, Indien	Gesamtes Röm. Reich

Der *Binnenhandel* versorgt primär die Hauptstadt Rom, Italien und die volks- und geldreichen Großstädte (Alexandria, Byzanz, Antiochia, Karthago, Carthago Nova, Massilia) mit billigen Grundnahrungsmitteln. Hier können die Lieferanten ihre ›sonst‹ unabsetzbaren Überschüsse sicher vermarkten. Ein Leistungs- und Einkommensverbund, der allen nützt: Beziehern wie Lieferanten, Konsumenten, Produzenten. Die einen gewinnen zusätzliches Realeinkommen, die anderen zusätzliche Beschäftigung.
Der *Fernhandel* kommt allen Provinzen und Reichsteilen zugute, die sich seinen ›exotischen‹ Luxus leisten können: Bernsteinschmuck, Haushaltsgeräte aus Elfenbein, gewürzte

Speisen, die bald nicht nur den Gaumen eines Lucull verwöhnen, sondern Ingredienz der bürgerlichen, allzu bürgerlichen Küche werden. Damals wie heute. Lediglich Weihrauch, Drogen, Seide bleiben exklusiv. Eine überflüssige, des wahren Römers unwürdige Extravaganz? Nein: Der römische Luxuskonsum bringt die antike Welt einander näher als des Alexander männermordende und kulturenvernichtende Kriegsmärsche in den weiten Osten. Der Autor des Periplus bezeugt bis heute: Handel erreicht mehr als Krieg. Auf längere Sicht und auf billigere Weise. Und Wohlstand entsteht – und hält sich über lange Jahrhunderte, immer dann, wenn sich der private Nutzen mit dem öffentlichen deckt. Denn nur dann rötet er Pompejis Wände mit Farbe, nicht mit Blut.

Kapitel 9
Der Glanz des Aureus

»Money, therefore, the great wheel of circulation, the great instrument of commerce, like all other instruments of trade, though it makes ... a very valuable part of the capital, makes no part of the revenue of the society to which it belongs; and though the metal pieces of which it is composed, in the course of their annual circulation, distribute to every man the revenue which properly belongs to him, they make themselves no part of that revenue.«

Adam Smith (1776)

»Die Goldwährung des Aureus ... nahm endgültig mit Cäsar ihren Anfang. Meines Erachtens dürfte diese große Persönlichkeit mit ihrem genialen ökonomischen Scharfblick bereits die Schwächen einer allgemeinen Weltsilberwährung unter den antiken Zeitverhältnissen klar erkannt haben.«

Fritz Heichelheim (1930)

Was macht Roms Geldwirtschaft, die spät, vermutlich erst Anfang des 3. Jh. v. Chr. beginnt, von Caesar zwischen 48 und 45 v.Chr. auf die neue Goldgrundlage des Aureus gestellt wird, zu einem bis heute nachwirkenden Weltereignis? Daß Gold die bisherigen Münzmetalle Kupfer und Silber verdrängt? Zwar nicht als Umlauf-, wohl aber als Rechengeld der Kaufleute, der Hochfinanz und Staaten. Daß griechisches ›Wäge‹-, vorgriechisches ›Rinder‹- und ägyptisches ›Idol‹geld römischem ›Zähl‹geld weicht?

Am Weltgeld des Aureus fasziniert uns etwas ganz anderes:

dieser ›Atlas‹ antiker Geldwirtschaft trägt von 45 v. Chr. bis zu seiner reichsweiten Ablösung durch Konstantins Solidus im Jahre 324 n. Chr. die Bürde einer Weltwährung. Der einzigen, die es in dieser Totalität, geltend für die ganze damals bekannte Welt, je gab. Und bleibt doch einzigartig stabil.
Das römische Weltgeld des Aureus bleibt die ersten 350 Jahre dieser langen Zeitspanne inflationssicher und -gefeit. Wie keines je zuvor, noch jemals eines wieder. Gäbe es einen Preis der Nationen für wertbeständiges Geld, Rom würde ihn mit Längen gewinnen: für die Zeitspanne, die mit Caesar beginnt (45 v. Chr.) und mit Diocletian (305 n. Chr.) unwiderruflich endet. Was macht das römische Münzgeld in der Zeit dazwischen so unangreifbar?
Ist sein neuer Goldgehalt korrosionsfester gegen inneren und äußeren Wertverlust als sein alter Silber- oder Kupferfeingehalt? Sichert seinen inneren und äußeren Wert eine vom Staate und seinem ewigen Geldbedarf unabhängige Zentral-(oder Münzprägungs-)Bank? Oder die ›römische‹ Disziplin der Sozialpartner, die sich noch nicht Jahr für Jahr ein noch größeres Stück Sozialprodukt-Kuchen bewilligen? Oder schließlich: das Fehlen eines hoch-inflatorischen Auslandes, an dem sich das stabile Inland wegen seiner ›Auslandsabhängigkeit‹ unvermeidlich ansteckt? Nichts von alledem spielt eine Rolle. Und trotzdem ist Roms Geld in der ganzen Welt begehrt, wie die Funde aus dem Fernen Osten, Südindien, Baktrien, Persien, Arabien, Afrika, dem ›hohen‹ Norden Britanniens, der baltischen Bernsteinküste beweisen. Roms Geldeinkommen sind gleichzeitig fast konstant, allenfalls mäßig steigend. Der ›Index‹sold der Legionäre erhöht sich in den ersten 150 Jahren von Caesar bis zu Domitian (Ende des 1. Jahrhunderts) von 225 auf 300 Denare jährlich: um *0,2 %* pro anno! Maecenas, des Augustus beschlagener Friedenspremier, überlegt sich ernstlich die Errichtung einer Staatsbank, läßt die Idee dann aber fallen. Warum soll sich der ›Geldhoheit‹ ausübende Staat auf dieselbe tiefe Stufe stellen wie die privaten Geldverleiher und -wechsler auf den Foren,

in den Hafen- und Speicherplätzen? Sein Vorrecht, den Wert der Münze zu bestimmen, gibt der römische Staat nicht aus der Hand. Nur: was macht er mit dem ›reinen‹, ungemischten Feingehalt der Münzen? Den staatlich geeichten, gesiegelten und garantierten Feingehalt der Münzen hat es nie gegeben. Nichts ist nachweislich falscher als die Legende vom ›Wäge‹-geld, wonach jede Münze ein staatlich gewogenes ›Achtel‹-, ›Sechzehntel‹- oder ›Zweiunddreißigstel‹Pfund Kupfer, Silber oder Gold gewesen sei. Zumal in Zeiten der Antike. Die Spektralanalyse bringt es an den Tag. Zwar tragen bis zur Römerzeit fast alle uns bekannten Münzen die Namen von Gewichten. Griechenlands verbreitetste Geldrecheneinheiten (Talent und Mine) bzw. Münzeinheiten (Drachme und Obol) sind Gewichte: 26,2 kg, 436 g, 4,36 g und 0,73 g. 1/60 Talent ist eine Mine, 1/100 Mine eine Drachme, 1/6 Drachme ein Obol. Damit das feste Umrechnungsverhältnis von Obol zu Drachme: 6:1 stimmt, müssen außer den Mengenrelationen (0,73 g zu 4,36 g) auch die jeweiligen Kupfer- und Silber*preise* unverändert bleiben. Und daran hapert es. Silber verliert am stärksten, Kupfer am zweitstärksten, das Gold (der Statere) fast gar nicht an Wert.
Es stehen somit weder gleiche Quantitäten für gleiche Qualitäten, noch bleiben ihre Umtausch-Relationen im Laufe der Zeit dieselben. Schon die ersten Münzen aus Elektron, dem seltenen Weißgold Anatoliens, einer natürlichen Gold-Silber-Mischung, weisen ›unnatürliche‹ Mischungsrelationen beider Metalle auf. Der Münzstoff wird schon damals in den staatlichen Schmelzen reguliert. Warum? Entweder, um den Anteil des teureren Goldes zu reduzieren? Oder, um eine einheitliche Qualität aller umlaufenden Münzen zu erlangen? Wir wissen es nicht.
Das Silber verliert, seit Alexander des Perserreiches Tresore ›knackt‹, ständig an Wert; sein Preis verfällt. Es wäre also logisch, den Silbergehalt der Drachmen, Tetradrachmen und Statere zu *erhöhen*, um der Entwertung (ihres Feingehalts) zu begegnen. Die horrende Silberinflation der Hellenismus-

zeit würde nicht stattfinden, hätten die Diadochenherrscher ihre Münzen jeweils ›aufgewertet‹: durch Herauf- statt Herabsetzung ihres Silbergehalts. Statt dessen beläßt man es im günstigsten Fall beim alten Silber-Feingehalt, meist aber ›folgt‹ man der Entwertung und reduziert ihn noch. Adam Smith hatte nicht nur seine eigene, im Geschäft der ›Münzverschlechterung‹ ganz und gar nicht unerfahrene Zeit im Auge, als er 1776 im ersten Buch seines ›Reichtums der Nationen‹ sarkastisch feststellt:

»Fürsten und souveräne Staaten haben selten verborgen, daß sie daran interessiert sind, den Feingehalt ihrer Münzen herabzusetzen. Es ist jedoch kaum bekannt, daß sie dazu neigen, ihn heraufzusetzen. Die für die Münzen aller Nationen verwendete Metallmenge ist daher, wie ich glaube, stets kleiner geworden, niemals größer.«

Und er zieht den unabweisbaren Schluß:

»Dieser Prozeß muß mit der Zeit den Wert der Geldzinsen senken.«

Smith spricht wohlweislich nur von Geldzinsen (money rents), verliert kein Wort über den Wert des Geldes selber: seinen Preis, seine Wertschätzung, seine Kaufkraft.

Theodor Mommsen stößt als erster auf diesen Punkt, als er scharfsinnig bemerkt, daß die Römer ihr Geld viele Jahrhunderte gleich bis höher bewerten, obwohl der durch den Kaiser vertretene Staat zunehmend am Metallgehalt der Münzen spart. Oder, um mit Smith zu sprechen, aus der ›gegebenen‹ Metallmenge mehr Münzen als vordem schlägt.

Bis heute streiten sich Puristen und Pragmatiker unter den Historikern wie Ökonomen, ob man darin einen ›Betrug‹ am geldbenutzenden Volke oder einen ›Produktivitätsfortschritt‹ der Geldversorgung sehen soll: eine Kostenverbilligung der Geldproduktion. Vergleichbar der Materialeinsparung bei Brücken, Schiffen, Autos, seit man gelernt hat, mit immer dünneren Blechen zu hantieren. Statt mit viel zu teurem Massivstahl. Bis hin zur Entdeckung eines billigen ›Ersatzstoffes‹: bei Autos Plastik, bei Geld Papier.

Nicht nur Smith wie Mommsen rätseln, was im 1. bis 3. wie im 18. Jahrhundert n. Chr. den Wert des Geldes ausmacht, wenn nicht sein Metallwert. Irgendein mysteriöses ›Vertrauen‹ der Bürger in die Ehrlichkeit ›ihres‹ Staates; nicht mehr Geld zu prägen als an Edelmetallvorräten da ist? Obwohl doch gerade dieses Vertrauen gänzlich unberechtigt ist; denn der Staat macht gar keinen Hehl daraus, daß er ›betrügt‹. Oder, um mit Smith zu sprechen: »ein höchst teures Instrument des Handels« (Gold und Silber) durch ein »billigeres, das manchmal dieselben Dienste leistet«, ersetzt. Wobei stets mehr herauskommt: mehr Geld. Für wen? Den Staat? Oder seine Wirtschaft? Und warum nicht immer mehr Inflation? Sondern nur manchmal?

Roms Geldgeschichte könnte darauf Antwort geben. Spätestens seit den Messungen Sture Bolins, der zwischen 1926 und 1957 tausende (genau 82 000!) römischer Münzen der verschiedensten Perioden nachmaß, steht fest: keine Römermünze, weder Roms Kupferas noch sein Sesterz und silberner Denar noch der Aureus, halten über die Jahrhunderte ihr Gewicht. Sie werden alle früher oder später ›leichter‹ (siehe nachfolgende Übersicht).

Doch warum bedeutet das keineswegs immer ›Inflation‹? Oder genauer: zu manchen Zeiten ja, zu manchen nicht. Was macht den Unterschied? Bolins Antwort:

»Von frühesten Zeiten an benutzt der Staat sein Prägemonopol, um die Wirtschaft durch die Ausgabe von Geld zu besteuern.«

Wie? Indem er, wie jeder Unternehmer, Gewinne macht. Er kauft seinen Geldrohstoff so billig ein wie möglich. Wo? Entweder bei Minen, die ihm wie die Silberbergwerke Spaniens oder die Goldbergwerke Spaniens, Nordafrikas und auf dem Balkan selbst gehören. Oder zu einem Festpreis, den er selbst bestimmt, an dem der ›freie‹ Weltmarktpreis sich orientiert. Aus dem so erworbenen Rohstoff produziert er dann so viele Endprodukte, wie ihm technisch möglich, die dann zum aufgedruckten ›Preis‹ reißend weggehen. Je

›unterwertiger‹ die Einheit, desto größer sein Gewinn. Je mehr von diesem Geld die Märkte schlucken, um so höher auch der Staatsgewinn.

Da der Staat mit selbstgemachtem Geld, das andere benutzen, seine eigenen Käufe an Soldaten- und Beamtendiensten, öffentlichen Bauten, Infrastruktur und sonstigen Gemeinschaftsaufgaben bezahlt, braucht er somit nur geringe *Steuern* zu erheben. Jedenfalls solange seine Münzgewinne ausreichen, seine Staatsausgaben zu decken. Oder, was auf dasselbe hinausläuft, der Staat sich mit seinen Ausgaben nach der Decke seiner Einnahmen aus dem Münzgeschäft streckt.

In diesem Punkt hat Bolin recht: Der römische Staat bringt Geld durch seine *eigenen öffentlichen Ausgaben* in Umlauf und finanziert einen großen Teil seiner Ausgaben aus dem Geschäft der Münzprägung. Und das, wie Smith schon anrät, auf der Grundlage der niedrigsten Selbstkosten: des sparsamsten Feingehalts, den der Staat den Benutzern seines Geldes gerade eben noch zumuten kann.

Eine hübsche Theorie, die vieles, aber nicht alles klärt, was zu erklären ist. Zwei Fragen bleiben offen: Was veranlaßt den römischen Geldbenutzer, ein Geld, das sogar sichtlich immer ›weniger‹ wird, zu akzeptieren? Und warum bricht bei soviel offensichtlicher Inflationspolitik (Geld*schöpfung* statt -*abschöpfung* durch Steuern) die Inflation so spät aus? Erst ab dem 3. Jahrhundert n. Chr.? Und nicht schon zu Lebzeiten Caesars oder des Augustus?

Geld ist immer *mehr* wert als der Stoff, aus dem es gemacht wird. Gleichviel ob Gold, Silber, Kupfer wie zur Römerzeit. Oder Papier wie zum Staunen Marco Polos im Tatarenreich Kublai-Khans im 13. Jahrhundert n. Chr. und auf der ganzen Welt wie heute. (Vergl. Dokument XI des Anhanges)

Der Überschuß des ›Mehrwerts‹ über den reinen Substanz- oder Materialwert hat nur sehr indirekt etwas mit dem ›Vertrauen‹ in das Geld zu tun (Th. Mommsen). Und bei Bolins Besteuerungstheorie stimmt zwar das Vorzeichen, aber nicht

Feingehalte des Aureus in den Jahren 47 v. Chr. bis 68 n. Chr.

Prägedatum	*Caesar 47*	*47–27*	*Augustus*	*Tiberius Caligula*	*Claudius*	*Nero 54–64*	*Nero 64–68*
Gewicht in Gramm							
9.00–9.09							
8.90–8.99							
8.80–8.89							
8.70–8.79							
8.60–8.69	2						
8.50–8.59	3						
8.40–8.49	1	2					
8.30–8.39		6	3				
8.20–8.29		36					
8.10–8.19		171	13				
8.00–8.09		525	44	1			
7.90–7.99		202	137	1	1		
7.80–7.89		45	309	18	14	1	
7.70–7.79		11	145	20	52	13	
7.60–7.69		3	26	23	53	37	
7.50–7.59		4	8	7	13	18	
7.40–7.49		3	6	–	4	3	5
7.30–7.39		3	5	1		1	32
7.20–7.29			1				21
7.10–7.19							14
7.00–7.09							7
6.90–6.99							1
gewogene Stücke inges.	6	1011	697	71	137	73	80
Durchschnittsgewicht	8.56	8.03	7.85	7.72	7.70	7.63	7.26

Quelle: Sture Bolin, State and Currency in the Roman Empire to 300 A. D., Stockholm 1958, S. 185.

die Dimension. Die Staatseinnahmen aus dem Münzprägungsgeschäft wandern nicht nur als ›Gewinne‹ in die Staatskasse. Sie finanzieren notwendige Staatsausgaben, werden also insoweit an die Steuerzahler ›ausgeschüttet‹; genauer: als sozialer Steuerbonus (= nicht erhobene Steuer) rückvergütet. Weil der römische Staat aus seiner Münzregie laufende Eigeneinnahmen erzielt, kann er die Steuerbelastung seiner Zensiten niedrig halten. Vielleicht zu niedrig.

Wie wir im folgenden Kapitel noch deutlicher sehen werden, besteht zwischen der Finanzierung des römischen Haushaltsdefizits aus Münzgewinnen statt aus Steuereinnahmen und der hilflosen Finanzpolitik in den Jahrhunderten nach Diocletian ein verhängnisvoller Zusammenhang. Als des Reiches Unkosten anschwellen, fehlt es an Zahlern, nicht an Einnehmern.

Des Lactanz böses Verdikt über Diocletians unaufschiebbare Finanzreform: sie schaffe ›mehr Regierer als Regierte‹, bestätigt einmal mehr die alte Weisheit, daß es allzeit leichter ist, *bestehende* Einnahmen umzuwidmen (vom Wegebau zu Militärausgaben), als unter Not und Druck neue Einnahmequellen zu erschließen. Die man immer braucht, wenn die äußere und innere Not zunimmt. Es geht bei der Frage: wovon hängt der Wert des Geldes ab, weder darum, aus welchem *Stoff* das Geld gemacht wird, noch *wofür* der Staat seine Münzgewinne nutzt, sondern darum, was der Benutzer damit anfängt. Was er mit seinem Gelde ›unternehmen‹ kann. Je mehr ›Funktionen‹ Geld erfüllt, desto mehr wird es für alle wert sein, die etwas damit anzufangen wissen.

Ägyptens primitive Tempelidole besitzen zunächst nur Sakralfunktionen: die Götter für die nächste Ernte gnädig zu stimmen. Doch sobald der Bauer merkt, daß die dem Saatgut beigefügten Idole die Erträge steigern, wenn auch vermutlich nur dank ihrer ›düngenden‹ Zugaben an frischer Götternahrung, gewinnen sie eine zweite ›investive‹ Funktion; ihr Ankauf lohnt sich. Und der Tempelgeldbenutzer fragt nicht mehr, was den Hersteller die Sache, die ihm nützt, kostet:

eine Handvoll Ton und eine Stunde Arbeit an der vorgefertigten Form!
Die Lydermünze des 6. Jh. v. Chr. bringt nicht nur ›Tauscherleichterung‹, offenbart die Schwächen von Homers ›Preis‹-angaben in Rindern, zumal es große, kleine, junge, alte, gute, schlechte Rinder gibt. Die auf gleichen Elektrongehalt getrimmte Lydermünze macht zum erstenmal das *Rechnen* leicht.
Die Griechen verfehlen den Ansatz zum ›Zählgeld‹; sie verfallen auf das ›Wäge‹geld und damit auf den Fetisch des Feingehalts. Der aber trügt. Rom, das spät zum Gelde kommt, überwindet ihn, wenn auch nie restlos. Es tritt im 3. Jahrhundert v. Chr. mit einem fast voll ausgeprägten ›Zählgeld‹ in die Geldgeschichte ein: 2½ Asse entsprechen 1 Sesterz und geben ihm seinen Namen (semis tertius = der dritte As halb; daher das Zeichen IIS, woraus sich HS als gängige Abkürzung für Sesterz entwickelt); 10 Asse ›bezeichnen‹ 1 Denar (deni = je 10 (Asse)). Diese Münzeinheiten behalten ihre Namen, auch als noch während der Kriege mit Karthago das As von 2½ auf 4 je Sesterz, 16 je Denar ›inflationiert‹.
Bei diesen Relationen (4 Asse = 1 HS; 4 HS = 1 D) bleibt es dann 400 Jahre lang, obwohl sich ihre ›Fein‹gehalte unterschiedlich verändern und aus dem ursprünglich silbernen Sesterz ein Bronze/Messing-Stück wird.
Rom besitzt somit von Beginn an ein ›monetäres Metermaß‹, ein fast chemisch reines Zählgeld. Das, je weiter das Reich sich ausdehnt, weltweit gilt: im Westen wie im Osten, in Spanien, der Levante, der Halbinsel Krim und in Nordafrika, mit dem man in Ostafrika, Arabien, dem fernen Indien und dem rauhen Norden, an Britanniens Zinn- und Germaniens Bernsteinküste zahlen kann. Einem solchen Gelde sieht man vieles nach.
Auch Münzverschlechterung und Inflation?
Fast alle, die auf diesem Felde forschen, stellen sich selbst ein Bein, indem sie beides gleichsetzen. Rom kennt die Münzverschlechterung, seit es noch im zweiten punischen Krieg

das Kupferas ›erleichtert‹. Seine erste wirkliche Erfahrung mit der Inflation – nicht ›Teuerung‹ (einzelner knapp werdender Produkte: wie Sklaven, Seidenstoffe usw.) – ist 450 Jahre jünger. Sie beginnt ab Mitte des 3. Jahrhunderts n. Chr. und hat nur am Rande etwas mit Geld- und Münzverschlechterung zu tun.

Wir sahen schon: Roms Münzverschlechterung hat Methode. Der Staat braucht Einnahmen. Je älter und teurer er wird, desto größere. Allein die Technik und das Timing widerlegen die oft geäußerte Vermutung: die römischen Kaiser vor Diocletian bzw. ihre Minister, Sekretäre und Beamten seien wirtschafts- und währungspolitisch unbedarfte Laien gewesen, was trotz Michael Rostovtzeff, A. H. M. Jones, K. Polanyi nicht überzeugt. Der erste Kaiser, der mit voller Absicht ›reflationiert‹, ist Nero; er braucht, um Rom schöner wieder aufzubauen, mehr Geld. Er verschafft es sich, indem er den Goldgehalt des Aureus zweimal senkt, um gut ein Zehntel bzw. Siebtel der frühen Caesar-Parität: von reichlich 8 g auf gut 7 g Feingold. Trajan, der auf seinen Feldzügen an der Donau (in Dacien) reiche Goldbeute macht, setzt zwar den Silbergehalt des Denar herab (um weitere 10 %), ›vergißt‹ aber die Korrektur des Aureus. Dennoch ändert sich nichts am alten Zählverhältnis von 25 Silberdenaren = 1 Golddenar. Warum? Trajans Beutegoldangebote auf dem freien Markt lassen den Goldpreis just um die 10 % fallen, die nötig sind, den ›alten‹ Wechselkurs der beiden Münzen einzuhalten. Zufall? Oder versteht Trajan oder einer seiner Mitarbeiter genug von Gelddingen, um die Silberdenare rechtzeitig ›abzuwerten‹, just um jenen Satz, um den der Goldpreis fallen mußte?

Bis zur Mitte des 3. Jahrhunderts wird nur das ›Kleingeld‹ abgewertet: Asse, Denare, nicht der Aureus. Beim Tode Marc Aurels, des letzten ›guten‹ Kaisers (180 n. Chr.), hat der Silberdenar noch 75 % seiner Augustus-Parität, der Aureus steht unverändert auf seiner Nero-Parität von gut 7 g Gold.

Nur: warum produziert die permanente Geldvermehrung (in

ihrer Technik ständig ›leichterer‹ Scheidemünzen) über 200 Jahre lang nur so wenig – und nicht mehr – Inflation? Es gibt in der Geschichte des Geldes nur *eine* Parallele, in der eine derart massive Aufblähung der ›Liquidität‹ zu keiner nennenswerten Preisbewegung führt wie damals: das 19. Jahrhundert. Seine die industrielle Revolution finanzierende ›Kreditinflation‹ wird voll aufgefangen und neutralisiert durch deren Produktivitätsexplosion. Die wie Pilze aus der Erde aufschießenden und die höchst ›inflatorisch‹ finanzierten Fabriken drücken durch ihr überwältigendes Güterangebot die zunächst auch damals aufwärts tendierenden Preise nieder. Die Inflation verlöscht im Güterregen.

Von Stabilitätspolitik ist vor 100 Jahren so wenig wie vor 2 000 Jahren die Rede, wohl aber von Stabilität – ganz ohne jede Politik!

Roms über Gelderleichterung praktizierte Geldvermehrung wird ebenfalls absorbiert. Nur nicht aus industrieller Produktivität, sondern aus der permanenten Ausweitung des Binnen- und Fern-Handelsvolumens um jährlich unvorstellbare ›Wachstums‹-Prozente. Eine ›Inflation‹ der Güterumsätze, die den Geldbedarf sprunghaft steigen läßt. Mit der Folge einer unvorstellbaren ›Liquiditätspräferenz‹, aus der wachsenden Kassenhaltung der Wirtschaft und der privaten Haushalte. Beide stellen sich von Natural- auf Geldwirtschaft um; und das nicht unter Zwang, sondern weil die Geldabrechnung Vorteil über Vorteil bietet.

Vom großen Perikles im 5. Jahrhundert v. Chr. ist bekannt, daß er fast geldlos lebte. Einmal im Jahr, wenn sein Verwalter die Ernte seines Landguts verkauft, ist auch für ihn Markttag. Der Vorrat des ganzen Jahres bis zur nächsten Ernte wird nicht eingekauft, sondern (weitgehend) eingetauscht: Wein in Krügen, getrocknete Feigen, reines Olivenöl und was Aspasia an Parfümen in phönizischen Gläsern braucht.

500 Jahre später in Rom, Pompeji oder Alexandria ist alles anders. Der Jahresvorrat an Lebensmitteln wird nicht zu

Hause, sondern in den gut durchlüfteten Speichern der Kaufleute gehalten. Der Haushalt ›ruft‹ ihn ab, wie er ihn braucht. Er kann es, weil er ›liquide‹ ist, Geld hat und laufend zuverdient. Die Geldkassette zu Hause ersetzt den Eisschrank und die Speisekammer. Bargeld zu Hause haben heißt: jederzeit einkaufsfähig sein. Solange Roms Speicher und die der Handelszentren im Reich von allem, was die Welt zu bieten hat, bersten, besteht kein Grund, das Geld zu meiden, bloß weil sein ›Feingehalt‹ sich ändert.

Entscheidend ist, *daß es der Kaufmann nimmt.* Daß es seine ›Liquidität‹ behält. Der Kaufmann nimmt es, weil es auch ihm wieder abgenommen wird.

Roms Geldhunger oder Liquiditätspräferenz steht für eine Gesellschaft, die den unbequemen Naturaltausch und die noch unbequemere naturale Speicher- und Vorratswirtschaft loswerden will. Die um der höheren ›Lebensqualität‹ willen auf Geld ›wild‹ ist. Und schon ermessen kann, was sich alles mit Geld einsparen läßt: Lagerkosten (Schwund und Verderblichkeit), Transportkosten (Geld- und Wertbriefe befördern sich billiger), Risiken jeder Art (freilich gibt es auch neue, weswegen ›law and order‹ in der Geldgesellschaft noch wichtiger wird).

Die zunächst nur lokale, später territoriale Münzprägung, die, wie J. M. Keynes spottet: »als Posse der Lokaleitelkeit, des Lokalpatriotismus, der Selbstdarstellung ohne tiefere oder größere Bedeutung« in Kleinasien beginnt, von den Griechen übernommen und fortgesetzt wird, gewinnt mit Rom eine weltwirtschaftliche oder besser: Weltentwicklungsdimension. Sie macht alle Völker, die mit Rom zu tun haben, *geld*bewußt, geld*hungrig*. Sie lernen rechnen. Leider nur mit römischen Zahlen, die etwas unbeholfen sind. Aber schon besser als die griechischen! Wenn auch noch nicht so gut wie die indischen, die als arabische erst Leonardo von Pisa Anfang des 13. Jahrhunderts n. Chr. ins Abendland einführt. Mit der revolutionären Zahl Null!

Die Absorptionsfähigkeit des römischen Wirtschaftsimperiums für römisches Geld kann man sich gar nicht groß genug vorstellen. Zumal sich der neue Geldverkehr nur in ›Geld‹ und nicht in ›Kredit‹ abspielt. Römischer Kredit besteht immer aus der Weitergabe eines *vorhandenen* Geldes, das irgendwo in einer ›Kasse‹ bar vorhanden sein muß: bei einer Finanzierungsgesellschaft in Rom, Ostia, Puteoli oder Alexandria. Oder einem Geldverleiher auf dem Forum oder den Stufen eines Tempels, weil es da beides gibt: Kundschaft, die Geld sucht, und Vermögen, das verwaltet werden will. Roms und seiner Nachbarn unermeßlicher Geldhunger muß daher (anders als heute) voll in ›Hartgeld‹ (Kasse, Münzen) gesättigt werden.

Ein unglaubliches Prägeprogramm, das eine weit vorausschauende Materialbeschaffungsdisposition der Münzmeister voraussetzt. Oder, wann immer ›Versorgungsengpässe‹ mit den Geldrohstoffen drohen oder daraus resultierende Preiserhöhungen, die dem Staat das Geschäft mit den Münzen versalzen, müssen diese findigen Münzmeister kostensparende Streckungstechniken erfinden. Und sie erfinden sie ohne große Probleme. Beides: Geldbedarf (Liquiditätsnachfrage) und Materialschwierigkeiten (Münzmetallangebot) sind Vater und Mutter der römischen Münzverschlechterung. Wobei es, wie stets bei Vererbungsanalysen, hinterher nicht mehr möglich ist, die verschlungenen Wege der Chromosomen nachzuzeichnen.

Sicher ist nur: Roms Münzstöcke und -hämmer im ganzen Reich sind Tag und Nacht in Bewegung, den Liquiditätshunger der Antike zu stillen, der jahrhundertelang wächst und niemals abnimmt. Man sieht zwar, daß das Reich und seine Wirtschaft immer wieder unter ›Liquiditätskrisen‹: akutem Geldmangel leiden. Aber man erlebt selbst auf dem Höhepunkt der spätrömischen Inflation niemals ein ›Überangebot‹ an Geld. Selbst wertlos, bleibt es Mangelware.

Augustus' Nachfolger, Tiberius, klagt vor dem Senat den Luxus der reichen Schickeria an. Roms wirtschaftliches Herzblut, sein Geld, flösse ab ins Ausland. Zu Roms Feinden, die

ihm schon morgen an die Kehle springen könnten. Dies ist nicht nur falsch, weil Roms potentielle Feinde sein Geld ›horten‹, statt es für Rüstung auszugeben.
Roms permanente Geldknappheit kommt nicht von außen, sondern von innen. Des älteren Plinius Zahlen über den jährlichen Geldabfluß in den Osten – 100 Millionen Sesterze, 25 Millionen Silberdenare, 1 Million Aurei – sind viel zu ›rund‹, um exakt zu sein. Selbst wenn wir sie nach der Formel des Trimalchio für ›viel‹ einsetzen und verdoppeln, sind sie ein Klacks, gemessen an dem, was Roms Münzen, wenn auch in höchst unregelmäßigen Abständen, an neuen Serien ausstoßen (zeitweilig bis zu 80 und mehr in einem Jahre nachgewiesene Prägetypen). Und was die Volkswirtschaft für ihre Binnenumsätze und Kassenhaltung schluckt.
Die Geldwirtschaft expandiert zu Lasten der mehr und mehr sich aufs kleine abgelegene Dorf ›verkriechenden‹ Naturalwirtschaft, wo nach der Väter Art noch jeder seinen eigenen Speicher hat, der Vorrat in natura ein Jahr lang halten muß. Wo, was dem einen fehlt, vom anderen eingetauscht wird.
Der Geldmangel bleibt für mindestens 3 Jahrhunderte Roms Engpaß. Die Sache treibt kuriose Blüten im Bankgeschäft. Die Geldverleiher möchten natürlich am Staatsgeschäft des Münzgewinnes partizipieren. Und an der Unterliquidität der Wirtschaft Geld verdienen, indem sie sie mit Kredit ›versorgen‹. Nur wie? Die Phantasie der römischen Bankwelt hält durchaus den Vergleich mit der heutigen aus. Obwohl Kaiser Vespasian meint, Geld röche nicht, reicht die Andeutung eines Düftchens in der Luft, alle Geschäftsinstinkte der Geldwechsler und -leiher zu wecken, wenn es darum geht, der um Geldmittel stets verlegenen Kundschaft zu helfen.
Die Geldverwalter auf dem Forum (Argentarii, Nummularii), die ein Gelddepositum annehmen und darüber eine Quittung ausstellen, die mangels Geld auch an Zahlungsstatt verwendet wird, ersinnen einen Trick, wie man auf ganz legale Weise Kredit ›schöpfen‹ kann: sie stellen Einzahlungsquittungen nicht nur für echte Einzahlungen aus, sondern auch

für erfundene. Niemand, der die Quittung als Zahlungsmittel nutzt, sieht ihr an, ob sie ›gedeckt‹ ist. Wie bei der Münze ver›traut‹ er. Wem? Dem Aussteller, dem Bankier? Oder dem Markt, der froh ist, ein bequemes, leicht versteckbares, transportables und lagerfähiges Zahlungsversprechen zu erhalten? Keinen Sack Erbsen, kein Schiffsteil, keinen störrischen Sklaven, der abgetreten, aber nicht so ohne weiteres in Zahlung gegeben werden kann!
Dennoch gibt sich das Publikum von Zeit zu Zeit mißtrauisch. Es kontrolliert die Liquidität seiner Banken und legt seine Depositenscheine zur Einlösung in Kasse vor. In staatlichen Münzen. Hat ein Bankier dann zu viele deposita irregularia ›geschaffen‹ und in Umlauf gesetzt, die er nicht einlösen kann, muß er mit Schuldturm, Berufsverbot und Verbannung rechnen. Die aufgebrachte Kundschaft zerschlägt seine Bank. Er macht ›bankrott‹ (banca rotta). Schon aus dem späten Latein ist auf eine relativ späte Praxis dieser Versuche zu schließen, das staatliche Geldschöpfungsmonopol zu unterlaufen.
Eine zweite Technik, das stets knappe Kleingeld durch private Initiativen anzureichern, scheitert am staatlichen Machtanspruch. Ab dem zweiten Jahrhundert bietet eine bestimmte Gruppe von Wechslern (ähnlich den späteren sog. collectarii) an, große Münzen (Aurei und Silberdenare), die für den Tagesbedarf zu unhandlich sind, in Kleingeld umzuwechseln. Den Staat stört daran weniger die Halsabschneiderei; denn die Wechsler geben (wie beim modernen Sortenhandel) unverschämt schlechte Kurse. Was in den Augen der Obrigkeit schwerer wiegt: sie offerieren eine eigene Kupfermünze, und das ruft die staatliche Münze auf den Plan. Statt dankbar zu sein, daß man ihm hilft, die Liquiditätslücke zu schließen, verbittet sich der Staat jede Mitbeteiligung am Münzgeschäft. Dieses Prinzip ist unabdingbar, unantastbar: Geld ist ein öffentliches Gut. Viel zu wichtig, um es Privaten zu überlassen: den Bankern auf dem Forum, den Wechslern vor den Tempeln.

Roms Banker besitzen nicht ein Fünkchen jener Macht, die sich ihre Nachfahren im Kapitalismus wie selbstverständlich sichern können: ihr eigenes Geld zu schöpfen, den *Kredit*. Der letztlich darüber entscheidet, wieviel von wem und wo an Produktionsmitteln gekauft, vulgo ›investiert‹ werden darf. Und wieviel Inflation es gibt und geben darf. Oder ihr Gegenstück: Krise und Arbeitslosigkeit.

In Rom ist *alles* privat, *nur nicht* die Geldwirtschaft. Der Staat allein bestimmt und kontrolliert die Geldmenge, das Rückgrat aller Kredit- und Finanzierungsaktivitäten. Die Folge ist eine fast lupenreine Trennung zwischen Geld und Kredit. Den Funktionen wie Institutionen nach. Geld ist Staats-, Kredit Privatsache. Weil die privaten Banken und Kapitalgesellschaften nicht den geringsten Zutritt oder auch nur die geringste Mitbeteiligung an der staatlichen Geldproduktion haben, können sie immer nur eine bereits vorhandene Liquidität ›verleihen‹, keine neue schaffen. Es kann somit

immer nur Geld-, niemals Kreditinflationen geben. Ob Banker oder großmächtige Kapitalgesellschaften mit noch so reichen und mächtigen Hintermännern: sie können immer nur aus vorhandener Kasse finanzieren und insgesamt um die vom Staate vorgegebene Geldmenge konkurrieren, sie selber nicht vergrößern.
Eine unter den Gesichtspunkten heutiger Geldmengensteuerung fast bestürzend ›moderne‹ Verfassung, die auch nicht Staat mit Zentralbank verwechselt. Ein Aspekt, den, wie wir sahen, schon Maecenas beachtete.
Wie erfolgreich hat diese römische Geldverfassung gearbeitet? Wie stabil erhielt sie ihren Geldwert?
Tenney Frank ist sich ganz sicher, daß die von Diocletian in seinem berühmten Preisedikt des Jahres 301 n. Chr. als staatliche Stoppreise festgehaltenen Notierungen des beginnenden 4. Jahrhunderts n. Chr. bis auf wenige Ausnahmen denen der späten Republik entsprechen, der Caesarzeit, in der das römische Wirtschaftswunder anhebt.
Da die von Diocletian gestoppten Preise seit dem Tode Marc Aurels, des letzten Kaisers der Goldenen Zeit (also seit dem Jahre 180 n. Chr.), enorm gestiegen sind: Weizen allein um 200 %, Silber um 100 %, sogar Gold um 45 % (wie A. H. M. Jones nachweist), gibt es nur einen Schluß: daß die römischen Preise in den glücklichen Prosperitätsjahren des 1. und 2. nachchristlichen Jahrhunderts *gefallen* sein müssen. Und zwar beträchtlich, und das trotz der ›unverschämten‹ öffentlichen Geldvermehrung und -verschlechterung.
Rom hätte, um sein Preisniveau zu stabilisieren und nicht fallen zu lassen, seine Münzen noch weit mehr ›verwässern‹ können, als es das tat! Es hat seinen Spielraum für eine ›stabilitätskonforme‹ monetäre Expansion noch nicht einmal restlos ausgenutzt. Es lebt, gemessen an dem, was es sich an so finanziertem öffentlichem und sozialem Aufwand hätte leisten können, *unter*, nicht über seinen Verhältnissen. Ein Faktor unter mehreren, der die spätere Unfähigkeit, die Krise zu meistern, erklärt. Wir sagten schon, es ist leichter, vorhande-

ne finanzielle Ressourcen umzuwidmen als neue aufzuspüren.

Roms effektive Geldwertstabilität ist die Folge eines ›entwicklungsbedingten‹ Geldnachfrageüberhanges: das sich über die Geldwirtschaft integrierende Reich – und seine Umwelt – brauchen mehr Geld, als seine Prägestätten anbieten können. Und als seine Banker ersatzweise (als Kreditgeld) schaffen dürfen.

Dies beantwortet auch Theodor Mommsens Frage, warum Roms Bevölkerung ein fast blindes ›Vertrauen‹ in ihr Geld setzt, das seine Metallsubstanz doch ›sichtlich‹ verringert. Erst als im 15. und 16. Jahrhundert, nachdem Goldrausch und -raub in der Neuen Welt in der Alten eine Weltinflation entstehen lassen, die sich das geldarme Mittelalter noch gar nicht vorstellen konnte, bemerkt der Schatzkanzler Elisabeths I. von England, Sir Thomas Gresham, einen ganz neuen Selbstschutz des Publikums vor dem Geldwertschwund: es sortiert die ›guten‹ Münzen aus, spart sie und gibt die ›schlechten‹ so schnell wie möglich wieder aus: gegen gute Güter.

Die Folge: im Umlauf »verdrängt das schlechte Geld das gute«, im Spar-Hort das gute Geld das schlechte.

Für Rom gilt ›Greshams Gesetz‹, wenn überhaupt, erst verhältnismäßig spät und auch nur im zusehends ›wilderen‹ Westen. Zwar zeigen die Horte ab dem 2. Jahrhundert die Zunahme des schlechteren Geldes an. Doch bleiben im Umlauf die Relationen unverändert: ›gutes‹ (überwertiges) und ›schlechtes‹ (unterwertiges) Geld läuft friedlich parallel; von Verdrängung keine Spur. Diese Unbefangenheit gegenüber dem ›schlechten‹ Kupfergeld zeigt u. a. auch die Episode mit den Geldwechslern: die gutes Gold- und Silbergeld in kupfernes zerkleinern. Offenbar unter regem Zuspruch des Publikums; denn sonst wären die Behörden schwerlich eingeschritten. Diese fürchten zwar die Münzkonkurrenz, das Publikum aber sichtlich nicht das ›schlechte‹ Geld, das es für sein ›gutes‹ bekommt! Warum auch? Weder steigen weltweit

die Preise, noch bahnt sich irgendwo im weiten Reich irgendeine Präferenz der Kaufleute für diese oder jene Münze an. Im Gegenteil: *jede* römische Münze wird als Bruchteil eines Gold-, nicht Silberdenars empfunden, als ein *Bestandteil* des gesamten, zwar ›stückel-‹, aber nicht teilbaren Systems.
Denn, der archimedische Bezugspunkt aller Münzen: der Asse, Dupondien, Sesterze und wie sie sonst noch heißen, ist seit den Tagen Caesars der *Aureus*.
Solange *alle* Münzen Bruchstücke des *einen* Aureus sind: 1 Aureus = 25 Silberdenare = 100 Sesterze = 400 Asse, sind auch alle Untermünzen festgelegt: nichts anderes als ein besonderer Name für ein jederzeit berechenbares Teilstück Aureus. Ein Silberdenar ist 1/25 Aureus, ein Sesterz 1/100 Aureus, ein As 1/400 Aureus. Solange alle Untermünzen Teile ein- und derselben Obermünze sind, sind sie auch untereinander (berechenbar) gleich. Ein Silberdenar ist stets das Vierfache eines Sesterz (100:25 Aureusteilen) und das Sechzehnfache eines As (400:25 Aureusteilen), woraus sich klar ergibt, daß man den Aureus als Umlaufgeld gar nicht braucht, sondern nur als ›Recheneinheit‹.
Ein wahrhaft euklidisches Münz- und Währungssystem, das seinesgleichen sucht.
Obwohl Roms Goldstandard ›reiner‹ kaum konstruiert sein könnte, zieht A. H. M. Jones aus dem bis zur Diocletianzeit unterschiedlichen Anstieg der Weizen-, Silber- und Goldpreise den Schluß: »In seinem Gold steckt ein Warenpreis, dessen Schwankungen den Wert des in ihm bemessenen Denariusgeldes ebenso auf und nieder schwanken lassen wie den Weizenpreis.«
Wäre Roms Goldstandard wirklich nur ein ›Weizenstandard‹ gewesen, hätte der Goldpreis gleich dem Weizenpreis in den gut 100 Jahren zwischen Marc Aurel und Diocletian um 200 % statt um 45 % steigen müssen. Daß er es nicht tut, verdeutlicht: Der Aureus bleibt selbst in wilden Zeiten (im Gegensatz zum Weizen, einem Nur-Konsumgut, und im Gegensatz zum Silberdenar, einem fast noch voll gedeckten Umlaufs-

geld), *die* abstrakte (wertentrückte) Recheneinheit des gesamten Reiches. Daß sie sich als fast (nicht ganz) inflationsimmun entpuppt, beweist nur, daß ihr Rohstoff: das Gold, nicht nur das monetäre Metermaß der anderen Münzen ist, sondern auch noch einen *Marktpreis* hat, den selbst die staatlichen Münzen bei ihrem Ankauf respektieren müssen.
Die spät einsetzenden ›Greshamschen Gesetze‹ stabilisieren den Goldpreis stärker als den Silber- oder Kupferpreis. Und weit stärker als den Weizen- oder Eierpreis. Das gelderfahrene Publikum schützt sich – und sein Geld – selbst! Es gibt das schlechte Nicht-Gold-Geld aus und spart den guten Aureus!
Der römische Staat kann ab Mitte des 3. Jahrhunderts die Inflation nicht mehr verhindern. Nur: sie hat im Gegensatz zu unseren heutigen Inflationen nichts mit ›uferloser‹ Geld- oder Kreditvermehrung zu tun. Mit mehr Kredit schon gar nicht; denn der muß erst noch erfunden werden. Und mit mehr Geld?
Wäre es die ›monetäre‹ Ursache *allein*, so wäre die maximale Inflationsrate gleich der Goldentwertungsrate. Was erklärt den Überschuß?
Der eigentliche Hintergrund der Inflation kommt nicht vom *Gelde*, sondern vom Verfall einer in Jahrhunderten aufgebauten Wirtschaftsordnung. Des-Investitionen, Vermögensauflösungen setzen immer ›inflatorische‹ Kräfte frei: Nachfrage, die lang gespeichert ist, entweicht, und Angebot, das sie binden könnte, bleibt aus.
Dazu treten, wenn alte Sicherheiten verschwinden und längst gebannte Unsicherheiten zurückkehren, unerhörte Zusatzkosten auf. Wir wissen schon wo. Transport, Versicherung werden um Tausende von Prozenten teurer. Allein durch die Verlagerung von See- in Landtransport und durch das Schwinden jeglicher Verkehrs›sicherheit‹.
Diese ›reale‹ Kombination aus aufgeblähter Luxusgüternachfrage (Folgen des Entsparprozesses) und leergefegten Gütermärkten (Folgen der Desintegration), deren Preise die unerhörten Zusatzrisiken und -kosten hereinbringen

müssen, die Produzenten und Händler zunächst tragen, erklärt hinreichend, warum die Inflation des 3./4. römischen Jahrhunderts auch ohne jede Münzverschlechterung zustandegekommen wäre. So kommt es zu einer Inflation, die weit mehr mit der Krankheit der damaligen Gesellschaft als ihrer Geldwirtschaft zu tun hat.
Dies ist der eigentliche Grund, warum das durchaus gründlich überlegte Stabilisierungsprogramm des Diocletian von 301 n. Chr. kläglich scheitert. Was nützen Steuererhöhungen, Eindämmung des Staatsdefizits, eine durchgreifende Münzreform, eine Festschreibung der davongelaufenen Preise, Mindestlöhne – wenn »die Habgier der Menschen weitergeht«, fragt er, weise wie nur einer, bevor er resignierend abtritt.
Der Goldglanz des Aureus denarius mag in den fast 4 Jahrhunderten seiner Lebenszeit matter werden. Erloschen ist er nie.
Als Konstantin ihn mit Beginn seiner Alleinherrschaft (324 n. Chr.) reichsweit durch den – im Vergleich zum caesarischen – nur noch halb so gewichtigen Solidus (von 4,55 g Feingold) ersetzt, der zwar noch ein gutes Jahrtausend als ›Besanter‹ umlaufen wird, endet eine Ära. Die Welt hat seitdem niemals wieder so lange und so beständig unter einer Münze gelebt. Nie wieder den Traum vom *einen* Geld verwirklicht, mit dem man zum selben Kurs ohne verlustreiches Wechseln an jedem Platz der Welt und auf jedem Markt der Erde zahlt. An den Säulen des Herkules. Im fernen Erythräa. In den Handelsniederlassungen an der indischen Koromandelküste. Hoch im unwirtlichen Norden bei den germanischen Bernsteinsammlern. Am Fuße des Karakorum, wo die mit Seidenballen beladenen Kamele zum ›Abstieg‹ in die Mittelmeerebene umgesattelt werden.
Wenn es stimmt, daß jede Weltwirtschaft dazu tendiert, am *einen* Markt das *eine* Geld zu schaffen, um die Vorteile des weltweiten Warenaustausches zum richtigen Preis nicht durch die manchmal ›abenteuerlichen‹ Kosten des Wäh-

rungsumtausches zu belasten oder zu verlieren, ist Roms Vorbild ›einmalig‹. Es hat sich nie mehr wiederholt. Zwar weiß man seit Adam Smith:

»Das Geld ist wie ein Rad am Wagen des Güteraustausches, das anzubringen weniger kostet, als die alten zu belassen.«

Aber – wie er leider richtig fortfährt:

»wie es funktioniert und wie es die Gewinne der Gesellschaft brutto wie netto erhöht, begreifen die wenigsten.«

Wenn dies die Erklärung dafür ist, warum es in den industriell fortgeschrittenen Staaten, die sich seit 4 Jahrhunderten bemühen, eine Weltwährungsordnung aufzubauen, noch immer nicht geklappt hat (auch möglicherweise niemals klappen wird), eine konkurrenzlose Weltwährung nach der Art des Aureus zu schaffen, muß man fragen: ist sich Caesar der Tragweite der Erfindung und Montage seines *Goldenen Rades* bewußt gewesen? Es gibt wenig Hinweise. Von der Magie des Goldes hat er sicher nichts gehalten.

Von seiner Knappheit und Stabilitätsresistenz mag er einiges gewußt, anders mehr geahnt haben. Vor ihm hatten die Achämeniden im Perserreich und bei den Römern u. a. Sulla und Pompejus Goldmünzen geprägt. Seiner römischen Vorgänger Versuche geben jedoch als ›exzeptionelle Militärprägungen‹ nicht viel her.

Das Persien der Vor-Alexander-Zeit kann am ehesten als das Caesar vorschwebende Modell gelten. Als die Perser Kleinasien: die Reiche der Phyrger, Lyder und die Hafenstädte der Phönizier und ionischen Griechen erobern, lassen sie allen Unterworfenen ›ihr‹ Geld. Wie später Rom ihnen ›ihre‹ Steuern lassen wird. Über alle verbleibenden nationalen Münzsysteme stülpen sie jedoch ihre königliche Obermünze: ihr ›sonnenfunkelndes‹ Goldgeld. Mit einem festen Umrechnungssystem (Wechselkursen); denn die Besiegten sollen wissen, was sie an Steuern und Tributen an den Groß-König abzuführen haben!

Der persische Goldstandard, den Alexander zerschlägt, um seinen schlechteren Silberstandard an seine Stelle zu setzen, mag Caesar fasziniert haben. Denn er hatte aus Persien gemacht, was auch ihm vorschwebt: einen Großmarkt, den Alexander, ein königlicher ›Chaot‹, desinteressiert an aller ordentlichen Verwaltung und Wirtschaft, zerstört. Wenn Plutarch keine Anekdote, sondern die Wahrheit berichtet, daß sich Caesar in Gades am Standbild Alexanders grämt, noch nicht diesem Vergleichbares geleistet zu haben, hier übertrifft er ihn. Und vielleicht hat er dies wirklich gewollt: des Griechen silbernes Chaos durch seine goldene Ordnung zu ersetzen. Welche Lehren sich für uns aus ihr ergeben, kann er uns nicht mehr selber sagen. Versuchen wir es für ihn.

Am Anfang des römischen Goldstandards steht kein ›Goldrausch‹ wie am Anfang des kapitalistischen. Der Weltvorrat an ausmünzbarem Gold ist zur Zeit Caesars übersehbar; er läßt sich fast berechnen. Wer einen größeren Anteil vom Weltgold›kuchen‹ abhaben will, muß arbeiten, sich anstrengen: mehr leisten als ausgeben.

Jede Region, aber auch jede einzelne Person kann ›ihre‹ regionale oder persönliche ›Zahlungsbilanz‹, die ihren Goldbestand reguliert, nur verbessern, wenn sie ›Überschüsse‹ erzielt, mehr produziert, weniger konsumiert.

Caesars Goldstandard ist darum der eingebaute wirtschaftliche Leistungsregler und -motor seines Weltreiches, das zum Weltmarkt werden soll. Und dies sind seine Regeln:

– Geld muß immer staatlich sein: ein öffentlich kontrolliertes Gut. Aber nicht, was seinen Stoff angeht, sondern seine Dosierung, seine Menge. So knapp wie nötig, um Inflation zu vermeiden, so reichlich wie möglich, um überall das Hineinwachsen der Güter- in die Geldwirtschaft zu erlauben und jeder (deflatorischen) Unterversorgung mit Zahlungsmitteln zu begegnen.

– Der öffentliche Geldanbieter muß selber unter Kontrolle stehen. Welcher? Der Censoren? Menschen mögen zu täuschen oder zu bestechen sein. Einer Weltzentralbank, solange es noch keinen Weltstaat gibt? In diesem Falle würde Maecenas sicher weniger gezögert haben.

– Nein. Entscheidend ist: das Geldangebot darf nie die Geldnachfrage übersteigen. Das Publikum muß Geld immer als Mangelware empfinden – niemals als überflüssig. Es muß geldhungrig bleiben und darf sich nicht geldgesättigt fühlen – ein Problem, bei *Wachstum* leichter zu lösen als bei *Stagnation*.

– Wenn der Geldrohstoff sicher und knapp genug ist, müssen alle Münzen der verschiedenen Weltteile in ein festes (›metrisches‹) ›Zähl‹-Verhältnis zueinander gebracht werden. Warum? Damit das *eine* Geld dieselbe Ware überall gleich bewertet. Und von den verschiedenen Geldsorten und ihren ›Auf-‹ und ›Ab‹wertungen keine Preiswirkungen ausgehen. Allenfalls Teuerungen möglich sind, keine Inflationen.

– Geld und Kredit sind strikt zu trennen. Banken und Finanzgesellschaften dürfen kein dem öffentlichen Weltgeld Konkurrenz bereitendes Ersatzgeld: uferlosen Kredit erzeugen. Kredit darf nur aus *vorhandenem* Welt-Geld *vermittelt* werden, nicht aufgrund von deposita irregularia *geschaffen* werden, aus dem Nichts, oder genauer, auf Verdacht, daß der wahre Geldbesitzer stillhält.

Hätte sich mit diesen Regeln ein Kollaps wie der Roms nach dem Scheitern der Reformen Diocletians vermeiden lassen? Ja – wenn damals folgende ›Fehler‹ vermieden worden wären:

– Der erste Fehler war, den römischen Staat zu stark aus Münzgewinnen zu finanzieren. Solange der Münzgewinn nicht nur den Staatsaufwand deckt, sondern – per Zufall – auch den Liquiditätsbedarf der zu Lasten der primitiven Selbstversorgerwirtschaft wachsenden Geldwirtschaft der großen Städte, Hafenzentren und der Weltwirtschaft, geht alles gut. Das Steuerloch im Staatshaushalt nützt der Wirtschaft: es hält die Steuerlasten niedrig und stellt dennoch das zur Ausweitung der Geldumsätze benötigte Mehr an Liquidität (Zahlungsmitteln) her. Doch wenn diese Mittel nicht mehr reichen, geht die Gleichung nicht mehr auf. Dann braucht man entweder eine Schar ›dynamischer‹ Unternehmer Marke Schumpeter, die die reale Leistung steigern und mehr Steuern zahlen, und keine statischen Landlords, die sich aufs Latifundium zurückziehen und dann noch weniger zahlen; oder Steuern, die mit dem Einkommen (der Produktivität) mitwachsen, ohne es (sie) zu ersticken.

– Der zweite Fehler war, die Steuerschraube zu spät, zu stark und bei den falschen Leuten anzuziehen. Bei den wenigen produktiven Bauern, die noch ihre Steuern zahlten. Die man durch Steuerungerechtigkeiten in die Steuer- und Kapitalflucht trieb. Aus der Geldwirtschaft heraus zurück in die Naturalwirtschaft, wo die Erträge gerade so groß ausfallen, daß sie aufgezehrt werden können. Wo weder Kapital- noch Steuerüberschüsse anfallen.

– Der dritte Fehler war die Selbstzerstörung des Weltwährungssystems des Aureus. Statt die Grenzen der staatlichen Defizitfinanzierung zu erkennen, setzt Diocletians Nachfolger Konstantin nun auch ›offiziell‹ den Goldgehalt des Caesar-Aureus, des Mittels ›letzter‹ Liquidität, um 100 % herab: verdoppelt im neuen Solidus (der den Aureus ablöst) den amtlichen Weltgoldpreis. Wertet ab, statt auf! Öffnet die Geldschleusen, statt sie im Staatshaushalt zu schließen. Finanziert die Kosteninflation, die Unsicherheit und Austrocknung der Märkte noch zusätzlich durch neue, ungedeckte (bloß nominelle) Kaufkraft; gibt zusätzliche Billets für einen schon fast geräumten Supermarkt aus.

Der Absturz in die Krise ist danach nicht mehr zu bremsen. Der ›Anerkennung‹ des Geldwertschwundes im offiziellen ›Wechselkurs‹ folgt die Hyperinflation, der Währungsspaltung kurz über lang die politische Teilung des *einen* Reiches und Marktes in *zwei*: in Ost (Byzanz) und West (Rom), das diese Amputation nicht lange überleben wird.

Des ersten Caesar Werk zerfällt, nicht, weil die Gesetze seiner Integration falsch werden, sondern weil die Nachfolger sie nicht mehr verstehen. Ihr Krisenmanagement dient nur noch dem Augenblick, der Meisterung der jeweils ›nächsten‹

Gefahr, ohne zu sehen, daß sie die ›übernächste‹ programmiert. Es fehlt das Augenmaß der großen Perspektive, die nur am Anfang steht. Und wo sie fehlt, das Ende unvermeidlich macht.

Kapitel 10
Mit leeren Kassen ist kein Staat zu machen

»Taxes have never been popular, but in antiquity they seem to have aroused more resentment than today.«

A. H. M. Jones (1947)

In unseren Tagen gilt es als Skandal, wenn der Staat arm ist, seine Bürger reich. Denn: reiche Bürger tun selten etwas für ihren Staat, sparen aber kaum an sich. Die Folge: ›privater Luxus, öffentliches Elend‹ (John Kenneth Galbraith). Es fehlt an Sozialinvestitionen jeder Art: ›urbanen‹ Städten, Schulen, Krankenhäusern, Altersheimen, Sportplätzen, Bädern, gepflegten Parks. Und sauberer Umwelt.

In der Antike ist es umgekehrt: der Staat ist immer nur dann reich, wenn es auch seine Bürger sind. Denn: reiche Bürger tun alles für ihren Staat (ihre Provinz, ihre Stadt, ihr Dorf). Gibt es genügend Privatvermögen, leidet kein Dorf, keine Stadt, keine Provinz unter dem heute üblichen Mangel an Infrastruktur; jedenfalls gemessen an den Maßstäben der damaligen Zeit: Stadien, Bädern, Theatern, Straßen, Wasserleitungen, Brücken, Häfen. Rom hat zu Beginn des 2. Jahrhunderts beinahe mehr öffentliche als private Bauten, so viele öffentliche Clubs, Galerien, Theater, Bäder, daß es ein volles Wochenprogramm kostet, alles mitzunehmen. Zumal alles (fast oder ganz) frei ist, ein Wohlfahrtsstaat, den überwiegend seine Privatstifter bezahlen.

Dies ist weder Zufall noch Absicht, sondern Folge zweier ›großer‹ Steuerreformen: der geglückten, aber unvollendeten des Augustus und der vollendeten, aber mißglückten Diocletians, des letzten großen (Wirtschafts-)Reformkaisers um die Wende vom 3. zum 4. Jahrhundert n. Chr.

Das »Gebot, das vom Kaiser Augustus ausging, wonach alle Welt geschätzet würde«, das Caesar konzipiert, Augustus

politisch umsetzt, läßt nicht nur Jesus in Bethlehem statt in Nazareth auf die Welt kommen, weil sich sein Vater in seiner (Geburts-)Stadt registrieren lassen muß. Mit dem Census des Augustus wird die erste objektive Vermessung des dem Reiche zur Verfügung stehenden Steuer›potentials‹ – und seines Zuwachses in der Zeit! – vorgenommen. Zugleich aber aus diesem Potential ein Steuer›system‹ entwickelt, das nicht nur den Raub- und Beutestaat der Vergangenheit ablöst und den Staat ohne kriegerische Expansion von seiner Wirtschaft leben läßt. Besser als je zuvor. Des Augustus vielverkannte Steuerreform sichert die staatliche Daseinsfür- und vorsorge des römischen Bürgers, der im Römerreich beheimateten Provinzialen, Freigelassenen und sich selbst befreienden Sklaven volle drei Jahrhunderte lang. Und dieses mit staatlichen Selbstkosten, (Steuer)Last- und Belästigungsquoten, die so tief liegen, daß man getrost von einer einmaligen Effizienz staatlicher Finanzpolitik sprechen kann. Sie wurde nie mehr erreicht: weder im späten Rom der Reformkaiser, noch im Mittelalter; geschweige denn im modernen Sozialstaat der spätindustriellen Massengesellschaft.
Der Census des Augustus gilt der Erfassung der beiden ›natürlichen‹ Produktivitäts- und Steuerquellen der damaligen Zeit: der Ertragskraft des Bodens und der menschlichen Arbeit. Das Rückgrat der Reichsfinanzen bilden die beiden regelmäßig zu erhebenden tributa: das tributum soli (Grundsteuer) und das tributum capitis (eine Art ›gemischter‹ Kopf-, Vermögens- und ›Arbeitskraft‹-Steuer‹). Dazu kommen vier Einzel- oder Zwecksteuern: eine 5 %ige Erbschafts- und eine 1%ige Umsatzsteuer auf Käufe bei Versteigerungen. Zwei ausgesprochen ›soziale‹ Steuern; denn sie treffen *nur* die Reichen, nie die Armen! Ferner: eine 5 %ige Freilassungs- und eine 4 %ige Sklavenverkaufssteuer; die eine, um die zeitweilig überbordende ›Vernichtung von Sklavenarbeit‹, die andere, um den zeitweilig überbordenden ›Umsatz in Sklaven‹ zurückzudrehen. Zwei ausgesprochene Ordnungs- und Lenkungssteuern also!

Dazu kommen periphere Einnahmen, wie die lokalen Hafengebühren (portoria), Straßen- und Provinzgrenzzölle: Mauten, die aber selten Sätze von 2 bis 2½ % des zudem selbstgeschätzten Wertes übersteigen! Reine Kostensteuern, die Produzenten und Händler auf ihre Käufer abwälzen. Und als Haupteinnahmeposten der kaiserlichen Privatschatulle, des fiscus (›Körbchen‹), die Gebühren und Gewinne aus dem (ehemaligen) ager publicus und allem, was dazugehört, den damaligen ›Staatsbetrieben‹ also.
Die beiden Hauptsteuern der glücklichen, goldenen Kaiserzeit, die beiden tributa soli und capitis werden zumeist falsch: als statische Vermögens- bzw. leistungsbestrafende Arbeitsabgaben gedeutet. Das Gegenteil trifft zu, wenn man diese nur der Form nach statischen Belastungen auf ihre *Wirkung* überprüft. Beide enthalten ein von Beginn an durchaus *dynamisches* Element. Sowohl das natürliche Wachstum der agrarischen Produktivitätsrate wie die Zunahme der Reichsbevölkerung, deren Pro-Kopf-Produktivität ebenfalls zu-, nicht abnimmt, verbürgen auch *ohne jede Progression des Steuertarifs* einen ständig steigenden Steuer-Mehrertrag.
Erst als zweieinhalb Jahrhunderte später ›exogene‹ Faktoren: militärischer Überdruck an den nicht mehr sicheren Grenzen, Sperrung der Fernhandelsstraßen und -märkte, wachsende Unsicherheit auf den inneren Straßen und Märkten, Rechtswillkür und Inflation die bislang sichere Steuerbasis aushöhlen, den Staatsbedarf für inneren und äußeren Schutz aufblähen und verteuern, geht des Augustus Gleichung von Wirtschaftskraft und Staatsbelastung nicht mehr auf. Diocletian versucht durch eine neue, verschärfte Steuerregelung – capitatio (›Kopf‹steuer?) – iugatio (Bodensteuer) –, die vor allem den kleinen Grundbesitz hart trifft, zu retten, was *so* nicht zu retten ist.
Was dabei herauskommt, wird uns noch beschäftigen: ein römischer ›Poujadismus‹, der in der Landflucht der Kleinbauern (von ihren unwirtschaftlich gemachten Minifundien), der immer aufwendigeren Brache›produktion‹ der Großgrund-

besitzer (deren Latifundien immer ›park‹ähnlicher werden, unkostenintensiver, um Steuern zu sparen) und schließlich im Verfall der Geldwirtschaft und der Wiederkehr der Naturalwirtschaft endet. Ein Omen, das auch heute noch – oder wieder? – schreckt. Obwohl zwischen dem Beginn und der mißglückten Renaissance der römischen Finanzwirtschaft ein viele Jahrhunderte umfassender Zeitraum ›vorbildlicher‹ Gebarung der öffentlichen Hände liegt, wird Roms Steuer-, Haushalts- und Staatsausgabenpolitik überwiegend negativ bis abschätzig beurteilt. Sieht man jedoch näher hin, überwiegen die Perioden ›geordneter‹ Staatsfinanzen. Man darf nicht immer vom ›bösen Ende‹ auf einen ›schlechten Anfang‹ schließen.

Gewiß: Rom hatte weder ein ›Budget‹ noch eine jährliche Abschlußrechnung; es kannte keine Staats›verschuldung‹; geschweige denn eine ›mittelfristige Finanzplanung‹. Warum auch?

Den Staat als von der res privata unterschiedene res publica (als ›eingebildete Person‹: persona ficta) gibt es ursprünglich nur im Kriege, wenn die Feinde angreifen oder angegriffen werden sollen. Da im Kriege der Mann noch was wert ist, zahlt er seine Kriegssteuer ›natural‹: durch Waffendienst. Nur in Ausnahmefällen ist eine Geldablösung erlaubt: das Kriegstributum: eine Vermögensabgabe, die, außer in Notfällen, meist nur 0,1 % (!) des nachgewiesenen Vermögens ausmacht. Aus ihr finanziert Rom noch seine ersten Selbstbehauptungskriege in Italien. Bis das tributum mit dem glücklichen Ende des Feldzuges gegen Makedonien (zu dem es noch 8 Millionen Sesterze beisteuert) im Jahre 167 v. Chr. verschwindet.

Danach, in der späten Republik, lebt Rom, das öffentliche wie das private, von seinen Siegen, dem Geschäft der Generalunternehmer. Von (Steuer-)Erpressungen in den Provinzen. Der Beute aus der ganzen Welt. Es braucht seine Bürger nicht zu belasten. Allein die aus den Quellen jener Zeit belegten geldwerten Tribute der Besiegten summieren sich zu einer runden Milliarde Denare, was einem erpreßten Jahresetat von rund 40 Millionen Sesterze entsprechen würde. Nicht einmal viel, wenn man bedenkt, daß allein Pompejus nach seinem Sieg über Mithridates (laut Appian) 380 Millionen Sesterze aus der Beute verteilt, nicht gerechnet, was er jenseits dessen in die eigene Tasche steckt. Augustus wird sich später (in seinen res gestae) rühmen, in den rund 40 Jahren seiner Regierung, Volk, aerarium und Veteranen 600 Millionen Denare (2,4 Milliarden HS!) aus eigener Tasche gespendet zu haben; 15 Millionen D oder 60 Millionen HS jährlich. Dergleichen zeigt nicht nur, wie lukrativ das Geschäft der Generalunternehmer ist. Ein Staat, der wie die römische Republik im anderen abgenommenen Gelde schwimmt, braucht weder einen Haushalt noch ein Jährlichkeitsprinzip noch eine Staatsverschuldung.

Er braucht allerdings integre und unerschrockene öffentliche Kassenprüfer. Nicht einen, sondern (seit dem 3. Jahrhundert v. Chr.) deren acht: die Quaestoren. Sie stellen das niedrigste der unbesoldeten Staatsämter dar; sie überwachen nicht nur die Staatskasse. Im Grunde ihren eigenen Stand: die Senatoren, dessen tagtägliche Verwechslung von Eigen- mit Gemeinnutz sie verhindern sollen.

Was immer der Staat finanziert, er zahlt in bar. Und das verlangt ein sauber geführtes Kassenbuch. Diese rationes publicae, staatliche Einzelabrechnungen, werden von den Quaestoren, die in Wahrheit eher Wirtschaftsprüfer als Finanzminister sind, überprüft und kontrolliert.

Im Grunde gibt es fast für jede Ausgabe eine eigene Kasse. Wird irgendwo ein Militärdepot angelegt, eine Straße gebaut oder ein Vorratshaus gefüllt, für jedes dieser staatlichen Projekte legt der Quaestor eine neue Seite in seinem Kassenbuch an. Und als Rom endlich Provinzen mit einer geordneten Steuerverwaltung erobert, führt es dieses System nicht etwa bei sich ein, sondern beschränkt es auf die Provinzen. Ja, entwickelt, um es zu erhalten, ein neues Verfahren der Steuer*verpachtung*.

Römische Finanz- und Kapitalgesellschaften (societates publicanorum) finanzieren das Steuersoll der eroberten Provinzen vor, indem sie Abschlagszahlungen nach Rom leisten. Sie *bevorschussen* das Steueraufkommen, um sich später an den Unterworfenen schadlos zu halten. In des Wortes wahrster Bedeutung.

»Daß durch dieses Steuersystem die Provinzen meistens rücksichtslos geplündert wurden, kümmerte den fernen Steuergläubiger in Rom wenig. Die Pächter bedienten sich dabei zwar meist der örtlich üblichen Steuern, da sie gewöhnlich leichter als neue Abgaben anzusetzen waren, trieben die Steuerschulden aber gnadenlos ein, weil eine Schonung der Steuerquellen auf längere Sicht für den Pächter kaum lohnend erschien. Von einer auch nur einigermaßen einheitlichen Besteuerung innerhalb des Imperiums kann daher in der Zeit der Republik nicht gesprochen werden, obwohl die Steuerpacht allmählich zu einer Konzentration des Finanzwesens bei wenigen potenten Pächtern führte, die sich sogar zu Gesellschaften zusammenschlossen.« (Karl Häuser)

Man kann es auch anders sehen. Der Friedensstaat, den Caesar nach dem Exzeß der Welteroberung und ihrer Ausplünderung plant, den Augustus Zug um Zug verwirklicht, ist bis auf die Knochen dezentral: ein Commonwealth der Völker und Provinzen. Darum müssen auch die Steuern der Völker und Provinzen bleiben, was und wo sie sind. Die societates publicanorum arbeiten zwar für eigene Rechnung, indem sie die von ihnen erschätzte Steuerschuld der ihnen zum Inkasso übertragenen Provinzen nach Abzug ihrer nicht gerade zimperlich bemessenen Spesen abführen. Aber sie überweisen direkt an die Staatkasse *nach Rom* zu Händen des für sie zuständigen Quaestors und nicht in die meist etwas offenen Taschen des vor Ort regierenden Pro-Consuls oder später Pro-Curators.

Der die Provinz regierende Vertreter Roms hat seine Zuständigkeit allein für regionale Ausgaben, nicht Einnahmen. Er hat sein eigenes, bescheidenes ›Körbchen‹ (fiscus) für Ausgaben, die er zur Förderung der ihm anvertrauten Provinz für unerläßlich hält: treibt also regionale Strukturpolitik. Will er sich Freunde machen, kann er nur *Projekte* finanzieren, die allen nützen – wenn auch einigen mehr. Deren Endabrechnung aber wieder der Quaestor überwacht. Was die meisten Kritiker der römischen Staatsfinanzen übersehen: die weise Trennung der regionalen Einnahmen- und Ausgabenpolitik führt mit der Zeit zu einem höchst effizienten System der (von Rom gesteuerten und überwachten) regionalen *Steuerrückvergütung*: einem horizontalen Finanzausgleich. Um die Kosten und Risiken des Münztransports über See oder über Land zu mindern oder ganz zu sparen, reichen die Pro-Consuln und Pro-Curatoren ihre Ausgabenpläne bei der Zentrale ein. Aber die betreffenden Summen werden nicht in barer Münze überwiesen. Sie werden gleich aus dem Aufkommen der Regionen und Provinzen finanziert. Nur noch der *Saldo* des Steuerüberschusses geht dann in bar per Schiff oder gut bewachter Ochsenkarrenladung nach Rom.

Dieser höchst wirtschaftliche Finanzverbund zwischen den lokalen fisci und der ›Reichshauptkasse‹ in Rom, dem aerarium, ist seit den späten Tagen der Republik belegt. Pompejus darf auf öffentliche Kassen zurückgreifen, wenn ihm das aerarium die zur Kriegsführung benötigten Mittel schuldig bleibt. Mit Augustus beginnt dann der Fluß der Mittel, seinen Lauf zu ändern. Das aerarium wird mehr und mehr zum letzten Rückhalt der regionalen fisci, vor allem der steuerschwachen Gebiete.

Leider hat sich keiner der zahlreichen Quaesturbelege erhalten, der dies beweisen könnte. Wohl aber der Bericht über einen daraus entstandenen Prozeß. Ein seine Provinz verlassender Pro-Consul der Augustus-Zeit liefert den Kassenbestand seines fiscus ordnungsgemäß dem für ihn zuständigen aerarium ab. Sein regionaler fiscus klagt die ihm zustehenden Mittel in Rom ein und erhält sie zurück, worüber sich der große Anwalt jener Zeit, Antistius Labeo, diebisch freut (nach A. H. M. Jones).

Was die meisten Kritiker der römischen Staatsfinanzen ferner übersehen: solange wir das Ausmaß der römischen Steuerselbstverwaltung und -verausgabung in den Provinzen und Städten nur vage abschätzen können, bleiben alle Analysen der zentralen Finanzpolitik der Kaiser und ihrer Hilfskassen und -organe ein Torso. Denn das eigentliche finanzielle Geschehen spielt sich anderswo ab, da, wo auch die größeren Finanzmassen bewegt werden: ›unten‹. Deswegen sind auch alle noch so gewissenhaft nachgewiesenen zentralen Staats- und Separatrechnungen (wie z. B. die von R. Knapowski) nicht falsch, aber auch nicht allzu aufschlußreich. Sie enthüllen nur die Spitze des Eisberges der öffentlichen Finanzwirtschaft jener Zeit. Und belegen nur bedingt die These von der ›Ausplünderung der Provinzen durch Rom‹. Wohlgemerkt im Ordnungsstaat der Caesaren, nicht in der nicht nur in dieser Sache hemmungslosen Republik.
Rom sichert sich, wie jeder Ordnungs- und Kulturstaat, durchaus ›scinen‹ Anteil am laufenden Volkseinkommen (und Sozialprodukt). Er ist größer als jene 4–5 %, die herauskommen, läßt man nur die einigermaßen bekannten Ausgabe- und Einnahmeposten der Zentralregierung gelten. Nach unserer eigenen, im nächsten Kapitel erläuterten, volkswirtschaftlichen Gesamtrechnung des Römischen Reiches in den ersten beiden nach-caesarischen Jahrhunderten dürfte sich die römische Staatsquote auf mindestens das Doppelte: nämlich 10 % belaufen. Aber keine 40–50 % wie in der sehr viel reicheren, aber nicht unbedingt ›glücklicheren‹ Bundesrepublik Deutschland von heute. Wobei der ›Endverbrauch‹ an öffentlichen Leistungen in Rom und seinen Provinzen: die Benutzung öffentlicher Theater, Bäder, Sportplätze usw. gar nicht viel geringer wiegt.
Nur: es wird dies alles überwiegend ›privat‹, nicht ›öffentlich‹ finanziert, jedenfalls solange Roms Bürger über genügend privaten Reichtum verfügen, um sich – und anderen – auch genügend öffentlichen Reichtum zu ermöglichen. Und dadurch Steuern sparen!

Akzeptiert man diese perspektivische Verkleinerung, so ergeben die Knapowskischen Nachkalkulationen ein durchaus zutreffendes Bild.
Die Staats- und Separatrechnungen der Caesarzeit (siehe untenstehende Übersicht) zeigen klar, daß die Staatsrechnung nur einen verschwindenden Bruchteil der ›Privat‹finanzierung des Dictators ausmacht. Caesar finanziert in den fünf Jahren seines Siegeszuges 49-45 v. Chr. ›nebenher‹ fast das Zehnfache(!) der öffentlichen Ausgaben. Außerdem deckt er ein Defizit der Staatsrechnung in Höhe von rund 4000 Millionen auf eigene Rechnung. Caesars – freilich auch erst dank ›Beute‹mitteln mögliche – Großherzigkeit ehrt ihn. An ihm ist nichts von der penetranten Habsucht eines Cicero, Pompejus, Crassus oder des ehrenwerten Brutus, der ihn ermorden wird. Dennoch kann bei einem derart ›freihändig‹ geführten Staatskonto weder von einer kontrollierten Finanz- noch von einer kontinuierlichen Liquiditätspolitik gesprochen werden. Noch nicht!

Öffentliche Einnahmen und Ausgaben Roms

(in Mio Sesterzen; 1 Sesterz = ¼ Denar = 1,13 g Silber)

Jahre v. Chr.:		167	49 bis 45 (5 Jahre)
Staatsrechnung	Einnahmen	366,9	ca. 200
	Ausgaben	43,3	605
Staatsrechnung u. Separatrechnungen der Heerführer	Einnahmen	425,3	ca. 5500
	Ausgaben	101,8	ca. 5500

Quelle: R. Knapowski, in: Lexikon der Alten Welt, Stuttgart-Zürich 1965, S. 2655.

Mit des Augustus Friedens- und Reformwerk wird alles anders und besser werden. Augustus hat mehr als nur eine Ahnung, daß sich sein Weltreich nicht länger aus dem Falten-

rock des Herrschers finanzieren läßt. Er führt nicht nur die ersten ›festen‹ Steuern im ganzen Reiche ein; er bindet sie an – für Zensiten wie Eintreiber gleich verbindliche – feste Erhebungskriterien. Wir sahen schon: Arbeitskraft und Bodenertrag. Steuerpflichtig wird zunächst nur die *männliche* (nicht die weibliche!) Arbeitskraft ab 14–15 Jahren und der Bodenertrag, wobei entsprechend der bisherigen Tradition, in manchen Reichsteilen der Boden*wert*, in anderen der Ernte*ertrag* zugrunde gelegt wird. Was herauskommt, ist eine Besteuerung nach gleichen Kriterien, aber zu unterschiedlichen Sätzen. Doch wird die darin liegende ›Ungerechtigkeit‹ dadurch gemildert, daß die daraus resultierende Belastung in den eroberten Ost- und Westprovinzen oftmals unter der bisherigen liegt. Und fernab ihrer alten Willkürlichkeit. Wer nach einmaliger Erfassung seine Stadt oder seinen Bezirk wechseln will, kann getrost zu den Plätzen vermeintlich geringerer Schröpfung abwandern. Der ›Zehnte‹ des nachgewiesenen Arbeits- oder Bodenertrages bleibt für lange Zeiten – praktisch zwei Jahrhunderte lang – die nur theoretische Obergrenze des neuen Systems. Die effektive Belastung dürfte, aus einer Vielzahl von Anhaltspunkten zu schließen, im Reichsdurchschnitt zwischen 2–4 % gelegen haben!
Es ist nicht des Augustus Schuld, daß seine Nachfolger in den kritischen Zeiten, als beide Steuerquellen: Arbeits- und Bodenproduktivität, austrocknen, die Arbeitsbevölkerung auf dem Lande schrumpft, der Bodenertrag fällt, aus beiden mehr herauspressen wollen als richtig und gerecht ist. Die ›historische‹ Schuld seiner Nachfolger liegt ganz woanders. Einmal bei der zutiefst ›statischen‹ Einnahmequelle ihres fiscus: den Gewinnen und sonstigen Einnahmen aus dem ererbten ruhenden Besitz des kaiserlichen Vermögens. Was aus diesem Vermögen laufend anfällt, reicht zwar für Jahrhunderte aus, Kaiser und Staat (aerarium aut – oder vel – fiscus, wie ab dem 2. Jahrhundert nicht nur Sueton und Tacitus einmütig formulieren) voll ›liquide‹ zu halten. Es reicht leider auch aus, den Staat des 3. und 4. Jahrhunderts von seinen na-

türlichen Steuerquellen, die niemals in ›totem‹ Vermögen, sondern immer in der ›laufenden‹ Ertragskraft der jeweils ›führenden‹ Sektoren liegen, gründlich zu isolieren. So gründlich, daß keiner der späteren Steuerreformer den einzig möglichen Ausweg aus der Krise mehr ausmachen kann: statt die alten Steuerquellen restlos zu verschütten, *neue* zu erschließen. Welche?
Die munter und prächtig aufsprießenden ›Stadt‹gewinne der zahlreichen Trimalchios: die Gewinne und Vermögen der Händler, Spekulanten und Fabrikanten. Gewiß: diese ›Bourgeois‹ hätten, höher besteuert, weniger Thermen, Säulenhallen und Wasserleitungen spendiert. Aber der Staat hätte mehr Legionen ausrüsten und seine Richter besser bezahlen können. Das Reich hätte wirksameren Schutz vor seinen inneren und äußeren Feinden finden, und diesen Schutz auch bezahlen können. So hielt es an einer öffentlichen Finanzwirtschaft fest, die seinen Ruin nur beschleunigte. Das aus seinen *privaten* (›fiscalischen‹ und ›statischen‹) Reichtumsquellen versorgte und verwöhnte Reich wartet mit der Reform seiner *öffentlichen* ›dynamischen‹ Steuern so lange, bis es zu spät ist. Zu spät, um zu retten, was bei früherer, richtiger Weichenstellung mühelos zu retten gewesen wäre.
Um die spätrömische Wirtschaftskrise, die nichts ungezeichnet läßt, zu erklären, braucht nicht auf Außerökonomisches zurückgegriffen zu werden: weder auf Bevölkerungsrückgang, der sich kaum beweisen läßt, und wenn, eher entlasten würde als belasten. Auch die Inflation ist eher Folge, allenfalls verschärfende Begleiterscheinung der Krise, nicht ihre Ursache. Daß der Staat mehr Geld braucht, um es anderswo, z. B. in ohnehin recht armen Grenzprovinzen an Donau, Rhein und Euphrat, auszugeben, kann allenfalls den inneren Rhythmus der Wirtschaftsgezeiten *verschieben*, nicht zerstören.
Nein: die Krise Roms ab dem 3. Jhdt. n. Chr. hat einzig und allein etwas mit gesamtwirtschaftlichen Kosten und Erträgen zu tun, auch wenn sie sich nur vage empfinden und noch nicht

exakt berechnen lassen. Ob Schulden- oder Steuerlasten als ›erträglich‹ oder ›drückend‹ gelten, hängt davon ab, wie sie sich in den ›laufenden‹ Erträgen unterbringen lassen. In den Ansprüchen, an die man sich gewöhnt hat und die man für ›natürlich‹ ansieht. Das Unglück Roms in jener Phase ist, daß die Gewöhnung an die guten Verhältnisse und Zeiten zu tief verwurzelt ist. Seit guten zwei Jahrhunderten haben sie die Erwartungen geprägt. Werden diese jetzt enttäuscht, sind Überreaktionen unausbleiblich. Wer etwas hatte, gibt es nicht mehr auf, sucht einzig und allein nach Auswegen aus dem Steuerdruck.

Der zweite Faktor ist gänzlich objektiver Art. Wenn durchgängig die Gewinne fallen, wo auch immer: im Agro-Business, im Fern- und Binnenhandel, in der Industrie, aus Gründen, die kein Geschäftsmann steuern kann: Unsicherheiten, die sich in Verlusten oder Zusatzkosten niederschlagen (Transport, Versicherung usw.), stellt er die Geschäfte ein, betreibt nur noch Vermögenssicherung. So gut er kann. Und läßt das Investieren sein. In *diesem* sozialpsychologischen Milieu muß *jede* Steuererhöhung als falsch und ungerecht *empfunden* werden. Sie wird daher nicht nur hintergangen, sondern löscht die letzte Regung eines vielleicht noch vorhandenen ›Gemeinsinns‹ aus. Bislang selbstverständliche Spenden hören auf, ›Ehren‹-beamte verlangen plötzlich Sold oder legen Ämter nieder, die ihnen und ihren Vätern heilig waren. Soldaten meutern, wenn ihren Forderungen nicht sofort und ohne Abstrich stattgegeben wird.

Der Staat wird über Nacht die Kuh, die jeder melkt und keiner füttert.

Ein Beispiel, das für viele steht: Augustus läßt seine Provinzen von 23 nachgewiesenen Pro-Curatoren verwalten, die je nach Verantwortung zwischen 30 000 und 60 000 Sesterze jährlich verdienen. Mitte des 3. Jahrhunderts hat sich ihre Zunft auf 177 vermehrt, ihr Spitzengehalt auf 300 000 Sesterze. Man kann aus dem, was an der Spitze vor sich geht, auf einen beachtlichen Multiplikator an der Basis schließen.

Dabei sind die Reformen kein bißchen unvernünftig. Der Kaiser Septimius Severus faßt um die Wende vom 2. zum 3. Jahrhundert den schon Sueton und Tacitus verwirrenden Kassendualismus: zwischen dem (formal dem Senat unterstehenden) aerarium und der kaiserlichen Schatulle, zum zentralen fiscus zusammen. Es ist nicht bekannt, wie viele Beamte dadurch eingespart werden; doch werden dadurch die Kompetenzen klarer. Der Kaiser als Chef der Exekutive braucht, wenn er aus dem aerarium zahlt, nicht mehr die Vollmacht des (von ihm ernannten) Senats. Wenn er aus dem fiscus zahlt, zahlt er ohnehin aus der eigenen Tasche. Da der fiscus seit langem das aerarium alimentiert, hatte der Senat sowieso nichts mehr zu sagen.
Die Reform stellt klar, was ist: es gibt nur noch *ein* Reichsbudget. Und keine Kassenvielheit wie am Anfang. Nur: woher die mehr denn je benötigten Mittel nehmen? Der Staat ›stört‹ die Wirtschaft jetzt gleich doppelt. Sie leidet bereits unter den gedrückten Gewinnerwartungen. Außerdem verstärkt sich der Steuerdruck der Provinzen, die sich das Recht auf Einbehaltung ›ihrer‹ Steuererträge weniger denn je nehmen lassen.
Der Steuerstreik ist somit programmiert. Und zwar von beiden Seiten: denen, die zahlen müssen, und denen, die nicht verzichten wollen.
Wir kennen zwar die Maßnahmen, die in der Steuerreform des Kaisers Diocletian ihren Niederschlag finden. Sie sind weniger Reform als permanente Steuer*erhöhung*. Aber um wieviel? Sicher ist nur: beide – schon ›augusteische‹ – Steuerquellen: caput und solum, werden neu veranschlagt. Das männliche ›Haupt‹ trägt die doppelte Steuerlast des weiblichen; der ›Acker‹ (iugum) Weinberg eine höhere Steuerlast als der ›Acker‹ Olivenbäume oder billiges Brotgetreide usw. Und das alles unter Berücksichtigung sorgsam ermittelter regionaler Durchschnitte. Nichts scheint gänzlich falsch oder ungerecht. Nur das Konzept ist gänzlich falsch und ungerecht, weil man das ›Land‹ stärker belastet als die ›Städte‹,

die ›Agrarproduktion‹ stärker als ›Industrie‹ und ›Handel‹. Aber was soll man tun? Weder Handel noch Industrie sind ab dem 3. Jahrhundert Reichtumbringer. Im Mittelmeer operieren, wie vor Pompejus, Piraten aller Provenienzen. Bald werden sich Goten- und Vandalenschiffe munter an der Aufbringung der wenigen noch verkehrenden Kauffahrteischiffe beteiligen. Eine Handelssteuer oder neue Hafenzölle hätten auch nichts gebracht, nur noch mehr Kosten, noch mehr Inflation und Marktverödung. Für Einkommensteuern auf die Stadtbevölkerung fehlt noch für gut 1 000 Jahre die Veranlagungsbehörde. Das alles zahlende Land lehnt weitere Steuererhöhungen ab. Einhellig. Wir zahlen uns tot, schallt es aus jedem Kommentar. Von Lactanz bis zu Procop und den – sicher ist sicher – anonym schreibenden Autoren jener Zeit.
In Steuerfragen traut man besser keinem Zeitgenossen. Lactanz, der Zeitgenosse Diocletians, jammert:
»Die Erträge der Bauern werden durch die unerträgliche Bürde aller Steuern zusammen völlig aufgezehrt. Sie verlassen ihre Felder, und fruchtbares Ackerland verwandelt sich in Wüste.«
60 Jahre später wird Aurelius Victor die Steuern des Diocletian, verglichen mit denen des Julian, als von »erträglicher Milde« (modestia tolerabilis) preisen. Die seiner Zeit dagegen als ›mörderisch‹ verdammen. Der 250 Jahre jüngere Procop, der die Steuerbelastung unter Justinian (in der ersten Hälfte des 6. Jahrhunderts) für ›ruinös‹ erachtet, hätte das Urteil des Victor sicher für eine Übertreibung gehalten. So wie wir heute den fast alttestamentarischen Zorn unserer Großväter nicht verstehen, als kurz vor Ausbruch des Ersten Weltkrieges die Einkommensteuern in Preußen von 3 auf 4 %! jährlich erhöht werden.
Was damals geschieht, erhellt eine Fülle von Einzelereignissen. Die militärische Lage an den Grenzen verschlechtert sich katastrophal. Ab dem 3. Jahrhundert gefährden die anbrandenden Germanenstämme die Rhein-Donau-Grenze, die sassanidischen Parther die Euphrat-Tigris-Grenze. Nord-

afrika wird von an die Küste drängenden Nomadenvölkern aus der inneren Sahara bedroht, die sogar nach Spanien übersetzen. Lange bevor Westgoten, Vandalen und des Kalifen Omar Araber dort eintreffen.

Der Militärhaushalt muß ständig erhöht werden: neue Soldaten müssen aus einer zunehmend ›barbarischer‹ werdenden Grenzbevölkerung ausgehoben werden und erhalten immer höhere Gefahrenzulagen. Trotzdem geht immer mehr ertragreiches Land verloren. Weil bisherige Provinzen nicht mehr zu halten sind, wie z. B. das gold- und getreidereiche Dacien (das heutige Rumänien), das den Goten abgetreten wird. Und weil die Bauern der bedrohten Grenzländer ihre Äcker verlassen und in die noch sicheren Städte fliehen. Überall im Reich: in Europa, Asien, Afrika. Nicht, weil Stadtluft ›frei‹ macht, sondern Schutz vor dem Terrorismus jener Zeit, Mord, Brandschatzung und Ausplünderung zu bieten scheint.

Und Schutz vor der steuerlichen Ausplünderung! Denn zu den Kuriositäten der ständigen Versuche, die staatlichen Einnahmen zu verbessern, zählen auch völlig unzulängliche Maßnahmen gegen die die Behörden zu Recht ängstigende Landflucht.

Die Steuerrechtsfigur der adiectio konstruiert eine kollektive Steuerschuld aller, eine regionale Steuerhaftungsgemeinschaft bildenden freien Bauern. Verläßt einer, heimlich oder nicht, seine bisher bebaute Scholle, bleibt seine Steuerschuld am Nachbarn ›kleben‹. Die unvermeidbare Folge: befreundete Familien, die einander nicht belasten wollen, organisieren die Landflucht gemeinsam. Mit dem Ergebnis, daß sich Übervölkerung der Städte und Brachebildung auf dem Lande multiplizieren. So wie heute die Stadtflucht all derer, die sie sich leisten können, das Steuerpotential der (Groß-)Städte verdünnt, bis zum absehbaren Stadtbankrott, so damals der Exodus der Bauern das Steuerpotential des Reichs-aerarium. Bis zum kaum noch aufhaltbaren Staatsbankrott!

Fragmentarisch erhaltene Census-Abrechnungen der Dio-

cletianzeit und der folgenden Dekaden belegen den fatalen circulus vitiosus zwischen Zunahme der nicht mehr besteuerbaren Brachen (in manchen Steuerbezirken bis zu 50 % des Gesamtlandes) und der Verschärfung der Steuersätze für den in Bearbeitung verbleibenden Rest. Wobei natürlich der intensiv wirtschaftende Kleinbauer, der auf seinem Minifundium je Joch (iugerum) viel, nicht wenig Getreide erntet, viel, nicht wenig steuerpflichtige Olivenbäume anbaut, das Nachsehen hat. Den Vorteil aber hat der extensive Weide- und Gartenwirtschaft betreibende Latifundienbesitzer, der große Herr aus der Stadt, der sein Vermögen in der Landwirtschaft anlegt. Und seine Überschüsse manipulieren kann, bis hin zur absichtlichen ›steuersparenden‹ Brachenproduktion.
Der verhängnisvolle Wettlauf zwischen zunehmender Landflucht, abnehmender Intensität der Landwirtschaft (immerhin noch Rückgrat aller damaligen Wirtschaft) und Aushöhlung des Steuerpotentials nützt zum Schaden aller nur einer kleinen Gruppe: den großmächtigen Landlords. Sie arrondieren ihren Besitz und sparen dennoch Steuern, indem sie noch mehr gepflegte, aber steuerunschädliche Parks anlegen als bisher. In den gleich belagerten Festungen überfüllten Städten wächst keine Wirtschaft nach: kein Handwerk, keine Industrie, kein Handel. Mit 300jähriger Verzögerung wird im Reiche wahr, was der ältere Plinius zu Unrecht *nur* für Italien feststellt: »latifundia Italiam perdidere« (Die Latifundien ruinieren Italien). Aber nur, weil eine durchaus energische Verwaltung in ihrer Verzweiflung nach dem falschen Rettungsring greift. Greifen muß, weil es der einzige zu sein scheint. Weil man keine ›Perspektiven‹ – mehr – hat.
So vergrößert sich das Loch in der Staatskasse von Jahr zu Jahr, von Dekade zu Dekade, von Jahrhundert zu Jahrhundert. Roms öffentliche Kassen bilden ab dem 4. Jahrhundert nur noch ein einziges Staatsfaß ohne Boden, das nichts mehr dichtet: keine Steuererhöhung, keine hart am Rande der Legalität, wenn nicht jenseits von ihr, vorgenommene Vermö-

genskonfiskation aus mehr oder minder nichtigem Anlaß, keine Münzverschlechterung, kein Rekurs auf die anachronistischen Naturalabgaben, keine Bezahlung von Beamten und Heer aus staatlich gehorteten Gütervorräten. Und was der Notverordnungen jener Krisenzeiten en permanence mehr sind.

Jetzt rächt sich, daß Roms Wirtschaftsmotore nur ›stationäre‹ Energie abgeben, keine ›dynamische‹. Wenn irgendwo in dem System sich etwas ›verändert‹, gerät der ganze Kreislauf aus der Bahn. Natürlich hätte man den Mehrbedarf des Staates für äußere Sicherheit (Militär) und bessere Selbstverwaltung (zentrale Bürokratie) verkraften können, wenn irgendwo, an anderer Stelle, ein Mehr an ›Output‹: realem Sozialprodukt oder Volkseinkommen, hereingekommen wäre. Und wenn die Staatskasse mit ihren Einnahmen mehr oder minder *automatisch* mit diesem Mehr an anderer Stelle verbunden gewesen wäre. Wenn ihre Steuereinnahmen vom *steigenden* (nicht dem stagnierenden oder schrumpfenden) Einkommen oder den wachsenden (nicht rückläufigen) Umsätzen dieser anderen hätte profitieren können!

Roms und seiner öffentlichen Finanzen Doppelunglück ist, daß es an beidem fehlt: realem *Wachstum* und dem finanztechnischen *Mühlrad*, das die sich verändernde reale Bemessungsgrundlage (Einkommen, Umsätze) in ›laufende‹ (organisch mitwachsende) Ertragsbeteiligung des Staates an der Wirtschaftskraft, sprich: in laufende Steuermehreinnahmen verwandelt.

Kein Caesar oder Augustus steht zur Verfügung, der das Problem sieht und löst. Der nüchtern und unbeirrt von den Vorurteilen seiner Zeitgenossen das Staatsruder neu einstellt – und nicht weiterwurstelt wie bisher.

Augustus ahnt zwar, daß seine Finanz- und Steuerreform nicht ewig halten wird. Daher sein mehrmaliger ›Census‹ des dem Reiche zur Verfügung stehenden Steuerpotentials an Menschen, Bodenfläche und -ertrag. Sein ›Riecher‹: daß man den Reichen Sondersteuern auferlegen kann und muß

(Erbschafts- und Umsatzsteuern), ist bemerkenswert. Doch weil des Reiches Finanzen viel zu lange ›stimmen‹: dank fiscus und Gemeinsinn des den Kaiser imitierenden Geldadels, der den Staat aus seinem ›demonstrativen‹ öffentlichen Konsum mit Infrastrukturobjekten aller Art bedient, sieht niemand das Problem, bevor es da ist.
Nachdem es da ist, kann nur noch ein Herkules es lösen. Und der fehlt. Die Agrarerträge bleiben ›statisch‹, die aus Industrie und Handel schrumpfen. Insoweit greifen alle Verschärfungen der Agrosteuern ins Leere. Im Gegenteil: Steuerflucht und -streik zerstören die Reste des steuerbaren Potentials. Soziale Abwehrmaßnahmen gegen eine als ›zu hoch und ungerecht‹ empfundene Steuerlast beschleunigen das Ende der Geldwirtschaft. Wer keine Steuern zahlen kann und will, zieht sich aus ›Welt‹ und ›Wirtschaft‹ zurück: in Latifundien, Klöster, Fronhöfe. Die – bei allen Unterschieden – dreierlei gemeinsam haben: den Rückzug aus der Steuer, die Hinwendung zu Selbstversorgung und die Abschaffung des Geldes.
Am Ende des Prozesses steht: ›privater Luxus und öffentliches Elend‹, das alle die, die ihre soziale Frage privat gelöst haben, nicht mehr rührt. Damals nicht! Und heute?

Kapitel 11
Über Aufwand lässt sich streiten

»There is a limit to what we can do with numbers as there is to what we can do without them.«
Nicholas Georgescu-Roegen (1966)

Wie reich ist Rom? Wie reich sind die Römer in ihrer glücklichsten Zeit, den beiden ersten Jahrhunderten nach der Reichsgründung der beiden ersten Caesaren, dem echten und seinem Nachfolger Augustus?

Die Literatur zu diesem Thema ist voll von Zahlen und Vergleichen, die nicht stimmen. Oder nur halb. Theodor Mommsen und viele nach ihm rechnen römische Vermögen, Einkommen, Preise, Tribute und Bestechungssummen nach den Feingehalten der original bezeugten Asse, Sesterze, Denare, Aurei. So als ob die römischen Kupfer-, Silber- und Goldpreise nie schwanken. Vor allem aber so, als ob in allen 20 Jahrhunderten seitdem ein unveränderlicher, keinerlei Schwankungen der Preise und der Anlagepräferenzen unterliegender kontinuierlicher Goldstandard bestanden hätte.

»Ob Mommsen in seiner ›Römischen Geschichte‹, Eduard Meyer in seinem ›Caesars Monarchie‹ betitelten Werke ... (sie) beweisen, daß der Verfasser als Nichtfachmann mit Finanzproblemen überhaupt sich nicht zu helfen weiß« (Roch Knapowski). Was tun?

Der Ökonom weiß, daß der Wert von Geld und Kaufkraft von zwei ganz und gar unterschiedlichen Relationen abhängt:

– der absoluten (oder ökonomischen) Kaufkraft: wieviel Geld wieviel Gütern gegenübersteht; ein Geldwert, auf den gleich *vier* Faktoren auf einmal einwirken: die *Menge* des umlaufenden Geldes, die *Häufigkeit*, mit der es (innerhalb einer Zeitperiode, sagen wir eines Jahres) ausgegeben oder ›umge-

setzt‹ wird, die *Preise* und die *Menge* der zur Verfügung stehenden Güter und Dienstleistungen;
– der relativen (oder sozialen) Kaufkraft: wieviel Geld- und wieviel Güter- (oder Real-)Einkommen in der betreffenden Zeit (Periode) überhaupt zur Disposition der wirtschaftenden Einheiten: Staat, private Unternehmen und Haushalte stehen.
Eine Million, was auch immer: Sesterze, Denare, Aurei, US-Dollar, DM (Kaufkraft 50 v. Chr. oder 1985 n. Chr.) sind ›viel‹, wenn andere ›weniger‹ besitzen oder verdienen; ›wenig‹, wenn andere ›viel‹ oder ›mehr‹ besitzen oder verdienen. Man muß außer der absoluten auch die ›vergleichbare‹ Kaufkraft der jeweiligen Zeit und Gesellschaft kennen und in Rechnung stellen.
Der Historiker weiß von alledem nichts oder nicht genug. Sein Interesse gilt den Männern, die Geschichte machen, allenfalls ihren großen Taten. Nur am Rande, wenn überhaupt, dem ›grauen Alltag‹, der, wann und wo auch immer, das eigentliche Leben, das Geschehen, ›die‹ Geschichte – und nicht zuletzt Voraussetzung und Hintergrund für große Taten – bildet.
Je weiter wir zurückgehen, desto zufälliger werden alle diese Angaben. Wirtschaft, obwohl am Anfang der Geschichte, seit die Menschen aufhören, mehr oder minder planlos von Jagdgebiet zu Jagdgebiet, Weideplatz zu Weideplatz zu stolpern, bleibt für Jahrtausende uninteressant. Jedenfalls für den Historiker. Erst seit die Sicherung der wirtschaftlichen Existenz des einzelnen wie der Massen zu einer staatlichen Aufgabe wird, *die* staatliche Daseinsberechtigung par excellence, interessiert man sich für Wirtschaft. Und Statistiken, als staatlichen Erfolgsmeldungen, wie diese Aufgabe gemeistert wird.
Erst seitdem können Historiker Wirtschaft, Ökonomen Geschichte verläßlich deuten, so sie das Metier verstehen. Deswegen ist es schwer, wenn nicht unmöglich, die Lebensverhältnisse zur Römerzeit überhaupt in Zahlen und Vergleichsmaßstäben einzufangen. Viel schwerer, als unseren heutigen

Wohlstand in einigen, für alle verbindlichen Indikatoren auszudrücken.

Was wir im folgenden versuchen, ist, mit den Maßstäben von heute das Leben von damals zu begreifen und – mit Hilfe von Helmut Kupky – die in einer Fülle von Einzelangaben überlieferten Daten des Wirtschaftslebens von damals ›zurückzurechnen‹. Ein Versuch, der immer fragwürdig sein und bleiben wird. Denn jeder Indikator, selbst der ›unschuldigste‹, reflektiert soziale Besitzstände und Desiderata ›seiner‹ Zeit, nicht der, die es zu untersuchen gilt.

Rom präsentiert weder Zahlen seiner volkswirtschaftlichen Gesamtrechnung: seines Volkseinkommens, dessen Entstehung (aus welchen Sektoren), Verwendung (für welche Arten von Ausgaben) und Verteilung (auf welche Gruppen von Einkommensbeziehern) noch und schon gar nicht der Stabilität oder Instabilität seines Geldes. Nicht, weil das damals keine Probleme gewesen wären. Im Gegenteil: sie belasten schon die damalige Gesellschaft. Bis zum Zerreißen, das unvermeidlich wird, als das Volkseinkommen nicht mehr reicht und seine Verwendung und Verteilung das Doppelpostulat verletzen, das jeder Gesellschaft, die bestehen will, gestellt ist: ebenso effizient *wie* gerecht zu sein. Weil zum Schluß auch die römische Geldrechnung nicht mehr stimmt. Weil das von Caesar eingeführte ›monetäre Metermaß‹ weder die Chancen (des Einkommenserwerbs) noch die Besitzstände (des bereits erworbenen Vermögens) mit derselben Elle mißt, sondern einer höchst ungerechten und asozialen. Was keine Gesellschaft, weder eine robuste noch fatalistische, auf die Dauer aushält.

Nur: wie dieses zeigen? Wie die viel zu vielen überkommenen Mosaiksteinchen des grauen Wirtschaftsalltags jener Goldenen Zeit zu einem *unserer* Zeit verständlichen Gesamtbilde vereinigen?

Wir können gar nicht anders als mit einigen halbwegs gesicherten Annahmen arbeiten: als erstes der Größe der Bevölkerung und ihrer Grobaufteilung in die Menschen, die von

ihrer Hände Arbeit und solchen, die von den Erträgen ihres Besitzes leben. Gehen wir davon aus, daß in den beiden ersten Jahrhunderten nach der caesarischen Reichsgründung innerhalb der rund 5 Millionen Quadratkilometer, die seine geschützten Grenzen damals umschließen, 50 bis 60 Millionen Menschen wohnen – in einem Gebiet, halb so groß wie die USA, ebenso viele Menschen wie derzeit in der Bundesrepublik Deutschland leben. Und unterstellen wir zweitens, daß 90 % dieser Menschen von ihrem Arbeits-, 10 % von ihrem Besitzeinkommen ihre Existenz bestreiten, lassen sich aus beiden Annahmen die ungefähren Dimensionen des Gesamtwohlstandes und seiner Verteilung in der römischen Gesellschaft ›errechnen‹. Nicht bis zur letzten Stelle nach dem Komma, doch annähernd und in den rechten Proportionen.
Einen hohen Lebensstandard unter der ›arbeitenden‹ Bevölkerung besitzen in allen römischen Jahrhunderten die *Soldaten*. Mit oder ohne Anrechnung des ihnen während ihrer Dienstzeit gesicherten ›naturalen‹ Existenzminimums, behalten sie etwa die Hälfte ihres Soldes für ›Vermögensbildung‹ übrig. Ihre weitaus besser dotierten Offiziere noch viel mehr.
Ein Papyrus aus dem Jahre 136 n. Chr. bezeichnet einen abgehenden Soldaten als ›einen vermögenden Mann‹. Er kann sich auf seine alten Tage den Luxus leisten, ein ganzes Haus lebenslang zu pachten. Und Kaiser Septimius Serverus beschwört seine beiden Söhne: »Macht mir nur die Soldaten reich. Um alles andere braucht Ihr euch danach nicht mehr zu kümmern.«
Der säkulare Anstieg der Soldatenlöhne liefert daher den verläßlichsten Indikator nicht nur der nominellen Inflation, sondern auch ihrer realen Umverteilungswirkungen.
Roms Inflation, die sich ab dem 3. Jahrhundert permanent beschleunigt, hat zwar andere Ursachen als unsere heutige, doch prinzipiell dieselben Folgen. Es gibt Verlierer und Gewinner. Der Soldatenstand gewinnt stets die letzte Schlacht im Verteilungskampf um ›sein‹ Stück Kuchen am Sozialpro-

dukt, wenn auch immer weniger die ständigen Kriege mit den Barbaren um den Bestand des ihm anvertrauten Reiches.
Erst in weitem Abstand nach ihm folgen die ›freien‹ *Arbeiter*, die ihre Arbeitsdienste verkaufen: an öffentliche Bauherren, Landlords, Glas-, Keramikindustrielle, Werftbesitzer und andere Unternehmer mehr. Sie konkurrieren mit den ursprünglich billigen Sklaven, deren Wert jedoch ständig steigt. Aus zwei völlig unterschiedlichen Gründen: Sklaven sind ›werbende‹ Investitionen, können und müssen verzinst und abgeschrieben werden, wie alle (Nicht-Nur-)Agrarbetriebsanweisungen der Zeit (zu Recht) verlangen. Ihre Arbeitsunfähigkeit belastet das Kapitalkonto des Patrons und Unternehmers.
Später wird eine ›heidnische‹ Sklavenschutzgesinnung (die sich etwa in Columellas Regel: Sklaven, die ihr Geld erarbeitet haben, freizulassen, wie z. B. die Sklavin, die ihrem Herrn drei Kinder gebiert) dafür sorgen, daß Jahr für Jahr mehr Sklaven freigelassen als auf den Märkten angeboten werden. Dadurch und dank des Friedens an den Grenzen werden Sklaven knapp und teuer. Die Sklavenarbeit hört später ganz von selber auf, der freien Lohnarbeit Konkurrenz zu machen.
Doch bis es dazu kommt (ab dem 3. Jahrhundert), teilen sich freie Lohnarbeiter und Sklaven das Geschäft: billige aber ›freie‹ Lohnarbeit übernimmt die riskanten ›jobs‹, teure (weil mit Kapitalkosten belastete) Sklavenarbeit die sicheren Sachen: Hausarbeit, Verwaltung und dergleichen.
Gehen wir von einem hinreichend gesicherten durchschnittlichen Pro-Kopf-Einkommen der arbeitenden Schichten von rund 195–200 Denaren jährlich aus, erhalten wir, multipliziert mit dem von Arbeitseinkommen aller Arten abhängigen Teil der Gesamtbevölkerung (50 Millionen Menschen), das volkswirtschaftliche Gesamteinkommen aus abhängiger Arbeit: es dürfte (nominal) rund 10 Milliarden Denare jährlich betragen. Zumindest in den beiden ersten (›goldenen‹) Jahrhunderten nach Caesar und nach Christus.

Wir schätzen, daß 5 Millionen Menschen von ihrem ›Besitz‹ leben: auf dem Lande, aus Gewerbebetrieben, Handel. Wieviel verdienen sie? Oder könnten sie im Rahmen der uns bekannten Daten und Relationen verdienen?
Daß Roms Einkommensverteilung extrem ungleich ist, belegen alle Quellen. Allein die ›Grundrente‹ muß in einer noch überwiegend agrarisch bestimmten (unterentwickelten) Volkswirtschaft zwischen 30 und 40 % des Volkseinkommens ausmachen. Wie wir aus den vergleichbaren Beobachtungen so nüchterner Analytiker wie der ökonomischen Klassiker des ausgehenden 18. Jahrhunderts und der modernen Entwicklungsökonomen der zweiten Hälfte des 20. Jahrhunderts übereinstimmend ableiten können.
David Ricardo hält um die Wende des 18. zum 19. Jahrhundert, am Vorabend der europäisch-nordamerikanischen ›Industriellen Revolution‹, Nicholas Kaldor Mitte der 60er Jahre dieses Jahrhunderts, am Vorabend des Take-offs der noch nicht entwickelten Dritten Welt, die ›arbeitslose‹ Grundrente der Landlords für die größte volkswirtschaftliche Einkommenskategorie. Ricardo hat das großagrarische England seiner Zeit, Kaldor das großagrarische Indien unserer Zeit im Auge. Weder der eine noch der andere können sich vorstellen, daß die Verteilung anders sein könnte. Eine Zunahme der Stadt-, nicht der Landbevölkerung, steigende, nicht fallende Nahrungsmittelpreise, müßten, so der eine (Ricardo), das aus Agrarquellen gespeiste Besitzeinkommen steigern, den für Unternehmergewinne und Arbeitslöhne verbleibenden Spielraum zwangsläufig schmälern. Bis zur Existenzkrise dieser beiden Gruppen. Kaldor errechnete einen Anteil dieses ›arbeitslosen‹ Landlord- oder Latifundieneinkommens für das heutige Indien von 1/3 bis ½ am gesamten Volkseinkommen, je nachdem, wie schnell und stark das unheimliche Kuppelprodukt von Bevölkerungsvermehrung (in den Städten) und Inflation (in Stadt und Land) die Nahrungsmittelpreise und die durch und durch unverdienten Gewinne der Agrarbesitzer in die Höhe treiben würde.

Beide Rechnungen können auch für das alte Rom in seinen besten und schlechtesten Jahrhunderten gelten.
Roms Wirtschafts- und Sozialstruktur unterscheidet sich nur graduell, nicht prinzipiell von der Englands zur Zeit Ricardos, Indiens zur Zeit der Kaldorschen Analyse aus den 60er Jahren dieses Jahrhunderts. Selbst wenn wir die Agrargewinne niedrig mit einem Drittel (Anteil am Volkseinkommen) und die übrigen Industrie- und Handelsgewinne mit nur einem Fünftel (Anteil am Volkseinkommen) annehmen (wobei die Handelsgewinne nichts anderes sind als den eigenen Latifundienbesitzern durch Importkonkurrenz abgenommene ›Renten‹), kommen wir, vorsichtig gerechnet, auf einen Anteil aller Besitzeinkommen am römischen Sozialprodukt von 50 %! Das eine Zehntel beati possidentes verdient (›verdient‹ oder nicht) praktisch ebensoviel wie die übrigen neun Zehntel besitzlos Arbeitender.
Daraus würde sich eine Ungleichheit der Einkommensverteilung zwischen Besitzenden (›Kapitalisten‹ damaliger Form und Zeit) und Nicht-Besitzenden (Mittelstand und Proletariat damaliger Form und Zeit) von 10:1 ableiten lassen. Pro Kopf von Mann, Frau und Baby jeder Gruppe. (Vergl. hierzu das obere Feld der Übersicht 1)
Ist diese Ungleichsrelation der Einkommensverteilung realistisch? Es gibt zwei Anhaltspunkte. Den einen aus dem öffentlichen Dienst, der damals wie heute widerspiegelt, wie sich die Gesellschaft selber sieht. Denn jede ›Hierarchie‹ hat ihre Einkommensrelationen und Eintritts-Preise.
Nach der Solderhöhung des Domitian für den einfachen Legionär von 225 auf 300 Denare jährlich verschiebt sich die gesamte öffentliche Einkommenspyramide ruckartig nach oben. Ein höherer Offizier aus dem Ritterstande erhält statt 15 000 nunmehr 75 000 Denare jährlich! Nicht nur, daß die Solderhöhung der ›Gemeinen‹ um knapp 1/3 eine der Offiziere um das Fünffache auslöst. Der Mann vom Adel, der vorher ›nur‹ das 70fache des einfachen Soldes bezieht, vergrößert seinen Vorsprung nach der ›Reform‹ auf das 250fache!

Übersicht 1

Römisches Volkseinkommen im Goldenen Zeitalter
(1.–2. Jahrhundert)

1.	Bevölkerung: 50–60 Millionen Menschen		
a)	von Arbeit lebend: 50 Millionen Menschen		
b)	von Besitz lebend: 5 Millionen Menschen		
2.	Einkommensdurchschnitte		
a)	Arbeitseinkommen, jährlich in D (Pro-Kopf 1 a)		195– 200
b)	Besitzeinkommen, jährlich in D (Pro-Kopf 1b)		1950–2000
3.	Gesamteinkommen		
a)	Einkommen aus abhängiger Arbeit (1a x 2a) jährlich in Mio D		9750
b)	Einkommen aus Besitz (1b x 2b = 5 % des auf 200 Mrd. D geschätzten röm. Volksvermögens)		9750
4.	Volkseinkommen (Sozialprodukt)		
a)	Im Inland verdientes Volkseink. (3a + 3b) jährlich in Mio D		19500
b)	Importüberschuß in Gütern u. Dienstl. jährlich in Mio D		25
5.	Gesamtbetrag der zur Verfügung stehenden Güter und Dienste; ›Realeinkommen‹, jährlich in Mio D		19525
6.	Verwendung:		in Mio D
a)	Staatsverbrauch		
	›zentral‹	(4 %)	780
	›municipial‹	(6 %)	1170
		(10 %)	1950
b)	private Investitionen	(15 %)	2930
c)	privater Verbrauch	(75 %)	14645

Quellen: Aurelio Bernardi, The Economic Problems of the Roman Empire at the Time of its Decline, in: Sammelbd. Cipolla, London 1970, S. 16 ff.; Richard Duncan-Jones, The Economy of the Roman Empire, Cambridge 1974. – Schätzungen des Verf. zu 2b, 3b, 5 und 6.

Unvorstellbar, daß eine Armee, eine Verwaltung, eine Gesellschaft unserer Tage mit solchen Einkommensunterschieden leben könnte. Doch damals setzen sie das Prinzip der Latifundienrenten fort. Und konservieren es. Denn beide: Offizier und Legionär, werden später ihr Zivilleben als ›glückliche‹ Lati- und Minifundienbesitzer fortsetzen. Im selben Einkommens- und Vermögensabstand.
Der andere Bezugspunkt, der unsere Annahmen erhärtet, ist ›kapitalistischer‹ Art. Roms Volksvermögen (das in der Wirtschaft: auf dem Lande, im Handel usw. investierte Kapital) erlebt mit der Konsolidierung des Reiches einen gewaltigen Wertzuwachs. Allein aus seiner rechnerischen ›Kapitalisierung‹: Folge der schon von Caesar mit Erfolg betriebenen Brechung der ›Angst‹hortung und der darauf einsetzenden massiven Zinsstabilisierung.
Nachdem sich die wilden Ausschläge der Bürgerkriegszinssätze von zeitweilig 24 % bis 48 % p. a. dank Caesars erfolgreicher Stabilisierungspolitik zunächst bei 12 % p. a., im Friedenszeitalter des Augustus bei 5 % p. a. langfristig einpendeln (nicht zuletzt dank der Normalisierung aller Kapital- und Verkehrsrisiken), läßt sich mit diesem Satz ein Volksvermögen von rund 200 Milliarden Denare ›hoch‹rechnen, deutet man das ›laufende Einkommen‹ als eine Art gesamtwirtschaftlichen ›Zins‹ oder ›Ertrag‹ des gesamtwirtschaftlich investierten Kapitals. Das aber heißt: das Volksvermögen hätte sich, gemessen an den wilden Sätzen der Vor-Caesar-Jahre, im Wert verfünffacht.
Ein Jahreszins von 5 % auf diesen Kapitalstock ergibt als Gesamteinkommen aus Besitz: rund 10 Milliarden Denare jährlich. Also noch einmal den Betrag der Einkommen aus (unselbständiger) Arbeit; nur für ein Zehntel der Gesamtbevölkerung. Quod erat demonstrandum (in Übersicht 1).
Die Relation scheint realistisch, wenn auch nicht gerade umwerfend sozial. Doch das sind Maßstäbe unserer ›egalitären‹ Zeit, in der der industrielle Produktivitätsfortschritt nicht nur die agrarische Grundrente beseitigt, sondern dank Über-

produktion, Massengüterkonkurrenz und einer eher hemdsärmeligen Einkommenspolitik – zumindest der übermächtigen (und organisierten) ›Sozialpartner‹ – eine verhältnismäßig ›gleiche‹ Einkommensverteilung ermöglicht. Leider nur für die ›starken‹ (organisierten) Teilnehmer des Wirtschaftsprozesses, nicht »die draußen vor der Tür«.
Das römische Volkseinkommen setzt sich also (unseren Nach- und Gegenrechnungen zufolge) zu gleichen Teilen aus den beiden Komponenten Arbeits- und Besitzeinkommen zusammen: rund 10 + 10 Milliarden Denare jährlich. Dazu kommt der jährliche Überschuß an über die abfließenden Exporte neu hereinkommenden Importen, der ›Gewinn‹ der römischen Volkswirtschaft an ›ihrer‹ Weltwirtschaft, den wir mit jährlich 25 Millionen Denare ansetzen, des älteren Plinius Angaben übernehmend.
Was besagen diese rund 20 Milliarden Denare, die der römischen Gesellschaft über 200 Jahre lang fast alljährlich für öffentlichen und privaten Gebrauch: Konsum wie Investition, zur Verfügung stehen? Als Güter und Dienste, die übrigens überwiegend im Inland und nur zum kleineren Teil im Ausland produziert werden.
Um zu wissen, ob das ›viel‹ oder ›wenig‹ ist, müssen wir uns, wenn schon nicht an die absolute, so doch die relative Kaufkraft dieser Denare heranwagen. Wie groß ist sie? Von damals und von heute aus gesehen?
Eine exakte Antwort setzt zweierlei voraus, was es mit Sicherheit nicht gibt: vergleichbare Preise *aller* damals wie heute angebotenen und nachgefragten Güter und Dienste. Und vergleichbare Konsum- und Investitionsmaßstäbe und -gewohnheiten.
Jeder Versuch, sie herzustellen, ist willkürlich. Mindestens so willkürlich wie der Bedürfnisvergleich eines von wilden Früchten, in der Hütte ohne Tür und Ofen lebenden und somit in seinem Existenzminimum gesicherten Einwohners der glücklichen Inseln Balis mit denen eines Europäers oder Nordamerikaners, der in jeder mittleren Großstadt der nörd-

lichen und nicht mehr subtropischen Zone allein für Essen und Wohnen die Hälfte seines Einkommens ausgeben muß. Dennoch ›lebt‹ die große Politik der Gegenwart von Vergleichen dieser oder ähnlicher Art, bezieht aus ihnen ihre Argumente und Impulse.

Wir werden sehen, daß der römische Weltstaat – alle Entwicklungsunterschiede eingerechnet – der modernen Mittelmeerwelt nicht nur kulturell (was nicht so erstaunlich ist), sondern auch wirtschaftlich (was kein bißchen selbstverständlich ist) nähersteht als den meisten heutigen, nur äußerlich modernen Entwicklungsländern. *Daß die im Römischen Reich zusammengefaßte Staatenwelt der Mittelmeeranlieger ihre Menschen vor 2 000 Jahren in vieler Hinsicht besser versorgt als ihre Nachfolger heute. Nicht nur kulturell, sondern wirtschaftlich und vielleicht sogar sozial.*

Was kann man mit ›seinem‹ Einkommen anfangen, gleichviel ob man es in Denaren, US-Dollar oder DM bezieht? Man kann es immer nur entweder konsumieren oder anlegen, wobei das letztere investieren oder sparen heißt. Was sich seit römischen Tagen gründlich geändert hat, sind weniger diese ›Verhaltensweisen‹ als vielmehr die ›typischen‹ Konsum-, Investitions- und Spargüter. Der Durchschnittsrömer lebt vegetarisch, oder genauer: cereal, von Getreide, Olivenöl, Wein, Honig, frischem, aber mehr noch getrocknetem Obst, ein wenig Käse. Kaum Fleisch, das sowohl zu teuer wie auch zu barbarisch ist.

Der überwiegende Teil seines Einkommens geht für die Lebenshaltung drauf. Für Luxus bleibt nur dann etwas übrig, wenn – wie in den Städten (was einen Großteil ihrer Beliebtheit erklärt) – der Staat bzw. die städtischen Behörden oder reiche Privatleute freie Getreiderationen spendieren. Außerdem den Stadtluxus direkt bezahlen, durch freie Eintrittskarten für Theater und Zirkus.

Ein Luxus entfällt von Beginn an: Reisen. Ein Schiffsticket nach Alexandria (zu den Pyramiden), nach Korinth (für eine Wallfahrt nach Olympia oder Delphi) kostet zwei bis drei

Jahresgehälter. Dafür darf man an Bord in einem 60 bis 70 cm hohen Zwischendeck je nach der Gunst des Windes und der Kunst des Steuermannes zwei bis drei Wochen ohne gewisse Örtlichkeiten mit einer Stunde geregeltem Aufstieg ans Frischluftdeck verbringen. Von den Abenteuern in den Gasthöfen an Land, die alle eines gemein haben, für keinen Komfort viel Geld zu verlangen, nicht zu reden.

Nur was von 200 Denaren Arbeitseinkommen jährlich übrigbleibt, wird gespart. Es ist nicht allzuviel. Dagegen kann, was von 2 000 Denaren Besitzeinkommen trotz größter Anstrengung nicht zu verbrauchen ist, ohne Mühe investiert werden. Hauptspartartikel der nichts oder wenig unternehmenden ärmeren Schichten ist das Gold: Caesars Aureus, ein früher Louis d'or. Wer, wie die in das Zivilleben zurückkehrenden Soldaten, einige tausend (zwischenzeitlich in Aurei gesparte) Denare anzulegen hat, kauft sich zusätzlich zu seiner Zuteilung Land (wenn es noch eine gibt) die zu seiner Bewirtschaftung erforderlichen Sklaven, die menschlichen ›Traktoren mit Bedienung‹ jener Zeit. Wenn wir die reale Konsum-, Spar- und Investitionskraft des Einkommens*denar* als ungefähren Maßstab der absoluten Kaufkraft jener Zeit akzeptieren, müssen wir feststellen, was man sich an Konsum-, Spar- oder Investitionsgütern für ein Monats- oder Jahreseinkommen leisten kann.

Der Übersicht 2 entnehmen wir die Entwicklung der durchschnittlichen Arbeitseinkommen und der typischen Preise der führenden Konsum-, Spar- und Investitionsgüter. Getreide (für Brot- und Backwaren) steht für ›Konsum‹, Gold und leicht bebaubares Ackerland für ›Sparen‹, und die andere häufigste Geldanlage, der billige Sklave ohne teure Vorbildung für ›Investieren‹.

Das – auf moderne Maße umgerechnete – Ergebnis muß verblüffen. Solange, wie in den beiden ersten nachchristlichen, glücklichen und stabilen Jahrhunderten, die Arbeitseinkommen einigermaßen gleichbleiben, die Preise unserer Schlüsselprodukte aber nicht, verlieren die Römer an der

Übersicht 2

Römischer Wohlstand in 3 Jahrhunderten

Römische Maße und ihre Umrechnung

1 modius	= 9 liter	= 6,75 kg
1 iugerum	= 0,25 ha	= 2500 m²
(Relation zum iugum ungeklärt)		
1 röm. Pfund	= 11,5 Unzen	= 321 g

	Zeitenwende	Ende des 2. Jhdt.	Diocletians Preisedict (301 n.Chr.)
Durchschnitts-»arbeits«einkommen (jährlich in D)	200		3–6000
Durchschnittspreise in D für:			
1) Brot- und Backgetreide (modius)	0.5	1.5	100
2) Gold (röm. Pfund)	1000	1125	50000
3) Ackerland, leicht bebaubar (iugerum/iugum)	250	188	125
4) Sklave ohne Ausbildung	250	625	40000

Quelle: Richard Duncan-Jones, The Economy of the Roman Empire, Cambridge 1974.

*Konsum*kraft ihrer Denareinkommen. Vor allem: die Getreidepreise verdreifachen sich in 200 Jahren. Und wir können ganz sicher sein: mit ihnen auch die Grundrenten!
Die Weizeninflation fällt somit weit drastischer aus als die Goldinflation, die mit 12,5 % in 200 Jahren (ca. 0,06 % jährlich) heutzutage gar nicht registriert werden würde. Dennoch ist dies keine Inflation, noch nicht einmal eine Teuerung.
Denn das übrige Güterangebot wird zunehmend breiter – und billiger. Die Gesamtkaufkraft *steigt*! Und fällt nicht. Noch nicht, wie ab dem Tode Marc Aurels in den letzten 100 Jahren vor Diocletian.

Enttäuscht werden alle, die in Grundstücken spekulieren, so sie sie nur als Sparanlage nutzen. Denn der Preis für Ackerland fällt und steigt nicht im Laufe der Jahrhunderte. Warum? Erst Konkurrenz-, dann Steuerdruck verdrängen auch in der Goldenen Zeit das Minifundium, während das Latifundium nun auch außerhalb Italiens vordringt: in Gallien, Spanien und Nordafrika. Hinzu kommt unvermindert die Lokkung, die vom städtischen Wohlfahrtsstaat ausgeht: dem ›freien‹ panem et circenses. Die Folge: der Spar- und mehr noch der *Anlage*-(Grundstücks-)Denar gewinnt trotz (Weizen-)Inflation an Wert, aber nur für den Anleger, der ständig zukauft.

Ein weiterer Anreiz für Großgrundbesitzer, wo es sich lohnt, dazuzukaufen. Der ›neue‹ Ackersparer wird belohnt, und nicht der alte. Schon gar nicht der, der aufgibt.

Die zweithöchste ›Inflationierungsrate‹ (nach dem Weizen) erreicht *das* Investitionsmittel der Zeit, der ›unbedarfte‹ Sklave. Sein Preis steigt ständig. Warum? Wir sahen schon: weil er immer knapper wird. Und werden muß. Rom führt keine Sklavenerbeutungskriege mehr. Die Entlassung in die Freiheit (manumissio) nach getreuen Diensten gehört längst zum guten Ton, den die nicht mehr nur von reichen Freien (Seneca), sondern armen Sklaven (Epiktet) repräsentierte Stoa predigt. Ein Snob ist nicht, wer so und so viele Sklaven hält, sondern wer mehr als andere *freiläßt.*

Die Inflation, die sich im 3. Jahrhundert mit ungeahnter Wucht und Zähigkeit ausbreitet und durch scheinbar nichts mehr zu bremsen ist, hält sich gleichwohl in dieser vorgegebenen Bahn. Diocletian erhöht das Mindestarbeitseinkommen von 200 Denare auf 3000–6000 Denare jährlich, was seiner nominalen (nicht realen) Verfünfzehn- bis Verdreißigfachung gleichkommt.

Was bringt diese ›soziale‹ Groß-Tat real?

Der römische Nicht-Besitzbürger verliert nochmals weitere gut 300 % seiner dezimierten Konsumkraft: Weizen als pars pro toto für die gesamte Lebenshaltung. Die märchenhafte

Anhebung der Löhne bremst nur die Realeinkommensverluste, Folgen jeder Inflation. Der hohe Lebensstandard der Augustus-Zeit kehrt niemals wieder. Nicht für die Masse.
Die Goldinflation beschleunigt sich, doch macht sie auch weiterhin nur einen Bruchteil der ›realen‹ Weizeninflation aus. Ackerland wird praktisch wertlos oder freies Gut, wie Luft und Wasser. Niemand bewirtschaftet als kleiner Bauer mehr freiwillig seinen Hof; er flieht in die vermeintlich sicherere Stadt und ihre öffentliche Wohlfahrt.
So überreich der Boden angeboten wird, so knapp sind Sklaven; ihr Preis erreicht Höhen, wie niemals zuvor.
Dies alles trifft den kleinen Mann. Der begüterte Reiche, der staatlich angestellte Soldat und der Beamte können sich schützen. Beide ›Armeen‹, die an den Grenzen und die in den Ämtern, erreichen in dieser Zeit (des Diocletian) für Rom geradezu astronomische Zahlen: eine halbe Million Soldaten und ungezählte Beamte, die nun für die Zentrale und nicht, wie noch unter Augustus, für die Städte ehrenamtlich arbeiten.
Ein noch so aufgeblähtes Jahresarbeitseinkommen bringt 100 Jahre nach der Goldenen Zeit, die mit dem letzten guten Kaiser Marc Aurel zu Ende geht, nur noch den Kaufkraftgegenwert von 400 kg Brotgetreide statt 2 700 kg zur Augustus-Zeit, die Staatszuteilungen von damals nicht gerechnet; 38,5 g Gold statt 64,2 g. Jedoch 120 000 m^2 Ackerland, das niemand mehr bebauen will, statt 2 000 m^2, um die sich 300 Jahre früher jeder riß. (Vergl. Übersicht 3 und 4)
Was sagen solche Zahlen heute? Man vergleiche sie mit denen der Übersicht 5: Ein Durchschnittseuropäer verdient Mitte der 70er Jahre pro Kopf – Mann, Frau und Baby – zwar den 8–9fachen Weizengehalt seines Dollar- oder DM-Einkommens wie ein Römer zur Augustus-Zeit: 24 100 kg gegenüber 2 700 kg. In den beiden reichsten Ländern der industrialisierten Welt, den USA und der BRD, sind die realen Weizengegenwerte der laufenden Verdienste sogar noch höher: 37 990 kg (USA) bzw. 32 598 kg (BRD). Der ›Durch-

Übersicht 3

Römische Kaufkraft (Realeinkommen) in 3 Jahrhunderten

für 200 D			3–6000 D
erhält man	zur Zeitenwende	Ende des 2. Jhdt.	gem. Diocletians Preisedict (301 n. Chr.)
Getreide (›Konsumkraft‹)	2700 kg	898 kg	405 kg
Gold (›Tauschkraft‹)	64,2 g	57,1 g	38,5 g
Ackerland (›Anlage‹- od. ›Spar-Kraft‹)	2000 m²	2660 m²	120 000 m²
Sklaven (›Investitionskraft‹)	0.8	0.3	0.15

Übersicht 4

Römische Inflation in 3 Jahrhunderten seit der Zeitenwende (= 100)

	Zeitenwende	Ende des 2. Jhdt.	301 n. Chr.
Konsumkraft (Getreide)	100	300	667
Tauschkraft (Gold)	100	112	167
Sparkraft (Ackerland)	100	75	1.67
Investitionskraft (Sklaven)	100	267	533

schnittsmensch‹ jedoch, der das Unglück hat, in der Dritten Welt zur Welt zu kommen, muß sich im 20. Jh. noch immer mit nur halb so viel ›Nahrung‹ (Weizen) begnügen wie sein Artgenosse im Römerreich des 1. Jh. (1 385 kg : 2 700 kg). Und selbst der Durchschnittsrömer der aus den Fugen geratenen Zeit des Niedergangs konnte sich für sein Arbeitsentgelt von angenommenen 6 000 D pro Jahr sattessen. Er hatte keinen Eiweiß- oder gar Kalorienmangel. Auch wenn er in

Goldeinheiten gemessen weniger als in der Dritten Welt von heute verdiente (38,5 g statt 47 g). Ein Nachteil, der sich verkraften läßt: Gold hat keinen Nährwert!
Und die mechanischen Sklaven unserer Zeit, die Traktoren ohne jede Bedienung? Setzt man nach der Flächenleistung 1 PS gleich eine halbe Menschenstärke (MS = einen halben Sklaven), kann ein Bauer aus der Dritten Welt zwar mit fast ebenso viel Traktorkraft arbeiten wie sein Kollege im ›Sklavenhalterzeitalter‹ des Augustus mit Menschenstärken (1 PS/ 0,5 MS: 0,8 MS), aber das bringt ihm doch nur die Hälfte an Ernte und Nahrung (1 385 kg: 2 700 kg).
Was besagen Vergleiche wie diese? Daß die Weizeninflation der Römerzeit stärker gewesen ist als die Goldinflation und daß insoweit die Umrechnungen der Großmeister der Geschichtsschreibung (Th. Mommsen, Ed. Meyer etc.) vielleicht naiv gewesen sind, aber im Trend nicht so falsch.
Bedürfnisse, Produktionskosten und Preise sind nur zu einem, wenn auch wesentlichen, Teile wirtschaftliche Phänomene. Ihr unerklärbarer Rest bleibt das Mysterium Mensch. Als individuelles wie soziales Produkt. Weizen steigt im Preis, obwohl *der* Mensch ihn, je reicher er wird, durch noch eiweißhaltigere Nahrung ersetzt: vor allem Fleisch. Doch obwohl der Mensch dem cerealen Zeitalter entwächst, nimmt der Hunger der *Menschheit* nach Brot und seinem wichtigsten Rohstoff: Weizen, zu, nicht ab. Warum? Weil sich Roms Weltbevölkerung von 60 Millionen in der Welt von heute auf inzwischen 3 Milliarden verfünfzigfachte. Die auf ›Brot für die Welt‹ angewiesenen Menschenmassen in den Entwicklungsländern um gut das Vierzigfache nachgewachsen sind.
Und die enorme Ausweitung der Flächen und die mehrfachen ›agrarischen Revolutionen‹ seitdem? Hätten sie nicht den Preis je Tonne, Zentner, kg Weizen senken statt erhöhen müssen?
Sie hätten es tun *können* und sogar *müssen*, wenn Preise stets ihren Kosten folgten. Roms im Spätzeitalter ›explodierende‹ Grundrenten der Latifundienbesitzer sind in der entwickel-

ten Industriewelt von heute den ›politischen‹ Grundrenten der geschützten Agrarpreise und -einkommen der organisierten Bauernlobby der EG und der nordamerikanischen Großerzeugerstaaten (USA und Kanada) gewichen. Im Weltmaßstab! Und damals wie heute zahlt die Masse der Armen den überhöhten Brotpreis. Heute in einem Ausmaß, das sich vor 1 500 Jahren noch kein Lactanz, Salvian oder Procop oder andere Gesellschaftskritiker des 4. bis 6. Jahrhunderts auch nur im entferntesten vorstellen konnten.
Und der einstmals wunderbar stabile Goldpreis? Was macht jenes ›barbarische Relikt‹ (John Maynard Keynes), das über die Jahrtausende den Wert des Geldes ›verkörpert‹, zu einem unzerstörbaren Wertmesser und einem die Inflationsbeschleunigung deutlich bremsenden Trägheitswiderstand?
In Rom war der Goldpreis, wie in den ›geordneten‹ Weltwährungssystemen des 19. und frühen 20. Jahrhunderts, halb gebunden, halb frei. Denn Roms Staatsmünzen kauften wie die Währungsbanken des 19. Jahrhunderts alles verfügbare Gold an, gaben Geld für Gold. Ihr Preis sicherte den Wert ihres sonst ›wertlosen‹ Kupfer- oder Papiergeldes, folgte aber selbst in etwa dem Markt und seiner Bewertung. Diese teils ›metrische‹, teils ›marktwirtschaftliche‹ Geldsicherung bestand in einem konkreten Stück Metall, noch keinem abstrakten ›Index‹.
Erst seit die modernen Währungsbanken im 20. Jhdt. ihr Geld in nichts mehr sichern: weder in Gold noch einer auf geduldigem Papier vermerkten ›Parität‹, enthüllt der Mythos seinen letzten Schleier. Statt zu fallen, *steigt* der Preis des Goldes! Was die staatlichen Währungsbanken verschmähen, schluckt die große Masse der großen und der kleinen Sparer mit immer größerer Gier. Der Goldpreis steigt in lichte Höhen. Warum? Weil die Inflation der Güterpreise (des Weizens) das stets latente Bedürfnis nach der sicheren Spar- und Geldanlage zur offenen Manie ausarten läßt. Ausarten lassen *muß*. Die ›Weizen‹- nimmt die Goldinflation in ihr Schlepptau. Zum erstenmal anders als zur Römerzeit! Das Gold wird

Spiegelbild der Inflation, ihr Index, der am geringsten trügt. Obwohl er am meisten trügen sollte!
Die andere Seite derselben Münze sagt dem Nachdenklichen noch mehr. Rom sättigt in guten wie in schlechten Zeiten *alle* Menschen, die in seinen Grenzen leben: Arme, Reiche, Freigelassene, Sklaven. Selbst der für die unteren (Arbeits-)Einkommen erhältliche Weizen-, oder moderner: Kaloriengehalt reicht aus, daß niemand zu hungern braucht. Ein kg Weizen ›erzeugt‹ 3600 Kalorien, rund 600 Einheiten mehr, als *der* Mensch, damals wie heute, *täglich* braucht. Jährlich über 1 000 000 Kalorien.
Die jährlich 400 kg ›Weizen‹einkommen der schlechten, grauen Diocletian-Zeit decken diese humane Grundlast immer noch reichlich; die 2 700 kg der Augustus-Zeit überziehen sie um fast das Siebenfache: eine Gesellschaft fast ›im Überfluß‹ – jedenfalls in den Standards von damals.
Und heute? Zwei Drittel der Menschheitsbevölkerung in der Dritten Welt (denen vom Weltsozialprodukt ein knappes Achtel zukommt!) können sich zwar laut Statistik von 1 385 kg Weizen pro Kopf und Jahr oder 5 000 000 Kalorien ernähren, statt von rund 1 Million Kalorien, die sie ›nur‹ benötigen, ihren natürlichen (Körper-)Haushalt ohne Mangel- und Ausfallschäden zu befriedigen! Nur: hinter diesem Durchschnitt stehen Erzeuger-, keine Verbraucherpreise, klafft die extreme Ungleichheit zwischen ›armen‹ und ›reichen‹ Entwicklungsländern – Bangladesh und Kuweit z. B.; verbirgt sich ein Mangel an (Verteilungs-)Gerechtigkeit, der *nicht nur* die ›Physis‹ des Menschen und der Menschen angeht! Und der zudem noch weltweit herrscht: die Vergleichswerte der Übersicht 5 bringen es an den Tag.
Das ›unterentwickelte‹ Rom kennt derartige regionale bzw. ›nationale‹ Extreme nicht. Und in seiner goldenen Aera liefert es sogar Generationen mehr Nahrung und ›Lebensqualität‹ als die moderne Staatlichkeit der Dritten Welt. Physisch wie sozial. Schuld der Entwicklungsstaaten und der sie hart- bis halbherzig unterstützenden Industriegesellschaften in

Übersicht 5

Realer Lebensstandard je Kopf der Bevölkerung
Mitte der 70er Jahre

	Dollar	DM[a]	Gold (g)[b]	Weizen (kg)[c]	PS[d]	(MS[e])
EG[1]	3933	9833	815	24 100	17,9	(9,0)
USA[1]	6200	15500	1285	37 990	28,2	(14,1)
BRD[1]	5320	13300	1103	32 598	24,2	(12,1)
Dritte Welt[2] (Durchschitt)	226	565	47	1 385	1,0	(0,5)

Quelle: [1)] Weltbank-Atlas 1975
Quelle: [2)] Patel, Surenda J.: World Economy in Transition (1850–2060), in: C. H. Feinstein (Ed.): Socialism, Capitalism and Economic Growth, Cambridge 1967, S. 255 f. Hochrechnung des 1960er Wertes (120 $) mit 5 % p. a.

a) 1 $ = 2,50 DM
b) 150 $ pro Unze (31,1 g)
c) 1 kg Weizen (Erzeugerpreis) = 0,408 DM (Agrarstatist. JB '76, S. 237)
d) Durchschnittspreis für 1 Schlepper-PS ca. 550 DM (Umrechnung nach Unterlagen d. Agrarstatist. JB '76, S. 249)
e) 1 PS = 0,5 MS je bewirtschafteter Fläche (ha)

West und Ost? Oder einer Weltverfassung, die nicht mehr zuwege bringt, was Rom einst schaffte: den Weltstaat des *einen*, alle versorgenden Marktes, des *einen*, alles regulierenden Geldes, der sicher nicht *gerechten*, aber dem ›Sozialen Minimum‹ genügenden Verteilung?
Und welchen wirtschaftlichen Fortschritt können die modernen Industriestaaten der Alten und der Neuen Welt seit Rom verbuchen? Seit nicht mehr der Acker, der Olivenbaum, das Schaf, die Biene und der Weinstock die Symbole des Wohlstands der Nationen sind, sondern Maschinen, Industriehal-

Übersicht 6

Lebensstandard: einst und jetzt.
Konsumquote und -verteilung

		heutige Mittelmeerstaaten				heutige reiche Staaten
	antikes Rom	Span.	Ägypt.	Griech.-land	Zypern	BRD
Konsum i. % d.inl. VE	75	72	60	79	110	54
Ausgaben in % des Konsums für:						
Ern. u. Kleidung	80	47	–	56	53	40
»Luxus«	20	53	–	44	47	60

Quelle: United Nations: Yearbook of National Account Statistics Vol. I, II 1975.

len, Rechenzentren? Wohlstand des einzelnen wie der Gesellschaft ist stets, was ›danach‹ übrigbleibt. ›Danach‹ steht für Sättigung der Physis und des sozialen Minimums. Erst wer nicht mehr darbt, weder an Nahrungsmitteln noch an gesellschaftlichen ›Forderungen‹, ist glücklich und ist reich.
Deswegen ist der Verfassungsauftrag, den Thomas Jefferson der frischgeborenen Staatenwelt der Neuen Welt zwischen Atlantik und Pazifik vor 200 Jahren mit auf den Weg gibt: »Verfolg des Glücks« (pursuit of happiness) weder utopisch, noch naiv. Er ist römisch, wie der ganze Mann. Das Glück ist von *dieser*, und keiner *jenseitigen* Welt. Es läßt sich mindestens in Teilen (pars pro toto) erfassen.
Roms Staatsmaschine ›verbraucht‹ nach unseren Rechnungen (Übersicht 1) rund 10 % des laufenden Sozialproduktes für sich selbst und für den nur kollektiv zu sättigenden Sozial-

›Hunger‹ seiner Bürger: nach Straßen, Wasserleitungen, Gymnasien, Theatern, Foren, Bädern und dergl. 90 % läßt es den privaten Bürgern für den ›Eigennutz‹: für Investitionen (Zukunftssicherung) und Konsum (den Gegenwartsverzehr).

Die reichen Staaten unserer Welt und Zeit verbrauchen für die Verfolgung ihres privaten Glücks (Konsums) viel weniger: durchschnittlich 60 % ihres sehr viel größeren Kuchens, die besonders ›glückliche‹ Bundesrepublik Deutschland sogar nur 55 %.

Sie behalten also mehr ›übrig‹ (nämlich zwischen 40 und 45 % des Sozialprodukts oder Volkseinkommens) für Kollektivausgaben (Staatsverbrauch) und Zukunftssicherung (Investitionen). Fast doppelt soviel wie Rom. Und zweitens: ihre wegen des steigenden Reichtums (Sozialprodukts) *fallende* Konsumquote enthält ›qualitativ‹ und ›technisch‹ noch manches andere als bloß Weizen: teure Kleider, luxuriöses Wohnen, Pferd und Stall, will sagen: Auto und Garage und Urlaubsreisen in ferne Länder, zweimal jährlich. Und anderes Spielzeug für den modernen Mann, die moderne Frau. (Vergl. Übersicht 6, rechtes Feld)

Der ›arme‹ Römer hatte weder Pferd noch Wagen, verreiste nicht, und wenn, auf Schusters Rappen. Sein Konsum ist Lebensunterhalt, sein Luxus öffentliches panem et circenses. Bescheiden im Vergleich zu heute, mißt man allein den in reichen Ländern erreichten Lebensstandard selbst armer, ›vermögensloser‹ Schichten. Sie haben Mühe, ihren Konsum zu steigern.

Manchmal aber auch berechtigte Angst, weil sie dem Glück so wenig trauen dürfen wie die alten Römer. Die hatten ihre flatterhaften Götter. Und der arme Mann im reichen Land von heute? Er hat seine Luxusfolgekosten: Abzahlungen, Rückstellungen für die Ersatzbeschaffung immer teurer werdender Autos, Haushaltsgeräte, Ferienreisen!

Der römische Konsum als Meßlatte privaten Glücks in wirtschaftlichen Einheiten läßt sich voll vergleichen mit dem, was

Roms Nachfolgestaaten rund ums Mittelmeer ihren inzwischen wieder verarmten Bürgern bieten, die wie eh und je den Acker pflügen, den Olivenbaum pflanzen, den Weinberg jäten und Bienen züchten. Ob Spanien, Ägypten, Zypern, Griechenland: Wie in der Zeit der guten Kaiser Roms verbraucht man dort auch heute noch 2/3 bis häufiger: 3/4 des laufenden Produkts für Lebensunterhalt, Ernährung, Kleidung. Zwar ist seit damals der Luxus (in Autos, Reisen usw.) erheblich gestiegen. (Vergl. Übersicht 6, mittleres Feld). Aber: Der ›Luxus‹ der heutigen Mittelmeerstaaten wird nicht als ›doppelt so hoch wie im antiken Rom‹ empfunden, sondern als gering im Vergleich zu den heute reichen Staaten. Es fehlt Roms Ausgleich des Kultur-, Einkommens- und Konsumgefälles.

Kapitel 12
Das Licht verlöscht

> »The bankruptcy of the enormous State at the same time as small privileged groups, while they evade taxation, heap up riches and create around their villas economic and social microcosms, completely cut off from the central authority. It was the end of the Roman world.«
>
> *Aurelio Bernardi (1970)*

Woran stirbt Rom? Woran zerbrechen die Grenzen des Welt-Reiches, das eine Weltwirtschaft geworden ist?
An der Verflüchtigung des Geistes seiner Gesetze? Der Korruption seiner politischen Moral? Der permanenten Verwechslung von res publica mit res privata? Der Filzokratie einer immer opulenter lebenden Oberschicht? Den unerträglichen Spannungen zwischen arm und reich? Den nicht mehr bezahlbaren Kosten des Wohlfahrtsstaates? Der Maßlosigkeit der Militär-›gewerkschaft‹, der sich immer mehr bewilligenden Legionärssoldateska und ihrer Kommandeure? Die, statt das Reich zu schützen, es von innen ausbeuten – wie eine eroberte Provinz?
Oder: an der schrecklichen Inflation des 4. und 5. Jahrhunderts, die alles in den Schatten stellt, was man vorher in den Niedergangszeiten des späten Hellenismus erlebt hat?
Roms Zerfall hat viele Ursachen: irdische, überirdische, religiöse, politische, wirtschaftliche. Und psychologische, wie immer, wenn der élan vital einer Epoche verfliegt. Ob ancien régime oder Antike: die Bastille wurde nicht erstürmt, ihre Verteidiger hißten die weiße Fahne, lieferten die Schlüssel aus. Weil sie sie nicht mehr halten wollten? Oder konnten? Nein: weil die Bastille für ein ›Ziel‹ stand, das keines mehr

war. Weil ›ihr‹ Staat und seine Ordnung weder das Produktivitäts- noch das Gerechtigkeitspostulat, das jeder Gesellschaft, die bestehen will, aufgegeben ist, lösen konnte.
Das Imperium Romanum zerfällt. Nicht weil seine Feinde und ihre Anführer besser geworden wären, sondern weil seine Feldherren und Legionäre nicht mehr wissen, für wen oder was sie kämpfen sollten. So wie 1000 Jahre später der lokale Burg- oder Stadtstaat des Mittelalters verschwand. Aber nicht, weil seine Wehrmauern zerfielen oder seine letzten Ritter ihren Mut verloren hätten. Eher schon, weil man sich der falschen Mittel bediente und es anderen überließ, Landsknechte, Musketen und weittragende Kanonen zu kaufen, mit denen die Fürsten ihre Territorialstaaten errichteten, lange bevor die Nationen sich mit ihnen identifizierten.
»Wenn alte Mythen entschwinden und die Lebensbedingungen besser werden, denken immer mehr Menschen in Kategorien von ›Rechten‹ statt von ›Pflichten‹, in Kategorien des ›Vergnügens‹ statt der ›Arbeit‹.« Auf diesen kurzen, aber treffenden Nenner bringt Carlo M. Cipolla den ›Wirtschaftlichen Untergang der Reiche‹. Er beschreibt ein Symptom, keine letzte Ursache. Diese heißt stets: wenn bisher überzeugende Ziele (oder Werte) und erprobte Mittel (oder Instrumente) ›fraglich‹ werden, ist es Zeit, die Gesellschaft zu verändern, bevor sie verändert wird.
Die römische Ordnung überzeugt so lange, als sie einen Konkurrenzvorsprung vor ihren barbarischen Alternativen hält. Solange sie private (von Sklaven produzierte) und öffentliche (administrierte) Güter preiswerter und billiger anbietet als irgendeine andere Ordnung in der damaligen Welt. Solange Roms Lebensstandard und sein Law-and-Order-Angebot attraktiver sind als alles, was es sonst noch ›am Markte‹ gibt, stehen und kämpfen die Legionen.
Als Rom seine beiden Güter, die privaten wie die öffentlichen, zu inflationieren beginnt, will sie *zu diesem Preis* niemand mehr kaufen. Seine Ordnung zerfällt.
Welches sind die wirtschaftlichen Stationen des Verfalls?

Roms Schwachstelle wird die seit Augustus *nicht mehr fortgeschriebene Finanzreform*: sein Einnahme›dualismus‹ von ›statischem‹ fiscus, ›reaktionärem‹ Steuersystem; beides Folgen einer mangelhaften Kenntnis der Einnahmequellen, die, auf (agrarische) Grund-, Ertrags- und Kopfsteuern beschränkt, höchst spärlich und höchst ungerecht verteilt fließen. Ein erstarrtes System, das der christliche, aber durchaus irdisch urteilende Staats- und Kirchenethiker Salvian (›Über die Herrschaft Gottes‹) mit den noch heute beherzigenswerten Worten geißelt:

»Es ist gemein und tadelnswert, daß nicht alle aller Bürden tragen, wie es aller Pflicht ist, sondern daß im Gegenteil die Abgaben der Reichen die Armen bedrücken und die Schwächsten mit den Steuern der Reichsten belastet sind.«

Der Staat, der seine Belastungen ungerecht verteilt und dadurch seine Einnahmen minimiert, treibt seine Ausgaben in bislang unbekannte Höhen. Der Feind bedroht im Norden und Südosten die Grenzen. Diocletian verdoppelt die Legionenstärke (von 300 000 auf 600 000 Mann), vervierfacht (um die Wende vom 3. zum 4. Jhdt. n. Chr.) das Militärbudget. Aus gutem Grund: Der Druck der Germanen nimmt zu; die Völkerwanderung wirft ihre ersten Schatten auf die Wälle längs des Rheins und der Donau. Sie werden mit einem Netzwerk kommunizierender Straßen, Depots und fester Plätze verstärkt.

Dergleichen ist teuer, doch keineswegs zu teuer. 600 000 Mann, die ›ganze‹ Welt zu schützen, ist beileibe nicht zuviel. Ludwig XIV. braucht ein Jahrtausend später ebensoviel Mann, Europa nicht zu erobern, und Frankreich weder vor der Invasion noch vor dem Staatsbankrott zu retten. NATO und Warschauer Pakt multiplizieren die doppelt bis dreifach größeren Kopfstärken ihrer Armeen mit einem technischen Unkostenfaktor, der den Aufwand eines industriellen Arbeitsplatzes (50 000 DM) um ein Vielfaches übersteigt. Roms Rundum-Verteidigung ist wirtschaftlich wie nur je eine. Und doch zu teuer! Weil es an einem vernünftigen und

gerechten Steuersystem hapert, obwohl die ›reale‹ Belastungsgrundlage (sein Realeinkommen oder Sozialprodukt) ausreicht, die Staatseinnahmen (und die sich daraus errechnende Steuerlastquote) zu verdoppeln und zu verdreifachen! Lactanz (›Über die Todesarten der [Christen-]Verfolger‹) konstatiert caesarisch-lapidar:
»Die Ausgaben für öffentliche Wohlfahrt, Beamte und Soldaten übertreffen das, was die Steuerzahler aufbringen können, bei weitem.«
Es gäbe zwei Wege, Roms Finanzmisere zu überwinden: die Finanzreform oder die Technisierung der Armee. Oder noch radikaler, der gesamten Produktionswirtschaft. Diocletian und seine Nachfolger entscheiden sich ›pragmatisch‹, wie alle Finanzpolitiker seitdem. Sie optieren für die Finanzreform, die ›kleine‹ machbare, nicht die einzig und allein gebotene ›große‹. Unter Beibehaltung des die Kleinen schröpfenden, die Großen verwöhnenden Steuersystems werden nur die Steuer*sätze* angehoben. Die Summe der Ungerechtigkeiten wird vergrößert, nicht verkleinert.
Der klügste Mann der Zeit ist dem Namen nach nicht bekannt, wohl aber nach seinen Ansichten. Sein Werk: de rebus bellicis (›Über das Kriegswesen‹), um die Mitte des 4. Jahrhunderts, vermutlich zwischen 337 und 378 n. Chr. entstanden, empfiehlt die ›Ökonomisierung‹ der Verteidigung. Statt teurer Soldaten und hoher fixer Kosten, die sich aus Wartung und Instandhaltung der Wälle unweigerlich ergeben, sollen bewegliche und mit modernster Kriegstechnik ausgestattete Eingreifreserven den Grenzschutz übernehmen. Eine antike ›force de frappe‹, ausgestattet mit ›Geschützen‹ (Schleudern), Katapulten, Rammböcken, geschützten (›Panzer‹)Wagen, fahrbaren Brücken, transportablen Schiffen – ein ganzes Arsenal modernen Kriegshandwerkszeuges, das seit Leonardo da Vinci die Herzen aller Kriegsingenieure höher schlagen läßt. Bis heute. Zu seiner Zeit (der Ära Kaiser Julians, der ein größerer Reformer als ›Abtrünniger‹ ist, als welchen ihn die christliche Geschichts-

schreibung verketzert) hatte der Erfinder der römischen ›kriegstechnischen Revolution‹ keinen Erfolg. Nicht auszudenken, was geschehen wäre, wenn er ihn gehabt hätte. Nicht nur hätten sich die Staatsausgaben nach der Decke der verfügbaren Steuereinnahmen strecken lassen. Entscheidend: der Innovationsfunke wäre – vielleicht – von der Kriegs- auf die Friedenswirtschaft übergesprungen. Aus den staatlich geförderten Armee-Laboratorien hätte sich eine nicht abreißende Kette wirtschaftlich verwendbarer Patente und Erfindungen in die Privatindustrie ergießen können. Hebelgesetze, arbeitssparende Maschinen, Wind-, Warmluft- und Wasserbewegungsenergie hätten Rom den niemals geglückten ›großen Sprung‹ von der zu teuer und ineffizient gewordenen Arbeits(Sklaven)-Energie in die wesentlich billigere und effizientere Maschinenenergie ermöglichen können. Buchstäblich in letzter Minute hätte die Stufe von Varros, des Caesar Zeitgenossen, instrumentum semivocale (tierische Zugkraft) über das ›halbmenschliche‹ instrumentum vocale (der Sklavenarbeit) zum unpersönlichen, sachlichen Produktionsmittel des instrumentum mutum doch noch genommen werden können. Roms Weltwirtschaft hätte 1 000 Jahre vor der Renaissance, der Wiederentdeckung und Anwendung schon damals bekannter Naturwissenschaften, an die Schwelle des Industrie-Zeitalters gelangen können. Freilich nicht auf bürgerlich-kapitalistischer Grundlage, sondern unter der Herrschaft der von den Kaisern Julian, Theodosius II. und Justinian auf den letzten Stand des Wissens gebrachten Römischen Gesetze.
Moderne Forscher (wie S. Mazzarino und A. Bernardi) meinen es ernst, wenn sie am Ende ihrer Analysen festhalten: wäre es der römischen Wirtschaft gelungen, durch Einsatz der vorhandenen mechanischen Energiereserven ihre Produktivität und ihren realen Output (ihr Sozialprodukt) nennenswert zu steigern, so hätte sie mit allen Herausforderungen des Tages, Jahrzehnts und Jahrhunderts fertig werden können. Dem Loch im Staatshaushalt, der steuerlichen Un-

gerechtigkeit samt den daraus resultierenden Anti-Effekten auf Produktion, Preise und Geldwirtschaft. *Mehr* Wachstum, *mehr* Sozialprodukt hätten automatisch *weniger* Inflation bedeutet. Und dies wiederum: mehr *Stabilität* nicht nur der Preise, sondern des ganzen Systems. Die rechtzeitige ›technische Revolution‹ der Mittel der damaligen Zeit hätte Rom retten können. Vielleicht bis heute.

Die Moralisten unter den Historikern wie die Ökonomen unter den Chronisten der letzten Tage des Imperium Romanum sehen, einmütig wie selten, in der von Diocletian und Konstantin im ersten Viertel des 4. Jahrhunderts nur mühsam und niemals von langer Dauer gestoppten ›säkularen Inflation‹ der letzten 200 Jahre vor dem endgültigen Fall der ›Ewigen Stadt‹ im Jahre 476 durch die Heerscharen des Herulerfürsten Odoacer die eigentliche Ursache des sich vehement beschleunigenden wirtschaftlichen Zerfallsprozesses. Ist das richtig?

Für exzessive Inflation fehlt selbst im späten Rom das Element der Kredit*schöpfung*. Solange Banken nur Geld wechseln und vorhandene Einlagen ausleihen, produzieren sie keine ›Liquidität‹, sondern schichten nur eine bereits vorhandene um. Zumindest die Banken können, solange sie außerstande sind, ihr ›eigenes Geld‹ zu drucken, oder besser: durch Buchung in Umlauf zu bringen wie heute, keinerlei Inflation auslösen. Die antike Inflation ist, wann immer und wo immer sie auftritt, Staatsinflation. Ein Produkt der *staatlichen Geldmengenvermehrung*, nicht der ›privaten‹ Kreditschöpfung – wie fast durchgängig heute (auch wenn sich der moderne ›Nachtwächterstaat‹ etwas zu masochistisch die Sünden der Privatwirtschaft als öffentliche Laster anrechnen läßt). Nur verrechnen sich alle Moralisten, wenn sie die verhältnismäßig bescheidene Ausweitung des Geldumlaufs im 3. und 4. Jahrhundert aufgrund der zum Teil happigen Münzwertverschlechterungen als alleinigen oder hauptsächlichen Grund des Preisverfalls ausmachen. Gewiß: die Reduktion der Feingehalte wird später klotzig. Der Silberdenar

der Augustus-Zeit verliert bis zu seinem praktischen ›Verschwinden‹ etwa Mitte des 3. Jh. n. Chr. 95 % seiner alten Parität, der Aureus 45 %. Die Folge: die in den ›glücklichen‹ zwei ersten Jahrhunderten mit 1:12 stabile Umtausch-Relation von Gold zu Silber verdoppelt sich auf 1:24. Die Silbermünzen entwerten sich doppelt so stark wie die Goldmünzen. Gold erweist sich jedoch immer noch als inflationssicherer als Silber.
Warum? Erstens, weil sich der Staat hauptsächlich auf die inflatorische Ausweitung des Silbermünzenumlaufs kapriziert: Silber steht aus den spanischen Gruben reichlicher als Gold zur Verfügung. Und: die Prägung der Silbermünzen läßt sich auch technisch einfacher auf Massenproduktion umstellen. Zweitens aber, weil das Publikum, je länger es die auf das Silber konzentrierte Inflation registriert, sie mit dem Gold bekämpft. Es stößt das schlechte Silbergeld so rasch wie möglich ab (kauft und zahlt in Silberdenaren), während es das gute Goldgeld ›hortet‹: in ihm spart.
Wir sahen schon: das schlechte Geld vertreibt das gute, zumindest im äußeren Geldumlauf. Während in der inneren Zusammensetzung der Sparanlagen das gute dominiert. Privat wie öffentlich.
Die Frage der römischen Spätzeit ist jedoch: warum jetzt so wenig Münzvermehrung so viel Inflation erzeugt? Das Wenig an Münzvermehrung ist leichter erklärt als das Viel an Inflation. Ob viel oder wenig (Kupfer) Beimischung: die technische Prägekapazität der Prägestätten bleibt begrenzt. Eine moderne Notenpresse kann innerhalb kürzester Fristen Millionen und Milliarden Geldscheine ›ausspucken‹. Ein Grenzen sprengender Refinanzierungsverbund moderner Großbanken kann durch ›Telefonrundspruch‹ und Kabelbuchung mit finanzieller Lichtgeschwindigkeit ohne Einspruch oder Kontrolle staatlicher Aufsicht Hunderte von Milliarden privaten (Bank-)Kreditgeldes schaffen, was man zur Verschleierung des simplen Tatbestandes geheimnisvoll ›Euro-(Dollar-)Märkte‹ nennt.

Roms altmodische Münzhämmer und Prägestöcke produzieren nur Bruchteile der heute üblichen Liquiditäten. Trotzdem beginnt die römische Inflation nach den letzten vergeblichen Versuchen Diocletians und Konstantins, sie einzudämmen, ab dem zweiten Drittel des 4. Jahrhunderts astronomisch zu werden: in den 40 Jahren von Beginn der Alleinherrschaft Konstantins (324) bis zur Regierung des Julian Apostata (361–63) sinkt z. B. in Ägypten die Relation zwischen dem (dort als Einheit noch gebräuchlichen) Denar und dem Solidus von ca. 4 500:1 auf ca. 30 000 000:1.
Was steht dahinter? Die Ursachen der spätrömischen Hyperinflation, der zerstörerischsten, die je vor der deutschen der 20er Jahre stattfand, liegen noch immer im dunkeln. Das ist weniger Schuld der Historiker, die zutage gefördert haben, was an Fakten vorliegt. Es ist Schuld der Ökonomen, die sich bis heute Inflation nur als Krankheit des *Geldes* vorstellen können. Nicht als Krankheit der *Gesellschaft.*
Im Falle Spätroms steckt nicht das kranke Geld die Wirtschaft und Gesellschaft an. Die Krankheit von Gesellschaft und Wirtschaft schlägt auf das Geld, seinen Wert und seine Verbreitung durch. Wie?
Die Inflation dieser Zeit hat, entgegen dem, was Ökonomen bis heute glauben, so gut wie gar keine ›monetären‹ Gründe oder Hintergründe. Nicht Geldvermehrung noch Münzverschlechterung heizen eine überdimensionierte Nachfrage an – wie sie es heute täten. Diese bleibt, wie wir aus verläßlichen Indikatoren ableiten können, weitgehend konstant. Gewiß, es steigen die Lebensansprüche. Doch die Bevölkerung, die diese Ansprüche stellt, stagniert seit dem 3. Jahrhundert und wird geringer seit dem 4. Jahrhundert. Was das Gleichgewicht von Angebot und Nachfrage aus den Angeln hebt, ist nicht eine von der *Geldmengenvermehrung* ausgehende *Über*-Nachfrage, sondern ein von der Produktionsseite ausgehender *Ausfall an realem Angebot.* Das römische Weltreich, das seine Währung und seine Preise auf dem Höhepunkt seines Glanzes und seiner Glorie mit einem, die Kon-

kurrenz fördernden, die Monopole in Schach haltenden Über-Angebot an Waren und Dienstleistungen auf den Binnenmärkten stabilisiert, mittels einer *passiven*, nicht aktiven Leistungs- und Zahlungsbilanz mit seiner Umwelt, verliert im Verlauf des unseligen 4. Jahrhunderts, nach den Pyrrhus-Konsolidierungen Diocletians und Konstantins, beides: seine inneren Produktionsüberschüsse und sein äußeres Überangebot an Auslandswaren und -dienstleistungen, seine Importüberschüsse. Roms Märkte, vor allem aber seine Münzen hören auf, begehrte Wert-, Schmuck- und Reichtumsdekorations- und -demonstrationsartikel seiner barbarischen Umwelt zu sein.

Also zumindest eine indirekte Folge der permanenten Münzverschlechterung? Keineswegs. Die ständige Entgoldung und Entsilberung der römischen Münzen wäre schon damals als das gesehen worden, was sie in Wahrheit ist: Produktionsfortschritt in der Herrstellung eines ›billigeren‹, entstofflichten Geldes, das seinen Wert niemals (auch damals nicht) von dem in ihm steckenden Metall herleitet (denn der Edelmetallpreis ist eine Folge der Geldnachfrage, nicht umgekehrt). Nein: einzig und allein entscheidend ist die zur ›Deckung‹ dieses Geldes zur Verfügung stehende Waren- und Gütermenge! Weil sich *diese* verflüchtigt, steigen unaufhaltsam die Preise, sinkt ebenso unaufhaltsam der Geldwert. Nicht umgekehrt.

Wir müssen daher erklären, was ab dem 4. Jahrhundert die römischen Waren- und Gütermärkte austrocknet. Warum eine Gesellschaft des (relativen) Überflusses wieder zurückfällt in die eines zu großen Mangels, einer drückenden Armut.

Was läßt des spätrömischen Reiches Waren- und Güterdecke immer kürzer und knapper werden?

Es ist die bereits im 3. Jahrhundert einsetzende, seit Diocletian immer weiter um sich greifende *Unsicherheit* auf den Wasser- und Landwegen des Reiches, die den ›großen Billigmacher‹ abschaltet: den römischen Fern- und Seehandel, der immer mehr zum Erliegen kommt. Mit ihm verliert das Reich seine wirksamste Integrationsklammer, die römische Wirtschaft ihre ›berechenbare‹ Preis- und Kosteneinheit. Aber nicht nur äußere Feinde: Germanen und sassanidische Parther, nicht nur See- und Landräuberei machen dem römischen Kaufmann zu schaffen. Die drakonischen Steuern, die den hart arbeitenden Kleinbauern und Pächter belasten, den ›arbeitslosen‹ Großgrundbesitzer dagegen schonen, vernichten jeden Anreiz zur über den Eigenverbrauch hinausgehenden (Über-)Produktion für den Markt.

Denn warum für einen Markt produzieren, der einem das dreifache Zusatzrisiko aufbürdet: mehr Steuern zu zahlen, erhebliche Verluste auf den unsicher gewordenen Straßen zu erleiden und schließlich in einem Gelde belohnt zu werden, das heute weniger wert ist als gestern, und morgen noch weniger als heute? Mit anderen Worten: Roms im Preisanstieg seiner Waren weit besser – und richtiger – als im Gold- und Silberentzug seiner Münzen berechenbare Inflation wirkt als Beschleuniger eines Gefährtes, das aus ganz anderen als ›monetären‹ Gründen auf die abschüssige Bahn geraten ist. Ein Beschleuniger, der aber, je weniger die Lenker die wahren Ursachen ihrer Fehlsteuerung erkennen – und abstellen, einen desto verhängnisvolleren Eigenantrieb bekommt.

Der Gemeinsame Markt rund um das Mittelmeer zerfällt – nicht, weil die das römische Commonwealth bildenden Nationen es so beschließen. Er zerfällt, weil die Zentrale nicht mehr ihre wichtigste Funktion erfüllt: innere und äußere Sicherheit des Wirtschaftsablaufes aller Teilnehmer zu garantieren. Die jahrhundertelang festen Preise von law and order kommen ins Rutschen. Und mit *ihrer* ›Inflationierung‹ beginnen nun auch die einstmals stabilen Fracht- und Versicherungskosten zu eskalieren, während die leergefegten Märkte für das bißchen Angebot, was noch durchkommt, Phantasie- oder besser Schwarzmarktpreise zahlen.

Die Inflation des späten Rom geht von der Verknappung und Verteuerung des *Angebotes* aus, nicht wie heute oft (nicht immer) von der *Überziehung der Nachfrage*. Die Kosten und Preise explodieren, nicht weil die Soldaten jedes Augenmaß in den Lohn- und Zulagen-Forderungen vermissen lassen, sondern weil *ein* Kostenfaktor groß kalkuliert werden muß, den man Jahrhunderte relativ klein schreiben konnte: die Unwägbarkeiten der Vermarktung. Als aus Fern- wieder Lokalhandel, aus Seefrachten wieder Landfrachten werden, klettern allein die Transport- und Versicherungskosten um mehrere tausend Prozent!

Diocletian hatte, in realistischer Einschätzung, daß dies alles erst der Anfang eins schmerzhaften Prozesses sei, bei dem es um Sein und Nicht-Sein des ganzen Reiches ginge, die Regelung der für die Versorgung Roms lebenswichtigen Frachtraten in sein Preisedikt aus dem Jahre 301 n. Chr. einbezogen. Wir sahen bereits, daß sich aus den damaligen Anordnungen ein Kostenverhältnis des See- und Landtransportes von 1:56 ergibt. Die Umpolung der Stadt- und Marktanlieferungen vom Schiff auf den Ochsenkarren brachte allein vom ›Verkehrsträger‹ eine Verteuerung um das 50fache: um 5 000 %! Vom Risiko des Verlustes auf unsicheren Straßen, Diebstahl- und Bruchgefahren gar nicht zu reden.

Diocletian, selber ein Produkt der Reform, die seit Jahrhunderten die römische Welt prägt und verändert, der Sohn zweier Sklaveneltern, die ein Leben lang dem reichen Senator Aulinus dienen, bringt es nicht bloß zum Imperator. Er wird

»gleich dem Augustus ... der Gründer eines neuen Reiches. Gleich dem adoptierten Sohn des Caesar war er mehr Staats- als Kriegsmann. Noch tat er je mit kriegerischer Gewalt, was er mit Politik erreichen konnte« (Edward Gibbon).

Aber nur, um am Ende zu konstatieren, daß er scheitert. Woran? Diocletian stützt sich – anders als Caesar – auf die besten Mitarbeiter, macht nicht alles selber. Er teilt den Staat, den einer weder regieren noch repräsentieren kann, in 4 Großprovinzen (Praefekturen); die Regierungsgewalt verteilt er auf 2 gleichberechtigte Augusti, die ihrerseits je einen

›Stellvertreter‹ als praesumptiven Nachfolger adoptieren (Caesares).
Er reist unermüdlich, wie vor ihm nur Hadrian, die inneren Fronten seines Reiches ab, informiert sich. Und kann doch nichts mehr aufhalten. Weder die Inflation, die er – nicht so falsch – aus ›der Habgier der Menschen‹ kommend deutet. Er hätte noch mehr recht, wenn er sie als ›Angst vor dem Verlieren‹ begreifen würde.
Roms Markt- und Geldwirtschaft verfallen, weil niemand mehr etwas riskiert: Geschäfte, Reisen, Investitionen. Sähe der Kaiser *diesen* Grund der Inflation: er würde nicht die Preise stoppen, sondern versuchen, den Kostenanstieg zu bremsen. Der von der Unsicherheit kommt, die über allem liegt: der Zukunft des Reiches, dem Ertrag der Arbeit und des Kapitals. So hält er für Habsucht seiner Bürger, was in Wahrheit nur deren Selbstverteidigung ist, und plant die falsche Strategie.
Scinc neue Reichsgliederung eskaliert in der Folgezeit ungewollt aber unaufhaltsam zur faktischen Dezentralisation, Regionalisierung, letztlich zur Selbstauflösung des Reiches in seine Teile. Diesem Prozeß entspricht die zunehmende *Lokalisierung* der Wirtschaft. Wenn Fern- und Seehandel zusammenbrechen, kehrt eine Einkommenskategorie zurück, die immer dann wie der Schnee vor der Sonne dahinschmilzt, wenn eine Wirtschaft unter scharfer Import-Konkurrenz arbeitet: die ›arbeitslose‹ Grundrente der Landlords.
Was hat sie mit Nicht-Integration und Nicht-Importen zu tun? Steigen aufgrund der durch keinerlei Peisdruck benachbarter oder äußerer Märkte gemilderten Binneninflation die Preise der Ernährungsgüter, so erzielen die Latifundienbesitzer für dieselbe Boden- und Arbeitsleistung immer höhere Erträge. Die Inflation läßt ihre Renditen steigen, ohne daß deswegen mehr gearbeitet oder investiert werden muß! Roms wichtigstes Anlagegut: das Rittergut, die Privatdomäne wird, je länger Inflation und Des-Integration fortschreiten und je inniger sie sich verbünden, desto attraktiver. Roms

unglaubliche Steuergesetzgebung hilft nach Kräften mit. Da ist – wie wir schon wissen – die adiectio. Verläßt ein Bauer sein kultiviertes Land, wächst seine Steuerschuld dem Nachbarn zu, der damit zum gesetzlichen Nacherwerber wird. Der Sinn sollte sein: den Bestand an kultiviertem Land zu sichern, aller Landflucht zum Trotz. Die Folge aber ist: man verwandelt entweder Kulturland zurück in Ödland (das nicht – oder nur niedrig – besteuert werden kann) oder läßt den Nachbarn alles erben. Einschließlich der Steuerschuld. Der weggeht, ist zumeist ein Kleiner, der erbt, fast immer ein Großer. Die adiectio, die von Konstantin noch verschärft wird (!), stellt im ganzen Reiche ›sicher‹, was jahrhundertelang nur in Italien galt: agrarwirtschaftliche Überlebenschancen besitzen nur noch Lati-, keine Minifundien. Ob Spanien, Nordafrika, Ägypten, Syrien, Kleinasien oder Griechenland: ab Konstantins Agrarsteuergesetzen (des Jahres 332 n. Chr.) überleben nur noch große Herren. Zum falschen Entzücken eines Steuerstaates, der zu wissen glaubt, an wen er sich halten kann! Und der nicht merkt oder wahrhaben will, daß er betrogen wird. Und das ganz legal.

Der spätrömische Schriftsteller Palladius (nicht zu verwechseln mit dem Bischof Palladios), der diese Herrensitze (vermutlich Anfang des 5. Jh.) beschreibt, entwirft kein Bild der Antike, sondern bereits des *Mittelalters*, wenn er ihre gleich-

förmigen Anlagen beschreibt: das Herrenhaus stehe schloßähnlich auf einer leichten Höhe, gekrönt von einem Turm, der gleichzeitig als Taubenwohnung dient. Michael Rostovtzeff wittert zu Recht den Hauch von Exterritorialität, der über diesen frühen Fronhöfen schwebt, die immer noch die Aura eines fast griechischen Arkadien verbreiten. Prosaischer: den Hauch von ›Düngerlüften‹ einer allzu verbissen Selbstversorgung anstrebenden, isolierten Hauswirtschaft, die noch in der Rückschau Max Webers empfindliche Nasenschleimhäute beleidigen.
Was der ältere Plinius in der heiteren, glücklichen Zeit des 1. Jahrhunderts nur für Italien konstatiert: die Latifundien würden es zugrunde richten, erfüllt sich mit einer Zeitverzögerung von über 3 Jahrhunderten für das ganze Reich. Aber aus anderen Gründen und Zusammenhängen: Die Latifundien-Fronhöfe versorgen *sich*, nicht mehr den *Markt*. Sie bilden ein Netzwerk funktionierender Mikrokosmen in einem Makrokosmos, von dem sie – gleich Schmarotzerpflanzen – nehmen, was zu kriegen ist, dem sie aber nicht mehr geben, was er braucht: jene Produktions- und Steuerüberschüsse, ohne die er seine Stadtbevölkerungen weder bei guter sozialer Laune, geschweige denn am Leben halten kann.
Wie stets bei Prozessen sozialer Symbiose: der Niedergang der Weltwirtschaft fördert das Aufkommen und sich Ausbreiten jener Arten naturaler Selbstversorger, die notfalls auch ohne Geld- und Marktwirtschaft leben können. Je mehr aber selbstgenügsame, klosterähnliche und geschlossene Produktions- und Konsumtionseinheiten die Szene beherrschen, desto schneller und unwiderruflicher verkümmern die von der Produktionsbasis abhängigen Markt- und Geldmechanismen. Mit ihnen verfällt jene Integration und Kommunikation, die das Vielvölkerreich in eine nicht nur wirtschaftliche Einheit, sondern den *einen* Wirtschafts- und Kulturraum rund ums Mittelmeer verwandelt hatte: die ›Entwicklungsgemeinschaft‹ Römisches Commonwealth.
Den Zerfallsprozeß beschleunigen nicht nur irdische (= wirt-

schaftliche) Treibsätze, sondern buchstäblich überirdische: religiöse. Seit Max Weber kennen wir nicht nur den Einfluß der religiösen Motivation auf den Stil der Wirtschaftsordnung und ihrer Akteure. Wir sehen mit seinen Augen auch die Richtung: knapp 1 200 Jahre nach Einführung des Christentums als römische Staatsreligion durch Theodosius im Jahre 381 n. Chr. enthemmt es den kapitalistischen Auf- und Ausbruch in das neue Zeitalter privater weltwirtschaftlicher Integration, zunächst noch ohne Maschinen. Der Calvinismus schießt mit seiner Gleichsetzung von Gotteslohn für innerweltliche Leistung (= Askese) und Profit den Vogel ab. Rücksichtslose Effizienz wird für ihn zum unbestechlichen Index göttlicher Gnade; der prosaische Unternehmer zu Gottes Liebling, einem modernen Ganymed. Bei Luther wird für die Umsetzung von Gottes Gnade in wirtschaftliche Leistung noch auf deutsche Art der Staat gebraucht. Die Obrigkeit und nicht der Markt muß angeben, wohin die Wirtschaftsreise geht. Und wo sie endet.
Im frühen noch nicht ›arrivierten‹ konstantinischen Katholizismus stoßen wir auf den jede wahre Religion kennzeichnenden ›Dualismus‹: von Welt und Über-Welt, Diesseits und Jenseits. Es scheint ein sich immer wieder bestätigendes Kulturgesetz zu sein: daß, je besser es im Diesseits klappt, das Jenseits nur bedingt auf seine Rechte kommt: im Paradies, im Goldenen Zeitalter Roms, im noch nicht von Krieg und Krise geschüttelten Wohlfahrtsstaat. Erst Not lehrt beten, weswegen es das natürlichste Selbstinteresse aller Priester aller Zeiten war und bleiben wird, die Eitelkeit des Diesseits und seines stets gefährdeten Wohlstandes zu predigen. Oft und eindringlich; denn nichts vergißt der Mensch zu seinem nicht nur seelischen Schaden leichter, als daß die Bäume niemals in den Himmel wachsen. Vertreibungen aus dem Paradies: dem der Bibel wie dem des kriegs- und krisenfreien Wohlfahrtsstaates sind große Stunden wahrer Religion: der Herrschaft des Jenseits über das Diesseits, das zu vernachlässigen nicht nur ablenkt, sondern schlechte Politik erleichtert.

Rom ist unter der Friedensherrschaft des Caesar-Erben Augustus nicht nur das politische und wirtschaftliche Zentrum der Welt geworden, sondern die Weltbörse aller Religionen. Aber das augusteische Wirtschaftswunder immunisiert die Wohlfahrtsmenschen der frühen Kaiserzeit in einem Ausmaß, das die missionarischen ersten Christen und ihr Führer zutiefst erschreckt. Die Stimmung in den Katakomben ist lange Zeit nicht gut, und alle auf Rom bezogenen Analogien zu der ›großen Hure‹ des alten Testamentes: Babylon und Gottes Strafgericht, das sie ereilen wird, versprechen wenig Trost und keine Änderung.
Der Diesseitskult der römischen Mythen- und Sagengestalten erweist sich als hartnäckigerer Gegner als alle zugereisten – nicht nur die christlichen – Jenseits-Fanatiker vorausgesehen haben. Trotz aller ›edlen Heiden‹ wie der Stoiker und der späteren, ›mystisch‹ angehauchten Neu-Platoniker der Schule des Plotin, der auch die Kirchenväter jener Zeit nahestehen.
Die Szene verändert sich mit einem Schlage, als der von vielen für ›ewig‹ gesichert gehaltene Wohlstand Risse zeigt und sichtbar zu zerbröckeln droht. Nichts außer der gleichzeitigen Bedrohung durch den Krieg der sich an den Reichsgrenzen auf die Völkerwanderung vorbereitenden Germanen (denen die Hunnen auf dem Fuße folgen sollen) bereitet den Durchbruch des Christentums zur allmächtigen Staatsreligion besser vor als die durch nichts mehr zu bewältigende Krise.
Die Christen offerieren das älteste und bewährteste aller Krisenüberwindungsrezepte: zu ignorieren, was man nicht heilen kann. Ist diese Welt ein Jammertal, woran seit dem 3. Jahrhundert immer weniger zweifeln, dann laßt es uns nicht eitel zu verändern oder zu verbessern suchen, sondern zu ›verdrängen‹. Durch was? Durch kontemplative Vorbereitung auf ein besseres Jenseits.
Dennoch wäre es falsch, daraus den Schluß zu ziehen, Roms Menschen hätten die letzten Jahre und Jahrzehnte des für

alle sichtbar vom Tode gezeichneten Reiches nur noch betend und Kirchenlieder singend verbracht. Im Gegenteil: Horazens einer anderen Epoche zugeworfenes »Genieße den Tag« (carpe diem) kommt niemals besser an als zum Schluß. Die Vandalen dringen in Karthago ein, als alle Bürger und viele Verteidiger im Theater sitzen, Kölns Patrizier tafeln, als die sie belagernden Germanenstämme die Wälle überspringen, und in der Teil-Hauptstadt Trier beantragt man nach der Zerstörung der Stadt durch plündernde und brandschatzende Barbaren als erstes eine kaiserliche Spende, um die Zirkusspiele wieder aufnehmen zu können. Man hat solange auf dem Vulkan getanzt, daß man es auch jetzt nicht aufgeben kann und will. Nur an eines denkt kaum jemand mehr: das Alte mit neuen Mitteln wiederherzustellen. Es fehlt zu keiner Zeit an Rezepten und energischen Männern: die Schriftsteller des 4. Jahrhunderts sind kritischer als die des 2. und 1. Jahrhunderts. Die Kaiser Diocletian, mit dem das Jahrhundert beginnt, Konstantin, Julian und Theodosius, mit dem es endet, zeigen augusteisches Format; aber sie können zu viert nicht einen Bruchteil von dem leisten oder abwenden, was jenem Einen scheinbar mühelos gelang: ein Zeitalter beerdigen und an seinem Grabe ein neues einleiten.

So zeigt sich am Ende der römischen Zeit die volle Größe des *Einen*, der ihr erstes Kalenderblatt aufschlug. Der sein Werk mit über drei Jahrhunderte fortstrahlender Energie auflud, so daß selbst mäßige Nachfolger als Steuerleute bestehen können, dem aber nicht einmal kraftvolle Regenten nahekommen, als es gilt, bei sich verfinsterndem Himmel Schiff und Besatzung auf richtigem Kurs zu halten.

Ist das Ende zwangsläufig? War Rom noch zu retten?

Nichts an seinem Ende ist zwingend. Diocletian hätte auf die unselige Unterteilung des Reiches und den Abbau seiner Zentralgewalt verzichten können, Konstantin und Theodosius auf die Verlagerung des noch verbliebenen Schwerpunktes in den Osten. Womit die Germanen geradezu eingeladen wurden (oder werden sollten?), ihren Appetit im Westen zu stillen. Der tüchtige Julian befrachtet seine vernünftigen inneren Rechts- und Bodenreformen unnötigerweise mit einer Kampfansage an das jetzt mit Macht hochkommende Christentum, die seinem toleranten Naturell fremd ist, letztlich nichts ausrichtet, nur Gegner erzeugt; usw. usw.

Rom *hätte* überleben können, *hätte* nur ein Mann die entscheidende Bedingung seiner zeitlosen welthistorischen Funktion auf den neuesten Stand gebracht: *Roms Grenzen waren nicht mehr die der Welt. Also mußte es ausziehen, sie wieder zur Gleichung zu bringen.*

Oder in den Worten M. I. Finleys:

»Wären Roms Grenzen identisch mit denen der Welt geblieben, hätte es seine Grenzen nicht zu verteidigen brauchen; hätten Hof und Oberschicht ihren Konsum nicht überzogen, das Römische Reich hätte unbegrenzte Zeit fortdauern können.«

Zwei ›hätte‹ und zwei ›wenn‹ – und alles *hätte* anders kommen können ... Wirklich?

Wenn wir sagen, daß sich Geschichte niemals wiederholt, meinen wir, daß ihre Bedingungen niemals dieselben bleiben. So wie uns niemals dasselbe Wasser netzt, wenn wir im selben Flusse baden. Was aber, wenn diese Geschichte, die sich bisher nie wiederholte, ihren geheimen Lauf, ihre geheime Schwerkraft besäße, die sie wie den Fluß zur Mündung treibt?

Wir können nicht ausschließen, daß das Gesetz der Geschichte ›Einmündung‹ heißt. Der Menschen in Familie, Gemeinde, Stamm, Volk, Welt. Wobei die Zugehörigkeit zur höheren Gruppe zwangsläufig die intimeren Bindungen zur ›ererbten‹ unteren lockert, deren soziale Nestwärme fortan immer weniger gebraucht wird. Mag, wer will, von ›Entwurzelung‹ sprechen; er könnte denselben Vorgang auch als ›Häutung‹ der Persönlichkeit und ›Weitung‹ ihrer Horizonte bezeichnen.

Weder steht fest, ob *dieser* Treibstoff sozialer Integration die menschliche Geschichte bewegt, noch ob sie dazu verdammt

ist, bei der Nation als bisher höchster sozialer Organisationsstufe zu verharren. Dem zurückgesteckten Endziel einer Reise, die weitergehen könnte. Und auch zu Zeiten weitergegangen ist, wie die römische Geschichte es bezeugt.
Sicher ist nur eines: daß der Mann, der vor über 2000 Jahren Rom als ›Weltstaat‹ programmierte, weiter dachte als die meisten, die ihm im Amte, wo und wann auch immer, folgten. Und daß Geschichte seitdem ihre Sprünge aus Abweichungen von ›seinem‹ Trend herleitet: falscher Voraussicht, fehlerhafter, weil kurzsichtiger und -atmiger Politik. Die zu stark auf die ›Nation‹ und zu wenig auf ihre ›Umwelt‹ gerichtet ist. Die einzige Frage, die offenbleibt, ist die seines lebenslangen Gegners und falschen Freundes Cicero: quo usque tandem? Wie lange noch?
Vom Entdecker des möglicherweise geheimen Gravitationsgesetzes der Völker, Gaius Julius Caesar, aber gilt erst recht, was Carl J. Burckhardt einem seines Geistes, aber nicht seines welthistorischen Formats, dem Kardinal Richelieu, nachsagt:
»Wie alle großen Schöpfer der Geschichte war (er) ... ein großer Zerstörer. Er hat ebensoviel niedergerissen, wie er aufgebaut hat, aber es liegt nicht an ihm, sondern an der Schwäche seiner Nachfahren, daß sie die tiefe Lehre seines Wirkens nicht erfaßten, wonach keine Mauer abgetragen werden darf, es sei denn, daß an ihrer Stelle eine höhere und wehrhaftere errichtet werde, und daß man stets so zu bauen hat, als geschehe es für die Ewigkeit.«
Das Werk des Caesar und Augustus zerbricht daran, daß äußerer Überdruck weder vermieden noch im Inneren aufgefangen werden kann. Weil Roms ›Geschäftsgrundlage‹: der Zusammenfall von Staats- und Wirtschaftsgrenze mit dem Anbranden immer neuer territorial ungesättigter Völkerscharen, der Germanen, Sassaniden, Hunnen, Mauren zerbröckelt. Weil sein sprunghaft ansteigender Staats- und Verteidigungsaufwand eine immer produktivitätsunwilligere und wohlstandswilligere Gesellschaft zu immer neuen Kunst-

stücken der Steuerflucht verführt. Einem antiken ›Poujadismus‹, mit dem die Verantwortlichen damals so wenig wie heute fertig werden. Ihre mit Diocletian einsetzenden Reformen sind ebenso gut gemeint wie hilflos. Bis sich das von Dekade zu Dekade weiter aufklaffende Loch zwischen Staatsaufwand und Wirtschaftsertrag mit nichts mehr schließen läßt. Schon gar nicht mit inflatorischer Münzgeld-Vermehrung und -Verschlechterung, auch wenn man deren Wirkungen überschätzt. Im Bösen wie im Guten. Damals wie heute.

Den an sich und nicht mehr den Staat denkenden reichen Privatleuten erschließt sich ein ganz neuer Fluchtweg aus Steuern und Geldwertverschlechterung: das Zurück in die Selbstversorgerwirtschaft. Nicht in das bäuerliche Minifundium der guten alten Vor-Gracchen-Zeit, sondern in das Prestigerittergut der begüterten Senatoren und Geldritter. Das Latifundium wird zum Symbol der unproduktiven Steueroase. Der Endstation Sehnsucht aller inneren Staats- und Wirtschaftsverdrossenheit. Die einstmals durch Geld und Fernhandel geeinte Weltwirtschaft zerfällt in Hunderttausende von Weilern, spätere Klöster und Fronhöfe, in denen die steuerfreie Brache der Parks und Wiesen überwiegt und nur das Nötigste angebaut wird.

Das Riesenreich wird arm, einige wenige bleiben dadurch unvorstellbar reich. Die ungeheure soziale Spannung wird nicht mehr in wirtschaftliche Bewegungs- und Veränderungsenergie transformiert; sie wird religiös abgeleitet. Aus der Antike wird das ebenso feudale wie fromme Mittelalter, das sich zu einem Flickenteppich lokaler Un-Wirtschaftseinheiten auf selbstgenügsamer Naturaltauschbasis zersetzt, seine ›Aggressionen‹ aber, statt in politische und wirtschaftliche Dynamik, in hysterischen Fanatismus, Kreuzzüge und Hexenverbrennungen umsetzt.

Aber nicht einmal die Heiligen jubeln beim Falle Roms. Als der Barbar und arianische Christ Alarich das längst nicht mehr intakte Zentrum des Reiches verwüstet, klagt im fernen Jerusalem der heilige Hieronymus in seinem gerade fer-

tiggestellten Buch Ezechiel, statt sich über das Strafgericht Gottes an der ›großen Hure‹ zu erfreuen:
»Das strahlendste Licht der Welt wurde soeben gelöscht … Dem Römischen Reich wurde das Haupt abgeschlagen … Oder, um es noch deutlicher zu sagen: Die ganze Welt wurde zerstört in einer einzigen Stadt.«
Das Licht ist seitdem nie wieder aufgegangen. Weder in Europa noch in der Welt(wirtschaft).

ANHANG

Dokument I

Sueton (ca. 75–140 n. Chr.)
Auszüge aus seiner Caesar-Biographie
nach: Cäsarenleben, Kröner-Verlag, Stuttgart 1951 (S. 32–57)

44) »Für die Verschönerung und Versorgung Roms, ebenso für den Schutz und die Erweiterung des Reiches trug sich Cäsar mit Entwürfen, die von Tag zu Tag an Zahl und Größe zunahmen. An erster Stelle stand der Bau eines Marstempels, der von nie dagewesener Größe werden sollte. Hierzu sollte als Baugrund der See, auf dem er die Seeschlacht hatte aufführen lassen, zugeschüttet und eingeebnet werden. Ebenso plante er ein ungeheures Theater am Fuß des tarpejischen Felsens. Ferner beabsichtigte er eine vereinfachte Redaktion des bürgerlichen Rechts, die aus der übergroßen und verwirrenden Fülle von Gesetzen nur das Beste und Notwendigste in wenigen Büchern zusammentragen sollte; dann die Gründung möglichst vollständiger öffentlicher Bibliotheken griechischer und lateinischer Schriftwerke. Anschaffungen und Ordnung der Bestände sollten Marcus Varro[1] übertragen werden. Er plante außerdem, den Fuciner See[2] abzulassen, eine Straße vom Adriatischen Meer über den Kamm des Apennins bis zum Tiber anzulegen, den Isthmus von Korinth zu durchstechen und die Dazier[3], die mit ihren Scharen in Pontus und Thrazien eingefallen waren, zurückzuschlagen. Endlich wollte Cäsar von Kleinarmenien aus die Parther angreifen, aber erst dann eine Entscheidungsschlacht wagen, wenn er in kleineren Gefechten sich mit ihrer Kampfesweise vertraut gemacht hätte.
Mitten in diesen Unternehmungen und Plänen überraschte ihn der Tod. Doch bevor ich hierauf zu sprechen komme, wird es nicht unangebracht sein, über seine äußere Erscheinung, seine Kleidung, seine Gewohnheiten und seinen Charakter sowie über seine Fähigkeiten als Staatsmann und Feldherr das Hauptsächlichste mitzuteilen.
45) Nach Überlieferung war Cäsar hochgewachsen, seine Hautfarbe war weiß, er hatte kräftige Glieder, ein etwas zu volles Gesicht und schwarze, lebhafte Augen; seine Gesundheit war gut, nur hatte er in der letzten Zeit seines Lebens an plötzlichen Ohnmachten zu leiden und pflegte von unruhigen Träumen heimgesucht zu werden. Zweimal erlitt er bei öffentlichen Versammlungen auch Anfälle von Epilepsie[4]. In der Körperpflege war er fast zu eigen; er ließ sich nämlich

nicht nur regelmäßig seine Haare schneiden und rasieren, sondern, wie man ihm zum Vorwurf machte, sogar die einzelnen Haare am übrigen Körper ausrupfen. Er litt dagegen sehr unter einer ihn entstellenden Glatze, die oft die Zielscheibe der Witze seiner Gegner war. Daher hatte er die Gewohnheit, seine spärlichen Haare vom Hinterkopf über den Scheitel nach vorn zu kämmen. Und von allen Ehrungen, die Senat und Volk ihm zuerkannt hatten, nahm er keine lieber an und machte von keiner häufiger Gebrauch als von dem Recht, immer einen Lorbeerkranz tragen zu dürfen. Auch durch seine Kleidung soll er Aufsehen erregt haben; denn er trug seine mit dem breiten Purpurstreifen (der Senatoren) versehene Tunika mit Fransen besetzt, die bis zu den Händen reichten, und nie anders als mit einem Gürtel darüber, den er nur ganz lose umzulegen pflegte. Darauf bezieht sich ein Ausspruch Sullas, der die Adelspartei oft ermahnte, sich vor dem schlecht gegürteten Knaben in acht zu nehmen.

52) Der Volkstribun Helvius Cinna äußerste vielen gegenüber, er habe den fertig niedergeschriebenen Entwurf folgenden Gesetzes bereit liegen gehabt, das er auf Cäsars Befehl in dessen Abwesenheit habe antragen sollen: Um Kinder zu zeugen, sollte es Cäsar gestattet sein, alle Frauen zu heiraten, welche er begehrte, ganz gleich, wieviele dies auch wären. Damit kein Zweifel darüber besteht, daß Cäsar durch die Schande gebrandmarkt war, widernatürliche Unzucht und zahlreiche Ehebrüche getrieben zu haben, erwähne ich noch, daß der ältere Curio ihn in einer Rede »den Mann aller Frauen und die Frau aller Männer« genannt hat.

57) Mit den Waffen verstand Cäsar sehr geschickt umzugehen. Ebenso war er ein ausgezeichneter Reiter und konnte Unglaubliches von Anstrengungen ertragen. Auf dem Marsch ritt er zuweilen, noch öfter aber schritt er zu Fuß voraus, und zwar trug er bei brennender Hitze wie auch bei strömendem Regen nie eine Kopfbedeckung. Die weitesten Wege legte er in unglaublicher Geschwindigkeit zurück, ohne viel Gepäck, auf einem gemieteten Reisewagen, und zwar täglich hunderttausend Schritt[5]. Wenn ihn Flüsse aufzuhalten pflegten, durchschwamm er sie oder setzte auf aufgeblasenen Schläuchen über, so daß er oft seinen eigenen von ihm vorausgesandten Eilboten zuvorkam.

76) Doch seine übrigen Handlungen und Reden belasten ihn schwer genug, um das Urteil zu rechtfertigen, er habe Herrschergewalt mißbraucht und den gewaltsamen Tod mit Recht erlitten. Denn er be-

gnügte sich nicht damit, die ihm angetragenen, überaus zahlreichen Ehrungen anzunehmen, nämlich die stete Wiederwahl zum Konsul, die Diktatur auf Lebenszeit, das oberste Sittenrichteramt, dazu den Vornamen »Imperator«, den Beinamen »Vater des Vaterlandes«, die Aufstellung seines Standbildes unter den Königen und den Thronsessel in der Orchestra; sondern er ließ es auch geschehen, daß man ihm Ehren zuerkannte, welche jedes vernünftige Maß menschlicher Würde überschritten: den goldenen Sessel im Senat und bei Gericht, einen Götterwagen mit einer Tragbahre darauf für seine bei der Prozession im Zirkus mit den Götterbildern aufgeführte Statue, Tempel, Altäre, Aufstellung seines Bildnisses neben den Götterbildern, einen Platz an der für die Götter bestimmten Festtafel, einen eigenen Flamen, eine eigne Klasse von Priestern des Pan und die Benennung eines Monats nach seinem Namen.
Alle Ehrenstellen nahm und vergab Caesar ganz willkürlich. Sein drittes und viertes Konsulat führte er nur dem Namen nach. Er war zufrieden mit der Amtsgewalt eines Diktators, die man ihm zugleich mit den Konsulaten zuerkannt hatte. In beiden Jahren ernannte er für die drei letzten Monate zwei Konsuln als seine Stellvertreter; in der Zwischenzeit hielt er gar keine Wahltage ab, außer für die Wahl der Tribunen und Volksädilen. An Stelle der Prätoren ernannte er Präfekten, die während seiner Abwesenheit die Verwaltungsgeschäfte in Rom übernehmen mußten. Als einmal am letzten Tage des Jahres der eine Konsul plötzlich starb, verlieh Caesar das erledigte Amt noch für die wenigen Stunden einem Bewerber. Mit derselben Willkür vergab er gegen alles Herkommen Staatsämter auf *mehrere* Jahre, verlieh zehn Männern, welche nur Prätoren gewesen waren, die konsularischen Ehrenzeichen und nahm Leute, die eben erst das Bürgerrecht erhalten hatten, darunter sogar einige gallische Halbbarbaren, in den Senat auf. Außerdem betraute er seine eigenen Sklaven mit der Verwaltung des Münzwesens und der öffentlichen Staatseinnahmen[6]. Das Kommando über drei Legionen, die er in Alexandria stehen gelassen hatte, übertrug er dem Sohn seines Freigelassenen, seinem Buhler Rufio.
79) Ja, es ging stark das Gerücht, er werde nach Alexandria oder nach Ilium übersiedeln, den Schwerpunkt des Reichs aus dem durch Aushebungen erschöpften Italien dorthin verlegen und die Staatsgeschäfte in Rom seinen Freunden überlassen. Schon in der nächsten Senatssitzung werde Lucius Cotta, ein Mitglied des Fünfzehner-Kol-

legiums zur Aufsicht über die Sibyllinischen Bücher, den Antrag stellen, Caesar zum König zu ernennen; denn in den Schicksalsbüchern stände bekanntlich, die Parther könnte nur ein König besiegen[7]«.

---

[1]Der größte Gelehrte und fruchtbarste Schriftsteller seiner Zeit (116–27 v. Chr.). – [2]Größerer Apenninensee Mittelitaliens, dessen starkes Steigen und Fallen für die Anwohner sehr lästig war. Die Regulierung wurde von Claudius in Angriff genommen. – [3]Im heutigen Rumänien. Ihre endgültige Unterwerfung erfolgte erst unter Kaiser Trajan 106 n. Chr. – [4]Lateinisch morbus comitialis (Komitialkrankheit), so genannt, weil die Wahlhandlungen und sonstigen Geschäfte abgebrochen wurden, wenn jemand in einer solchen Versammlung von der Epilepsie befallen wurde. – [5]Das sind 150 km. – [6]Die Finanzverwaltung hatte bisher in den Händen des Senats gelegen. Die Steuer- und Zolleinkünfte waren an die Ritter verpachtet und für das Münzwesen besondere Beamte eingesetzt gewesen. – [7]Die Sibyllinischen Bücher, eine Sammlung von Orakelsprüchen, wurden in wichtigen Staatsangelegenheiten um Rat befragt. Das von Sueton mitgeteilte Orakel stand nach Cicero (de divinatione, II, 54, 119) nicht in den Sibyll. Büchern. – Die Parther, ein iranisches Reitervolk, deren Reich von Euphrat und Tigris bis ans Kaspische Meer und nach Turkistan reichte, waren wegen ihrer Kampfesweise die gefürchtetsten Feinde Roms.

Dokument II

Plutarch (ca. 46–120 n. Chr.)
Auszüge aus: Alexander und Caesar
nach: Große Griechen und Römer, Bd. V, Artemis-Verlag, Zürich-Stuttgart 1960 (S. 116 – 169)

15) »Nun aber war es, als ob er in Leben und Wirken einen ganz neuen Weg beschritte. Die Kriege, welche er von dieser Zeit an führte, die Feldzüge, in denen er das Land der Kelten unterwarf, machten es klar, daß er als Krieger und Feldherr den gepriesensten und größten Heerführern ebenbürtig war. Mag man ihn mit den Fabiern, Scipionen, Metellern vergleichen oder mit den Feldherren, welche zu seiner Zeit oder kurz vor ihm gelebt hatten … Caesar hat vor allen irgend etwas voraus: vor diesem das schwierige Gelände, in dem er kämpfen mußte, vor jenem die Größe des Landes, welches er eroberte, hier die Masse und Stärke der Feinde, über die er Sieger blieb, dort die ungewöhnlichen, treulosen Menschen, die er für sich

einzunehmen wußte; den einen übertraf er durch seine Barmherzigkeit und Milde gegenüber den Unterworfenen, den andern durch die Geschenke und Wohltaten, womit er seine Mitkämpfer belohnte, alle durch die Zahl der Schlachten, die er geschlagen, und durch die Masse der getöteten Feinde.
16) Die Soldaten hingen mit solch aufopfernder Liebe an Caesar, daß die gleichen Leute, welche sich unter andern Feldherren in keiner Weise hervortaten, mit unwiderstehlichem Kampfesmut in die größte Gefahr gingen, wenn sein Ruhm auf dem Spiele stand.
17) Solchen Mut und Ehrgeiz weckte und nährte Caesar selber durch seine Freigebigkeit in Belohnungen und Beförderungen. Er bewies damit, daß er die Reichtümer, welche der Krieg ihm zuwarf, nicht an sich raffte, um selber in Üppigkeit und Luxus zu schwelgen, sondern daß er sie in treue Obhut nahm als allen gehörigen Lohn für tapfere Taten und für sich nur das Recht beanspruchte, sie an verdiente Soldaten verteilen zu dürfen. Er spornte aber seine Leute auch dadurch an, daß er vor keiner Gefahr zurückscheute und keiner Anstrengung aus dem Wege ging. Ob seiner Verwegenheit wunderte sich freilich niemand, der seinen Ehrgeiz kannte. Seine Ausdauer hingegen setzte alle in Erstaunen, schien er doch Strapazen auszuhalten, die über seine Kräfte gingen. Er war von hagerer Gestalt und hatte eine zarte weiße Haut, auch litt er unter starken Kopfschmerzen und wurde von epileptischen Anfällen heimgesucht. Dieses Leiden soll ihn in Corduba zum erstenmal befallen haben.
Hätte er ein ruhiges Leben führen wollen, so wäre seine schwache Konstitution hierfür Grund genug gewesen, doch trachtete er im Gegenteil danach, seine Kränklichkeit im Felde zu überwinden. Durch lange Märsche und karge Kost, durch ständigen Aufenthalt unter freiem Himmel und harte Anforderungen an seinen Körper kämpfte er gegen das Übel an und erhielt sich widerstandsfähig. Er schlief meistens im Wagen oder in der Sänfte, um auch während der Ruhezeit tätig zu sein, und wenn er unter Tags durch das Land fuhr zu Festungen, Städten oder Lagern, dann saß ein Sklave neben ihm, der gewohnt war, während der Reise nach seinem Diktat zu schreiben; hinter ihm aber stand ein einziger Soldat, mit dem Schwerte bewaffnet. Er reiste so schnell, daß er das erstemal den Weg von Rom an die Rhône in nur acht Tagen zurücklegte. Schon als Knabe war Caesar ein guter Reiter gewesen. Er hatte sich daran gewöhnt, die Hände auf dem Rücken zu verschränken und das Pferd dabei in raschem

Trabe laufen zu lassen. Auf jenem Feldzug brachte er es durch dauernde Übung so weit, daß er im Reiten Briefe diktieren und zwei, nach Oppius' Zeugnis gar noch mehr Schreiber gleichzeitig beschäftigen konnte. Caesar soll auch als erster auf den Gedanken gekommen sein, mit seinen Freunden brieflich zu verkehren, wenn die Ereignisse sich drängten ...

35) Als ihn der Volkstribun Metellus unter Berufung auf die Gesetze zu hindern versuchte, dem Staatsschatz Gelder zu entnehmen, gab ihm Caesar zur Antwort: »Waffen und Gesetze vertragen sich nicht miteinander. Wenn du dich ärgerst über mein Beginnen, gehe lieber deiner Wege. Der Krieg duldet keinen Widerspruch. Ist einmal der Friede geschlossen und habe ich die Waffen niedergelegt, dann magst du kommen und deine Reden halten. Wenn ich dies sage«, setzte er hinzu, »so vergebe ich mir damit schon etwas von meinem Recht. Denn du bist in meiner Gewalt, du so gut wie alle andern meiner Gegner, die mir hier in die Hände geraten sind.« Mit diesen Worten ging er auf die Tür der Staatskasse zu, und als die Schlüssel sich nicht finden wollten, ließ er Schlosser holen und befahl ihnen, die Türe aufzubrechen. Noch einmal trat Metellus dazwischen, von mancher Äußerung des Beifalls unterstützt, aber drohend fuhr ihn Caesar an, er werde ihn auf der Stelle töten lassen, wenn er mit seinen lästigen Quertreibereien nicht aufhöre. »Und das weißt du, Bürschchen«, fügte er bei, »daß es mich saurer ankommt, dies zu sagen, als es zu tun.« Die Drohung wirkte, Metellus machte sich eingeschüchtert davon, und Caesar erhielt schnell und ohne weitere Schwierigkeiten, was er für den Krieg benötigte.

50) ...(Nach seinem Sieg über Pharnakes II., den Sohn des großen Römerhassers Mithridates von Pontos am 1. 8. 47 v. Chr.) schrieb er seinem Freund Matius die drei Worte nach Rom: »Veni, vidi, vici!« (»Kam, sah, siegte.«)[1]

51) Jetzt endlich (Ende 47 v. Chr. – der Verf.) kehrte Caesar nach Italien zurück und langte gegen Jahresende in Rom an. Er hatte während dieses Jahres zum zweitenmal die Diktatur innegehabt, obwohl dieses Amt bis dahin überhaupt noch nie ein volles Jahr gedauert hatte. Für das folgende wurde er zum Konsul gewählt. Doch machte es viel böses Blut, daß er die Truppen, welche gemeutert und zwei ehemalige Praetoren ... ermordet hatten, nur damit bestrafte, daß er sie nicht mehr der Anrede »Soldaten« würdigte, sondern sie »Bürger« nannte, dann aber jedem Mann tausend Drachmen schenkte und ih-

nen weitere Landstriche in Italien anwies, wo sie sich als Bauern niederlassen konnten. Man murrte auch gegen ihn wegen der Verrücktheit des Dolabella, wegen Matius' Habgier und der Trunksucht des Antonius, der sich dazu noch das Haus des Pompejus auf krummen Wegen angeeignet hatte und es umbauen ließ, da es seinen Ansprüchen nicht genügen könne. Diese Auswüchse erregten bei den Römern schweren Anstoß. Auch Caesar wußte darum und billigte sie nicht, doch zwang ihn die politische Lage, sich auch solcher Helfer zu bedienen.

52) Nach der Schlacht bei Pharsalos waren Cato und Scipio nach Afrika geflohen, wo sie mit König Jubas Hilfe namhafte Streitkräfte zusammengebracht hatten. Caesar entschloß sich, den Kampf mit ihnen aufzunehmen, und setzte um die Wintersonnenwende nach Sizilien über.

53) Einmal, in einer müßigen Stunde, hatten sich Caesars Reiter hingesetzt und schauten vergnügt einem Afrikaner zu, welcher vor ihnen tanzte und dazu kunstreich die Flöte spielte. Die Pferde blieben derweil den Burschen überlassen. Da stürmten unversehens die Feinde von allen Seiten heran, streckten eine Anzahl zu Boden und versuchten, mit den andern, die Hals über Kopf zum Lager flohen, durch die Tore einzudringen. Wäre nicht Caesar selber und mit ihm Asinius Pollio aus dem Lager zu Hilfe geeilt, wäre es ihnen nicht gelungen, die Flucht aufzuhalten, der Krieg hätte mit einem Schlag sein Ende gefunden.

55) Als die Triumphzüge vorüber waren, verteilte Caesar den Soldaten reiche Geschenke und ergötzte das Volk durch Speisungen und Schauspiele. Die ganze Bürgerschaft war geladen und wurde an zweiundzwanzigtausend Tischen bewirtet. Anschließend veranstaltete er zu Ehren seiner vor Jahren verstorbenen Tochter Julia Gladiatorenkämpfe und bot der Menge das Schauspiel einer Seeschlacht.

Nach diesen Vorführungen wurde das Volk neu eingeschätzt. Man zählte statt der früheren dreihundertzwanzigtausend noch hundertfünfzigtausend römische Bürger[2]. So erschreckend war die Bevölkerung zusammengeschmolzen, solches Unglück hatte der Bürgerkrieg über Rom gebracht, gar nicht gerechnet das Elend, welches über das sonstige Italien und über die Provinzen gekommen war.

56) Als die Feierlichkeiten ihr Ende gefunden hatten, zog Caesar, zum viertenmal Konsul geworden, nach Spanien gegen die Söhne des

Pompejus, welche trotz ihrer Jugend ein Heer von erstaunlicher Größe zusammengebracht hatten und durch ihren Heldenmut bewiesen, daß sie würdig waren, es zu führen, brachten sie doch Caesar selber in tödliche Gefahr. Die entscheidende Schlacht wurde in der Nähe der Stadt Munda geschlagen. Als Caesar sah, wie seine Truppen zurückgedrängt wurden und ihre Gegenwehr erlahmte, lief er durch die Reihen der Kämpfenden und schrie ihnen zu, ob sie sich nicht schämten, ihn solchen Knaben in die Hände zu liefern. Es kostete ihn schwere Mühe und tapfersten Einsatz, bis er endlich die Feinde zurückwerfen konnte. Über dreißigtausend wurden niedergemacht, aber auch Caesar verlor tausend seiner besten Leute. Als er das Schlachtfeld verließ, sagte er zu seinen Freunden, er habe schon oft um den Sieg, aber heute zum erstenmal um sein Leben gestritten. Der Sieg fiel auf das Fest des Liber pater, auf denselben Tag, an welchem Pompejus einst in den Krieg gezogen war. Vier Jahre waren seitdem verstrichen. Der jüngere der beiden Pompejussöhne entkam, der Kopf des älteren wurde Caesar einige Tage später von Didius überbracht ...

Dies war der letzte Krieg, den Caesar führte.

57) Vor Caesars Glück indes beugten die Römer trotz alledem das Haupt und fügten sich willig ins Joch. Und da sie unter der Monarchie Erholung zu finden hofften von den Leiden der Bürgerkriege, ernannten sie ihn zum Diktator auf Lebenszeit. Dies bedeutete die unverhüllte Tyrannis, denn zur unbeschränkten Macht der Monarchie gesellte dieser Beschluß deren unbeschränkte Dauer. Cicero war der erste, der im Senat besondere Ehrungen beantragte. Doch wahrte er, so weit er ging, immerhin das menschlich gebotene Maß, während andere hierin alle Schranken durchbrachen und sich gegenseitig übertrumpften, mit dem einzigen Erfolg, daß sie durch ihre überspannten, unsinnigen Vorschläge Caesars Ansehen auch bei den gutmütigsten Leuten untergruben und den Haß gegen ihn wachriefen. Es wird vermutet, daß Caesars Gegner nicht minder als seine Schmeichler zu solchen Übertreibungen die Hand boten, waren sie doch darauf aus, möglichst viele Vorwände gegen ihn zusammenzubringen, um einen Angriff dereinst mit schwerwiegenden Anklagen rechtfertigen zu können. Dies war ja auch die einzige Stelle, wo Caesar, seitdem die Bürgerkriege ein Ende gefunden, den Tadlern eine Blöße bot, und wenn die Römer der Clementia einen Tempel geweiht haben, um ihrer Dankbarkeit für seine Milde Ausdruck zu ge-

ben, so war dieser Beschluß, wie es scheint, recht wohl begründet. Denn vielen, die gegen ihn zu den Waffen gegriffen, hatte er Verzeihung geschenkt, einige sogar zu Ämtern und Ehrenstellen erhoben wie Brutus und Cassius, welchen die Praetur übertragen wurde. Er ging auch an den umgestürzten Standbildern des Pompejus nicht hochmütig vorbei, sondern ließ sie wieder aufrichten. Dies gab Cicero Anlaß zu dem Wort, Caesar habe, indem er Pompejus' Bildsäulen aufgestellt, seine eigenen befestigt. Als die Freunde ihn baten, sich mit einer Leibwache zu umgeben, und viele sich selber zu diesem Dienst anboten, wehrte er ab mit der Bemerkung, es sei besser, einmal zu sterben als ständig den Tod zu erwarten. Die Liebe der Bürger schien ihm der schönste und sicherste Schutz, und so versuchte er aufs neue, das Volk durch Speisungen und Getreidespenden, das Heer durch die Anlage von Siedlungen zu gewinnen. Die bedeutendsten waren Karthago und Korinth. Diese beiden Städte waren einst im gleichen Jahr zerstört worden, und nun fügte es das Schicksal, daß sie zur selben Zeit und miteinander wieder aufgebaut wurden.
58) Den einflußreichen Adligen versprach er für die Zukunft Konsulat oder Praetur, wenn er sie nicht mit andern Würden und Ehrenämtern beschwichtigte. Keinen ließ er ohne Hoffnung, da ihm viel daran lag, über Männer zu herrschen, die sich ihm freiwillig unterordneten. So ernannte er nach dem Tod des Konsuls Maximus für den einzigen Tag des Amtsjahres, der noch übrigblieb, einen Nachfolger, den Caninius Rebilius. Als sich dessen Freunde, wie der Brauch es verlangte, in großer Zahl aufmachten, um ihm zu gratulieren und das Ehrengeleite ins Rathaus zu geben, spottete Cicero: »Laßt uns eilen, sonst hat der Mann das Konsulat niedergelegt, ehe wir bei ihm sind!«
Von der Natur hatte Caesar Ehrgeiz und hochgemuten Tatendrang mitbekommen, so daß all seine vielen Erfolge ihn nicht dazu verlokken konnten, die Früchte seiner Mühen ruhig zu genießen, im Gegenteil, sie feuerten ihn an und stärkten sein Vertrauen in die Zukunft. In seiner Phantasie gestalteten sich immer gewaltigere Pläne, er sehnte sich nach neuem Ruhm, als sei der alte schon verbraucht und abgenutzt. Eine leidenschaftliche Unruhe erfüllte ihn, er war auf sich selber eifersüchtig wie auf einen Nebenbuhler und vom Wunsch besessen, die Taten der Vergangenheit in der Zukunft zu übertreffen. So war der Entschluß in ihm gereift, gegen die Parther zu ziehen, und die Vorbereitungen für das Unternehmen wurden schon getroffen. Er wollte, wenn er die Feinde niedergeworfen, durch Hyrkanien

am Kaspischen Meer und dem Kaukasos hin um das Schwarze Meer herumziehen und ins Gebiet der Skythen einfallen, dann die Nachbarländer der Germanen und diese selbst bezwingen und schließlich durch Gallien nach Italien zurückkehren, um auf diese Weise den Kreis zu schließen und überall den Ozean zur Reichsgrenze zu machen.

62) Wiewohl die Männer, welche auf den Umsturz hinarbeiteten, ihre Augen allein oder doch zuallererst auf Brutus richteten, fanden sie doch nicht den Mut, offen mit ihm zu sprechen. Statt dessen übersäten sie des Nachts das Tribunal und den Sessel, auf welchem er als Praetor bei den Gerichtsverhandlungen Platz nahm, mit Zetteln, die zumeist die Mahnung enthielten: »Brutus, du schläfst!« oder »Du bist kein Brutus!« Es entging Cassius nicht, daß der Ehrgeiz des Brutus durch solche Worte allmählich aufgestachelt wurde, und er verdoppelte seine Bemühungen, ihn zu reizen und zu erbittern, denn er trug einen persönlichen Haß gegen Caesar, dessen Gründe ich im Leben des Brutus dargelegt habe. Freilich wurde auch Caesar ein Mißtrauen gegen Cassius nicht los. So sprach er einmal zu seinen Freunden: »Was dünkt euch? Was hat Cassius im Sinn? Mir will er gar nicht gefallen, sein Antlitz ist so blaß.« Und als man Antonius und Dolabella als Aufrührer bei ihm verdächtig machen wollte, sagte er: »Vor diesen wohlbeleibten Herren mit dem üppigen Haar ist mir nicht bange, eher vor den mageren, blassen.« Er meinte Cassius und Brutus.

63) Das Schicksal, so scheint es, überfällt den Menschen nicht ohne Warnung – entgehen kann er ihm trotzdem nicht. Auch zu jener Zeit sollen seltsame Zeichen und Erscheinungen beobachtet worden sein. Vielleicht sollte man angesichts des gewaltigen Geschehens gar nicht reden von den Feuern am Himmel, vom Donner, der weithin durch die Nächte dröhnte, von den Vögeln, welche aus der Einöde auf die Marktplätze herabkamen. Der Philosoph Strabon hingegen erzählt, man habe feurige Menschen in großer Zahl aufeinander losgehen sehen, und der Bursche eines Soldaten habe eine mächtige Flamme von der Hand geschüttelt. Wer ihn gesehen, sei überzeugt gewesen, er müsse verbrennen. Als aber das Feuer erlosch, sei der Mann ohne Spur einer Verletzung gewesen. Caesar selber sei es beim Opfern widerfahren, daß im Opfertier kein Herz gefunden wurde, ein schreckliches Zeichen: denn auf natürliche Weise hätte ein Tier ohne Herz ja gar nicht bestehen können. Viele wissen auch zu berichten, daß ihm

ein Seher bedeutet habe, er möge sich im Monat März am Tage, welchen die Römer die Iden nennen, vor einer großen Gefahr in acht nehmen. Der Tag kam heran, und Caesar grüßte auf dem Weg zum Senat den Seher mit den spöttischen Worten: »Die Iden des März sind da.« Jener erwiderte leise: »Ja, sie sind da, aber noch nicht vorüber.«
Den Tag zuvor speiste Caesar bei Marcus Lepidus und unterschrieb bei Tisch wie gewöhnlich einige Briefe. Als sich aber das Gespräch der Frage zuwandte, welcher Tod der beste sei, rief er, ehe überhaupt jemand zum Antworten kam, mit lauter Stimme aus: »Der unerwartete!« Danach legte er sich wie sonst an der Seite seiner Gattin zur Ruhe.«

---

[1] Plutarch verschweigt höflich, daß Caesar diese ebenso epigrammatische wie selbstherrliche Formel dem griechischen Philosophen Demokrit entlehnt hat. (Vergl. Michael Grant: Julius Caesar, London 1969).
[2] Hier liegt ein Mißverständnis des Plutarch vor; die von ihm genannten Zahlen bezeichnen lediglich die ›bedürftigen‹ Bürger Roms (Getreideempfänger), nicht die römische Gesamtbevölkerung. – Anmerkung des Verf.

Dokument III

Caesar und Alexander im Urteil Lucans
Lucan (39–65 n.Chr.), Neffe Senecas, von Nero zum Selbstmord gezwungen (nach Beteiligung an einer Verschwörung); im Epos ›Pharsalia‹ schildert er den Bürgerkrieg zwischen Caesar und Pompejus.
Pharsalia 1, 143–157 und 10, 17–45
nach: Der Bürgerkrieg, Heimeran-Verlag, München 1973 (S. 17 und 473/75)
»Aber Caesar hatte zwar keinen Namen und Ruf als Heerführer wie der ›Große‹.* jedoch eine Tatkraft, die nicht auf der Stelle stehen bleiben wollte, und Skrupel einzig bei kampflosem Sieg: heftig und von unbändigem Verlangen, dort zuzupacken, wohin ihn bald Erwartung, bald Entrüstung rief, niemals auf Schändung seines Schwertes zu verzichten, seine Erfolge weiterzutreiben, die Gunst

---

* = Pompejus

des Himmels auszunützen, voller Stoßkraft, wenn seinem Drang nach oben etwas im Wege stand, und voll Lust, sich mit Trümmern Bahn zu schaffen – als ob ein Blitz unter Sturmgewalt durch die Wolken daherzuckt, die Luft unter seinem Anprall knattern und das Firmament erdröhnen läßt, den Himmel aufreißt und die Menschen bange zittern macht, wenn er mit feurigem Zickzack ihre Augen blendet; da tobt er gegen die Tempel seines eigenen Herrn, und weil kein fester Stoff sein Treiben hindert, schafft er mit Macht beim Fall und mit Macht bei der Rückkehr überall Verwüstung und sammelt seine verstreuten Funken zu neuem Strahl.
Doch von keinen Sehenswürdigkeiten wurde Caesar (in Alexandria) gefesselt, nicht von goldener Götterpracht, nicht vom Mauerring der Stadt, bis er voll Neugier in eine als Begräbnisstätte ausgehobene Gruft hinabstieg. Dort ruht der größenwahnsinnige Sohn des Mazedonierkönigs Philipp, der glückhafte Räuber, den das Verhängnis dahinraffte, um die Welt zu rächen: statt seinen Leib über den ganzen Erdkreis hinzustreuen, bettete man ihn in geweihtem Allerheiligsten. Fortuna schonte seine Leiche, und so dauerte Tyrannenfluch bis in die fernsten Zeiten; denn für den Fall, daß jemals Freiheit den Erdkreis wieder zu seinem eigenen Herren machen würde, war er zum Hohn erhalten, der Welt als warnendes Beispiel dafür geschenkt, daß so viele Länder einem einzigen Mann unterstehen können. Er verließ die Winkel seines Mazedonierreichs, verachtete das von seinem Vater unterworfene Athen, *stürzte vielmehr, von einem drängenden Dämon getrieben, menschenmordend durch Asiens Völker dahin,* stieß allen Nationen sein Schwert ins Herz und mischte Blut in unvertraute Ströme, persisches in den Euphrat, indisches in den Ganges, eine Schicksalsplage für die Länder und ein Blitz, der alle Völker miteinander erschlagen sollte, ja, ein böser Stern für die Nationen. Er gedachte, über das Meer im fernen Osten seine Schiffe zum Ozean zu steuern; ihn hielten weder Sonnenglut noch Wogen auf, nicht Libyens Wüste und nicht Ammons Syrte; der Wölbung der Welt folgend, wäre er bis Sonnenuntergang gezogen, hätte die Pole besucht und Nilwasser vom Quell getrunken: da gebot der Todestag ihm Halt, vermochte die Natur doch einzig so dem Größenwahn des Königs ein Ende zu bereiten. In der gleichen Selbstsucht, mit der er den ganzen Erdkreis erobert hatte, nahm er mit sich das Reich hinweg, hinterließ keinen Erben für seinen ganzen Gewinn *und lieferte den Staat der Zerstücklung aus*.«

Dokument IV

Caesar über die Germanen
Bellum Gallicum VI (21–28)
nach Hans Oppermann: Julius Caesar, Rowohlts Monographien 1973, S. 78–80

»Die Sitten der Germanen unterscheiden sich sehr von denen der Gallier. Sie lassen sich weder von Priestern leiten, noch bringen sie eifrig Opfer dar. Zu den Göttern zählen sie nur die, die sie sehen können und deren Wirken ihnen hilft, den Gott der Sonne, den des Feuers und die Mondgöttin. Andere kennen sie nicht einmal vom Hörensagen. Ihr Leben besteht nur aus Jagd und Krieg. Von klein an härten sie sich ab und trainieren. Wer am längsten seine Keuschheit bewahrt, trägt bei den Seinen das größte Lob davon. Das, meinen sie, fördere den Wuchs, nähre die Kräfte und festige die Muskeln. Unter zwanzig Jahren Erfahrungen mit einer Frau zu haben, gilt als höchste Schande. Und doch gibt es hier keine Geheimnistuerei, denn beide Geschlechter baden miteinander in den Flüssen, und als Kleidung tragen sie Felle oder kleine Pelzkleider, die den größten Teil des Körpers unbedeckt lassen.

An Ackerbau haben sie kein Interesse, und der Hauptteil der Nahrung besteht aus Milch, Käse und Fleisch. Niemand hat ein bestimmtes Stück Acker oder genau begrenzten Boden zum Eigentum, sondern Behörden und Fürsten weisen für jedes Jahr den Familien und Sippen Ackerland von der Größe und Lage an, wie es ihnen richtig erscheint, und veranlassen sie, im nächsten Jahr auf ein anderes Stück überzugehen. Dafür nennen sie verschiedene Gründe: Man soll nicht durch ständige Gewöhnung die Lust am Kriege mit der Übung des Ackerbaus vertauschen; die Mächtigen sollen nicht im Streben nach Vermehrung ihres Grundbesitzes die Schwächeren aus ihrem Besitz vertreiben; es soll verhindert werden, daß gegen Kälte und Hitze dauerhaft gebaut wird; es soll keine Gier nach Geld entstehen, die doch nur Zwist und Parteiungen erzeugt; das Volk soll zufrieden bleiben, wenn es sieht, daß jeder, was den Besitz angeht, den Mächtigen gleichgestellt ist.

Für die Staaten bedeutet es den größten Ruhm, wenn sie mit einem möglichst breiten Streifen unbebauten Landes umgeben sind. Das halten sie für den Beweis ihrer Tapferkeit, wenn ihre Nachbarn, von ihren Ländern vertrieben, weichen müssen und niemand es wagt, sich in ihrer Nähe anzusiedeln. Zugleich sehen sie darin eine Sicherung, da sie keine plötzlichen Überfälle zu erwarten brauchen. Wenn ein Stamm einen Verteidigungs- oder Angriffskrieg führt, werden Beamte gewählt, die den Krieg leiten und Gewalt über Leben und Tod haben. Im Frieden gibt es keine allgemeinen Beamte, sondern die Gaufürsten sprechen unter den Ihren Recht und schlichten Streitigkeiten. Raub gilt nicht als Schande, wenn er außerhalb der Stammesgrenzen stattfindet, ja, sie loben es, wenn dergleichen geschieht, um die junge Mannschaft zu üben und trägem Nichtstun zu steuern. Und wenn ein Adliger in der Versammlung erklärt, er wolle Führer sein, wer ihm folgen wolle, solle sich melden, dann springen die auf, denen die Sache und der Mann zusagt, versprechen ihre Hilfe und erhalten von den Versammlungsteilnehmern Beifall. Wer von diesen nicht mitgeht, gilt als Deserteur und Verräter, und die gelten fürderhin in allen Angelegenheiten als nicht vertrauenswürdig. Einem Gastfreund unrecht zu tun, gilt als Sünde. Wer aus irgendeinem Grunde zu ihnen kommt, den schützen sie gegen Unrecht und halten ihn für unverletzlich. Alle Häuser stehen ihm offen und man teilt Speise und Trank mit ihm.

Es gab eine Zeit, da waren die Gallier den Germanen an Tapferkeit überlegen, führten Angriffskriege gegen sie und schickten aus Menschenüberfluß Siedlungen auf die andere Seite des Rheins. So haben in den fruchtbarsten Gegenden Germaniens am Herzynischen Wald, den Eratosthenes und andere Griechen nur vom Hörensagen kennen ... die Volker-Tectosagen sich niedergelassen und wohnen da heute noch. Sie gelten als gut organisiert und kriegstüchtig. Heute aber sind die Germanen der alten einfachen Lebensweise und dem körperlichen Training treu geblieben, die Gallier aber erhalten aus der Provinz und durch überseeische Einfuhr vieles, was zum Überfluß und zur Bequemlichkeit beiträgt. So haben sie sich denn an die Überlegenheit der Germanen gewöhnt, sind oft besiegt und wagen selbst nicht mehr, sich an Tapferkeit mit jenen zu vergleichen.

Dieser Herzynische Wald, den ich erwähne, erstreckt sich in der Breite über neun Tagesmärsche ohne Gepäck. Denn anders können sie – die Landesbewohner – es nicht bestimmen, und sie kennen keine Wegmaße. Er beginnt bei den Helvetiern, Nemetern und Raurakern (Schwarzwald) und erstreckt sich parallel der Donau bis zum Gebiet der Daker (Siebenbürgen). Dann wendet er sich nach links vom Flusse weg und berührt infolge seiner Größe das Gebiet vieler Völker. Im hiesigen Germanien gibt es niemanden, der sagen kann, er habe den Anfang des Waldes erreicht, auch wenn er einen Weg von 60 Tagen vorgedrungen ist, oder er habe auch nur gehört, wo der ist. Man weiß, daß in ihm viele Arten von Tieren leben, die an anderen Orten unbekannt sind. Von ihnen sind die, die sich am meisten von den andern unterscheiden und deshalb Erwähnung verdienen, die folgenden:

Da lebt ein Rind von der Gestalt eines Hirsches; aus der Mitte der Stirn ragt zwischen den Ohren ein Horn hervor, steiler und gerader als die Hörner, die uns bekannt sind. An seiner Spitze breiten sich handförmig Verzweigungen aus. Männchen und Weibchen sind in ihrer Beschaffenheit gleich, die Form und Größe der Hörner gleichen sich.

Ebenso gibt es da die sogenannten Elche. In ihrer Gestalt und ihrem gefleckten Fell ähneln sie Ziegen, sind aber etwas größer, haben stumpfe Geweihe und Beine ohne Gelenke. Sie legen sich nicht zur Ruhe nieder und können auch nicht aufstehen, wenn sie aus irgendeinem Grund hingefallen sind. Als Lagerstatt benutzen sie Bäume. An die schmiegen sie sich an und suchen Ruhe, indem sie sich ein wenig anlehnen. Wenn die Jäger an ihren Fährten erkannt haben, wohin sie sich zurückzuziehen pflegen, untergraben sie an der Stelle alle Bäume oder sägen sie an, aber so, daß es aussieht, als ständen sie noch. Wenn die Tiere sich nach ihrer Gewohnheit anlehnen, brechen die Bäume unter ihrem Gewicht um, und sie fallen selbst mit ihnen hin.

Die dritte Art ist die, die Auerochsen heißen. Sie sind wenig kleiner als Elefanten, haben aber das Aussehen, die Farbe und Gestalt von Stieren. Sie sind sehr kräftig und schnell und schonen weder Mensch noch Tier, die sie zu Gesicht bekommen. Die fangen die Einwohner eifrig in Fallgruben. Durch solche Arbeit kräftigen sich die jungen Leute und durch diese Art von Jagd trainieren sie, und wer die meisten von ihnen getötet hat, zeigt als Beweis die Hörner öffentlich vor und erntet großes Lob. Man kann sie nicht an Menschen gewöhnen und nicht zähmen, auch wenn man sie ganz klein fängt. Größe, Form und Aussehen der Hörner unterscheidet sich stark von den Hörnern der Rinder bei uns. Die verschaffen sie sich gern, fassen sie am Rand mit Silber ein und benutzen sie bei großen Gastereien anstelle von Bechern.«

Dokument V

Zur Situation in Rom: Geldknappheit 50–49 v. Chr.
Aus Briefen Ciceros
nach: Atticus-Briefe, Heimeran-Verlag, München 1976 (S. 447/49; 565/67; 653/55)

a) an Atticus 7, 19 (18), 4
»Bruder Quintus hat seine liebe Not, Dir seine Schulden zu bezahlen mit dem Posten, den Egnatius ihm schuldet. Egnatius fehlt es nicht an gutem Willen, auch ist er nicht unbegütert; aber bei diesen Zeitläufen, wo Q. Titinius – er ist oft mit mir zusammen – erklärt, er habe kein Reisegeld, und seinen Schuldnern angekündigt hat, sie könnten sein Geld zu dem bisherigen Zinssatz behalten, wo L. Ligus es angeblich ebenso gemacht hat, wo Quintus augenblicklich keinen Pfennig im Hause hat, aber auch von Egnatius nichts bekommen oder irgendwo eine Anleihe aufnehmen kann, wundert er sich doch, daß Du diese allgemeine Kalamität nicht in Rechnung gestellt hast. Gewiß, im allgemeinen halte ich mich an jenes angeblich hesiodische Wort – dafür gilt es ja – »urteile nicht ...«, zumal Dir gegenüber, der, wie ich weiß, nie etwas unbedacht tut; trotzdem kann ich seiner Beschwerde eine gewisse Berechtigung nicht absprechen. Das wollte ich Dich doch wissen lassen, mag es sein, wie es will.«
(Formiae, den 3. Februar 49 [15. XII. 50])

b) an Atticus 9, 10 (9), 4
»Betreffs des Lanuvinums habe ich gleich, als ich von Phameas Tod hörte, den Wunsch gehabt, einer meiner Freunde möchte es kaufen, sofern wir in Zukunft überhaupt noch einen Staat haben; an Dich, der Du in ganz besonderem Sinne mein Freund bist, habe ich dabei freilich nicht gedacht, weiß ich doch, daß Du immer gleich fragst: »in wieviel Jahren?« und »wie steht's mit dem Inventar?«, und ich habe doch nicht nur in Rom, sondern sogar auf Delos Dein F* gesehen. Indessen steht das Besitztum, obwohl es allerliebst ist, jetzt wohl niedriger im Preis, als es vor sieben Jahren eingeschätzt wurde, als ich glaubte, jene Gärten in unmittelbarer Nähe des alten Hauses, das ich damals besaß, würden mir mehr Freude machen und mich weniger kosten, als wenn ich das Tusculanum wieder herrichten ließe. Ich bot damals 500 000 Sestertien, ließ durch einen Bürgen verhandeln, er

solle es mir um den Preis überlassen, da er doch verkaufen wolle; aber er ging nicht darauf ein. Augenblicklich ist das alles infolge des Geldmangels wahrscheinlich billig zu haben. Es würde mir großartig passen oder vielmehr uns, falls Du es kaufst. Aber über seinen Besitz in Antium brauchst Du nicht herzuziehen; er ist sehr hübsch. Freilich scheint mir all dies schon der kommenden Verwüstung verfallen zu sein.
Damit habe ich alle drei Briefe beantwortet, erwarte aber weitere. Deine Briefe sind es ja, die mich bisher aufrecht erhalten haben!«
(Formiae, am Liberfest 17. März [26. 1.]49)

---

* Als Aufschrift auf Zins- und Einnahmebüchern verwendeten römische Geschäftsleute den Buchstaben F (für: fenus = Zinsen). – Anm. des Verf.

Dokument VI

1) *Zu Caesars Reformen*
a) *Sueton*, Caesar, 40–43
nach: Cäsarenleben, Kröner-Verlag, Stuttgart 1951 (S. 29–32)
40) »Hierauf wandte sich Caesar der Neuordnung der Verhältnisse im Inneren des Staates zu. Er verbesserte zuerst den Kalender, der lange schon durch Schuld der Priester, die willkürlich Tage einzuschalten pflegten, so in Unordnung geraten war, daß weder das Erntefest in den Sommer noch das Winzerfest in den Herbst fiel. Er paßte das Jahr dem Laufe der Sonne an, so daß es aus dreihundertfünfundsechzig Tagen bestand; der Schaltmonat fiel weg und alle vier Jahre sollte ein Tag eingeschaltet werden. Damit aber künftighin vom neuen ersten Januar an die Zeitrechnung stimme, schob er zwischen November und Dezember noch zwei andere Monate ein. So bestand das Jahr, in dem diese Anordnung getroffen wurde, mit Einschluß des Schaltmonats, der nach bisheriger Gewohnheit in dieses Jahr gefallen war, aus fünfzehn Monaten.
41) Ferner ergänzte Caesar den Senat, nahm neue Patrizier auf, erhöhte die Zahl der Prätoren, Ädilen, Quästoren, ja selbst der unteren Beamtenstellen. Personen, welche die Zensoren ihrer Ämter für verlustig erklärt oder die Richter wegen Amtserschleichung verur-

teilt hatten, setzte er wieder in ihre Würden ein. Das Wahlrecht teilte er mit dem Volke in der Weise, daß – mit Ausnahme der Bewerber um das Konsulat – die eine Hälfte der Kandidaten das Volk, die andere Caesar selbst wählte. Der kurz gefaßte, nur wenige Worte enthaltende Erlaß, den er bei den Wahlkörperschaften herumgehen ließ, lautete: »Der Diktator Caesar an die und die Tribus: Ich empfehle Euch die und die, damit sie durch Eure Wahl ihr Amt erhalten.« Zu Ehrenämtern ließ Caesar auch Söhne von geächteten Personen zu. Die Gerichte beschränkte er wieder auf zwei Klassen von Richtern, Ritter und Senatoren, die dritte Klasse, die Ärartribunen, hob er auf.
Die Volkszählung ließ er nicht in der üblichen Weise und am üblichen Ort, sondern straßenweise durch die Hausbesitzer vornehmen. Er strich dabei von den dreihundertzwanzigtausend Leuten, die aus öffentlichen Mitteln Brotkorn erhielten, alle bis auf einhundertfünfzigtausend aus den Listen. Damit aber diese Ausmusterung keinerlei Veranlassung zu neuen Unruhen geben könnte, verordnete Caesar, an Stelle der durch Tod ausgeschiedenen Getreideempfänger sollte jährlich aus bedürftigen, noch nicht in den Listen aufgenommenen Bürgern eine entsprechende Zahl vom Prätor hinzugelost werden.
42) Ferner hatte Caesar achtzigtausend Bürger auf überseeische Kolonien verteilen lassen. Um nach Verlust von soviel Einwohnern die Bevölkerungsziffer Roms in ausreichender Höhe zu halten, erließ er folgende Verordnung: »Kein Bürger über zwanzig und unter vierzig Jahren, der nicht im Heer dient, darf sich länger als drei Jahre hintereinander außerhalb Italiens aufhalten; auch darf kein Sohn eines Senators außer im Gefolge eines Feldherrn oder Beamten ins Ausland reisen. Die Viehzüchter sollen mindestens ein Drittel erwachsener freigeborener Leute unter ihren Hirten halten.« Alle Ärzte, die in Rom praktizieren, und die Lehrer der freien Künste beschenkte er mit dem Bürgerrecht, um sie an die Stadt zu fesseln und andere zu veranlassen, ihren Aufenthalt in Rom zu nehmen.
Was die *Schuldenregelung* anbetrifft, machte Cäsar alle Hoffnung auf völligen Schuldenerlaß, der von vielen Seiten angeregt wurde, zunichte. Schließlich verordnete er, die Schuldner sollten den Gläubigern an Zahlungsstatt ihre Grundstücke überlassen, und zwar zu den Taxwerten, den diese vor dem Bürgerkrieg gehabt hatten. Von der Schuldsumme sollte in Abzug gebracht werden, was an Zinsen wirklich bar bezahlt oder durch Schuldschein zum Kapital geschla-

gen worden war. Bei dieser Regelung verringerte sich die Schuldsumme etwa um den vierten Teil.
Alle Vereine, mit Ausnahme derjenigen, die in alter Zeit gegründet waren, löste er auf. Die Strafen für schwere Verbrechen verschärfte Cäsar. Da bisher die reichen Leute sich unbedenklicher eines Verbrechens schuldig gemacht hatten, weil sie ohne Schaden an ihrem Vermögen in die Verbannung gehen durften, so bestrafte er, wie Cicero berichtet, Mörder mit *Einziehung des ganzen, sonstige Übeltäter mit Verlust des halben Vermögens.*
43) Die Rechtspflege übte Cäsar mit größter Gewissenhaftigkeit und Strenge aus: Angeklagte, die der Erpressung überführt waren, stieß er sogar aus dem Senat; die Ehe eines Mannes von prätorischem Range, der eine erst vor zwei Tagen von ihrem Gatten geschiedene Frau sofort geheiratet hatte, erklärte er für ungültig, ohne daß auch nur der Verdacht eines Ehebruches vorgelegen hätte. *Auf die Einfuhr ausländischer Waren legte er Zölle.* Die Benutzung von Sänften sowie das Tragen von Purpurgewändern und Perlenschmuck gestattete er nur bestimmten Personen und Altersklassen und auch dann nur an bestimmten Tagen. Besonders streng handhabte er das *Gesetz gegen Tafelluxus.* Auf dem Lebensmittelmarkt stellte er besondere Aufseher an, die alle verbotswidrig eingekauften *Speisen mit Beschlag belegen* und zu ihm bringen mußten. Manchmal schickte er auch noch Polizeibeamte und Soldaten in die Wohnungen; sie mußten selbst die schon aufgetischten Speisen, die den Aufsehern entgangen waren, aus den Speisezimmern forttragen.«
Das Luxus-Gesetz (Aufwand-Gesetz) hat sich offenbar nicht durchgesetzt:

b) *Cicero*, Briefe an Atticus, 13, 18 (7,1)
nach: Atticus-Briefe, Heimeran-Verlag, München 1976 (S. 847)
»Sestius ist gestern bei mir gewesen und Theopomp. Er erzählte, von Caesar sei ein Schreiben gekommen; er schreibe, er sei entschlossen, in Rom zu bleiben, und als Grund gebe er an, was auch ich in meiner Denkschrift ausgeführt habe, wenn er nicht da sei, könnten nur zu *leicht seine Gesetze in Vergessenheit geraten, wie es mit dem Aufwandgesetz bereits geschehen sei.* Das leuchtet ein, und ich hatte es mir ja gedacht; aber wenn es den beiden nicht paßt, daß ich ausgerechnet diesen Gedanken vorbringe, dann ist nichts dabei zu machen.«
Juni 45 v. Chr.

c) *Cicero*, Briefe ad familiares, 11, 30 (28), 2
hier: *Brief des Matius an Cicero*
nach: Cicero, An seine Freunde, Heimeran-Verlag, München 1964 (S. 701/3)

»Mir ist ja bekannt, was alles die Leute nach Caesars Tod über mich geklatscht haben. Sie werfen mir vor, daß ich mich mit dem Tode des mir so eng verbundenen Mannes nicht abfinden kann und empört bin, daß er, den ich geliebt habe, ein solches Ende finden mußte; sie sagen nämlich, erst komme das Vaterland und dann der Freund; gerade als ob sie schon bewiesen hätten, daß sein Tod ein Segen für den Staat gewesen ist. Aber ich will mich nicht hinter dieser Frage verschanzen; ich gebe zu, daß ich diesen Grad der Weisheit noch nicht erreicht habe. Denn ich bin in dem Bürgerzwist nicht dem Parteimann Caesar gefolgt, sondern habe nur, obwohl ich mich an der Sache stieß, den Freund nicht im Stiche gelassen und den Bürgerkrieg oder auch nur den Anlaß zu den Mißhelligkeiten niemals gutgeheißen, mich vielmehr ernstlich bemüht, den Brand schon im Entstehen zu löschen. Und so habe ich mich auch nach dem Siege meines Freundes nicht durch den Reiz von Geld und Ehren fangen lassen, Belohnungen, von denen alle übrigen, obwohl sie weniger bei ihm galten als ich, einen maßlosen Gebrauch gemacht haben. *Ja, an meinem eigenen Vermögen habe ich durch ein Gesetz Caesars Einbuße erlitten*, durch dessen Entgegenkommen den meisten, die jetzt über Caesars Tod jubeln, ihre bürgerliche Existenz erhalten geblieben ist. Für die Schonung der unterlegenen Mitbürger habe ich gewirkt, als ginge es um mein eigenes Leben.«

Ende Aug. 44 v. Chr.

Weitere Maßnahmen und Pläne Ceasars vergl. vorne in Dokument I und II des Anhanges (bes. Sueton, Kap. 44 und 76).

2) *Zur Schuldenfrage unter Kaiser Tiberius* (mit Anspielung auf Caesars Gesetzgebung)
Tacitus, Annalen 6, 16–17
nach: Annalen, Kröner-Verlag, Stuttgart 1957 (S. 281–283)

16) »Währenddessen stürzen sich die Angeber mit aller Macht auf die Wucherer, die sich durch Ausleihen von Geld bereicherten. Sie verstießen damit gegen ein *Gesetz des Dictators Caesar*, das für den Geldverkehr und den Geldbesitz innerhalb Italiens gewisse einschränkende Bestimmungen enthielt, aber schon lange nicht mehr beachtet wurde, weil jeder den gemeinen Nutzen seinem privaten

Vorteil nachsetzt. Der Zinswucher war in der Tat ein altes Übel in Rom; in den häufigsten Fällen war er es, der die Aufstände und Unruhen verschuldet hatte; deshalb suchte man ihn auch in der älteren, noch unverdorbenen Zeit nicht aufkommen zu lassen. Zunächst wurde durch die Zwölf-Tafel-Gesetze bestimmt, daß der Zinsfuß nicht mehr als 8 1/3 Prozent betragen dürfte, während seine Höhe bis dahin vom Belieben der Reichen abhing. Später wurde er auf Antrag der Tribunen auf die Hälfte ermäßigt und schließlich das Zinsnehmen überhaupt verboten. Durch eine Reihe von Gesetzen trat man dann den Umgehungen entgegen, die trotz aller Gegenmaßregeln immer wieder mit erstaunlicher Schlauheit versucht wurden. Jetzt hatte der Prätor Gracchus den Vorsitz der Kammer für diese Dinge. Durch die große Zahl der Beschuldigten veranlaßt, brachte er die Sache vor den Senat, und die Senatoren, von denen sich keiner ganz frei von Schuld wußte, reichten ein Gnadengesuch beim Kaiser (Tiberius) ein. Dieser bewilligte es, und so wurde eine Frist von einem Jahr und sechs Monaten festgesetzt, innerhalb deren jeder seine Vermögensangelegenheiten den Bestimmungen des eingangs erwähnten Gesetzes entsprechend ordnen sollte.

17) Hieraus entstand eine Geldknappheit; denn alle Schuldverpflichtungen wurden gleichzeitig liquidiert. Und infolge der zahlreichen Verurteilungen und Verkäufe beschlagnahmter Güter lagen große Massen baren Geldes im Fiskus oder im Aerar. Daher hatte der Senat vorgeschrieben, daß jedermann zwei Drittel des Schuldkapitals in italischem Grund und Boden anzulegen habe (und daß die Schuldner nur so viel sofort zu zahlen hätten). Aber die Gläubiger kündigten trotzdem die ganzen Summen, und die Schuldner mußten, um ihren Kredit nicht zu schwächen, wohl oder übel zahlen. Da versuchte man es denn anfangs mit Verhandlungen und Bitten um Nachsicht; dann gab es zahllose Prozesse vor dem Prätor; aber gerade das Mittel, das man gefunden hatte, der Verkauf und Kauf von Grundstücken, erwies sich als ganz falsch, denn die Kapitalisten hielten all ihr aufgesammeltes Vermögen für den Kauf von Ländereien zurück. Die massenhaften Verkaufsangebote drückten die Preise herab; je verschuldeter der einzelne war, um so ungünstiger gestaltete sich der Verkauf für ihn, und viele verloren alles, was sie besessen hatten. Der Verlust des Vermögens untergrub aber wieder die Stellung und den Ruf. Endlich schaffte der Kaiser Abhilfe. Er verteilte hundert Millionen Sesterzien an die Wechselbanken und ließ sie zinslose Dar-

lehen für drei Jahre ausgeben, und zwar an Schuldner, die dafür Grundstücke von doppeltem Wert der Staatskasse verpfändeten. So wurde der Kredit wiederhergestellt, und allmählich kamen auch die privaten Geldgeber wieder zum Vorschein. Die Käufe von Grundstücken wurden jedoch nicht in der durch den Senatsbeschluß vorgeschriebenen Weise abgeschlossen. Wie in der Regel bei solchen Dingen, war man im Anfang streng und ließ schließlich alles gehen, wie es wollte.«

Dokument VII

Plinius d. Ä., Seeweg nach Indien
Aus seiner Naturgeschichte, um das Jahr 70 n. Chr.
nach: Natural History, Heinemann-Verlag (LCL), Vol. II (S. 415/17), London 1957

(6,101:) »In der folgenden Zeit (nach Alexander und den Diadochen) galt als sicherste Route (nach Indien) die Strecke von Ras Fartak in Arabien bis zum indischen Hafen Sigerus (= evtl. Jaigarh); diese Route benutzte man lange Zeit, bis ein Kaufmann (gemeint ist Hippalus – erg. d. Verf.) eine kürzere herausfand, und (also) der Wunsch nach Profit Indien noch näherrücken ließ; diese Fahrt wird in jedem Jahr unternommen und zwar jeweils mit einigen Einheiten von Bogenschützen an Bord, da diese Gegenden von Piraten stark verunsichert werden (!) Es soll nun die ganze Fahrt von Aegypten aus dargestellt werden, nachdem erstmals sichere Kenntnisse (durch den Periplus-Autor – erg. d. Verf.) darüber vorliegen. Die Sache ist es wert, *denn in keinem Jahr entzieht Indien unserem Imperium weniger als 50 Millionen Sesterze; umgekehrt gelangen Waren von dort zu uns, die um ein hundertfaches teurer wieder verkauft werden.*«

Dokument VIII

Auszüge aus dem *Periplus Maris Erythraei*
Original: Griechisch; Autor anonym; vermutlich ein in Aegypten (Berenike?) lebender Grieche; Kaufmann; Entstehungszeit 1. Jh. n.

Chr. (wahrscheinlich kaum später als 70 n. Chr.)
nach: Übersetzung aus dem Griechischen von Helga Gesche

I Ostafrikanische Küste:
Hauptexportartikel der ostafrikanischen Küste sind Elfenbein und Schildpatt.

Kap. 5: Der Herrscher der Auxumiten wird als »ein habsüchtiger und profitgieriger König« beschrieben, »der im übrigen aber ein rechtschaffener Mann und des Griechischen [der griech. Buchstaben?] mächtig ist«.

Kap. 6: »Eingeführt werden [u. a.] ... *Denare* für die Fremden (Kauffahrer), syrischer (?) und italischer Wein und geringere Mengen Olivenöls; dem König überbringt man silberne und goldene Gefäße, die nach dem Geschmack der Einheimischen gefertigt sind, sowie einige nicht sonderlich wertvolle Kleider ... Die Einfuhren aus Aegypten erfolgen vor allem in den Monaten Januar bis September.«

II Arabische Halbinsel:

Kap. 19: »Der Hafen Leuke Kome oder Albus Vicus beherbergt einen militärischen Stützpunkt; von hier aus führt ein Weg nach Petra (im Land der Nabataeer) ... Der Stützpunkt dient gewissermaßen als Zollstation für diejenigen (Kaufleute), die aus Arabien hierher Waren mit kleineren Schiffen herbeischaffen; hier ist eine kleine Truppenabteilung unter dem Befehl eines Centurio stationiert, der $\frac{1}{4}$ des eingeführten Warenwertes einbehält und den Ort bewacht.«
(Die Truppenabteilung steht hier, obwohl das Gebiet nicht zum römischen Imperium gehört!)

Kap. 29: Im Gebiet der Sachaliten gibt es »Bäume, deren Rinde Weihrauch hervorbringt, wie bei uns in Aegypten ja auch gewisse Bäume eine Art Gummi [Kleber; nicht Harz!] ausscheiden; der Weihrauch [= zähflüssige Absonderung einer arabischen Baumart] wird von königlichen Sklaven bzw. Sträflingen eingesammelt; die Gegend nämlich ist äußerst ungesund; so ungesund, daß sie selbst nur vorbeifahrenden Seeleuten die ›Pest‹ bringen kann, die für die dort direkt Arbeitenden ganz und gar tödlich ist; im übrigen gehen sie (die Sklaven/Sträflinge) auch leicht durch Mangel an Nahrung zugrunde.«

Hauptexportartikel der arabischen Halbinsel ist Weihrauch gewesen.

III Indien:

Kap. 38: »Der Indus hat 7 Mündungen, die aber derart ... versumpft sind, daß man sie, außer der mittleren, nicht mit Schiffen befahren kann; landeinwärts liegt die Stadt Minnagar ...; sie untersteht den parthischen Königen, die sich in dauernder Zwietracht gegenseitig vertreiben.«

Kap. 39: »Alle Waren werden auf dem Fluß (Indus) zur Hauptstadt (Minnagar) ... gebracht. Eingeführt werden: Stoffe, Topas, rote Korallen, Storax (wohlriechendes Gummiharz), Weihrauch, Glasgefäße, Silbergefäße, *Münzen*, etwas Wein; exportiert werden: Kostos (Gewürz), Bdellium (wohlriechendes Gummi der Weinpalme), Lycium (Saft eines Strauches; Arzneimittel), Nardenöl, meergrüne Edelsteine, Saphire, serische (= chinesische) Stoffe, Othonium (unbekannte Pflanze?), serische Seide und indisches Nigrum (Art Tinte?).«

Kap. 41: In der Gegend von Syrastrene findet der Verf. noch Denkmäler/Überreste vom Alexander-Zug vor (z. B. kleine Heiligtümer, Lagerfundamente und Brunnenanlagen).

Kap. 47: »Bei den Barygazern sind bis zum heutigen Tage noch *Drachmen* mit griechischen Buchstaben im Umlauf.«

Kap. 49: In die Gegend von Barygaza werden eingeführt: »Italische, laodikeische und arabische Weine, Kupfer, eine Silber-Blei-Mischung, Blei, rote Korallen, Topas, Kleider/Stoffe, Storax (wohlriechendes Gummiharz), süßer Steinklee, Roh-Glas (grob gearbeitete Gefäße?), Sandrach (roter Färbstoff), Augenschwärze (Pulver für Lidschatten), *Gold- und Silbermünzen, deren Einwechslung gegen einheimisches ›Geld‹ sehr gewinnbringend ist*, schließlich einige nicht sehr wertvolle Salböle. Dem König schickt man gleichsam als Tribut kostbare Silbergefäße, Musikinstrumente, junge Mädchen, ausgesuchten Wein, prächtige Kleider, exzellente Salböle. Exportiert werden aus dieser Gegend: Nardenöl, Kostos (Gewürz), Bdellium (wohlriechendes Gummi der Weinpalme), Elfenbein, Onyx,Myrrhe, Lycium (Saft eines Strauches; Arzneimittel), Othonium (unbekannte Pflanze?), serische Stoffe, aus Malvenfasern gewebte Kleider, Seide, Pfeffer und andere Dinge, die von den verschiedenen Handelsplätzen hierher gebracht werden. Von Aegypten aus empfiehlt sich besonders der Juli als Reisezeit.«

Aus den Kap. 50 und 51 geht hervor, daß die Waren, die an der Küste gehandelt werden, z. T. von weither gebracht werden (von allen Stämmen bis zum Ganges).

Kap. 56: »Zu den Handelsplätzen um Muziris werden große *Geldmengen* gebracht; ferner Topas ... Augenschwärze (Pulver für Lidschatten), rote Korallen, Roh-Glas (grob gearbeitete Gefäße?), Kupfer, Silber-Blei-Mischung. Blei, etwas Wein ..., Sandrach (roter Färbstoff), Arsenicum, Getreide so viel zur Verpflegung der Schiffahrer gebraucht wird, denn die Kaufleute dort verwenden es nicht zu Handelszwecken; ferner werden hierher gebracht:... Perlen, Elfenbein, Othonium (unbekannte Pflanze?), serische Stoffe, Nardenöl vom Ganges, Zimtöl, verschiedene Edelsteine, Adamas (kann Stahl aber auch Diamant heißen; hier wohl eher Diamant), Amethyst, Schildpatt ... Günstigste Fahrtzeit von Aegypten aus ist auch hier wieder etwa der Monat Juli.«

Kap. 58: Für die Gegend zwischen Muziris und Balita wird Perlenfischerei erwähnt.

Kap. 59: »Von Comari bis Colchis wird Perlenfischerei von Verurteilten/Sträflingen betrieben.«

Ab Colchis wird der Bericht vage und ungenau.

Kap. 61: Ceylon wird erwähnt; dortige Vorkommnisse: durchsichtige Steine, Musselinstoffe, Schildpatt.

Kap. 63: Vom Handelsplatz Ganges (an der Gangesmündung) werden exportiert: Kostbare Salbenöle, Ganges-Narde, Pfeffer und besonders qualitätvolle Musselin-(Baumwoll-) Stoffe. Ferner berichtet der Verf., daß hierher eine *Goldmünze* gebracht wird, die die Einheimischen Kaltis nennen (Sanskrit? = Bargeld?).

IV China (This-Gebiet):

Kap. 64: Als Exporte des This-Gebiets werden genannt: Baumwolle, Seide. »Im übrigen ist es nicht leicht, in dieses Gebiet zu gelangen und nur selten kommen einige Menschen von dort.«

Kap. 65: Die Bewohner des This-Gebiets »haben einen sehr schmächtigen Körper (sind winzig), ein breites Gesicht und besitzen eine äußerst sanfte Wesensart ... sie produzieren 3 verschiedene Arten von kostbaren Salbenölen (Zimtölen), die von denen, die sie hergestellt haben, nach Indien gebracht werden«.

Kap. 66: »Was nach diesen Regionen kommt ... ist nicht erforscht.«

Dokument IX

Tiberius (22 n. Chr.) gegen Luxus und ausländ. Importe
Tacitus, Annalen, 3, 53–55
nach: Annalen, Kröner-Verlag, Stuttgart 1957 (S. 178–181)

53) »›Bei den übrigen Fragen, versammelte Väter, ist es gewiß zweckmäßiger, wenn ich persönlich meine Meinung über die Maßnahmen zum Wohle des Staates ausspreche. Bei Besprechung des vorliegenden Antrages aber war es besser, daß ich nicht zugegen war. Eure Blicke hätten sich auf das erschrockene Gesicht derer gerichtet, die wegen schmählicher Ausschweifung auf die Anklagebank gehören, und so hätte auch mein Auge sie gefunden und gleichsam auf frischer Tat ertappt. Hätten die pflichteifrigen Männer, die Ädilen, zuvor meinen Rat eingeholt, ich weiß nicht, ob ich ihnen nicht geraten hätte, an diese übermächtig gewordenen Laster lieber nicht zu rühren, als jedermann unsere Ohnmacht, sie zu beseitigen, vor Augen zu führen. Trotzdem haben sie ihre Pflicht getan; ich wünschte, daß jeder Beamte seine Obliegenheiten ebenso gut erfüllt. Für mich dagegen schickt es sich weder zu schweigen, noch kann ich mich ohne weiteres aussprechen, weil ich weder Ädil, noch Prätor oder Konsul bin. Vom Prinzeps verlangt man Größeres und Höheres. Trifft ein Beschluß das Richtige, so schreibt sich jeder das

Verdienst daran zu; aber der Haß, der aus einer gemeinsamen falschen Maßregel erwächst, wird dem einen aufgebürdet. Womit müßte ich anfangen? Was sollte ich zuerst verbieten oder auf den früheren Umfang einschränken? Die grenzenlosen Parks und Lusthäuser? Die riesige und aus allen Rassen zusammengesetzte Dienerschaft? Die Schwere des Silber- und Goldgeschirrs? Die Wunderwerke der Plastik und Malerei? Die kostbaren Kleider, die Männer so gut wie Frauen tragen? Und dazu noch den eigentlichen Luxus der Frauen, die Steine, für die unser Geld *zu den entlegenen und feindlichen Völkerschaften wandert?*

54) Ich weiß wohl, daß auch beim Gelage, bei geselligen Zusammenkünften über den Luxus geklagt und Einschränkungen gefordert werden. Gibt man aber Gesetze darüber und setzt Strafen darauf, so schreien dieselben Leute über Umsturz, über den Ruin, der jedem vornehmen Hause drohe, und daß kein Mensch vor den Angebern sicher sei. Und doch kann man auch körperlichen Krankheiten, wenn sie fest und lange eingewurzelt sind, nur durch harte, strenge Maßregeln beikommen. Die Seele ist aber Verführter und Verführer zugleich, ist krank und lüstern zugleich. Ihre Gelüste zu dämpfen, bedarf es ebenso kräftiger Mittel als die Gelüste selber sind, die sie in Flammen setzen.

Unsere Vorfahren haben so viele Gesetze ersonnen, der göttliche Augustus hat so viele gegeben. Aber jene sind vergessen worden, diese, was noch schändlicher ist, verachtet und übertreten worden. So haben sie den Luxus noch selbstbewußter gemacht. Denn wen es nach Dingen gelüstet, auf die noch kein Verbot steht, der fürchtet leicht, daß sie verboten werden. Hat man aber einmal Verbote überschritten, ohne bestraft zu werden, so ist von da ab die Furcht und auch die Scham dahin. Und warum herrschte einst Sparsamkeit? Weil jeder sich selber zu regieren vermochte, weil wir alle Bürger einer einzigen Stadt waren. Auch als wir nur Herren Italiens waren, war die Verführung noch nicht so groß. Die Siege in fremdem Lande haben uns gelehrt, fremdes Gut zu verprassen, und die über unsere Mitbürger, unser eigenes Gut zu verprassen.

Wie unerheblich sind die Dinge, die die Ädilen rügen! Wie wenig wollen sie besagen, wenn man an die Verhältnisse im ganzen denkt! Niemandem fällt es ein, zur Sprache zu bringen, daß Italien von fremden Reichtümern lebt, daß das römische Volk von den Lebensmitteln abhängig ist, die über das schwankende Meer kommen und täglich vom Sturm geschaukelt werden. Erhalten uns eines Tages nicht mehr die Provinzen, uns Herren samt den Sklaven und Ländereien, so leben wir vermutlich vom Ertrage unserer Parks und Lusthäuser!

Das ist die Sorge, die den Prinzeps drückt, versammelte Väter. Nachlässigkeit in diesem Punkt reißt den ganzen Staat in den Abgrund. Was die übrigen Punkte betrifft, so muß die Gesundung von innen kommen. Möge uns das Ehrgefühl, möge die Armen die Not, die Reichen der Ekel auf einen besseren Weg führen. Glaubt aber einer der Staatsbeamten, Tatkraft und Strenge genug zu besitzen, um dem Übel entgegentreten zu können, so will ich ihn loben und bekennen, daß meine Arbeitslast durch ihn erleichtert worden ist. Wollen sie aber nur die Mißstände rügen, die öffentliche Anerkennung einheimsen und mir die daraus erwachsenden Unannehmlichkeiten überlassen, so dürft ihr mir glauben, versammelte Väter, daß ich ebenfalls kein Verlangen habe, mich verhaßt zu machen. Da ich schon ernste und meist ungerechte Ärgernisse genug auf mich nehme, weil das Staatswohl es fordert, habe ich das Recht, mir nichtige, zwecklose, weder für mich noch für euch nützliche zu verbitten.‹

55) Nachdem der Senat von diesem kaiserlichen Briefe Kenntnis genommen hatte, wurde die weitere Verfolgung der Angelegenheit den Ädilen überlassen. Der Luxus in den Tafelgenüssen aber wurde unbehindert hundert Jahre lang, von der Schlacht bei Actium an bis zu dem Kriege, durch den sich Galba zum Kaiser machte, mit verschwenderischem Aufwand getrieben; dann verschwand er allmählich.«

Dokument X

Warenaustausch der Antike
nach: W. Raunig: Bernstein – Weihrauch – Seide. Waren und Wege der antiken Welt, Wien – München 1971, S. 125

Region	Import	Export
Nordost- und Ostafrika	Getreide, Wein, Traubensaft, Reis, Sesamöl, Sakchari (Rohrhonig), Ghi (ausgelassene Butter), verschiedene Stoffe und Kleider, Beile, Dolche, Ahlen, Äxte, Eisen zur Herstellung von Lanzenspitzen und von anderen Waffen, Messing (zum Schmuck und zerschnitten als Münzenersatz), Kupferbarren (zum Schmelzen, Schmuckherstellung), Zinn, Kupferbecher, mehrere Arten von Glasgefäßen (auch murinische Gefäße), Denare	Elfenbein, Seeschildkrötenpatt, Landschildkrötenpatt, Rhinozeroshörner, echter Weihrauch, Myrrhe, Zimt, Duaka (eine Weihrauchart), Makrotos (eine Weihrauchart), Kankamon (Kopalharz), Makeir (Wurzelrinde), Obsidian, Kokosöl, Sklaven
	Güter, die ausschließlich für König Zoskales von Axum bestimmt waren: Baumwollgewebe aus Indien, Gurte, diverse Baumwollgewänder, Lack, Eisen und Stahl aus Indien, Silber- und Goldgefäße, Abollen (Mäntel, Umwürfe), persische Pelze	

Region	Import	Export
Süd-Arabien	Weizen, Wein, Zyperngras, Safran, Sesamöl, verschiedene Stoffe, Kleider, Decken, Gürtel, Zinn, Kupfer, Korallen, Storax (natürlicher Balsam), Salben	Weihrauch, Myrrhe, Stakte (Myrrhenart), Aloe, Alabaster und weitere Exportprodukte wie aus Afrika
	Güter, die ausschließlich für einheimische Herrscher bestimmt waren: feine Kleider, Gold- und Silbergefäße, Kupfergefäße, Bildsäulen, Pferde und Maulesel	
Sokotra	Reis, Weizen, indischer Stoff, Sklavinnen	Schildpatt und Drachenblut (aus Pflanzensaft)
Gebiete am Persischen Golf	Sandelholz, Teakholz, Ebenholz, Maulbeerbaumholz, Weihrauch, Kupfer	Weizen, Wein, Datteln, Reis, Kleider, Madarata (genähte Boote), Perlen, Gold, Purpur, Bdellium, (aromatisches Harz), Sklaven
Indus-Mündung	Wein, Leinenstoffe, Kleider, Glasgefäße, Silber- und Goldgefäße, Weihrauch, Storax, Topas, Korallen	Baumwollgewebe, Seide, serische Tierhäute, Indigo, Kostos (duftende Wurzel), Bdellium, Lycium (Saft eines Strauches, als Heilmittel verwendet), Nardenöl, Türkise, Lapislazuli
Indien (Westküste)	Weizen, Wein, ägypt. Lotos, gemusterter Leinenstoff, verschiedene Kleider, Gürtel, Kupfer,	Pfeffer, Malabathrum (Zimtblatt), Baumwollstoffe, Seidenstoff, Mallow-Stoff (grober Baum-

Region	Import	Export
	Zinn, Blei, Korallen, Topas, Spießglanz, Sandarake (roter Schwefel-Arsen-Farbstoff), Orpiment (gelber Schwefel-Arsen-Farbstoff), Storax, Salben, Gold- und Silbermünzen, Rohglas	wollstoff), Garn, Lavendel, Kostos (wohlriechende Wurzel), Bdellium, Lycium, Elfenbein, Schildpatt, schöne Perlen, Achat, Karneol, Diamanten, Saphire, Kristalle
	Güter, die ausschließlich für den einheimischen Herrscher von Barygaza bestimmt waren: wertvolle Gewänder, Silbergefäße, beste Salben, Wein, Sklavinnen und Sängerknaben	
Ceylon		Baumwollstoffe, Perlen, Schildpatt, Kristalle
Indien (Ostküste)	alle Waren aus den Ländern an Indiens Westküste und viele Waren aus Ägypten	Baumwolle, Elfenbein
Ganges-Delta		Nardenöl, Malabathrum, feinste Baumwollstoffe, Perlen
Himalaya		drei Sorten von Malabathrum
Malakka		bestes Schildpatt
China		Rohseide, Seidengarn und Seidenstoff

Dokument XI

Marco Polo (Ende des 13. Jhdt.)
Von einer Art Papiergeld, die der Großkhan ausgeben und durch seine Reiche in Umlauf setzen läßt
Aus: Die Reisen des Venezianers Marco Polo im 13. Jhdt.
nach: R. L. Temmler: Entdecker, Forscher, Weltenbummler, Fischer Taschenbuch, 1974, S. 21–22

»In der Stadt Kambalu befindet sich die Münze des Großkhans, von dem man in Wahrheit sagen kann, daß er das Geheimnis der Alchimisten besitzt, da er die Kunst versteht, Geld auf folgende Weise zu verfertigen. Er läßt die Schale der Maulbeerbäume abstreifen, deren Blätter als Futter der Seidenwürmer (Seidenraupen) dienen, und nimmt davon die dünne innere Rinde, die sich zwischen der rauheren Borke und dem Holz des Baumes befindet. Diese läßt er einweichen und darauf in einem Mörser zerreiben, bis sie zu Brei geworden ist; daraus wird das Papier gemacht, das dem aus Baumwolle verfertigten gleicht, aber ganz schwarz ist. Ist es fertig, so wird es in Stücke von verschiedener Größe zerschnitten, fast viereckig, aber zuweilen etwas länger als breit. Von diesen gilt das kleinste einen kleinen Pfennig, dann ein etwas größeres einen Venezianischen Silbergroschen, ein anderes zu zwei Groschen, dann zu fünf und zu zehn, wieder andere für einen, zwei, drei bis zehn goldenen Byzantinen, und all dieses Papier wird mit großem Gepränge und Aufsehen gemacht, als wenn es lauter Silber und Gold wäre; denn auf jedes Stück schreiben eine Anzahl Beamte, die dazu besonders angestellt sind, nicht allein ihre Namen, sondern drücken auch ihr Siegel darauf, und wenn das in regelrechter Weise von allen vollzogen ist, taucht der oberste Münzmeister, der von Seiner Majestät dazu bestellt ist, das ihm anvertraute Siegel in Zinnober und stempelt damit das Stück Papier; auf diese Weise erhält es volle Kraft als gültige Münze, und wenn es einer nachmachen wollte, so würde er als Kapitalverbrecher gestraft werden. Wenn das in großer Masse so geprägte Papiergeld in allen Teilen der Reiche des Großkhans in Umlauf gesetzt worden ist, wagt niemand, bei Gefahr seines Lebens, sich zu weigern, es als Zahlung anzunehmen. Alle seine Untertanen nehmen es ohne Zögern an, weil, wohin sie auch ihr Geschäft rufen mag, sie es für Waren, die sie gerade kaufen wollen, loswerden, wie gegen Perlen, Juwelen,

Gold und Silber. Kurz, man kann dafür alle Waren erhalten, die man will.
Zu verschiedenen Zeiten im Laufe des Jahres kommen große Handelskarawanen mit solchen Artikeln, die eben erwähnt wurden, nebst goldenen Geweben an, die sie vor Seiner Majestät niederlegen. Darauf ruft er zwölf erfahrene und geschickte Männer zusammen, die zu diesem Zwecke erwählt wurden, denen er befiehlt, die Waren genau zu prüfen und den Wert festzustellen, zu welchem sie gekauft werden können. Bei der Summe, die auf das gewissenhafteste angegeben wird, erlaubt er einen vernünftigen Gewinn und zahlt dann augenblicklich jenes Papier dafür, und dagegen haben die Eigentümer nichts einzuwenden, da es, wie schon bemerkt, für ihre eigenen Einkäufe wieder verwendet werden kann, und sogar wenn sie Einwohner eines Landes sein sollten, wo diese Art Geld nicht gültig ist, verwenden sie den Betrag für andere Waren, die für ihre eigenen Märkte passend sind. Wenn irgend jemand Papiergeld besitzt, das von langem Gebrauch geschädigt worden ist, bringt er es in die Münze, wo er mit Zuzahlung von nur drei Prozent neue Noten einwechseln kann. Sollte jemand sich gern Gold oder Silber verschaffen wollen, um es zu verarbeiten, wie zu Bechern, Gürteln oder anderen Gegenständen, so wendet er sich gleichfalls an die Münze und erhält für sein Papier die Metallstücke, die er braucht.
Die sämtlichen Truppen Seiner Majestät werden mit diesem Papier bezahlt, das für sie von demselben Wert ist, als wenn es Gold oder Silber wäre. Aus diesem Grund kann man wohl behaupten, daß der Großkhan über einen größeren Schatz gebieten kann als irgendein anderer Monarch in der Welt.«

Quellen und Literatur

Unsere Analyse stützt sich auf antike Quellen und auswertende Sekundärliteratur späterer Jahrhunderte. Das folgende Verzeichnis stellt eine Auswahl dar und führt sie in alphabetischer, nicht chronologischer Reihenfolge auf. Um dem Nicht-Lateiner und -Graezisten die Nachkontrolle und das Weiterforschen zu erleichtern, werden die antiken Quellen (I) nach Möglichkeit in einer gängigen Übersetzung zitiert: deutsch, englisch, französisch.
Die auswertende Literatur (II), die mit den ›aufklärenden‹ Werken Montesquieus und Gibbons im 18. Jahrhundert einsetzt und sich zu der reichhaltigen, überwiegend angelsächsischen Wirtschaftsliteratur unseres Jahrhunderts verdichtet, wird in allgemeine Werke zu Caesar und dem Imperium Romanum (1) und wirtschaftliche (2) gegliedert und nach (A) Büchern und (B) Artikeln unterteilt. Die Listen beanspruchen nicht, vollständig zu sein, wohl aber nützlich für den, der sich noch eingehender mit dem faszinierenden Gegenstand der römischen Weltintegration vertraut machen will.

I. Quellen

Appian (2. Jh. n. Chr.), Römische Geschichte: Die Bürgerkriege, 2 Bde., (griech.-engl.), London (Heinemann: LCL) 1961/64.

Aelius Aristides (2.Jh. n. Chr.), Lobrede auf Rom, engl. Übersetzung aus dem Griechischen in: J. H. Oliver, The Ruling Power, Transactions Amer. Philos. Soc. 43, Philadelphia 1953.

Augustus (Reg.zeit: 27 v. Chr.–14 n. Chr.), Tatenbericht (Res Gestae), (lat.-griech.-deutsch), München (Heimeran) 1975.

Caesar (100–44 v. Chr.), Der gallische Krieg (Commentarii de bello Gallico), Hamburg (Rowohlt) 1965.

ders., Der Bürgerkrieg (Commentarii de bello civili), Hamburg (Rowohlt) 1966.

Caesar-Fortsetzer (Mitte 1. Jh. v. Chr.), Der alexandrinische Krieg (Bellum Alexandrinum), Der afrikanische Krieg (Bellum Afric(an)um), Der spanische Krieg (Bellum Hispaniense), (lat.-engl.), London (Heinemann: LCL) 1955.

Cato d. Ä. (234–149 v. Chr.), Über die Landwirtschaft (De agri cultura), deutsche Übersetzung in: P. Thielscher, Des Marcus Cato

Belehrung über die Landwirtschaft, Berlin (Duncker & Humblot) 1963.

Cicero (106–43 v. Chr.), Briefe an Atticus (Epistulae ad Atticum), (lat.-deutsch), München (Heimeran) 1976.

ders., Briefe an seine Freunde (Epistulae ad familiares), (lat.-deutsch), München (Heimeran) 1976.

ders., Rede für Rabirius Postumus (Pro Rabirio Postumo), (lat.-engl.), London (Heinemann: LCL) 1964.

ders., Rede über die consularischen Provinzen (De provinciis consularibus), (lat.-deutsch), Berlin (Akademie-Verlag) 1969.

ders., Vier Reden gegen Catilina (In Catilinam), Zürich/München (Artemis) 1970.

Columella (1. Jh. n. Chr.), Über die Landwirtschaft (De re rustica), Berlin (Akademie-Verlag) 1972.

Dio Cassius (ca. 150–235 n. Chr.), Römische Geschichte, 9 Bde., (griech.-engl.), London (Heinemann: LCL) 1960/61.
[Die Bücher 36–57 (= Bd. III-VII) behandeln die Zeit 65 v. Chr. bis 14 n. Chr.]

Diocletian (Reg.zeit: 284–305 n. Chr.), Preisedikt/Maximaltarif (Edictum de pretiis rerum venalium), deutsche Übersetzung in: K. Bücher, Beiträge zur Wirtschaftsgeschichte, Tübingen 1922; engl. Übersetzung in: T. Frank (Hrsg.), An Economic Survey of Ancient Rome, Bd. V, Baltimore 1940 (Nachdruck New Jersey 1959).

Livius (59 v. Chr.–17 n. Chr.), Römische Geschichte: Zusammenfassungen der verlorengegangenen Bücher (Ab urbe condita libri: Epitome), (lat.-engl.), London (Heinemann: LCL) 1969.
[Die Epitome 69–142 behandeln die Zeit 100–9 v. Chr.].

Lucan (39–65 n. Chr.), Der Bürgerkrieg (De bello civili = »Pharsalia«), (lat.-deutsch), München (Heimeran) 1973.

Palladius (ca. Ende 4./Anf. 5.Jh. n. Chr.), Über die Landwirtschaft (Opus agriculturae), franz. Übersetzung in: M. Nisard, Les agronomes latins: Caton, Varron, Columelle, Palladius, Paris 1844.

Periplus des Erythräischen Meeres (Periplus Maris Erythraei), (anonymer Autor, 1. Jh. n. Chr.), griech.-lat. Ausgabe in: K. Müller (Hrsg.), Geographi Graeci minores, Bd. I, Paris 1855 (Nachdruck Hildesheim 1965).

Petronius (66 n. Chr. gest.), Satyrikon (Satyricon), darin: Das Gastmahl des Trimalchio (Cena Trimalchionis), München (Winkler) 1966.

Plinius d. Ä. (23–79 n. Chr.), Naturgeschichte (Naturalis historia); 3 Bde., Bremen 1853–55 (Nachdruck Darmstadt 1968).
Plutarch (ca. 46–120 n. Chr.), Lebensbeschreibungen großer Griechen und Römer, 6 Bde., Zürich/München (Artemis) 1954–1965, darin (Bd. V, 1960): Caesar. Ferner:
M. Anton, M. Brutus, Cato d.J., Cicero, Crassus, Pompejus.
Sallust (86–34 v. Chr.), Die Verschwörung des Catilina (Coniuratio Catilinae), Zwei Briefe an Caesar über den Staat (Epistulae ad Caesarem senem de re publica), Stuttgart (Kröner) 1955.
Sueton (ca. 75–140 n. Chr.), Cäsarenleben (De vita Caesarum), darin: Caesar (Divus Iulius), Stuttgart (Kröner) 1951.
Tacitus (ca. 55–116/20 n. Chr.), Annalen (Annales ab excessu Divi Augusti), Stuttgart (Kröner) 1963.
Über das Kriegswesen (De rebus bellicis), (anonymer Autor, ca. Mitte 4. Jh. n. Chr.), engl. Übersetzung in: E.A. Thompson, A Roman Reformer and Inventor, Oxford (Clarendon) 1952.
Varro (116–27 v. Chr.), Über die Landwirtschaft (Res rusticae), (lat.-engl.), London (Heinemann: LCL) 1960.

II. Literatur

A. Bücher:

1) Caesar und das Imperium Romanum

Carcopino, J.: Jules César, Paris 1968.
Christ, K.: Krise und Untergang der römischen Republik, Darmstadt 1979.
Ferrero, G.: Julius Cäsar, Wien/Leipzig 1925.
Friedländer, L.: Darstellungen aus der Sittengeschichte Roms, Leipzig 1910.
Gelzer, M.: Caesar, der Politiker und Staatsmann. Wiesbaden 1960.
Gesche, H.: Caesar (Erträge der Forschung), Darmstadt 1976.
ders.: Die Vergottung Caesars, Frankfurter Althistor. Studien 1, Kallmünz 1968.
ders.: Rom – Welteroberer und Weltorganisator, München 1981.
Gibbon, E.: The Decline and Fall of the Roman Empire, 1788 (Abridged and with an Introduction by F. C. Bourne, New York 1974).

Grant, M.: Caesar, Genie – Eroberer – Diktator (dt. Ausg.), München 1969.
ders.: Cleopatra, A Biography, New York 1972.
ders.: Ancient History Atlas, London 1971.
Gundolf, F.: Caesar, Geschichte seines Ruhmes (1924), Nachdr. Darmstadt 1968.
Heuss, A.: Römische Geschichte, Braunschweig 1973.
Horst, E.: Caesar. Eine Biographie, Düsseldorf 1980.
Kahrstedt, U.: Kulturgeschichte der Römischen Kaiserzeit, München 1948.
Kornemann, E.: Römische Geschichte (hrsg. v. H. Bengtson), Stuttgart 1954.
Meier, Chr.: Caesar, Berlin 1982.
Meyer, E.: Caesars Monarchie und das Pincipat des Pompejus (1919), Nachdr. Darmstadt 1963.
Mommsen, Th.: Römische Geschichte, 1856, (dtv) München 1976.
Montesquieu, Ch. de: Considerations on the Causes of the Greatness of the Romans and their Decline (translated with notes and an introduction by D. Lowenthal), Ithaca, New York 1965.
Oppermann, H.: Julius Caesar in Selbstzeugnissen und Bilddokumenten, Reinbek bei Hamburg (rororo) 1973.
ders.: Shakespeares Caesar – Dichterische Gestalt und geschichtliche Wirklichkeit. In: Der Horizont 10, Festgabe für H. Schomerus, 1967.
Ortega y Gasset, J.: Über das Römische Imperium (Aus dem Spanischen übertragen von G. Lepiorz), Stuttgart 1953.
Rasmussen, D.(Hrsg): Caesar (Wege der Forschung 43), Darmstadt 1967, mit Beiträgen von: G. W. F. Hegel, Th. Mommsen, R. Kassner, H. Dahlmann, H. Erkell, E. Simon, R. Herbig, F. Bömer, E. Norden, H. Oppermann, H. Fränkel, H. Diller, K. Deichgräber, U. Knoche, K. Barwick, O. Seel, D. Rasmussen, G. Veith, J. H. Collins, W. den Boer, M. Gelzer, E. Paratore.
Strasburger, H.: Caesars Eintritt in die Geschichte, 1938, (Darmstadt 1966).
Volkmann, H.: Kleopatra, München 1958.
Walter, G.: Caesar (dt. Ausg.), Stuttgart 1955.
Yavetz, Z.: Caesar in der öffentlichen Meinung, Düsseldorf 1979.

2) Römische Wirtschaft

Abbot, F. F., Johnson, A. Ch.: Municipial Administration in the Roman Empire, 1926, (New York 1968).

Amsden, D. M.: Debt and Politics in the Age of Cicero (Diss. 1970), Ann Arbor 1979.

Arnold, W. T.: The Roman System of Provincial Administration, 1914, (Rom 1968).

Badian, E.: Roman Imperialism in the Late Republik, Pretoria 1967.

Bolin, St.: State and Currency in the Roman Empire to 300 A.D., Stockholm 1958.

Charlesworth, M. P.: Trade-Routes and Commerce of the Roman Empire, Cambridge 1924.

Christ, K.: Antike Numismatik. Einführung und Bibliographie, Darmstadt 1967.

Cipolla, C. M.(Ed).: The Economic Decline of Empires, London 1970, insbesondere die Beiträge von: Bernardi, A., The Economic Problems of the Roman Empire at the Time of its Decline (S. 16 ff.) und Finley, M.I., Manpower and the Fall of Rome (S. 84 ff.).

Clausing, R.: The Roman Colonate. The Theories of its Origins, Rom 1965.

Coleman-Norton, P. R.: Studies in Economic and Social History in Honor of A.Ch. Johnson, Princeton 1951.

Duncan-Jones, R.: The Economy of the Roman Empire. Quantitative Studies, Cambridge 1974.

Finley M. I.: The Ancient Economy, 1973, (dtv) München 1977.

Frank, T.: An Economic Survey of Ancient Rome, (VI Vol.), Baltimore 1933–1940, (New Jersey 1959).

ders.: Roman Imperialism, 1914, (New York 1972).

Goffart, W.: Caput and Colonate: Towards a History of Late Roman Taxation, Toronto 1974.

Hasler, K.: Studien zu Wesen und Wert des Geldes in der römischen Kaiserzeit von Augustus bis Severus Alexander, Bochum 1980.

Heichelheim, F.: Wirtschaftsgeschichte des Altertums, (2 Bde.), 1938, (Leiden 1969, 3 Bde.).

ders.: Wirtschaftliche Schwankungen der Zeit von Alexander bis Augustus, Jena 1930.

Jones, A. H. M.: The Roman Economy. Studies in Ancient Economic and Administrative History, (ed. by P.A. Brunt), Oxford 1974.

Kiechle, F.: Sklavenarbeit und Technischer Fortschritt im Römischen Reich, Wiesbaden 1969.

Knapowski, R.: Die Staatsrechnungen der Römischen Republik in den Jahren 49–45 v. Chr., Frankfurt/M. 1967.

Lauffer, S. (Hrsg.): Diokletians Preisedikt, Berlin 1971.

Martino, F. De: Wirtschaftsgeschichte des Alten Rom, München 1985, (ital. Originalausgabe: Florenz 1979/80).

Mickwitz, G.: Geld und Wirtschaft im Römischen Reich des 4. Jhdts. n. Chr., 1932, (Amsterdam 1965).

Neesen, L.: Untersuchungen zu den direkten Staatsabgaben der römischen Kaiserzeit (27 v. – 284 n. Chr.), Bonn 1980.

Pekáry, Th.: Die Wirtschaft der griechisch-römischen Antike, Wiesbaden 1976.

ders., Walser, G.: Die Krise des Römischen Reiches. Bericht über die Forschungen zur Krise des 3. Jhdts. (193–284 n. Chr.), Berlin 1962.

Rost, G. A.: Seewesen und Seehandel in der Antike. Eine Studie aus maritim-militärischer Sicht, Amsterdam 1968.

Rostovtzeff, M.: Gesellschaft und Wirtschaft im Römischen Kaiserreich, (übersetzt von L. Wickert), Erster und Zweiter Bd., Leipzig 1930.

Shatzman, I.: Senatorial Wealth and Roman Politics, Brüssel 1975.

Wheeler, Sir M.: Der Fernhandel des römischen Reiches, München 1965.

White, K. D.: Roman Farming London 1970.

B. Artikel:

Alföldi, A.: Caesars Tragödie im Spiegel der Münzprägung des Jahres 44 v. Chr., in: Schweizer Münzblätter, 1953, S. 1 ff.

Balsdon, J. P. V. D.: The Ides of March, in: Historia, Bd. 7 (1958), S. 80 ff.

Carcopino, J.: Rom zur Zeit der Adoptivkaiser, in: A. Toynbee, Städte der Entscheidung, München 1970, S. 431 ff.

Collins, J. H.: Caesar and the Corruption of Power, in: Historia, Bd. 4 (1955), S. 445 ff. (deut. in: Rasmussen, D., Caesar, Darmstadt 1967, S. 379 ff.).

Crawford, M.: Money and Exchange in the Roman World, in: Journ. of Roman Studies, Vol. 60 (1970), S. 40 ff.

ders.: Finance, Coinage and Money, in: Aufstieg und Niedergang der Römischen Welt (ANRW), Bd. II 2, 1975, S. 560 ff.

Dihle, A.: Die entdeckungsgeschichtlichen Voraussetzungen des Indienhandels der römischen Kaiserzeit, in: Aufstieg und Niedergang der Römischen Welt (ANRW), Bd. II 9,2 1978, S. 546 ff.

Frederiksen, M. W.: Caesar, Cicero and the Problem of Debt, in: Journ. of Roman Studies, Vol. 56 (1966), S. 128 ff.

Gelzer, M.: War Caesar ein Staatsmann?, in: Hist. Zeitschr., Bd. 178 (1954), S. 449 ff.

Hopkins, K.: Taxes and Trade in the Roman Empire (200 B. C. – A. D. 400), in: Journ. of Roman Studies, Vol. 70 (1980), S. 101 ff.

Jones, A. H. M.: The Aerarium and the Fiscus, in: Journ. of Roman Studies, Vol. 40 (1950), S. 22 ff.

X *Kloft, H.:* Caesar und die Legitimität, in: Archiv f. Kulturgesch., Bd. 64, Heft 1, 1982, S. 1 ff.

Kraft, K.: Der goldene Kranz Caesars und der Kampf um die Entlarvung des Tyrannen, in: Jb. für Numismatik und Geldgeschichte, Bd. 3/4 (1952/53), S. 7 ff.

Mrozek, St.: Zum Kreditgeld in der frühen römischen Kaiserzeit, in: Historia, Bd. 34 (1985), S. 310 ff.

Oppermann, H.: Probleme und heutiger Stand der Caesarforschung, in: Wege der Forschung Bd. 43 (Caesar), Darmstadt 1967, S. 485 ff.

Pekáry, Th.: Studien zur römischen Währungs- und Finanzgeschichte von 161–235 n. Chr., in: Historia, Bd. 8 (1959), S. 443 ff.

Strasburger, H.: Caesar im Urteil seiner Zeitgenossen, in: Hist. Zeitschr., Bd. 175 (1953), S. 225 ff.

Weber, M.: Agrarverhältnisse im Altertum, in: Gesammelte Aufsätze zur Sozial- und Wirtschaftsgeschichte, Tübingen 1924, S. 1 ff.

Yavetz, Z.: Caesar, Cacsarism and the Historians, in: Journ. of contemp. History, Vol. 6 (1971), S. 183 ff.

ders.: Recherches sur les structures sociales, in: L'Antiquité Classique, Caen 25. – 26. 4. 1969, Paris 1971, S. 133 ff.

ders.: The Failure of Catiline's Conspiracy, in: Historia, Bd. 12 (1963), S. 485 ff.

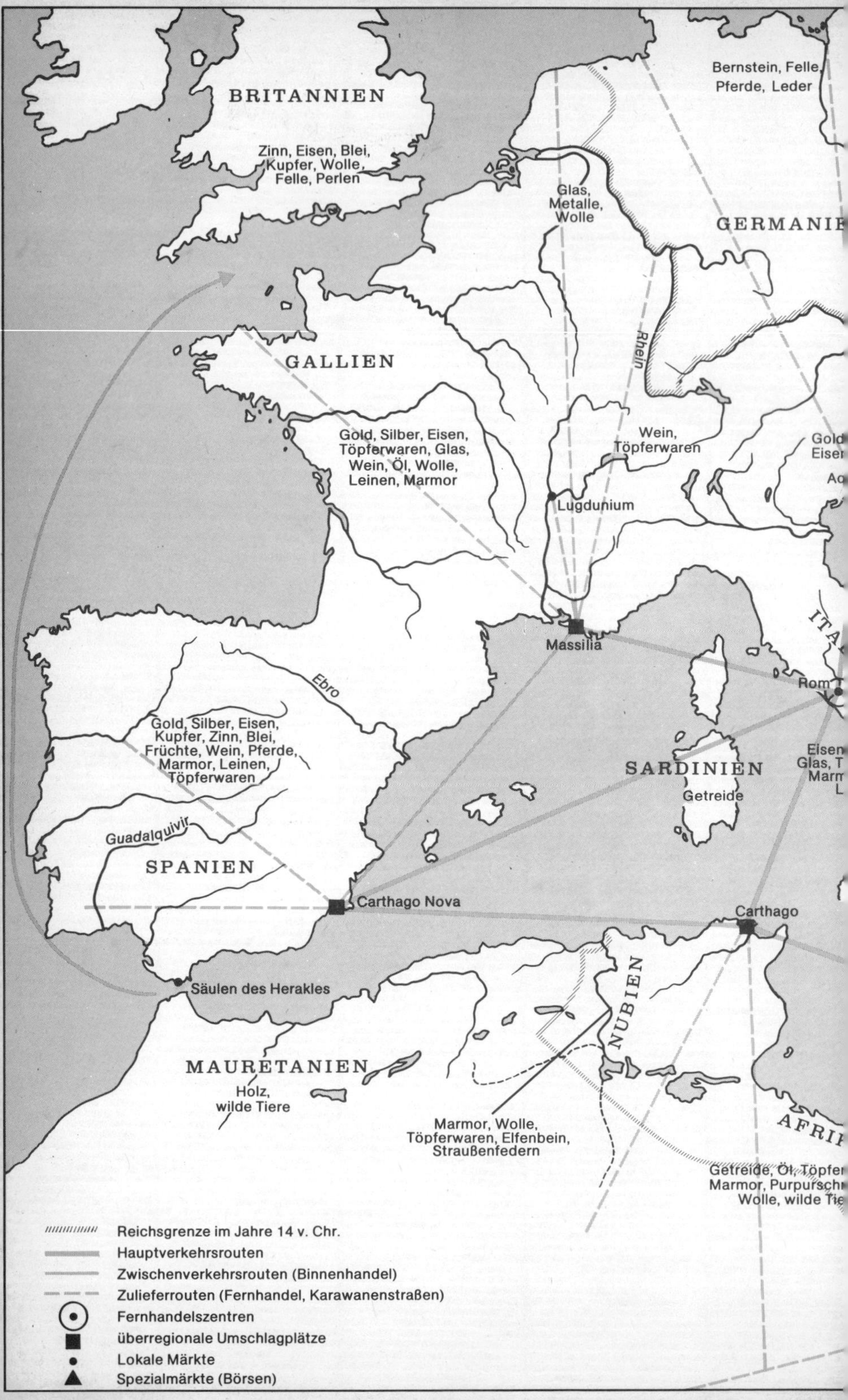

BRITANNIEN
Zinn, Eisen, Blei, Kupfer, Wolle, Felle, Perlen
Bernstein, Felle, Pferde, Leder
Glas, Metalle, Wolle
GALLIEN
Rhein
Gold, Silber, Eisen, Töpferwaren, Glas, Wein, Öl, Wolle, Leinen, Marmor
Wein, Töpferwaren
Lugdunium
Massilia
Rom
Ebro
Gold, Silber, Eisen, Kupfer, Zinn, Blei, Früchte, Wein, Pferde, Marmor, Leinen, Töpferwaren
SARDINIEN
Getreide
Guadalquivir
SPANIEN
Carthago Nova
Carthago
Säulen des Herakles
NUBIEN
MAURETANIEN
Holz, wilde Tiere
Marmor, Wolle, Töpferwaren, Elfenbein, Straußenfedern
Reichsgrenze im Jahre 14 v. Chr.
Hauptverkehrsrouten
Zwischenverkehrsrouten (Binnenhandel)
Zulieferrouten (Fernhandel, Karawanenstraßen)
Fernhandelszentren
überregionale Umschlagplätze
Lokale Märkte
Spezialmärkte (Börsen)